荆州统计年鉴

JINGZHOU STATISTICAL YEARBOOK

2014

荆州市统计局　编

Compiled By

Jingzhou Municipal Bureau Of Statistics

中国统计出版社
China Statistics Press

图书在版编目（CIP）数据
荆州统计年鉴. 2014 / 荆州市统计局编. — 北京：
中国统计出版社, 2014.10
ISBN 978-7-5037-7267-2

Ⅰ. ①荆…
Ⅱ. ①荆…
Ⅲ. ①统计资料—荆州市—2014—年鉴
Ⅳ. ①C832.633-54

中国版本图书馆CIP数据核字(2014)第205822号

荆州统计年鉴——2014

作　　者/ 荆州市统计局
责任编辑/ 陈越月
装帧设计/ 王　舒
出版发行/ 中国统计出版社
地　　址/ 北京市丰台区西三环南路甲6号 邮政编码/100073
电　　话/ 邮购（010）63376909 书店（010）68783171
网　　址/ http://csp.stats.gov.cn
印　　刷/ 荆州市精彩印刷有限公司
经　　销/ 新华书店
开　　本/ 890mm × 1240mm 1/16
字　　数/ 880千字
印　　张/ 32
版　　别/ 2014年10月第1版
版　　次/ 2014年10月第1次印刷
定　　价/ 220.00元

如有印装差错，由本社发行部调换。

编 者 说 明

《荆州统计年鉴——2014》是一本由荆州市人民政府主办，市统计局执行编辑，全面反映荆州市经济社会发展的资料性年刊。

全书分特载和统计资料两部分。特载包括：公报、统计法规和统计大事记。统计资料包括：综合、国民经济核算、从业人员与职工工资、固定资产投资、财政金融保险与税收、价格指标、人民生活、城市概况与环境保护、农业、工业、能源、交通运输与邮电、国内外贸易与旅游、教育与科技、文化体育卫生与其他社会事业、乡镇经济等16个篇目。

本年鉴资料以2013年数据为主，同时整理了一些重要年份的主要指标。读者在使用历史数据时，凡与年鉴有出入的，均以本年鉴为准。年鉴中的县市区合计数小于等于全市数；“#”号表示其中数，“-”表示数据不足本表最小单位数，空格表示无该项统计数据。

本年鉴中的统计资料由市统计局提供。

本年鉴的编辑、出版、发行工作，得到全市各级领导各部门单位的鼎立相助，在此谨致谢意。书中错漏在所难免，望各界人士多提宝贵意见。

《荆州统计年鉴——2014》编辑部

《荆州统计年鉴——2014》编辑部

EDITORIAL DEPARTMANT

编　辑：荆州市统计局

国家统计局荆州调查队

出　版：中国统计出版社

印　刷：荆州市精彩印刷有限公司

Complied By:Jingzhou Municipal Bureau of Statistics

NBS Survey Office in Jingzhou

Published By:China Statistics Press

Printed By:Jingzhou Jingcai Printing Co.,Ltd

中国人寿保险股

China Life Insurance Company

公司领导为感动荆州人物颁奖

为客户提供宣传咨询

中国人寿保险股份有限公司是中国最大的人寿保险公司。2014年，中国人寿保险（集团）公司连续十二年入选《财富》“世界500强”，排名第98位，在入选的中国保险企业中蝉联第一。

中国人寿荆州分公司是一家区域性二级分公司，也是荆州保险市场上唯一一家保费过10亿的保险公司。公司下辖松滋、公安、石首、监利、洪湖、仙桃、潜江、油田、江陵、沙市区、荆州区等11个县级支公司和1个分公司营业部，另设有城区团险拓展部。全系统共设立了22个县级以下营业部和124个营销服务部，网点遍及各乡镇，实现了全覆盖。公司现有员工500多人，营销队伍3000多人。

近年来，在荆州市委、市政府的正确领导下，在各级主管部门和社会各界的大力支持下，中国人寿荆州分公司系统认真贯彻落实科学发展观，围绕调结构、增效益的总体思路，在提升服务水平上出实招，在加快转型发展上干实事，在强化风险防范上求实效，在助力壮腰工程上重实绩，创先争优，奋力拓展，综合实力不断增强，为服务地方经济建设做出了积极贡献。

中国人寿荆州分公司向个人及团体提供人寿、年金、健康和意外伤害保险产品，涵盖生存、养老、疾病、医疗、身故、残疾等多种保障范围，全面满足客户在人身保险领域的保险保障和投资理财需求，每年为社会提供各

份有限公司 荆州分公司

Limited

类风险保障600多亿元，康宁系列保险、瑞鑫系列保险等都深受市场欢迎。2013年，公司共实现保费收入12亿元，在荆州寿险市场的份额继续保持第一位；全年长险给付支出和短险赔款支出共7亿元，充分发挥了保险的功能作用；上缴各项税金1000多万元，履行了一个优秀企业公民的社会责任。公司还开办了农村小额保险、小额信贷保险业务，承办了城镇职工和居民大病医疗保险业务、新农合大病保险业务，并在全市保险行业率先独家推出“医保通”实时赔付系统，大大节省了客户办理理赔的时间，充分发挥了保险的功能作用，公司服务荆州经济社会的能力得到不断提升。

“撒播爱心、造福社会”是中国人寿核心的价值理念，公司积极支持社会公益事业，责无旁贷地担当起企业社会责任，立志成为优秀的企业公民。近年来，公司先后赞助荆州市红色经典诵读大赛、荆州市少儿艺术节、江汉商报卖报郎活动、冠名并全程赞助“感动荆州”2013年度人物评选活动、荆州广播电台主持人选拔大赛、2014年“爱心成就梦想”助学公益活动等，用实际行动履行了一个优秀企业公民的社会责任，受到市委市政府和社会各界的广泛好评。多年来，公司被评为全市金融工作先进单位、全市保险行业先进单位、金融保险行业消费者满意示范单位等称号，树立了良好的品牌形象。

中国人寿荆州分公司将大力实施创新驱动发展战略，加快推动公司改革创新，转型升级，准确把握市场发展机遇，有效防范经营风险，继续巩固市场主导地位，积极履行社会责任，敢于担当、砥砺奋进，为实现客户利益、员工成长与企业发展的和谐统一而不懈努力。

客服人员耐心解答客户问题

开展现场理赔

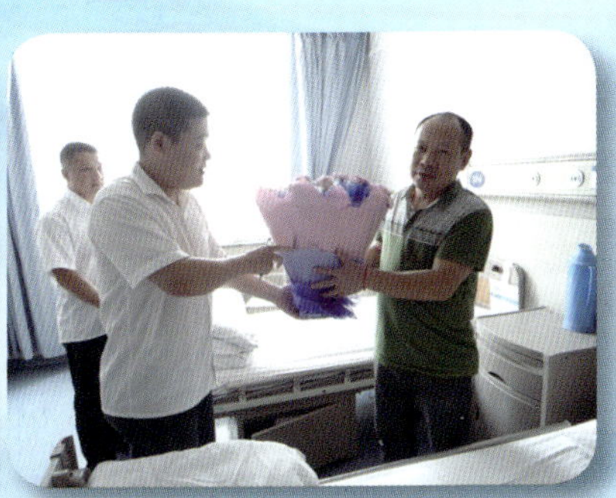

公司理赔人员看望客户

公司上市十周年客户抽奖活动

www.e-chinalife.com

荆 州

12月28日，在全区8个项目同时开工仪式上为市委书记李新华等市领导介绍情况

区委书记袁德芳（中）调研企业生产情况

8月20日，华中精密铸锻生产基地项目签约

2013年，在市委、市政府和正确领导下，荆州区咬定“现代工业强区、文化旅游核心区、城乡一体化综合实验区、平安和谐示范区”四区建设目标，抢抓壮腰振兴机遇，突出稳中求进、竞进提质，克难奋进、砥砺前行，全区经济社会呈现发展加快、质量提高、后劲增强、民生改善的良好态势。全年实现地区生产总值195.47亿元，增长12%；三次产业结构比为16.2：50.4：33.4。实现财政收入14.5亿元，增长26.3%，地方公共财政收入达到10.75亿元，增长36.9%。实现全社会固定资产投资220.61亿元，增长29.7%；社会消费品零售总额112.02亿元，增长14.3%；招商引资到位资金122.4亿元，增长47.1%；农民人均纯收入11118元，城镇居民人均可支配收入20811元，分别增长13.56%和10.7%。

一是新型工业化加快推进。实现规上工业增加值90.28亿元，增长15.5%。石油机械、造纸包装两大产业集群共聚集规上企业46家，新增7家，分别实现产值130亿元和80亿元。全区规上工业企业达到148家，新增19家。万元生产总值综合能耗下降4.3%，工业用电量达到4.02亿度，连续4年评为“省级金融信用区”。二是现代农业稳步发展。农业生产总值60.87亿元，增长5.3%。粮食生产实现“十连增”，总产达到21.86万吨。农产品加工规上企业达到74家，居全市首位；全口径加工业产值达到167.3亿元，规上企业农产品加工产值与农业总产值占比达到2.75：1。农民专业合作社达到312家，省市级重点农业产业化龙头企业达到33家。完成植树造林任务60万株，工程造林1.1万亩。发放各类惠农补贴资金8209万元。三是商贸旅游融合互动。各类市场主体达到1.7万户，限上商贸企业达到111家，全区注册商标超过1000枚。文化旅游融合发展，全年接待游客490万人次，旅游综合收入23.2亿元。四是发展活力明显增强。全年新签约招商项目38个，其中过10亿元项目6个，工业类项目26个，新增注册资本金13.3亿元。争取国家项目投资

御河广场

区

区长刘润长（右）调研现代农业发展

5月7日，在荆州区招商引资集中签约仪式上签约

4.7亿元，同比增加5000万元。全区新开工3000万元以上项目155个，在建过亿元项目65个。全年征收土地7500多亩，征迁房屋2900多户近40万方，建成还建房15万平方米。五是中心城区扩容提质。城区基础设施建设投入达到5亿元，筹资5500万元投入乡镇集镇基础设施建设，建成3个垃圾压缩转运站，完成二级公路和县乡公路改造50.3公里、通村通组公路112公里，引江济汉25座桥梁基本建成。“两级政府、三级管理、网络覆盖、部门联动”的城市综合管理体制和“政府总揽、镇办主体、村居基础、部门协作、市场运作、全民参与”的大城管新格局基本形成，全年拆违6.7万平方米。六是公共服务协调发展。全年征收社会保险费4.45亿元，参保人数达到38万人，城乡居民养老保险续保率和基础养老金发放率均达100%。城镇新增就业人员8600人，城镇登记失业率控制在4.3%以内。义务教育均衡发展顺利通过省级督导评估，高考综合排名全市“九连冠”。血吸虫病防治达到国家传播控制标准。七是各项改革稳步推进。深化行政审批制度改革，精简审批事项25项，依法设定的117项行政许可、88项非行政许可事项予以保留，35个部门进驻区政务服务中心，全区政务服务网络体系基本覆盖。

四机新厂区

张居正街上市民正在观看文化墙

区委书记段昌林（左）到企业调研

区长刘辉萍（中）到社区调研

沙市素有“三楚名镇”、“百年商埠”、“工商名城”的美誉。沙市区是荆州市的中心城区之一，国土面积523平方公里，辖4镇1乡、5个街道办事处，常住人口65万人。2013年，沙市区委、区政府团结带领全区干部群众，以科学发展为主题，大力实施“壮腰工程”，坚持工业兴城不动摇，狠抓服务业发展不放松，推进“四化同步”不松劲，深入开展“十大重点工程”建设，经济社会发展呈现“逆势而进、竞进提质”的良好态势。

综合实力明显提升。主要经济指标增幅高于全省、快于全市，总量领先全市。地区生产总值254亿元、财政总收入15亿元、社会消费品零售总额165亿元，总量位居荆州市第一。地方公共财政预算收入突破10亿元、固定资产投资177亿元，总量位居荆州市第二和第三。市场主体实现总量突破，规模以上工业企业、限额以上法人企业、农民专业合作组织实现“三个过百”，分别达到108家、111家、102家。

荆州义乌小商品城

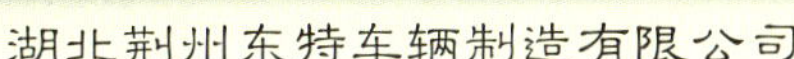
湖北荆州东特车辆制造有限公司

两湖绿谷电子交易大厅

社会事业明显进步。城镇居民可支配收入、农民人均纯收入分别超过2万元和1万元，位居荆州市第一。公益性服务、志愿者服务、市场化服务“三位一体”社区服务体系全面建立，沙市区顺利通过“全国和谐社区建设示范城区”考核验收，先后捧回全国法治县（市区）创建活动先进单位、全国群众体育先进单位、湖北省知识产权试点区、全省计划生育工作先进县（市区）等荣誉。

城乡面貌明显改善。沙北新区开发、旧城改造和城中改造力度前所未有，征地拆迁实现历史性突破，全年征收房屋3841户，征迁面积110多万平方米，占荆州市拆迁总量的三分之一强。中心城区市场化保洁实现全覆盖，建成11个封闭式小区，完成10个社区基础设施配套改造。农村安全饮水实现全覆盖，清洁家园行动成效明显，城乡环境面貌有效改观。

发展气场明显加强。坚持区委常委牵头包保“十大重点工程”建设，突出在招商引资、项目建设、征地拆迁、信访维稳“四个一线”锻炼干部，涌现出累倒在征地拆迁一线的朱家成同志等一批先进典型，形成了“四大家”领导一条心、全区上下一盘棋、千斤重担一起挑的强大气场。

北京路中央大道

公安县

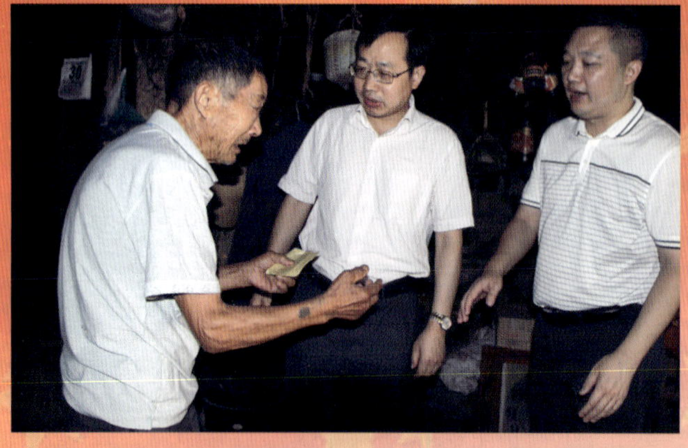

市委书记李新华深入我县走访慰问贫困群众

市长李建明调研我县工业园区建设工作

公安县版土面积2258平方公里，辖16个乡镇、327个行政村，总人口106万。2013年，公安县以“竞进提质”为取向，突出工业优先，推进“四化”协调发展，大力改善社会民生，加强党风廉政建设，取得了较好成效，全年实现地区生产总值176.37亿元，固定资产投资179.39亿元，财政收入12亿元，城镇居民人均可支配收入16711元、农民人均纯收入10193元。

突出工业优先。紧抓工业不放松，加快产业转型发展，全县规模以上工业企业达到126家，实现总产值250.79亿元，其中产销过亿元企业达到53家，纳税千万元以上6家，正在形成轻纺造纸、装备制造两大支柱，以及塑料新材、能源化工、生物医药、现代物流四大特色的“2+4”重点产业发展趋势；全力招商引资，全年引进项目93个，到账资金71亿元；加强平台建设，开发区建成面积15平方公里，引进企业105家，其中建成投产70多家。

加快农业发展。以“1233”工程为抓手，积极发展现代农业，完成农业总产值96.77亿元，连续两年进入全省“三农”考评20强。规模化进程不断加快，粮食产量达到64万吨，粮棉油优良品种覆盖率达到95%，生猪、家禽规模养殖率分别达到74%、85.6%，葡萄面积达到7.2万亩；组织化程度不断提高，新增农民专业合作社92家，总数达到402家，新增省级龙头企业5家，省市级龙头企业达到41家，章田寺大米被认定为“国家地理标志”产品。

统筹城乡建设。以规划为引领，突出抓好县城建设，同步加快集镇建设，已经形成“一主两副，三点四线”的城镇发展体系。持续加快三产业发展，限上商贸企业总数达到99家，恒盛汽配城一、二期和公安新天地一、二期工程建设完工，明珠家居物流园正式开工，三袁风景区完成投资1500万元，金台至北闸红色旅游公路开工建设，休闲“农家乐”达到596家。交通环境持续改善，随着朱家湾深水港口、蒙华铁路长江公铁两用桥、江南高速、东卷高速、江南高速、沙公高速等重大项目快速推进，已形成“一港两桥、一铁三高”的综合交通格局。

加强社会建设。坚持新增财力重点向民生领域倾斜，各项社会事业全面进步。新人民医院、新一中、新特校陆续投入使用，中小学生社会实践基地二期正式启动，新建体育健身工程96处，高考连续19年荆州市第一、全省领先。城乡居民养老保险实现全覆盖，血吸虫病疫情达到传播控制标准，被评为全省科技创新先进县、全省知识产权工作示范县、全省节约集约用地模范县。加强食品药品安全监管，推进县镇村三级网格化管理全覆盖，社会治安平稳安宁，群众“一感两度两率”不断提升。

经济开发区局部

公安葡萄喜获丰收

县委书记向斌在埠河镇现场办公

县长刘忠诚检查防汛工作

县直机关干部文艺演出

长江医药集团

新裕农业公司

黄山头酒业公司

县城油江园

县委书记　陈爱平

县政府县长　万玲玲

江陵滨临长江，位于湖北省中南部、四湖流域腹地，是湘鄂西革命根据地的策源地和战略后勤基地。全县国土面积1048平方公里，人口41万，辖9个乡镇、2个农场管理区。2013年，全县地区生产总值 54.96 亿元、增长 11.5%，规模以上工业增加值13.8亿元，固定资产投资43.3亿元，财政总收入 2.8亿元，地方公共财政预算收入1.87亿元，城镇居民人均可支配收入和农民人均纯收入分别为15456元和8542元。

李鸿忠书记视察

江陵是楚文化的发祥地、三国文化的中心和红色革命的策源地，有着悠久的历史和灿烂的文化。爱国诗人屈原、唐朝诗仙李白、铁血将军谭友林等都在江陵留下了足迹。“朝辞白

县委副书记　胡成宏

帝彩云间，千里江陵一日还”，已经唱响千年，江陵也随之响誉中外、蜚声九州。江陵地当要冲，自古就是兵家必争之地，被称为“用武之国”、“帝王之资”。到了现代，这里的革命斗争更是风起云涌，先后创建了白鹭湖红色根据地和三湖抗日根据地。

江陵紧靠长江，有23公里长江优质岸线，蒙华铁路在此与长江交汇，三条高速贯穿我县，共同形成天然的公铁水无缝对接的物流宝地。同时江陵作为“一主三副”中的一主，是未来全省煤炭供应保障的核心基地，也必将是荆州“壮腰工程”最具活力的节点城市。

放眼未来，我们有理由相信，湖北长江之腰必将矗立起一座活力四射的滨江新城。

荆州市市委书记李新华考察江陵开发区工作

副市长王守卫调研我县蔬菜产业发展情况

湖北省国营

省农垦事业管理局局长朱汉桥等来场调研

沙市农场教育实践活动专题讲座

荆州市昊瀚物流有限公司

湖北省国营沙市农场是典型的城郊型农场，地处荆州市东南郊，国土面积35平方公里，总人口2.2万人，辖九个农业分场、一个社区和一家集团公司。2013年全场实现社会总产值41.1亿元，同比增长27.7%；实现国民生产总值7.9亿元，同比增长30%；完成固定资产投资56亿元，同比增长100%；实现人平纯收入15000元，同比增长32.7%。

2013年，沙市农场以征地拆迁为工作重心，以经济发展为主体工程，以社会稳定为首要任务，以加强党建为基本要求，狠抓工作落实，开创了经济社会发展新局面。全力服务项目落地，全年落实征迁项目14个，房屋征收516户，1720套还迁房有序分到还迁户手中。自办工业集团化，围绕地产开发主业，组建了湖北楚为置业集团有限公司，注册资金6000万元，下辖6家子公司，2013年实现创收1216.7万元。

有力推进民生工程，全年征收城乡居民养老保险基金46万元，征缴失地农民养老保险基金3364.5万元，发放救助金180.3万元，落实各项惠农补贴资金95.95万元，解决200余名农工就业问题，顺利通过省市区血防工作

湖北能特科技股份有限公司

沙市农场

沙市农场迎省运广场舞交流会

北港还迁小区

达标考核验收。

着力发展社会事业，计划生育达标晋级，安全生产零事故，矛盾纠纷有效化解。不断加强党的建设，党员干部认真学习十八大及十八届三中全会精神，开展党章学习月活动和党风廉政建设宣传教育月活动，干部职工思想、工作、生活作风明显好转。

湖北大明水产科技有限公司生产车间

2014年，沙市农场将全面贯彻落实党的十八届三中全会精神，认真贯彻落实省农垦事业管理局“四化两转变”改革举措，按照荆州开发区“效率提升年”活动的总体要求，坚持改革创新，提质增效。以党的群众路线教育实践活动为载体，以服务项目建设为重点，以湖北楚为置业集团为经济发展主平台，积极谋划工业地产和现代服务业两个核心产业，做实做强分场集体经济，奋力开启经济社会发展新征程。

湖北楚为置业集团

葛洲坝荆州建材有限公司

荆州纪南生态文化旅游区
荆州楚纪南城大遗址保护区

市委书记李新华、市长李建明陪同华侨城总经理段先念一行考察纪南文化旅游区

荆州纪南生态文化旅游区（荆州楚纪南城大遗址保护区）位于我市中心城区北部，南临荆州古城，北据长湖，与中心城区只有沪蓉高铁一路之隔。纪南文化旅游区总面积198平方公里，其中水域面积40平方公里，共有5.8万人。辖区优势突出：一是历史文化资源十分丰富。区内有楚纪南故城遗址（包括雨台山古墓群）、郢城遗址、鸡公山遗址等3个国家文保单位，其中楚纪南故城遗址占地16平方公里，楚国曾在此建都411年，历经20位楚王；郢城遗址占地2平方公里，距楚纪南故城遗址不到1公里；鸡公山遗址面积1000平方米，旧石器及其加工残碎物等文化层厚达1.5米，距今5万多年，填补了我国旧石器时代平原居址的考古空白。二是自然风光秀美。区内有风光旖旎的长湖。长湖为湖北省第三大湖泊，面积约150平方公里，由荆州、荆门和潜江三市共享。三是交通非常便利。长湖距荆州古城仅3.5公里，距沙市商业区不到4公里。沪蓉高铁荆州火车站就设在区内，汉宜、襄荆两条高速和207、318两条国道穿境而过，引江济汉渠穿越纪南文化旅游区10公里。

2010年3月，省政府和国家文物局签署了《共建大遗址保护荆州片区框架协议》。同年11月，省委、省政府批准成立荆州楚纪南城大遗址保护区（同时挂“荆州海子湖生态文化旅游区”牌子，海子湖为长湖荆州境内一部分）。2012年10月，省政府批准实施《荆州海子湖生态文化旅游区总体规划》。今年6月6日，为了充分利用区域历史文化资源优势，加快文化旅游产业发展，省政府批准荆州海子湖生态文化旅游区更名为“荆州纪南生态文化旅游区”。

纪南文化旅游区在中心城区的位置图

省委、省政府高度重视

6月18日，省委、省政府在武汉召开支持荆州纪南生态文化旅游区建设专题会议，听取了荆州市关于和西安曲江文化集团、中建三局合作开发建设以楚文化展示、大遗址保护为主要载体的纪南生态文化旅游区的情况汇报，并就纪南生态文化旅游区的规划设计、项目建设、政策支持等问题进行了深入研究。

李鸿忠书记指出，楚文化是中华文化的重要组成部分。湖北是楚文化的发祥地，荆州是根、是源、是楚魂，是湖北真正的灵魂之所在。特别是荆州历史文化资源丰富，楚文化历史遗址众多。把楚文化保护好、利用好、传承好，是我们义不容辞的历史责任，要按照“荆州实施、湖北代表、中国品牌、世界遗产”指导思想和发展目标推进。

会议决定成立由甘荣坤副省长任组长的省纪南生态文化旅游区建设领导小组，省直相关部门和荆州市领导参加，负责指导、协调纪南生态文化旅游区建设中的重大事项。

同时，按照省级项目、荆州实施的原则，在充分发挥荆州责任主体作用、充分利用市场机制的同时，省委、省政府把纪南生态文化旅游区建设纳入全省一元多层次战略体系和省级重大项目给予重点支持。项目中涉及省直有关部门的，由荆州市申报，省直相关部门纳入其管理的省级重点项目库。各部门积极向国家争取相关政策和项目支持。

九大文化组团

规划策划方案

按照将纪南文化旅游区建设成国家级大遗址保护示范区、国家级生态文明新区、国家5A级景区和国家文化产业示范园区的目标，管委会组织上海同济城市规划设计院和荆州城市规划设计院编制了总体规划，并于2012年10月获得了省政府批准。去年末又组织上海同济城市规划设计院、中联国际工程规划设计中心和我市规划院共同进行控制性详规的编制。重点突出荆州楚文化的至高性与排他性，大遗址保护的特色和需要，长湖区域的生态地貌和水体优势，文化产业、旅游产业和现代服务业的产业支撑作用。今年6月，为进一步对规划进行提升，突出楚文化韵味，我们邀请了美国AECOM（艾奕康）等四家国际一流设计机构对方案进行评审。按照一个中心（即综合服务中心）、六大片区（即纪南综合服务片区、大遗址文化展示区、低碳生活示范区、生态湿地观光区、商务会展度假区、科技研发职教区）和九大文化旅游组团（即纪南追忆、章华盛世、楚辞文苑、凤凰锦绣、郢城感怀、楚史长河、云梦怀古、长湖帆影、文化硅谷）进行规划布局。

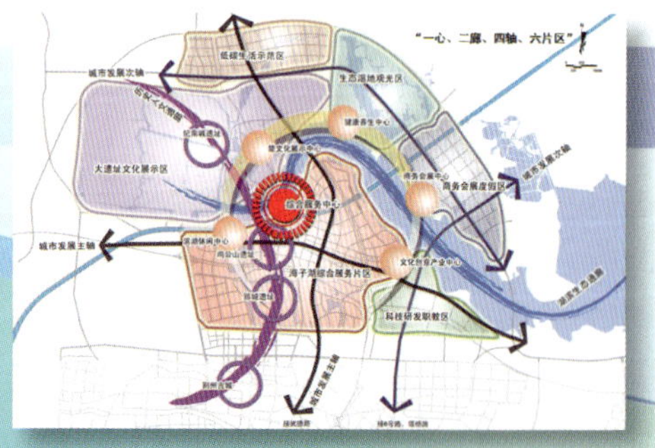
一心二廊四轴六片区

华中农业高新技术产业开发区

华中农业高新技术产业开发区总体规划

“湖北旅游名村”授牌

第四届荆州桃花会盛况

2012年4月，湖北省人民政府批准在荆州市太湖港管理区基础上建立华中农业高新技术产业开发区（以下简称“华中农高区”），华中农高区规划总面积67.33平方公里，是我国华中地区唯一的农业高新技术产业开发区。2013年9月，国家科技部批准其为国家级农业科技园区。

华中农高区由荆州市人民政府和湖北省联投集团以“政府主导、市场运作”模式合作共建，管理机构为华中农业高新技术产业开发区管理委员会，运作平台为湖北省华中农业高新投资有限公司。

华中农高区定位为“农高产业集聚区，四化同步生态城”，以“三高一新”即高技术、高品质、高效益、新模式为总体要求，以打造“四区”即农业高新产业聚集区、现代农业发展示范区、体制机制创新试验区、“四化”协同发展先行区为战略目标，着力构建科技水平与国际高端现代农业同步、管理模式全国首屈一指、综合效应中部引领的现代型国家级农业高新技术产业开发区。

华中农高区分三期建设，10年建成。规划到2015年，建成农业科技研发创新体系、现代农业展示示范体系、农产品精深加工产业体系、农产品现代流通体系、农业文化休闲旅游体系；到2017年，建成国家级农高区，形成华中地区高端农业产业示范区、农产品精深加工集聚区、城乡一体化先行区；到2020年，建成全国农高区的“排头兵”，形成“国内一流、世界知名”的农业科技创新示范推广中心、全国农产品主产区产业转型的重要平台和优质农产品精深加工的重要基地。

2013年，太湖港管理区实现GDP 5.16亿元，实现农工人均纯收入1.17万元，比上年增加1150元。完成社会固定资产投资6.72亿元，完成年初奋斗目标的100%，完成招商引资到位资金6.99亿元，比上年增长375%。实现社会消费零售总额1.07亿元，全年收缴社会保险费1723.7万元，管理区本级完成财政收入2806万元，实现税收808万元，其中国税215万元，地税593万元。为建设华中农高区奠定了基础。

太湖大道效果图

农高家园还建社区效果图

湖北省国营

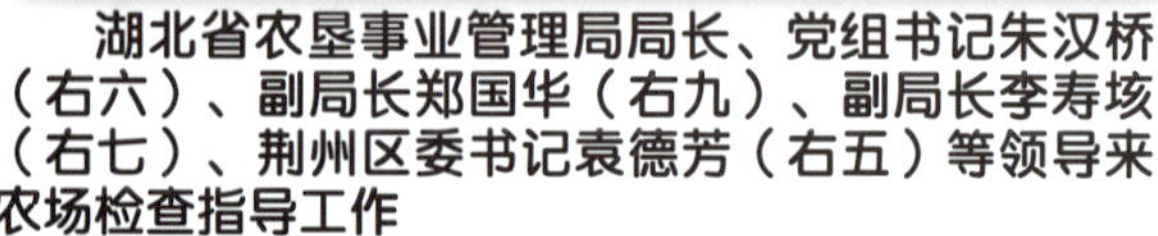

湖北省农垦事业管理局局长、党组书记朱汉桥（右六）、副局长郑国华（右九）、副局长李寿垓（右七）、荆州区委书记袁德芳（右五）等领导来农场检查指导工作

区委书记袁德芳（右二）到凡友型材调研指导

党委书记刘绍华（左二）在凡友型材调研

党委书记刘绍华在南湖大队土地平整现场指导

湖北省国营菱角湖农场位于荆州、枝江、当阳三市交界处，荆州市荆州区境内，沮漳河畔；东距荆州城区28公里，南到枝江市区22公里，西至宜昌97公里，北离当阳48公里；国土面积45平方公里，耕地3.2万亩，水面1万亩，总人口1.3万人，属平原湖区，曾经是荆州、当阳 、远安红色革命根据地之一。1961年正式建场，经过几代农垦人五十多年来的艰苦创业，昔日的荒湖，如今已初步发展成农业产业化、经营集团化，集镇城市化的新农场；通乡通村公路四通八达，与318国道、宜黄高速公路相连，交通便利；学校、医院、公安、司法等社会服务性机构齐全；水电、通讯、有线电视等基础设施完备；主要生产经营粮、棉、油、果、林、鱼、畜禽及农副产品加工、机械铸造、铝塑型材、服装和建材等；棉花种植是农场的主导产业，更是质优、量高，被省指为优质棉种植示范基地。

改造后的楚源集镇新貌

菱角湖参赛选手合影

菱角湖农场

党委书记刘绍华同志（中）检查贲家垴脱坡整险工程

2013年，农场党委以“项目落实年、改革深化年、民生改善年、能力提升年、作风建设年”活动为主线，以“四个菱湖”建设为目标，以“五个盘活”为抓手，实现工业总产值19108万元，同比增长13.1%；规模以上工业总产值19108万元，同比增长13.1%；工业增加值4800万元，同比增长11.3%；农业总产值25279万元，同比增长5.76%；农业增加值12997万元，同比增长6.91%；农民人均纯收入11032元，同比增长13.68%，；全社会固定资产投资38980万元，同比增长29.3%；招商引资10000万元，同比增长8.7%；财政收入121万元，同比增长5%；一般预算收入63万元，同比增长5%。完成市场田租金606万元。积极争取国有垦区危房改造配套项目资金1220万元、危房改造项目资金1050万元、国家土地整理项目资金1800万元、贫困农场项目资金200万元和小型公益性项目100万元、安全饮水项目资金600万元、移民项目资金300万元，通过项目的争取和实施，进一步完善了农场的城镇功能，改善了职工群众生产和生活环境，解决了老百姓吃水难的问题。同时，为了充分调动广大干部职工的工作积极性，农场党委自加压力，开源节流，增收节支，从2013年1月起启动了新的工资制度改革，使全场干部职工工资实现了翻番。

波尔山羊规模养殖基地

银信集团蛋鸡规模养殖

万头养猪场

收获喜悦

虾鱼稻综合种养

小麦收割

菱角湖棉业

岑河镇隶属于湖北省荆州市沙市区，地处荆江大堤北岸，江汉平原西部，东依潜江，西靠荆州开发区，南临江陵，北邻沙市开发区，距318国道、沪渝高速入口10公里，长江盐卡港口9公里，荆州长江大桥和荆州火车站12公里，三峡机场90公里，并且荆州东站和荆州飞机场选址已定于岑河境内。地处于大荆州城市规划区域内，是江汉平原重要的物资积聚地，交通便捷，商贸繁荣。全镇国土面积152平方公里，总人口5.77万人。

岑河镇针纺织服装产业从上世纪50年代发展至今，已有近60年历史。目前形成从棉花加工、纺纱、织布、印染、成衣制造、成衣包装、物流到销售一条完整的产业链。全镇现有企业470家，拥有红叶针织服饰、银丰制衣、衣图纳商贸等骨干企业近30家，产品有“宇风”、“鑫宜来”、“创世雅歌”、“君妮宝贝”等知名品牌和60多件自主注册商标，成功申报了荆州市第一个公共商标“岑河”，是中国针织名镇以及湖北省重点产业集群所在地。

岑河针纺织企业拥有意大利SAV10XCL4211-033-10自动络筒、自动解螺机、德国门富士定型机等先进设备百余台。棉花加工能力5万吨，纺纱能力37万锭（其中气流纺1万锭）、年织布能力8万吨、年印染能力2.5万吨，年生产成衣达1.2亿件，成衣包装能力1.8亿件。在产品研发设计上，湖北岑鑫针纺织服装服务有限公司

和荆州市红叶针织服饰有限公司建立了岑鑫公司研发中心和宇风针织服饰研发中心，并与武汉纺织大学、荆州理工职业学院达成合作协议，为岑河针纺织产业就人才培养、新面料研发应用、市场营销、电子商务平台建设等方面进行指导和深入合作。

园区的建设为岑河针纺织产业的发展提供了更为雄厚的发展平台。岑河镇针纺织服装工业园总占地1500亩，已建成500亩，建标准化厂房62栋，完成投资4.4亿；正在建设中的针纺织三期工业园区1000亩，拟建标准化厂房100栋，建筑面积20万方平方米，投资8亿元，现入驻企业37家，开工建设企业30家，竣工投产企业17家。针纺织一、二、三期工业园内企业达到147家，在园区内形成从棉花加工到纺纱、针织、印染、制衣、包装、物流等完整产业链，岑河镇针纺织服装产品销售收入可达60亿元，就业职工达20000人。

岑河针纺织服装协会，在上级部门的正确领导下，紧紧围绕拓展“中国针织名镇”的发展思路，推进产业集群加快发展，不断为针纺织服装产业集群发挥着积极推动作用。

区委书记段昌林调研园区

区长刘辉萍调研园区

荆州市沙市区锣场镇位于荆州市中心城区近郊，东望省会武汉与观音垱镇接壤，西达荆州古城与关沮镇相连，南临长江与荆州市开发区相通，北濒长湖与荆门相望。锣场镇地理位置优越，交通通讯发达，区位优势明显，318国道、沪蓉高速公路和80米宽的东方大道纵横交错，距长江沙市港12公里，距焦枝铁路荆门至沙市支线5公里，沪蓉高速铁路横亘而过，距荆州火车站8公里，距三峡机场75公里。2003年，锣场镇被命名为“沙市经济开发区”，工业、农业并驾齐驱，成为对外开放的重要窗口，呈现繁荣的发展景象，沙市经济开发区作为省“承接产业转移示范区”、国家级经济技术开发区沙市工业园、沙市经济发展的引擎，“中部崛起”“壮腰工程”“扩大内需”为其发展带来了战略机遇。2013年荣获“荆州市乡镇（街道）党委十面红旗”、“荆州市劳动关系和谐工业园”、“荆州市五四红旗团委”等

湖北荆州东特车辆制造有限公司

锣 场 镇

荣誉称号。

2013年锣场镇完成全口径工业总产值84.55亿元，同比增长30.82%;完成规模以上工业总产值83.35亿元，同比增长33.79%;新增规模企业7家;完成固定资产投资43.5亿元，同比增长45%；完成财税收入1.2亿元，其中国税1亿元，地税2013万元，同比增长55.87%；新开工项目14个，竣工项目13个，完成投资5.06亿元。

荆州市群力金属制造有限公司

2013年全力抓好招商引资，采取驻点招商、以商招商、与市区招商小分队联合招商等形式开展招商活动，全年共引进项目17个，实际到位资金17.73亿元，其中亿元以上项目9个，5亿元以上项目2个。积极推进项目建设，成立318国道片区、2号路片区、3号路片区、5号路片区专班，每个专班分别由一个班子成员挂帅，全力为项目建设服务。建立企业动态和项目进展信息库，制作并发放宣传册1000余份。编写《项目建设半月刊》，及时对项目投资、办证和施工进度一周一联系，半月一通报。抓好工业园区建设，强化项目载体。完成基础设施建设货币工程量9000万元，园区2号路、5号路、9号路都已建成通车。

利晟中小企业科技园

镇长　祝必飞

党委书记　周远栋

观音垱镇地处荆州市东部边缘，是荆州市的东大门。交通便捷，318国道、宜黄高速公路和沪蓉高速铁路并列横贯全境。国土面积182.6平方公里，耕地面积7.6万亩，水产养殖面积1.5万亩，全镇辖29个行政村、4个渔（林）场，2个居委会、203个村民小组，截止2013年来，辖区总人口46511人。

2013年，全镇深入实施“工业兴镇、农业稳镇、商贸活镇”战略，按照“稳中有进、稳中有为、稳中提质”的发展总基调，工业园区建设步伐加快，湖北东信药业有限公司、荆州市森鑫木业人造板有限公司两大支柱企业产值过亿元。园区初步形成了医药、森工、机械、家具、制造五金、饲料和服装生产为主体的工业经济体系。农业特色鲜明，城郊农业、生态农业、休闲农业充满活力，“长湖鱼、文岗虾、枪杆菜、皇陵瓜”成为四张特色名片。农民专业合作组织和家庭农场迅猛发展，各种农民专业合作组织达26家。社会事业蓬勃发展，社会治安综合管理全面加强，人民生活大幅度改善，城镇化进程不断加快，科学文化教育事业蒸蒸日上。

垱

2013年，全镇实现工农业总产值21.9亿元，工业总产值13.2亿元，规模企业总产值10.2亿元，新增规模企业3家，规模企业达10家；农业总产值7.1亿元；农民人均纯收入9652元；财政收入3426万元。

2013年，举全镇之力，投资2400万元，完成惠及全镇3.2万人的农村安全饮水工程，实现村村通自来水目标。开展清洁家园行动，全镇配备保洁员51人，垃圾清运车30台，建垃圾池840个，新安装路灯220盏。完善社会保障体系，新型农村社会养老保险参保率达99%。城镇新增就业人员1050人。扶持创业人员200人，发放创业资金1250万元，创业带动就业1500人。

2013年，观音垱镇被市委、市政府评为“安全生产红旗单位”，“防汛抗灾先进单位”。

农民腰鼓队丰富了农民的业余生活

经过基本农田土地整理后提升了土地效能

观音垱镇农村新社区示范点

李新华、李建明、段昌林、刘辉萍视察天谷

省政法委纪检组长刘兴祥视察小胡鸭

【概况】 关沮镇地处荆州城区的金三角地带，东靠荆州开发区，南连沙市城区，西依荆州古城，北枕长湖，宜黄高速、襄荆高速、318国道、荆沙铁路、荆沙大道穿越境内。镇政府位于十号路118号（十号路与318国道交汇处）。全镇国土面积28.9平方千米，下辖8个行政村，2个社区，73个村民小组，3500户，人口约2万人。2013年，实现工农业总产值51.9亿元，同比增长37.3%，其中实现农业总产值1.9亿元，同比增长1.1%；全镇完成工业总产值50亿元，同比增长33.9%，其中规模以上工业总产值完成49.3亿元，同比增长32.15%。固定资产投资完成45.7亿元，同比增长16.8%。实现财政收入7398万元，同比增长39.4%。农民人均纯收入达到13480元,同比增长14%。关沮镇被评为荆州市文物保护管理先进单位。连续八年获得区绩效考核优等单位。

【招商引资】 2013年，关沮镇以拆迁推动项目建设，以项目建设促进发展，在全镇上下营造了抢机遇、争项目、促发展的浓厚氛围。中国天谷、义乌小商品城、天谷大道、荆州天下文化产业园、两湖绿谷等重点项目征地拆迁全面完成，中国天谷项目征迁刷新“荆州速度”，全年共征地2600亩，拆迁总面积11.4万平方米。全镇新引进项目17个，完成年计划106.3%，完成招商引资到位资金16亿元，完成年计划133.3%，实收注册资本1.3亿元，完成年计划的108.3%；新开工项目13个，完成年计划144.4%；竣工投产项目11个，完成年计划122.2%。完成项目建设投资4.64亿元，完成全年计划122.1%。

关沮新城控制性详细规划座谈会

【城镇建设】关沮新城建设工程作为全区“十大重点工程”之一，在区委、区政府的统一部署下，在全镇干部群众的支持下，完成关沮新城5.05平方公里控详规及城市设计。完成新城项目调查摸底，锁定了开发建设成本。开展全方位、拉网式招商活动，有针对性、有选择性地与50多家企业进行了接洽。通过积

省办公厅人事处处长胡碧辉视察园区合资企业

区长刘辉莅新临现场指挥拆迁工作

极争取，关沮新城经市政府常务会议确定，纳入市级战略，成立了由副市长挂帅，市直部门参与的指挥部，各项工作正扎实稳步推进。强化控违工作常态管控，创新控违工作举措，完善控违工作机制，加大违章建设治理力度，有效遏制了违法建设行为的发生，全镇控违工作取得实效。实行保洁市场化，引进2家专业保洁公司，全天候抓好卫生保洁工作。争取市级资金110万元，镇政府配套30多万元，完成垃圾中转站建设并投入使用，是目前荆州市唯一一座乡镇垃圾中转站，实现了垃圾的日产日清。推进新农村社区建设，启动了合心、凤凰、杨泗3个新农村社区建设，提高群众生活质量，提升了城镇品位和形象。

【社会事业】 2013年，关沮镇始终把保障和改善民生作为政府工作的出发点和落脚点，努力让发展的成果惠及全镇人民。全镇共出生婴儿234人，人口出生率14.09‰，符合政策生育率97.86%。已婚育龄妇女三查率达到了96%以上，流出人员办证率100 %，流入人口登记验证率100%。困难群众医疗救助72人次，救助资金21万元；困难群众临时生活救助161人次，救助资金18万元；落实各项优抚安置政策，发放了义务兵优待金46.45万元，发放救灾款11万元。同时，全镇共完成城乡居民养老保险3535人,征缴金额82.72万元,参保缴费率100%。开展12次矛盾纠纷大排查，化解各类矛盾纠纷215起。处理信访问题19件，防止群体性上访6起。刑事、治安发案率明显下降，不断提高群众的安全感、社会治安满意度和政法机关执法满意度。

政府园全区企业至市慈善总会为雅安捐款

政府园全区企业运动会

荆州经济技术开发区岑河农场

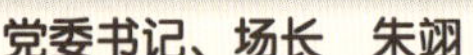
党委书记、场长　朱翊

集中学习

便民服务中心

岑河农场位于荆州经济技术开发区东大门，紧邻湖北针织重镇岑河，与沙市开发区接壤，是荆州实施“壮腰工程”的主战场。境内交通发达，蒙华铁路荆州东站规划在我场，深圳大道、上海大道、沙岑路、曙光路、亿均路、美的路、豉湖路构成“两纵六横”路网覆盖全境，距汉宜高速入口仅3公里。全场国土面积22平方公里，耕地面积1387公顷，总人口1.5万余人。辖6个农业分场，1个自然村，1个社区居委会，2所学校，1家医院，公益服务中心，派出所、司法所，38家工业企业（规模企业4家）。产业规划为荆州市机械电子工业园区。

文化交流

文体健身

该场由沙市区托管到荆州开发区后，在开发区管委会的正确领导下，迅速调整发展思路，转移工作重心，围绕建设“实力农场、宜居农场、平安农场、幸福农场”，积极推进中心工作，服务企业招工、服务项目落地，先后完成上海大道、同洲电子、长江液晶等征迁任务；不断加大投入，完成沙岑路道路刷黑改造、绿化、亮化及整治工程；启动自办工业园征地工作，增强集体经济实力；加大民生投入，强化社会保障力度；创新社会管理，实现网格管理全覆盖。人民群众幸福指数不断提升。近年来，该场先后被评为全省社会管理综治先进单位，全省人口和计划生育依法行政示范乡镇，全市信访工作先进单位，全市安全生产十佳乡镇等荣誉称号。

该场在荆州市“壮腰工程”战略思想的指引下，依托国家级经济开发区和国家承接产业转移示范区的平台，以打造“四大板块”（工业新区、新城、物流园区、生态科技农业）为产业支撑，努力实现“四个农场”发展目标，在全面建设小康社会的道路上昂首向前。

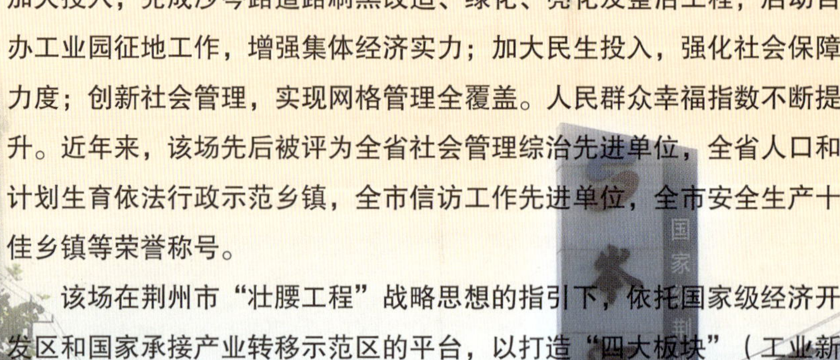
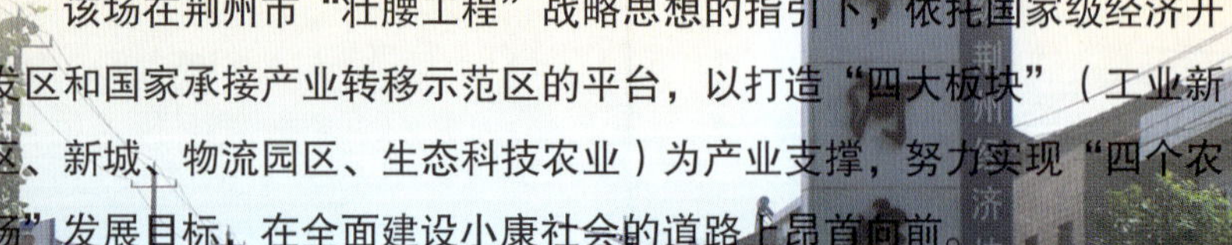
工业园区

北闸水利旅游风景区

2012年6月，省委常委宣传部长尹汉宁检查北闸防汛工作

2013年4月19日，泰国副总理包巴索·苏拉瓦蒂（右二）考察北闸

2014年8月26日，荆州市长江河管理局党委书记、局长曹辉（右二）检查北闸管理工作

荆江分洪工程位于湖北省公安县埠河镇太平口长江与虎渡河交汇处，与荆州古城隔江相望，是1952年新中国成立后兴建的第一个大型水利防洪工程。建闸时由30万军民参与建设，仅用75天时间建成，创下世界水利建设史上的奇迹。

经过60多年建设，北闸在充分发挥防洪工程效益的同时，有序地挖掘水利文化资源，使水利工程发挥多重效益，精心打造水利文化红色经典旅游景区。2006年被国务院公布为“全国重点文物保护单位”；2007年被省水利厅批准为“省水利风景区”；2009年国家旅游局评定为“3A国家级旅游景区”；2012年被省水利厅授予“全省景区建设与管理先进单位”；2013年被省委、省政府授予“文明单位”，同年被省爱卫会、省旅游局评定为“湖北省卫生示范旅游景区”。景区有较好的生态环境，树木苍郁、静谧优雅、鸟语花香，田园风光一望无垠，四季飘香的桂花树群和品种多样的花卉树木姹紫嫣红、分外妖娆，有“天然氧吧”、“世外桃源”之称。

荆州市工商联（总商会）

通过举办华中湘商会引进的投资10亿元的中联重科湖北（荆州）产业园项目落户荆州

2013 年，荆州市工商联以加强非公有制经济人士思想政治工作为重点，以服务非公有制企业发展为核心，在促进“两个健康”中彰显“正能量”，在服务非公经济发展和非公经济人士健康成长上做了大量富有成效的工作。市工商联获得 2013 年度全省工商联系统服务招商引资先进单位、全省工商联系统优秀调研成果三等奖、绩效考核先进单位和年度“十佳新业绩”、市直责任部门线人口计生目标管理一等奖、党建工作先进单位等荣誉称号。

一、参政议政取得新成效。组织非公有制经济人士中“两代表一委员”，围绕实施“壮腰工程”、“民营经济运行状况”及社会民生中热点难点问题，利用“两会”、“双月座谈会”等平台，提交了 46 件提案。提交集体提案 3 件，其中 2 件集体提案受到市主要领导批示。

二、服务大局获得新突破。完成了湖北首届楚商大会的联络和邀商工作，两位荆州籍企业家当选首届楚商大会副会长和秘书长。协助完成了“福州 · 荆州关公文化推介与招商洽谈会”。引进中联重科湖北（荆州）产业园项目，协助湘商食品工业园、湖北恒隆企业集团艾诗特项目的选址，参与了荆州银信集团农业项目协调服务工作和华中农高区、海子湖大遗址保护区招商引资工作。

三、服务民企再创新业绩。举办民营企业招聘会，组织 80 家知名民企参加，提供就业岗位 1200 个。启动了非公有制企业高级经济师职称评定工作。与移动公司合作举办“体验移动特色、服务民营企业”活动。启动了企业家培训“县市行”活动。开办了企业管理与国学智慧培训班，共培训企业家 1500 多人次。组织 10 名民营企业家代表参加北京大学高级工商管理培训班。推荐了民营企业家、商会会长共 11 人担任市委政法委法制环境监督员。成立了荆州市服务民营企业“同心 · 律师服务团”，20 名律师与企业结对子。邀请 12 名企业家参加省人大调研督办《湖北省优化经济环境条例》落实情况座谈会。

四是宣传调研开拓新局面。在监利召开了全市理想信念教育实践活动推进会，受到省、市表彰。开展了“民营经济发展”、“民营中小微企业创业创新”等专题调研，宣传推介了 16 家“创业创新”典型企业，3 家企业荣获全省创业创新表彰。开展了工商联干部和百家民企“面对面”交流座谈会。组织了百强民企调查，湖北福娃集团、湖北恒隆企业集团等 6 家民企入围 2013 年湖北民营企业 100 强。评选出了湖北省优秀中国特色社会主义建设者 7 人，荆州市中国特色社会主义建设者 30 人。

五是组织建设得到新加强。组织成立了荆州江西、荆州市汽车零部件、西安荆州等商会。顺利完成了荆州河南等商会换届工作。新成立了荆州市温州商会党总支和湖北开新商贸有限公司党支部。

六是回报社会彰显新特色。开展“思源工程”，积极动员非公有制经济人士参与“万名干部进万村洁万家”活动，捐赠并落实环卫整治专项资金 780 万元。组织商会、企业家参与“1+1 心连心”双联双促活动，走访慰问社区、驻村困难户 60 多户。开展“同心工程”，组织动员工商联系统单位积极参与四川雅安抗震救灾工作，捐款捐物共计 300 多万元。开展“助学工程”，动员组织企业家积极参与“爱心助残、助学圆梦”主题活动，共捐资 95 万元。开展“彩虹工程”，上海民营企业家为松滋麻水小学捐款人民币 15 万元、文具用品 2 万元。帮助农村贫困地区学生圆梦，捐赠了“爱心包裹”。“四大工程”共募集 1 千余万资金，受到了全国工商联、中国扶贫基金会的荣誉表彰。

举办非公有制经济人士理想信念教育实践活动推进会

组织召开《湖北省优化经济发展环境条例》实施情况座谈会

打造“助学工程”，动员组织企业家积极参与“爱心助残、助学圆梦”主题活动，各商会、企业共捐资95万元用于助残助学

目　　录
CONTENTS

第一篇　特　　载
Feature Articles

第二篇　统计资料
Statistical Data

特　　　　载

Feature Articles

一、统计公报

Statistical Communique

资料整理：曾庆峰

中华人民共和国
2013年国民经济和社会发展统计公报[1]

Statistical Communique on National Economic and Social Development of P.R.C. in 2013

中华人民共和国国家统计局

2014年2月24日

2013年，面对错综复杂的国内外形势，党中央、国务院团结带领全国各族人民深入贯彻落实党的十八大精神，坚持稳中求进工作总基调，坚持宏观政策要稳、微观政策要活、社会政策要托底的思路，统筹稳增长、调结构、促改革，探索创新宏观调控方式，经济社会发展稳中有进、稳中向好，实现了良好开局。

一、综合

年末全国大陆总人口为136072万人，比上年末增加668万人，其中城镇常住人口为73111万人，占总人口比重为53.73%，比上年末提高1.16个百分点。全年出生人口1640万人，出生率为12.08‰；死亡人口972万人，死亡率为7.16‰；自然增长率为4.92‰。全国人户分离的人口[2]为2.89亿人，其中流动人口[3]为2.45亿人。

表1　2013年年末人口数及其构成

单位：万人

指　标	年末数	比重%
全国总人口	136072	100.0
其中：城镇	73111	53.73
乡村	62961	46.27
其中：男性	69728	51.2
女性	66344	48.8
其中：0-15岁[4]（含不满16周岁）	23875	17.5
16-59岁（含不满60周岁）	91954	67.6
60周岁及以上	20243	14.9
其中：65周岁及以上	13161	9.7

国民经济平稳较快增长。初步核算，全年国内生产总值[5]568845亿元，比上年增长7.7%。其中，第一产业增加值56957亿元，增长4.0%；第二产业增加值249684亿元，增长7.8%；第三产业增加值262204亿元，增长8.3%。第一产业增加值占国内生产总值的比重为10.0%，第二产业增加值比重为43.9%，第三产业增加值比重为46.1%，第三产业增加值占比首次超过第二产业。

图1　2009-2013年国内生产总值及其增长速度

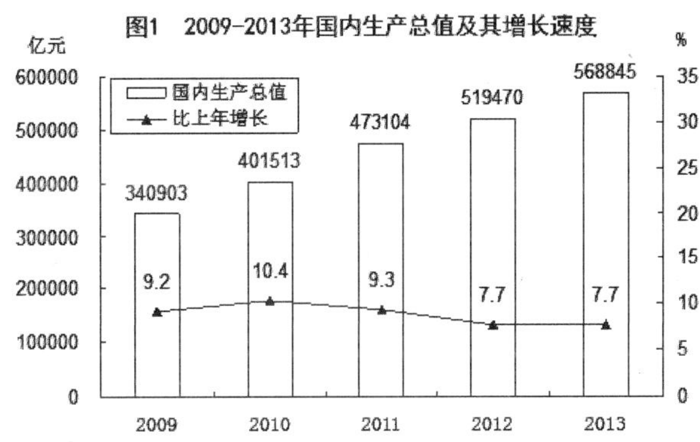

就业持续增加。年末全国就业人员76977万人，其中城镇就业人员38240万人。全年城镇新增就业1310万人。年末城镇登记失业率为4.05%，略低于上年末的4.09%。全国农民工[6]总量为26894万人，比上年增长2.4%。其中，外出农民工16610万人，增长1.7%；本地农民工10284万人，增长3.6%。

图2　2009-2013年城镇新增就业人数

劳动生产率稳步提高。全年国内生产总值与全部就业人员的比率为66199元/人（以2010年不变价格计算），比上年提高7.3%。

居民消费价格基本稳定。全年居民消费价格比上年上涨2.6%，其中食品价格上涨4.7%。固定资产投资价格上涨0.3%。工业生产者出厂价格下降1.9%。工业生产者购进价格下降2.0%。农产品生产者价格[7]上涨3.2%。

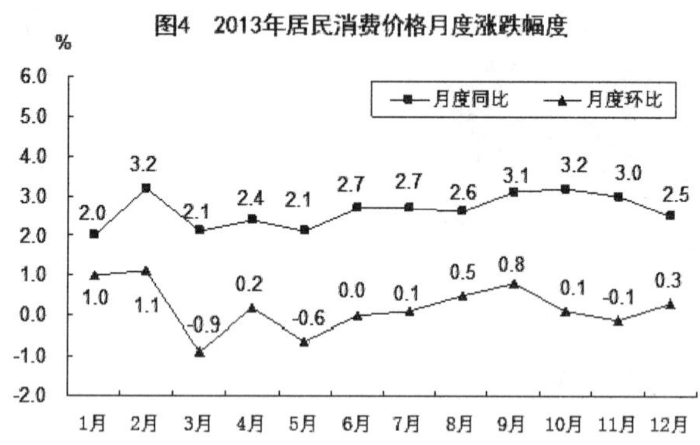

表2 2013年居民消费价格比上年涨跌幅度

单位：%

指　标	全国	城市	农村
居民消费价格	2.6	2.6	2.8
其中：食　品	4.7	4.6	4.9
烟酒及用品	0.3	0.1	0.8
衣　着	2.3	2.2	2.5
家庭设备用品及维修服务	1.5	1.5	1.3
医疗保健和个人用品	1.3	1.2	1.8
交通和通信	−0.4	−0.5	0.1
娱乐教育文化用品及服务	1.8	1.7	1.8
居　住	2.8	3.0	2.3

70个大中城市新建商品住宅销售价格月环比上涨的城市个数年末为65个。

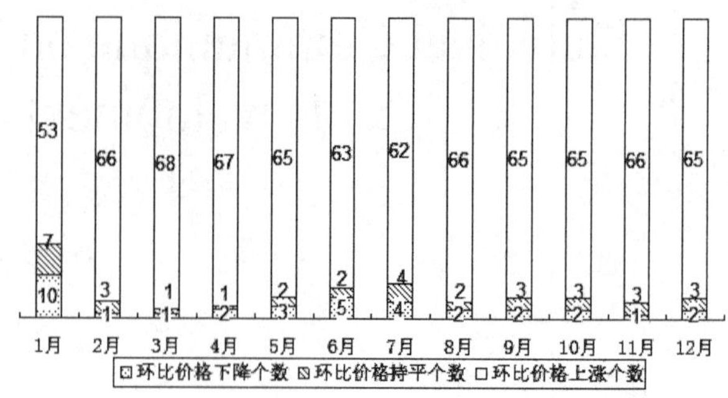

财政收入稳定增长。全年全国公共财政收入[8]129143亿元，比上年增加11889亿元，增长10.1%；其中税收收入110497亿元，增加9883亿元，增长9.8%。

图6 2009-2013年公共财政收入[9]

亿元

2009：68518　2010：83102　2011：103874　2012：117254　2013：129143

外汇储备继续增加。年末国家外汇储备38213亿美元，比上年末增加5097亿美元。年末人民币汇率为1美元兑6.0969元人民币，比上年末升值3.1%。

图7 2009-2013年年末国家外汇储备

亿美元

2009：23992　2010：28473　2011：31811　2012：33116　2013：38213

二、农业

全年粮食种植面积11195万公顷，比上年增加75万公顷；棉花种植面积435万公顷，减少34万公顷；油料种植面积1408万公顷，增加15万公顷；糖料种植面积199万公顷，减少4万公顷。

粮食再获丰收。全年粮食产量60194万吨，比上年增加1236万吨，增产2.1%。其中，夏粮产量13189万吨，增产1.5%；早稻产量3407万吨，增产2.4%；秋粮产量43597万吨，增产2.3%。其中，主要粮食品种中，稻谷产量20329万吨，减产0.5%；小麦产量12172万吨，增产0.6%；玉米产量21773万吨，增产5.9%。

图8 2009-2013年粮食产量

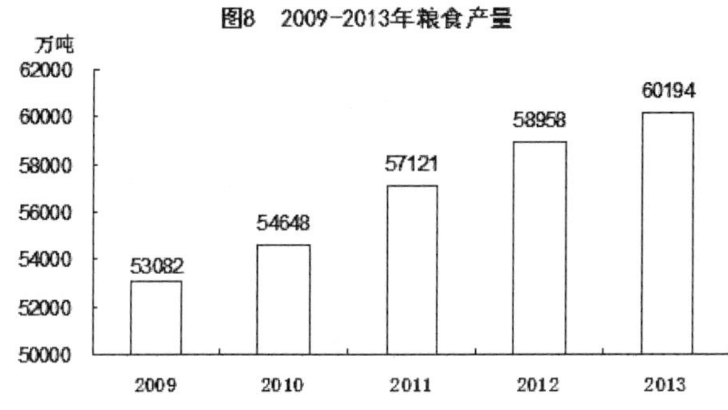

全年棉花产量631万吨，比上年减产7.7%。油料产量3531万吨，增产2.8%。糖料产量13759万吨，增产2.0%。茶叶产量193万吨，增产7.9%。

全年肉类总产量8536万吨，比上年增长1.8%。其中，猪肉产量5493万吨，增长2.8%；牛肉产量673万吨，增长1.7%；羊肉产量408万吨，增长1.8%；禽肉产量1798万吨，下降1.3%。年末生猪存栏47411万头，下降0.4%；生猪出栏71557万头，增长2.5%。禽蛋产量2876万吨，增长0.5%。牛奶产量3531万吨，下降5.7%。

全年水产品产量6172万吨，比上年增长4.5%。其中，养殖水产品产量4547万吨，增长6.0%；捕捞水产品产量1625万吨，增长3.5%。

全年木材产量8367万立方米，比上年增长2.3%。

全年新增有效灌溉面积129万公顷，新增节水灌溉面积211万公顷。

三、工业和建筑业

工业生产稳定增长。全年全部工业增加值210689亿元，比上年增长7.6%。规模以上工业增加值增长9.7%。在规模以上工业中，分经济类型看，国有及国有控股企业增长6.9%；集体企业增长4.3%，股份制企业增长11.0%，外商及港澳台商投资企业增长8.3%；私营企业增长12.4%。分门类看，采矿业[10]增长6.4%，制造业增长10.5%，电力、热力、燃气及水生产和供应业增长6.8%。

图9 2013年规模以上工业增加值增速（月度同比）

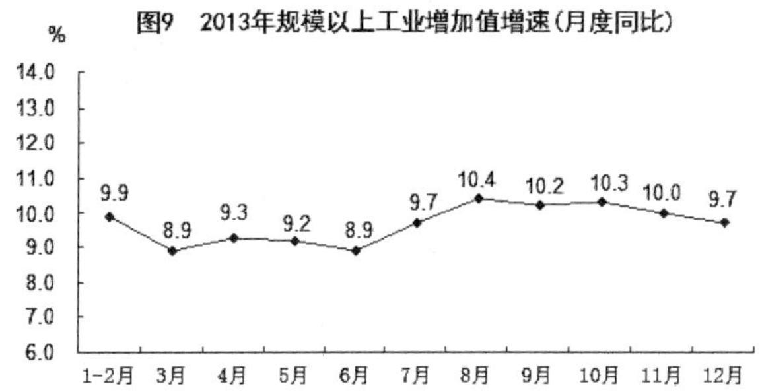

全年规模以上工业中，农副食品加工业增加值比上年增长9.4%，纺织业增长8.7%，通用设备制造业增长9.2%，专用设备制造业增长8.5%，汽车制造业增长14.9%，计算机、通信和其他电子设备制造业增长11.3%，电气机械和器材制造业增长10.9%。六大高耗能行业[11]增加值比上年增长10.1%，其中，非金属矿物制品业增长11.5%，化学原料和化学制品制造业增长12.1%，有色金属冶炼和压延加工业增长14.6%，黑色金属冶炼和压延加工业增长9.9%，电力、热力生产和供应业增长6.2%，石油加工、炼焦和核燃料加工业增长6.1%。高技术制造业增加值比上年增长11.8%。

表3 2013年主要工业产品产量及其增长速度

产品名称	单　位	产　量	比上年增长%
纱	万吨	3200.0	7.2
布	亿米	882.7	4.0
化学纤维	万吨	4121.9	7.4
成品糖	万吨	1589.7	12.8
卷　烟	亿支	25604.0	1.8
彩色电视机	万台	12776.1	−0.4
其中：液晶电视机	万台	12290.3	4.5
家用电冰箱	万台	9261.0	9.9
房间空气调节器	万台	13057.2	5.3
一次能源生产总量	亿吨标准煤	34.0	2.4
原　煤	亿吨	36.8	0.8
原　油	亿吨	2.09	1.8
天然气[12]	亿立方米	1170.5	9.4
发电量	亿千瓦小时	53975.9	7.5
其中：火电	亿千瓦小时	42358.7	7.0
水电	亿千瓦小时	9116.4	5.6

产品名称	单　位	产　量	比上年增长%
核电	亿千瓦小时	1106.3	13.6
粗　钢	万吨	77904.1	7.6
钢　材[13]	万吨	106762.2	11.7
十种有色金属	万吨	4054.9	9.7
其中：精炼铜（电解铜）	万吨	649.0	12.7
原铝（电解铝）	万吨	2205.9	9.2
氧化铝	万吨	4437.2	17.7
水　泥	亿吨	24.2	9.3
硫　酸（折100%）	万吨	8122.6	3.1
纯　碱	万吨	2434.9	1.6
烧　碱（折100%）	万吨	2859.0	6.0
乙　烯	万吨	1622.6	9.1
化　肥（折100%）	万吨	7037.0	3.0
发电机组（发电设备）	万千瓦	12572.8	−3.3
汽　车	万辆	2211.7	14.7
其中：基本型乘用车（轿车）	万辆	1210.4	12.4
大中型拖拉机	万台	58.7	11.4
集成电路	亿块	866.5	11.2
程控交换机	万线	3115.7	10.1
移动通信手持机	万台	145561.0	23.2
微型计算机设备	万台	33661.0	5.8

年末全国发电装机容量124738万千瓦，比上年末增长9.3%。其中，火电装机容量86238万千瓦，增长5.7%；水电装机容量28002万千瓦，增长12.3%；核电装机容量1461万千瓦，增长16.2%；并网风电装机容量7548万千瓦，增长24.5%；并网太阳能发电装机容量1479万千瓦，增长3.4倍。

全年规模以上工业企业实现利润62831亿元，比上年增长12.2%，其中国有及国有控股企业15194亿元，增长6.4%；集体企业825亿元，增长2.1%，股份制企业37285亿元，增长11.0%，外商及港澳台商投资企业14599亿元，增长15.5%；私营企业20876亿元，增长14.8%。

全年全社会建筑业增加值38995亿元，比上年增长9.5%。全国具有资质等级的总承包和专业承包建筑业企业实现利润5575亿元，增长16.7%，其中国有及国有控股企业1363亿元，增长20.1%。

四、固定资产投资

固定资产投资较快增长。全年全社会固定资产投资447074亿元，比上年增长19.3%，扣除价格因素，实际增长18.9%。其中，固定资产投资（不含农户）436528亿元，增长19.6%；农户投资10547亿元，增长7.2%。东部地区投资[14]179092亿元，比上年增长17.9%；中部地区投资105894亿元，增长22.2%；西部地区投资109228亿元，增长22.8%；东北地区投资47367亿元，增长18.4%。

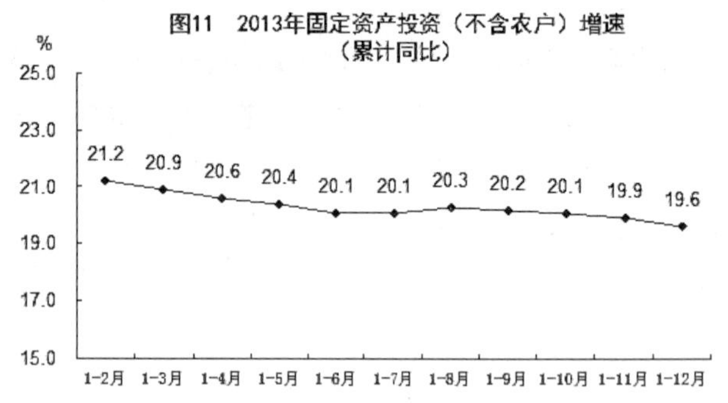

表4　2013年分行业固定资产投资（不含农户）及其增长速度

单位：亿元

行　业	投资额	比上年增长%
总　计	436528	19.6
农、林、牧、渔业	11611	32.4
采矿业	14750	10.9
制造业	147370	18.5
电力、热力、燃气及水生产和供应业	19744	18.4
建筑业	3737	1.4
批发和零售业	12695	30.0
交通运输、仓储和邮政业	36194	17.2
住宿和餐饮业	6001	17.5

行　业	投资额	比上年增长%
信息传输、软件和信息技术服务业	3216	19.5
金融业	1250	35.3
房地产业[15]	111424	20.3
租赁和商务服务业	5922	26.1
科学研究和技术服务业	3149	27.2
水利、环境和公共设施管理业	37598	26.9
居民服务、修理和其他服务业	2037	20.8
教育	5486	19.1
卫生和社会工作	3184	21.7
文化、体育和娱乐业	5251	23.0
公共管理、社会保障和社会组织	5908	−2.3

在固定资产投资（不含农户）中，第一产业[16]投资9241亿元，比上年增长32.5%；第二产业投资184804亿元，增长17.4%；第三产业投资242482亿元，增长21.0%。

表5　2013年固定资产投资新增主要生产能力

指　标	单　位	绝对数
新增220千伏及以上变电设备	万千伏安	19631
新建铁路投产里程	公里	5586
其中：高速铁路[17]	公里	1672
增建铁路复线投产里程	公里	4180
电气化铁路投产里程	公里	4810
新建公路里程	公里	70274
其中：高速公路	公里	8260
港口万吨级码头泊位新增吞吐能力	万吨	33119
新增光缆线路长度	万公里	266

全年房地产开发投资86013亿元，比上年增长19.8%。其中，住宅投资58951亿元，增长19.4%；办公楼投资4652亿元，增长38.2%；商业营业用房投资11945亿元，增长28.3%。

全年新开工建设城镇保障性安居工程住房666万套（户），基本建成城镇保障性安居工程住房544万套。

表6　2013年房地产开发和销售主要指标完成情况及其增长速度

指　标	单 位	绝对数	比上年增长%
投资额	亿元	86013	19.8
其中：住宅	亿元	58951	19.4
其中：90平方米及以下	亿元	19446	15.8
房屋施工面积	万平方米	665572	16.1
其中：住宅	万平方米	486347	13.4
房屋新开工面积	万平方米	201208	13.5
其中：住宅	万平方米	145845	11.6
房屋竣工面积	万平方米	101435	2.0
其中：住宅	万平方米	78741	−0.4
商品房销售面积	万平方米	130551	17.3
其中：住宅	万平方米	115723	17.5
本年到位资金	亿元	122122	26.5
其中：国内贷款	亿元	19673	33.1
其中：个人按揭贷款	亿元	14033	33.3

五、国内贸易

市场销售平稳较快增长。全年社会消费品零售总额237810亿元，比上年增长13.1%，扣除价格因素，实际增长11.5%。按经营地统计，城镇消费品零售额205858亿元，增长12.9%；乡村消费品零售额31952亿元，增长14.6%。按消费形态统计，商品零售额212241亿元，增长13.6%；餐饮收入额25569亿元，增长9.0%。

图12　2013年社会消费品零售总额增速（月度同比）

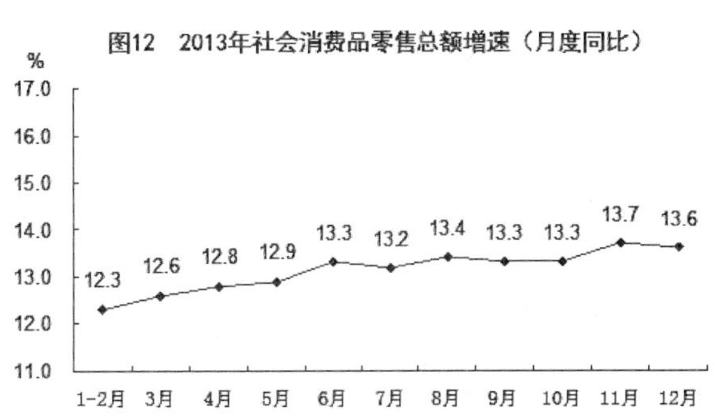

在限额以上企业商品零售额中，粮油、食品、饮料、烟酒类零售额比上年增长13.9%，服装、鞋帽、针纺织品类增长11.6%，化妆品类增长13.3%，金银珠宝类增长25.8%，日用品类增长14.1%，家用电器和音像器材类增长14.5%，中西药品类增长17.7%，

文化办公用品类增长11.8%，家具类增长21.0%，通讯器材类增长20.4%，石油及制品类增长9.9%，汽车类增长10.4%，建筑及装潢材料类增长22.1%。

六、对外经济

进出口稳中有升。全年货物进出口总额258267亿元人民币，以美元计价为41600亿美元，比上年增长7.6%。其中，出口137170亿元人民币，以美元计价为22096亿美元，增长7.9%；进口121097亿元人民币，以美元计价为19504亿美元，增长7.3%。进出口差额（出口减进口）16072亿元人民币，比上年增加1514亿元人民币，以美元计价为2592亿美元，增加289亿美元。

图13　2009-2013年货物进出口总额

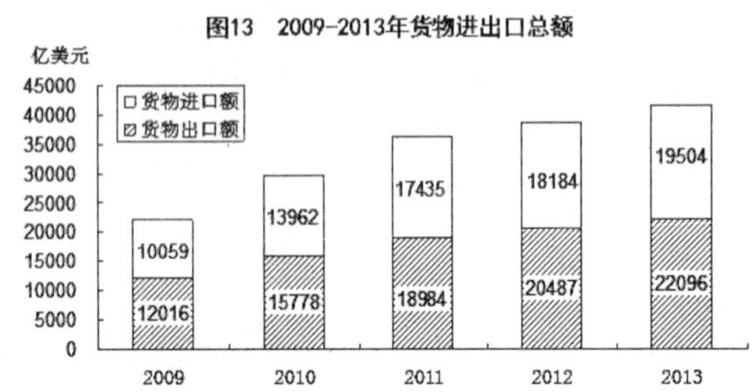

表7　2013年货物进出口总额及其增长速度

单位：亿美元

指　标	绝对数	比上年增长%
货物进出口总额	41600	7.6
货物出口额	22096	7.9
其中：一般贸易	10875	10.1
加工贸易	8605	−0.3
其中：机电产品	12652	7.3
高新技术产品	6603	9.8
货物进口额	19504	7.3
其中：一般贸易	11099	8.6
加工贸易	4970	3.3
其中：机电产品	8400	7.3
高新技术产品	5582	10.1
进出口差额（出口减进口）	2592	—

表8　2013年主要商品出口数量、金额及其增长速度

商品名称	单位	数量	比上年增长%	金额（亿美元）	比上年增长%
煤（包括褐煤）	万吨	751	−19.1	11	−33.1
钢材	万吨	6234	11.9	532	3.4
纺织纱线、织物及制品	——	—	—	1069	11.7
服装及衣着附件	——	—	—	1770	11.3
鞋类	——	—	—	508	8.4
家具及其零件	——	—	—	518	6.2
自动数据处理设备及其部件	万台	187050	2.0	1822	−1.7
手持或车载无线电话	万台	118582	16.9	951	17.3
集装箱	万个	270	8.8	79	−6.4
液晶显示板	万个	326577	3.1	359	−1.0
汽车（包括整套散件）	万辆	92	−6.7	120	−5.3

表9　2013年主要商品进口数量、金额及其增长速度

商品名称	数量（万吨）	比上年增长%	金额（亿美元）	比上年增长%
谷物及谷物粉	1458	4.3	51	6.6
大豆	6338	8.6	380	8.6
食用植物油	810	−4.2	81	−16.7
铁矿砂及其精矿	81931	10.2	1059	10.4
氧化铝	383	−23.7	14	−22.7
煤（包括褐煤）	32708	13.4	290	1.1
原油	28192	4.0	2196	−0.5
成品油	3959	−0.6	320	−3.2
初级形状的塑料	2462	3.9	491	6.3
纸浆	1685	2.4	114	3.7
钢材	1408	3.1	170	−4.3
未锻造的铜及铜材	453	−2.5	353	−8.5

表10　2013年对主要国家和地区货物进出口额及其增长速度

单位：亿美元

国家和地区	出口额	比上年增长%	进口额	比上年增长%
欧盟	3390	1.1	2200	3.7
美国	3684	4.7	1525	14.8
东盟	2441	19.5	1996	1.9
中国香港	3848	19.0	162	−9.3
日本	1503	−0.9	1623	−8.7
韩国	912	4.0	1831	8.5
中国台湾	406	10.5	1566	18.5
俄罗斯	496	12.6	396	−10.2
印度	484	1.6	170	−9.6

全年服务进出口（按国际收支口径统计，不含政府服务，下同）总额5396亿美元，比上年增长14.7%。其中，服务出口2106亿美元，增长10.6%；服务进口3291亿美元，增长17.5%。服务进出口逆差1185亿美元。

全年非金融领域新批外商直接投资企业22773家，比上年下降8.6%。实际使用外商直接投资金额1176亿美元，增长5.3%。

表11 2013年非金融领域外商直接投资及其增长速度

行　　业	企业数（家）	比上年增长%	实际使用金额（亿美元）	比上年增长%
总　计	**22773**	**-8.6**	**1175.9**	**5.3**
其中：农、林、牧、渔业	757	−14.2	18.0	−12.7
制造业	6504	−27.5	455.5	−6.8
电力、燃气及水的生产和供应业	200	7.0	24.3	48.2
交通运输、仓储和邮政业	401	1.0	42.2	21.4
信息传输、计算机服务和软件业	796	−14.0	28.8	−14.2
批发和零售业	7349	4.6	115.1	21.7
房地产业	530	12.3	288.0	19.4
租赁和商务服务业	3359	4.0	103.6	26.2
居民服务和其他服务业	166	−13.5	6.6	−43.6

全年非金融领域对外直接投资额902亿美元，比上年增长16.8%。

全年对外承包工程业务完成营业额1371亿美元，比上年增长17.6%；对外劳务合作派出各类劳务人员52.7万人，增长2.9%。

七、交通、邮电和旅游

交通运输平稳较快增长。全年货物运输总量451亿吨，比上年增长9.9%。货物运输周转量186478亿吨公里，增长7.3%。全年规模以上港口完成货物吞吐量106.1亿吨，比上年增长8.5%，其中外贸货物吞吐量33.1亿吨，增长9.2%。规模以上港口集装箱吞吐量18878万标准箱，增长6.7%。

表12 2013年各种运输方式完成货物运输量及其增长速度

指　标	单位	绝对数	比上年增长%
货物运输总量	**亿吨**	**450.6**	**9.9**
铁路	亿吨	39.7	1.6
公路	亿吨	355.0	11.3
水运	亿吨	49.3	7.5
民航	万吨	557.6	2.3
管道[18]	亿吨	6.6	6.3
货物运输周转量	**亿吨公里**	**186478.4**	**7.3**
铁路	亿吨公里	29173.9	0.0
公路	亿吨公里	67114.5	12.7
水运	亿吨公里	86520.6	5.9
民航	亿吨公里	168.6	2.9
管道	亿吨公里	3500.9	9.0

全年旅客运输总量402亿人次，比上年增长5.6%。旅客运输周转量36036亿人公里，增长7.9%。

表13 2013年各种运输方式完成旅客运输量及其增长速度

指　标	单位	绝对数	比上年增长%
旅客运输总量	**亿人次**	**401.9**	**5.6**
铁路	亿人次	21.1	10.8
公路	亿人次	374.7	5.3
水运	亿人次	2.6	1.8
民航	亿人次	3.5	10.9
旅客运输周转量	**亿人公里**	**36036.0**	**7.9**
铁路	亿人公里	10595.6	8.0
公路	亿人公里	19705.6	6.7
水运	亿人公里	76.3	−1.6
民航	亿人公里	5658.5	12.6

年末全国民用汽车保有量达到13741万辆（包括三轮汽车和低速货车1058万辆），比上年末增长13.7%，其中私人汽车保有量10892万辆，增长17.0%。民用轿车保有量7126万辆，增长19.0%，其中私人轿车6410万辆，增长20.8%。

全年完成邮电业务总量[19]16679亿元，比上年增长11.1%。其中，邮政业务总量2725亿元，增长33.8%；电信业务总量13954亿元，增长7.5%。邮政业全年完成邮政函件业务63.20亿件，包裹业务0.69亿件，快递业务量91.9亿件；快递业务收入1442亿元。电信业全年局用交换机容量减少2697万门，总容量41052万门；新增移动电话交换机容量[20]12522万户，达到196545万户。年末固定电话用户26699万户。新增移动电话用户11696万户，年末达到122911万户，其中3G移动电话用户[21]40161万户。电话普及率达到110.5部/百人。互联网上网人数6.18亿人，其中手机上网人数[22]5.0亿人。互联网普及率达到45.8%。

图14　2009-2013年年末电话用户数

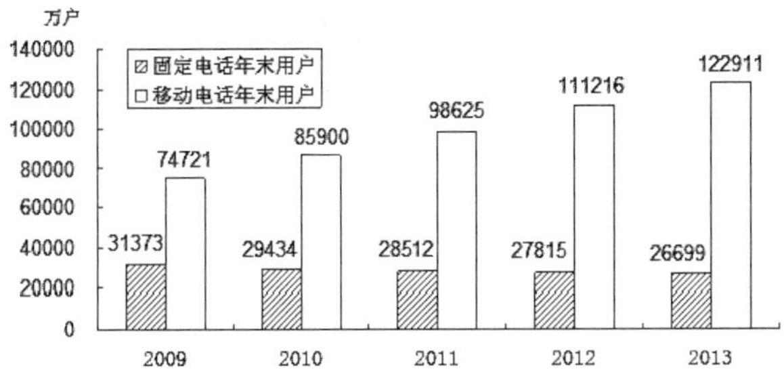

全年国内游客[23]32.6亿人次，比上年增长10.3%；国内旅游收入26276亿元，增长15.7%。入境游客12908万人次，下降2.5%。其中，外国人2629万人次，下降3.3%；香港、澳门和台湾同胞10279万人次，下降2.3%。在入境游客中，过夜游客5569万人次，下降3.5%。国际旅游外汇收入517亿美元，增长3.3%。国内居民出境9819万人次，增长18.0%。其中因私出境9197万人次，增长19.3%。

八、金融

金融市场运行总体平稳。年末广义货币供应量（M2）余额为110.7万亿元，比上年末增长13.6%；狭义货币供应量（M1）余额为33.7万亿元，增长9.3%；流通中现金（M0）余额为5.9万亿元，增长7.2%。

全年社会融资规模[24]为17.3万亿元，按可比口径计算，比上年多1.5万亿元。年末全部金融机构本外币各项存款余额107.1万亿元，比年初增加12.7万亿元，其中人民币各项存款余额104.4万亿元，增加12.6万亿元。全部金融机构本外币各项贷款余额76.6万亿元，增加9.3万亿元，其中人民币各项贷款余额71.9万亿元，增加8.9万亿元。

表14　2013年年末全部金融机构本外币存贷款余额及其增长速度

单位：亿元

指　标	年末数	比上年末增长%
各项存款余额	1070588	13.5
其中：住户存款	465437	13.5
其中：人民币	461370	13.6
非金融企业存款	380070	10.1
各项贷款余额	766327	13.9
其中：境内短期贷款	311772	16.3
境内中长期贷款	410346	12.8

年末主要农村金融机构（农村信用社、农村合作银行、农村商业银行）人民币贷款余额91644亿元，比年初增加13324亿元。全部金融机构人民币消费贷款余额129721亿元，增加25401亿元。其中，个人短期消费贷款余额26558亿元，增加7198亿元；个人中长期消费贷款余额103163亿元，增加18203亿元。

全年上市公司通过境内市场累计筹资[25]6885亿元，比上年增加1044亿元。其中，A股再筹资（包括配股、公开增发、非公开增发[26]、认股权证）2803亿元，增加710亿元；上市公司通过发行可转债、可分离债、公司债筹资4082亿元，增加1369亿元。

全年发行公司信用类债券[27]3.67万亿元，比上年减少667亿元。

全年保险公司原保险保费收入[28]17222亿元，比上年增长11.2%，其中寿险业务原保险保费收入9425亿元；健康险和意外伤害险业务原保险保费收入1585亿元；财产险业务原保险保费收入6212亿元。支付各类赔款及给付6213亿元，其中寿险业务给付2253亿元；健康险和意外伤害险赔款及给付521亿元；财产险业务赔款3439亿元。

九、人民生活和社会保障

城乡居民收入继续增加。全年农村居民人均纯收入8896元，比上年增长12.4%，扣除价格因素，实际增长9.3%；农村居民人均纯收入中位数[29]为7907元，增长12.7%。城镇居民人均可支配收入26955元，比上年增长9.7%，扣除价格因素，实际增长7.0%；城镇居民人均可支配收入中位数为24200元，增长10.1%。根据从2012年四季度起实施的城乡一体化住户调查[30]，全国居民人均可支配收入18311元，比上年增长10.9%，扣除价格因素，实际增长8.1%。农村居民食品消费支出占消费总支出的比重为37.7%，比上年下降1.6个百分点；城镇为35.0%，下降1.2个百分点。

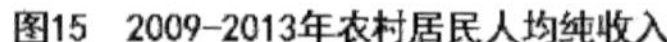
图15　2009-2013年农村居民人均纯收入

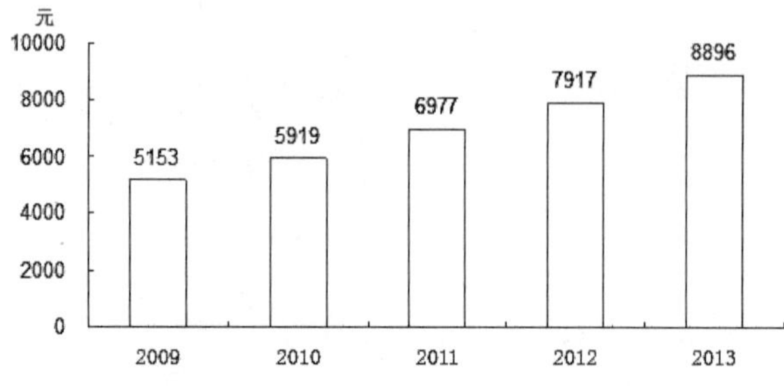

图16　2009-2013年城镇居民人均可支配收入

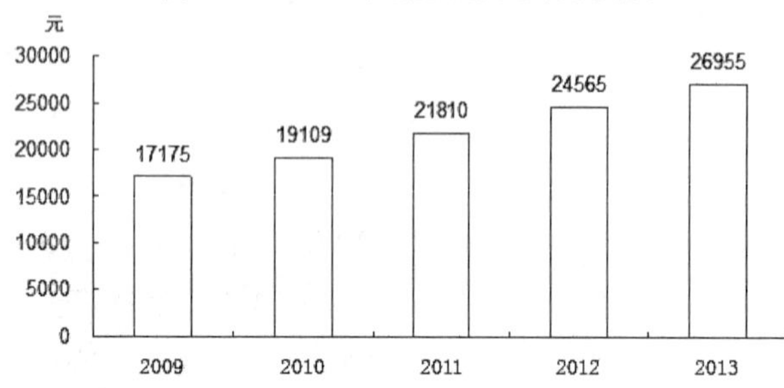

年末全国参加城镇职工基本养老保险人数32212万人，比上年末增加1785万人。参加城乡居民基本养老保险人数49750万人，增加1381万人。参加基本医疗保险人数57322万人，增加3680万人。其中，参加职工基本医疗保险人数27416万人，增加930万人；参加居民基本医疗保险人数29906万人，增加2750万人。参加失业保险人数16417万人，增加1192万人。年末全国领取失业保险金人数197万人。参加工伤保险人数19897万人，增加887万人，其中参加工伤保险的农民工7266万人，增加86万人。参加生育保险人数16397万人，增加968万人。年末，2489个县（市、区）实施了新型农村合作医疗制度，新型农村合作医疗参合率99.0%；1-9月新型农村合作医疗基金支出总额[31]为2067亿元。按照年人均纯收入2300元（2010年不变价）的农村扶贫标准计算，2013年农村贫困人口为8249万人，比上年减少1650万人。

十、教育、科学技术和文化

教育科技文化事业持续发展。全年研究生招生61.1万人，在学研究生179.4万人，毕业生51.4万人。普通本专科招生699.8万人，在校生2468.1万人，毕业生638.7万人。中等职业教育[32]招生698.3万人，在校生1960.2万人，毕业生678.1万人。普通高中招生822.7万人，在校生2435.9万人，毕业生799.0万人。初中招生1496.1万人，在校生4440.1万人，毕业生1561.5万人。普通小学招生1695.4万人，在校生9360.5万人，毕业生1581.1万人。特殊教育招生6.6万人，在校生36.8万人，毕业生5.1万人。幼儿园在园幼儿3894.7万人。

图17　2009-2013年高等教育、中等职业教育及普通高中招生人数

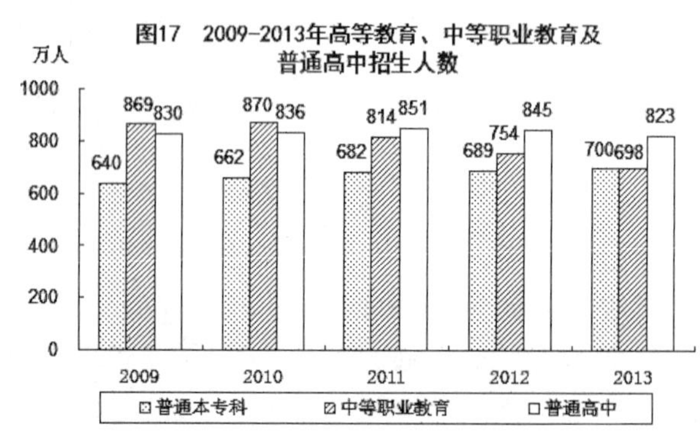

全年研究与试验发展（R&D）经费支出11906亿元，比上年增长15.6%，占国内生产总值的2.09%，其中基础研究经费569亿元。全年国家安排了3543项科技支撑计划课题，2118项“863”计划课题。累计建设国家工程研究中心132个，国家工程实验室143个，国家认定企业技术中心达到1002家。全年国家新兴产业创投计划[33]累计支持设立141家创业投资企业，资金总规模近390亿元，投资了创业企业422家。全年受理境内外专利申请237.7万件，其中境内申请221.0万件，占93.0%。受理境内外发明专利申请82.5万件，其中境内申请69.3万件，占84.0%。全年授予专利权131.3万件，其中境内授权121.0万件，占92.2%。授予发明专利权20.8万件，其中境内授权13.8万件，占66.6%。截至年底，有效专利419.5万件，其中境内有效专利352.5万件，占84.0%；有效发明专利103.4万件，其中境内有效发明专利54.5万件，占52.7%。全年共签订技术合同29.5万项，技术合同成交金额7469.0亿元，比上年增长16.0%。

全年成功发射卫星14次。神舟十号载人飞船与天

宫一号目标飞行器成功实施首次绕飞交会试验，嫦娥三号探测器顺利实现首次在地外天体软着陆和巡视勘查，“蛟龙号”载人潜水器实现从深潜海试到科学应用的跨越。

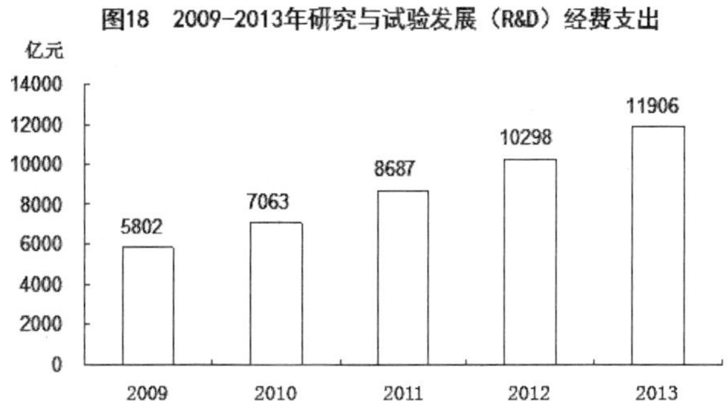

年末全国共有产品检测实验室30098个，其中国家检测中心556个。全国现有产品质量、体系认证机构174个，已累计完成对110949个企业的产品认证。全年制定、修订国家标准1870项，其中新制定1161项。全国共有地震台站1687个，区域地震台网32个。全国共有海洋观测站79个。测绘地理信息部门公开出版地图1585种。

年末全国文化系统共有艺术表演团体2055个，博物馆2638个。全国共有公共图书馆3073个，文化馆3298个。有线电视用户2.24亿户，有线数字电视用户1.69亿户。年末广播节目综合人口覆盖率为97.8%；电视节目综合人口覆盖率为98.4%。全年生产电视剧441部15783集，电视动画片199132分钟。全年生产故事影片638部，科教、纪录、动画和特种影片[34]186部。出版各类报纸478亿份，各类期刊34亿册，图书83亿册（张）。年末全国共有档案馆4122个，已开放各类档案12059万卷（件）。

全年我国运动员在22个运动大项中获得124个世界冠军，共创13项世界纪录。全年我国残疾人运动员在28项国际赛事中获得306个世界冠军。

十一、卫生和社会服务

卫生和社会服务事业不断进步。年末全国共有医疗卫生机构973597个，其中医院24720个，乡镇卫生院36978个，社区卫生服务中心（站）33976个，诊所（卫生所、医务室）184058个，村卫生室649080个，疾病预防控制中心3519个，卫生监督所（中心）2994个。卫生技术人员718万人，其中执业医师和执业助理医师279万人，注册护士278万人。医疗卫生机构床位618万张，其中医院458万张，乡镇卫生院113万张。

年末全国各类提供住宿的社会服务机构[35]4.7万个，床位509.4万张，收养救助各类人员310.0万人。其中，养老服务机构4.3万个，床位474.6万张，收留抚养各类人员294.3万人。年末共有社区服务中心1.9万个，社区服务站10.3万个。年末全国共有2061.3万人享受城市居民最低生活保障，5382.1万人享受农村居民最低生活保障，农村五保供养[36]538.2万人。全年资助1229.3万城市困难群众参加医疗保险，资助4132.5万农村困难群众参加新型农村合作医疗。

十二、资源、环境和安全生产

全年全国国有建设用地供应总量[37]73万公顷，比上年增长5.8%。其中，工矿仓储用地21万公顷，增长3.2%；房地产用地[38]20万公顷，增长26.8%；基础设施等其他用地32万公顷，下降2.9%。

全年水资源总量27860亿立方米。全年平均降水量665毫米。年末全国613座大型水库蓄水总量3488亿立方米，比上年末蓄水量减少5%。全年总用水量6170亿立方米，比上年增长0.6%。其中，生活用水增长2.7%，工业用水增长1.4%，农业用水下降0.1%，生态补水增长1.6%。万元国内生产总值用水量[39]121立方米，比上年下降6.5%。万元工业增加值用水量68立方米，下降5.7%。人均用水量453立方米，与上年基本持平。

全年完成造林面积609万公顷，其中人工造林418万公顷。林业重点工程完成造林面积249万公顷，占全部造林面积的40.9%。截至年底，自然保护区达到2697个，其中国家级自然保护区407个。新增水土流失治理面积5.7万平方公里，新增实施水土流失地区封育保护面积2.0万平方公里。

全年平均气温为10.2℃，共有9个台风登陆。

初步核算，全年能源消费总量37.5亿吨标准煤，比上年增长3.7%。煤炭消费量增长3.7%；原油消费量增长3.4%；天然气消费量增长13.0%；电力消费量增长7.5%。全国万元国内生产总值能耗下降3.7%。

十大流域[40]的704个水质监测断面中，Ⅰ～Ⅲ类水质断面比例占71.7%，劣Ⅴ类水质断面比例占8.9%。十大流域水质总体为轻度污染，水质保持基本稳定。

近岸海域301个海水水质监测点中，达到国家一、二类海水水质标准的监测点占66.4%，三类海水占8.0%，四类、劣四类海水占25.6%。

年末城市污水处理厂日处理能力达12246万立方米，比上年末增长4.4%；城市污水处理率达到87.9%，提高0.6个百分点。城市集中供热面积54.1亿平方米，增长4.5%。建成区绿地率达到36.0%，提高0.3个百分点。

全年农作物受灾面积3135万公顷，其中绝收384万公顷。全年因洪涝地质灾害造成直接经济损失1884亿元，因旱灾造成直接经济损失905亿元，因低温冷冻和雪灾造成直接经济损失260亿元，因海洋灾害造成直接经济损失165亿元。全年大陆地区共发生5级以上地震41次，成灾14次，造成直接经济损失995亿元。全年共发生森林火灾3929起，森林火灾受害森林面积1.4万公顷。

全年各类生产安全事故共死亡69434人。亿元国内生产总值生产安全事故死亡人数为0.124人，比上年下降12.7%；工矿商贸企业就业人员10万人生产安全事故死亡人数为1.52人，下降7.3%；道路交通万车死亡人数为2.3人，下降8.0%；煤矿百万吨死亡人数为0.288人，下降23.0%。

注释：

[1]本公报中数据均为初步统计数。各项统计数据均未包括香港特别行政区、澳门特别行政区和台湾省。部分数据因四舍五入的原因，存在着与分项合计不等的情况。

[2]人户分离的人口是指居住地与户口登记地所在的乡镇街道不一致且离开户口登记地半年以上的人口。

[3]流动人口是指人户分离人口中扣除市辖区内人户分离的人口。市辖区内人户分离的人口是指一个直辖市或地级市所辖区内和区与区之间，居住地和户口登记地不在同一乡镇街道的人口。

[4]考虑到我国劳动年龄下限为16周岁，从2013年开始公布16–59岁（含不满60周岁）人口数据。按照往年公报公布口径，2013年末，0–14岁（含不满15周岁）人口为22329万人，15–59岁（含不满60周岁）人口为93500万人。

[5]国内生产总值、各产业增加值绝对数按现价计算，增长速度按不变价格计算。

[6]年度农民工数量包括年内在本乡镇以外从业6个月以上的外出农民工和在本乡镇内从事非农产业6个月以上的本地农民工两部分。

[7]农产品生产者价格是指农产品生产者直接出售其产品时的价格。

[8]公共财政收入是指政府凭借国家政治权力，以社会管理者身份筹集以税收为主体的收入。

[9]图中2009年至2012年数据为公共财政收入决算数，2013年为执行数。

[10]根据《国民经济行业分类》（GB/T4754–2011），从2013年开始工业行业不再使用“轻工业”、“重工业”分类，而以采矿业、制造业、电力热力燃气及水生产和供应业的标准行业分类代替。

[11]六大高耗能行业分别为：化学原料和化学制品制造业、非金属矿物制品业、黑色金属冶炼和压延加工业、有色金属冶炼和压延加工业、石油加工炼焦和核燃料加工业、电力热力生产和供应业。

[12]天然气包括气田天然气、油田天然气（分为油田气层气、油田中伴生的溶解气）和煤田天然气（即与煤共生的瓦斯气）。

[13]钢材产量数据中含使用钢材加工成其他钢材的重复计算因素。

[14]固定资产投资按东部、中部、西部和东北地区计算的合计数据小于全国数据，是因为有部分跨地区的投资未计算在地区数据中。其中，东部地区是指北京、天津、河北、上海、江苏、浙江、福建、山东、广东和海南10省（市）；中部地区是指山西、安徽、江西、河南、湖北和湖南6省；

西部地区是指内蒙古、广西、重庆、四川、贵州、云南、西藏、陕西、甘肃、青海、宁夏和新疆12省（区、市）；东北地区是指辽宁、吉林和黑龙江3省。

[15]房地产业投资除房地产开发投资外，还包括建设单位自建房屋以及物业管理、中介服务和其他房地产投资。

[16]根据《国民经济行业分类》（GB/T4754-2011），2013年对三次产业划分进行了修订，将“农、林、牧、渔业”中的“农、林、牧、渔服务业”，“采矿业”中的“开采辅助活动”，“制造业”中的“金属制品、机械和设备修理业”等三个大类调入第三产业。

[17]高速铁路是指最高营运速度达到200公里/小时及以上的铁路。

[18]2013年，管道运输统计口径在原中国石油天然气集团公司、中国石油化工集团公司基础上增加中国海洋石油总公司。

[19]邮电业务总量按2010年不变价格计算。

[20]移动电话交换机容量是指移动电话交换机根据一定话务模型和交换机处理能力计算出来的最大同时服务用户的数量。

[21]3G是指第三代蜂窝移动通信系统（3rd-generation，简称3G），3G移动电话用户是指报告期末在计费系统拥有使用信息、占用3G网络资源的在网用户。

[22]手机上网人数是指过去半年通过手机接入并使用互联网的6周岁及以上中国居民数量。

[23]为规范指标名称，将往年公报中的出游人数、旅游人数、旅游者统一为游客。

[24]社会融资规模是指一定时期内实体经济从金融体系获得的资金总额，是增量概念。

[25]2013年没有首次公开发行股票。

[26]非公开增发又叫定向增发，不含资产认购部分。

[27]公司信用类债券包括非金融企业债务融资工具、企业债券以及公司债、可转债等。

[28]原保险保费收入是指保险企业确认的原保险合同保费收入。

[29]人均收入中位数是指将所有调查户按人均收入水平从低到高（或从高到低）顺序排列，处于最中间位置的调查户的人均收入。

[30]2012年四季度，国家统计局实施了城乡一体化住户调查改革，统一了城乡居民收入名称、分类和统计标准，在全国统一抽选了16万户城乡居民家庭，直接开展调查。在此基础上，计算了城乡可比的新口径全国居民人均可支配收入。同时，为保持年度可比，继续按老口径调查和计算农村居民人均纯收入、城镇居民人均可支配收入。

[31]按卫生计生委统计制度规定，新型农村合作医疗基金支出总额目前仅统计到1-9月份。

[32]中等职业教育包括普通中专、成人中专、职业高中和技工学校，其中技工学校数据为2012年数据。

[33]新兴产业创投计划是指中央财政专项资金通过与地方政府资金、社会资本共同发起设立创业投资企业，或以股权投资模式直接投资创业企业等方式，培育和促进新兴产业发展的活动。

[34]特种影片是指那些采用与常规影院放映在技术、设备、节目方面不同的电影展示方式，如巨幕电影、立体电影、立体特效（4D）电影、动感电影、球幕电影等。

[35]提供住宿的社会服务机构除收养性机构外，还包括救助类机构、社区类机构以及军休所、军供站等机构。

[36]农村五保供养是指老年、残疾和未满16周岁的村民，无劳动能力、无生活来源又无法定赡养、抚养、扶养义务人，或者其法定赡养、抚养、扶养义务人无赡养、抚养、扶养能力的村民，在吃、穿、住、医、葬方面得到的生活照顾和物质帮助。

[37]国有建设用地供应总量是指报告期内市、县人民政府根据年度土地供应计划依法以出让、划拨、租赁等方式将土地使用权提供给单位或个人使用的国有建设用地总量。

[38]房地产用地是指商服用地和住宅用地的总和。

[39]万元国内生产总值用水量、万元工业增加值用水量和万元国内生产总值能耗按2010年不变价格计算。

[40]十大流域包括原七大水系（包括长江、黄河、珠江、松花江、淮河、海河、辽河）和浙闽片河

流、西北诸河和西南诸河。

[41]国家于2013年实施了新的空气质量标准。由于全年数据正在汇总分析之中，新标准下的2013年空气质量数据暂缺。国家相关部门将于2014年3月正式发布2013年汇总数据。

资料来源：本公报中城镇新增就业、登记失业率、社会保障数据来自人力资源社会保障部；财政数据来自财政部；外汇储备和汇率数据来自外汇局；水产品产量数据来自农业部；木材产量、林业、森林火灾数据来自林业局；灌溉面积、水资源数据来自水利部；发电装机容量、新增220千伏及以上变电设备数据来自中电联；新建铁路投产里程、增建铁路复线投产里程、电气化铁路投产里程、铁路运输数据来自铁路局；新建公路里程、港口万吨级码头泊位新增吞吐能力、公路运输、水运、港口货物吞吐量数据来自交通运输部；新增光缆线路长度、电话交换机容量、电话用户、上网人数等通信数据来自工业和信息化部；保障性住房、城市污水处理、城市集中供热面积、建成区绿地率数据来自住房城乡建设部；货物进出口数据来自海关总署；服务进出口、外商直接投资、对外直接投资、对外承包工程、对外劳务合作等数据来自商务部；民航数据来自民航局；管道数据来自中石油、中石化、中海油；民用汽车、交通事故数据来自公安部；邮政业务数据来自邮政局；旅游数据来自旅游局、公安部；货币金融、公司信用类债券数据来自人民银行；上市公司数据来自证监会；保险业数据来自保监会；新农合、卫生数据来自卫生计生委；教育数据来自教育部；安排科技计划课题、技术合同等数据来自科技部；国家工程研究中心、企业技术中心、新兴产业创投等数据来自发展改革委；专利数据来自知识产权局；发射卫星数据来自国防科工局；质量检验、国家标准制定修订数据来自质检总局；地震数据来自地震局；海洋观测站、海洋灾害造成直接经济损失数据来自海洋局；测绘数据来自测绘地信局；艺术表演团体、博物馆、公共图书馆、文化馆数据来自文化部；广播电视、电影、报纸、期刊、图书数据来自新闻出版广电总局；档案数据来自档案局；体育数据来自体育总局；残疾人运动员数据来自中国残联；社会服务、低保和五保供养数据、农作物受灾面积、洪涝地质灾害造成直接经济损失、旱灾造成直接经济损失、低温冷冻和雪灾造成直接经济损失来自民政部；国有建设用地供应数据来自国土资源部；自然保护区、环境监测数据来自环境保护部；平均气温、登陆台风数据来自气象局；安全生产数据来自安全监管总局；其他数据均来自国家统计局。

2013年湖北省国民经济和社会发展统计公报

Statistical Communique on National Economic and Social Development of Hubei Provice in 2013

湖北省统计局

国家统计局湖北调查总队

2014年3月4日

2013年是全面落实党的十八大和省第十次党代会精神的第一年，是扎实推进“五个湖北”建设的起步之年。面对国际经济形势环境复杂多变，国内经济下行压力加大，我省经济较长时间低于发展预期的严峻形势，全省人民在省委、省政府的坚强领导下，坚持以党的十八大和习近平总书记考察湖北重要讲话精神为指导，始终坚持“竞进提质、效速兼取”不动摇，凝神聚力，沉着应对，攻坚克难，砥砺奋进，经济社会发展呈现“总体平稳、稳中有进、进中向好”的良好态势，为全面建成小康社会奠定了扎实基础。

一、综合

2013年，全省完成生产总值24668.49亿元，按可比价格计算，比上年增长10.1%。其中：第一产业完成增加值3098.16亿元，增长4.7%；第二产业完成增加值12171.56亿元，增长11.3%；第三产业完成增加值9398.77亿元，增长10.0%。三次产业结构由2012年的12.8：50.3：36.9调整为12.6 ：49.3：38.1。在第三产业中交通运输仓储和邮政业、批发和零售业、住宿和餐饮业、金融业、房地产业、营利性服务业及非营利性服务业增加值分别增长10.5%、7.9%、4.9%、15.6%、10.2%、11.8%和8.9%。

全省居民消费价格总指数（CPI）为102.8，价格水平上涨2.8%，其中：城市上涨2.7%，农村上涨3.0%。分类别看，食品上涨4.9%，烟酒及用品上涨0.5%，衣着上涨2.2%，家庭设备用品及维修服务上涨1.9%，医疗保健及个人用品上涨2.1%，交通和通信价格下跌0.6%，娱乐教育文化用品及服务上涨1.5%，居住上涨3.1%。全年农业生产资料价格上涨3.1%。工业生产者出厂价格下降0.8%，工业生产者购进价格下降1.8%。

市场主体发展加快。2013年，全省新登记市场主体109.04万户，增长73.5%，其中：新登记私营企业13.13万户，增长90.8%；新登记个体工商户93.54万户，增长73.8%。

据省人力资源和社会保障部门统计，年末全省城镇登记失业率为3.49%，比上年末下降0.34个百分点。

二、农业

全年全省农林牧渔业增加值按可比价格计算，比上年增长4.7%。粮食种植面积425.84万公顷，比上年增加7.83万公顷；棉花种植面积41.56万公顷，减少5.73万公顷；油料种植面积151.7万公顷，增加1.54万公顷。粮食总产量2501.3万吨，比上年增产59.49万吨，增长2.4%；棉花总产量45.97万吨，减产8.56万吨，下降15.7%；油料产量333.17万吨，增产13.51万吨，增长4.2%（主要农产品产量见表1）。

表1　2013年全省主要农产品产量

单位：万吨

产品名称	产　量	比上年增长%
粮　食	2501.30	2.4
棉　花	45.97	−15.7
油　料	333.17	4.2
#花　生	68.11	−8.4
油菜籽	250.47	8.9
茶　叶	22.20	7.2
水果（不含果用瓜）	569.42	5.1
蔬　菜	3578.31	2.1

畜牧、水产业稳步增长。全年全省生猪出栏4356.43万头，增长4.2%；水产品产量达到410.38万吨，增长5.5%。

三、工业和建筑业

工业生产保持稳定增长。2013年年末，全省规模以上工业企业达到13441家，比上年净增2107家，增长18.6%。完成工业增加值按可比价格计算，比上年增长11.8%。其中：国有及国有控股企业增长8.0%；集体企业增长11.1%；股份合作企业增加值38.87亿元，增长11.9%；外商及港澳台投资企业增长7.4%；其他经济类型企业增长11.2%。轻工业增长11.7%；重工业增长11.8%（主要工业产品产量见表2）。

表2 2013年主要工业产品产量

产品名称	单位	产 量	比上年增长%
纱	万吨	302.00	7.9
布	亿米	79.25	12.6
化学纤维	万吨	21.67	20.1
卷烟	亿支	1397.99	2.2
家用电冰箱	万台	226.07	11.7
房间空气调节器	万台	1189.37	46.7
原油	万吨	80.08	1.5
发电量	亿千瓦小时	2118.82	−2.3
#水电	亿千瓦小时	1153.51	−14.1
粗钢	万吨	3000.98	1.1
钢材	万吨	3344.92	−5.8
十种有色金属	万吨	107.82	11.3
#精练铜	万吨	50.25	36.5
水泥	万吨	11056.52	5.3
硫酸	万吨	680.11	4.6
纯碱	万吨	132.22	−3.9
烧碱	万吨	99.23	23.0
化肥（折100%）	万吨	1186.69	10.0
发电设备	万千瓦	145.70	−37.5
汽车	万辆	158.70	9.6
#轿车	万辆	66.59	8.3
移动通信手持机	万台	714.76	70.6

工业产品结构改善，高新技术制造业增长较快，全年完成增加值3267.06亿元，比上年增长16.5%，占规模以上工业增加值的比重达29.3%。

工业产销衔接较好，经济效益继续提高。全年全省工业完成销售产值37078.1亿元，比上年增长17.5%，其中：农副食品加工业、饮料和精制茶制造业、纺织、化学原料和化学制品制造业、建材、钢铁、有色、金属制造业、通用设备制造业、汽车、电气机械制造业、电子设备制造业、电力等重点行业实现销售产值超千亿元。工业产品销售率为97.3%。全年全省工业企业实现利润2080.66亿元，增长26.4%；其中国有控股工业实现利润695.34亿元，增长19.9%。

建筑业发展步伐加快。全年全省资质以内建筑企业完成施工产值8343.40亿元，比上年增长18.5%；实现利润335.19亿元，增长20.5%；税金299.50亿元，增长17.7%。新开工房屋建筑施工面积26552.71万平方米，增长18.6%。

四、固定资产投资

2013年全省完成固定资产投资（不含农户）20177.45亿元，比上年增长25.8%，其中房地产开发投资完成3286.02亿元，增长29.4%，商品房销售面积5298.54万平方米，增长31.2 %，实现商品房销售额2790.32亿元，增长37.0%。按产业划分，全省一、二、三次产业投资分别为404.63亿元、9187.25亿元和10585.57亿元，分别增长3.5 %、26.2%、26.4 %。全省589个在建重点建设项目全年完成投资3199.51亿元，占全社会固定资产投资的比重为15.4 %。

五、国内贸易

全年全省实现社会消费品零售总额10465.94亿元，比上年增长13.8%。分城乡看，城镇实现零售额8851.85亿元，增长13.5 %；乡村实现零售额1614.10亿元，增长15.2%。其中，限额以上企业（单位）实现消费品零售额5096.49亿元，增长16.6%。

六、对外经济

全年全省实现外贸进出口总额363.90亿美元，比上年增长13.8%，其中：出口228.38亿美元，增长17.7%；进口135.52亿美元，增长7.9%。新批外商直接投资项目297个。全年外商直接投资68.88亿美元，增长21.6%。

七、交通运输、邮电通信和旅游

全年全省完成货物周转量4883.01亿吨公里，比上年增长12.2 %；旅客周转量1761.10亿人公里，增长11.7%。

全省邮电业务总量547.34亿元，增长11.4 %。长途光缆线路总长度达到2.81万公里；局用交换机达到1482.60万门；固定电话用户984.00万户；移动电话用户达到4416.80万户；全省电话普及率为93部／百人；计算机宽带互联网用户813.30万户。

全年全省国内旅游人数40621.04万人次，比上年增长18.7%；国内旅游收入3130.13亿元，增长22.6%。入境旅游人数267.96万人次，增长1.2%。国际旅游外汇收入12.19亿美元，增长1.3%。

八、财政、金融和保险

全年全省完成财政总收入3565.10亿元，比上年增长15.4%，其中地方公共财政预算收入2189.98亿元，增长20.1%。在地方公共财政预算收入中，税收收入1603.69亿元，增长21.1%。全年财政支出4330.63亿元，增长15.2%。

年末全省金融机构各项存款余额32902.83亿元，比年初增加4641.89亿元。其中：个人存款15972.15亿元，增加2363.03亿元。金融机构各项贷款余额21902.55亿元，比年初增加3001.96亿元。其中：短期贷款7857.28亿元，增加1519.00亿元；中长期贷款13127.20亿元，增加1431.54亿元。

全年保费收入712.12亿元，增长19.6%。其中，财产险公司实现保费收入181.86亿元，增长27.7%；人身险公司保费收入530.27亿元，增长17.1%。支付各类赔款及给付191.47亿元，增长40.8%，其中，财产险公司赔款90.99亿元，增长27.7%；人身险公司赔付100.49亿元，增长55.1%。

九、教育和科学技术

2013年末，全省普通高等教育招生40.39万人，在校生142.14万人，毕业生36.16万人；研究生招生3.9万人，在校研究生11.27万人，毕业生3.46万人；各类中等职业教育招生17.01万人，在校生51.56万人，毕业生23.61万人；普通高中招生31.65万人，在校生98.82万人，毕业生39.12万人；普通初中在校生148.37万人，小学在校生328.26万人，幼儿园在园幼儿147.34万人。

科学研究和技术开发取得新的成果。全年全省共取得省部级以上科技成果1621项。其中，基础理论成果22项，应用技术成果1570项，软科学成果29项。全年共签订技术合同14909项，技术合同成交金额418.74亿元，增长78.5%。

全省科学研究与实验发展（R&D）经费支出450亿元，增长17%，占全省生产总值的1.8%。全年安排“973”计划项目169项（课题），经费1.9亿元，“863”计划项目102项（课题），经费1.9亿元。争取国家高技术产业发展项目28个，项目总投资57.6亿元，安排国家资金11.4亿元。

全省具备向社会出具检测报告的产品质量监督检验机构有135个，其中国家产品质量监督检验中心20个。全省通过CNAL认可的检测/校准实验室135家。累计有7832家企业通过ISO9000体系认证；企业获得强制性认证证书8550张。法定计量技术机构有138个，强制检定计量器具181万台件。

全省天气雷达观测站点有11个，卫星云图接受站点17个。数字测震台网2个，地震台站48个。

十、文化、卫生和体育

2013年末，全省共有国有艺术表演团体96个，群艺馆、文化馆120个，公共图书馆112个，博物馆136个。电影放映管理机构88个，放映单位1460个。广播电台6座，电视台7座，有线电视用户1040.05万户。全年出版全国性和省级报纸20.86亿份，各类期刊3.35亿册，图书2.61亿册。

全省共有卫生机构34645个（含村卫生室），卫生人员30.5万人，病床床位28.4万张；专科疾病防治机构76家，疾病预防控制中心113个。

全年全省运动健儿在国际比赛中共获得冠军25项次、亚军9项次、季军17项次，其中奥运会项目最高水平比赛冠军3项次、季军4项次；在各类全国比赛中，获冠军57项次、亚军72项次、第三名82项次，其中，全运会项目全国最高水平比赛中冠军13项次、亚军32项次、第三名32项次。全年销售体育彩票35亿元。

十一、人口、居民生活和社会保障

2013年末，全省常住人口5799万人（指常住本省半年以上人口），其中：城镇3161.03万人，乡村2637.97万人。城镇化率达到54.51%。全年出生人口64.14万人，出生率为11.08‰；死亡人口35.60万人，死亡率为6.15‰，人口自然增长率为4.93‰。

城乡居民收入继续增加。全年全省城镇居民人均可支配收入22906元，增长9.9%；农民人均纯收入8867元，增长12.9%。

社会保障进一步加强。年末全省参加基本养老保险人数1219.1万人，比上年增加49万人，其中：在职职工823.3万人，离退休人员395.8万人；参加失业保险人数511.3万人；参加医疗保险人数1960.6万人；参加工伤保险556.9万人；参加生育保险465.3万人。年末全省企业参加基本养老保险离退休人员377.5万人，100%实现了养老金按时足额发放；全年累计领取失业保险金人数11.2万人。

全年全省城镇居民最低生活保障对象126万人，农村居民最低生活保障人数235万人，国家抚恤、补助各类优抚对象55万人。社会福利事业不断发展。年末全省各类社会福利收养床位24万张，收养19万人，城镇社区服务中心、站共计4700个。全年销售社会福利彩票73.8亿元。

十二、节能降耗、资源环境

全省继续大力推进节能降耗工作，单位GDP能耗继续保持下降态势，可望完成年初确定下降3%的目标。

长江干流总体水质状况为优。监测的7个断面水质符合Ⅱ～Ⅲ类的比例为100%。

全省累计已发现矿种149种，累计已查明资源储量的矿种92种。2013年国土资源调查及地质勘查新增查明矿产地大型2处，中小型27处。

全省自然保护区达到67个，其中国家级自然保护区15个；省级自然保护区24个，自然保护区面积104.45万公顷。

注：本公报所列数据为初步统计数。

2013年荆州市国民经济和社会发展统计公报

Statistical Communique on National Economic and Social Development of Jingzhou City in 2013

荆州市统计局

2014年3月29日

2013年，面对复杂严峻的国内外经济环境，市委、市政府坚持“稳中求进”、“竞进提质”的工作总基调，深入推进“壮腰工程”，着力转变发展方式，努力保障和改善民生，全市经济运行总体保持平稳，呈现稳中有进的良好态势。

一、综合

据初步核算，2013年全市实现地区生产总值1334.93亿元，按可比价格计算，比上年增长10.4%。一、二、三产业协调发展，三次产业内部结构不断优化，第二产业成为全市经济增长的主要力量。其中，第一产业完成增加值319.09亿元，增长4.9%；第二产业完成增加值596.2亿元，增长13.5%；第三产业完成增加值419.64亿元，增长10.2%。三次产业结构为23.9：44.7：31.4，二产业增加1个百分点，一产业下降0.6个百分点，三产业下降0.4个百分点；三次产业对GDP增长的贡献分别为18.9%、53.0%和28.1%。

居民消费价格指数为103.1%，价格水平上涨3.1%。分类别看，食品类价格上涨5.1%，其中：肉禽及制品上涨10.1%、粮食上涨2.2%，烟酒及用品类上涨2.8%，家庭设备及维修服务类上涨6.1%，医疗保健和个人用品类上涨4.7%，居住类上涨1.7%，衣着类下降0.6%，交通和通信工具类下降1.4%，娱乐教育文化用品及服务类上涨3.1%。工业生产者出厂价格下降0.4%，工业生产者购进价格上涨0.3%。

据劳动部门统计，全市城镇新增就业人数8.47万人，新增农村劳动力转移就业5.23万人，安置下岗失业人员3万人。全市城镇登记失业率为4.1%。

二、农业

农业生产全面发展。全市实现农林牧渔业总产值578.34亿元，比上年增长5.3%。其中：农业、林业、牧业和渔业总产值分别为253.10亿元、6.48亿元、138.58亿元和173.20亿元，分别比上年增长3.7 %、4.4 %、4.8%和8.1%。

种植业喜获丰收。粮食实现“十连增”， 全年粮食播种面积875.99万亩，比上年增加13.87万亩，增加1.6%；粮食总产量386.06万吨，比上年增加15.00万吨，增长4.0%。油料产量62.75万吨，比上年增加5.20万吨，增加9.0%。蔬菜总产259.12万吨，比上年增加12.22万吨，增长4.9%。园林水果总产量44.88万吨，比上年增加2.38万吨，增长5.6%。因结构性调整棉花播种面积减少，天气条件对棉花生产相对不利，全年棉花产量达13.88万吨，比上年减1.48万吨，比上年减少9.6%。

畜牧发展基础更好。2013年全市生猪出栏 499.15万头，比上年增长5.2 %；年末生猪存栏376.52万头，比上年增加3.2%，禽蛋产量18.61万吨，比上年增长5.5%。家禽存笼6858.91万只、比上年增加9.4%。

水产生产保持良好发展态势。2013年以来，水产放养面积有所扩大，全市水产品养殖面积达 239.01万亩，比上年增加3.73万亩，增1.6%。水产品总产量122.40万吨，比上年增加6.71万吨，增长5.8%。

三、工业和建筑业

工业经济平稳增长。全市规模以上工业企业企业家数突破1000家，达到1001家。全市实现规模以上工业增加值530.49亿元，同比增长13.9%。按所有制分，国有经济完成增加值14.96亿元，降低1.3%；集体经济完成增加值7.48亿元，增长20.5%；股份制经济（含私营经济）完成增加值396.18亿元，增长15.5%；外商及港澳台投资经济完成增加值47.89亿元，增长10.4%。轻工业增长快于重工业。轻工业完成增加值282.96亿元，比上年增长15.5%；重工业完成增加值247.53亿元，增长12.1%。高新技术产业规模不断扩大，完成增加值107.63亿元，比上年增长15.8%。规模以上工业企业完成出口交货值81.77亿元，比上年增长9.2%。工业用电需求保持较高水平，全市工业用电量55.90亿千瓦时，比上年增长10.6%。

工业经济效益显着提高。全市规模以上工业企业主营业务收入1709.07亿元，比上年增长20.6%；实现利税152.65亿元，比上年增长59.7%，其中利润总额101.2亿元，比上年增长62.57%。分行业看，全年农副产品加工、饮料、纺织业、化学制品制造业、非金属矿物制品业、汽车制造业实现利润分别为19.55亿元、13.26亿元、5.39亿元、13.79、5.09亿元、7.78亿元，分别比上年增长97.7%、43.5%、58.5%、352.1%、81.1%和16.5%。

建筑业稳步发展。全年资质以内建筑企业203家，完成施工产值186亿元，实现利润7.59亿元，税金5.5亿元。建筑单位新开工房屋建筑施工面积656.7万平方米，招投标承包面积991.6万平方米。建筑企业劳动生产率为17万元/人；房屋建筑施工面积1495.3万平方米。

四、固定资产投资

固定资产投资保持较快增长，全年全社会固定资产投资1355.60亿元，比上年增长30.0%。其中：500万元以上项目完成投资（含房地产）1287.40亿元，比上年增长29.3%。按经济类型划分，国有及国有控股投资298.5亿元，增长45.3%；民间投资967.50亿元，增长23.7%。按产业划分，第一产业投资36.03亿元，增长48.6%；第二产业投资685.81亿元，增长17.6%；第三产业投资565.57亿元，比上年增长45.6%，其中：交通运输业完成投资123.40亿元，增长68.2%；房地产业完成投资179.32亿元，增长80.4%；水利、环境和公共设施管理业完成投资87.10亿元，同比增长51.8%。全市在建项目2290个，其中，新开工项目1822个。

重大项目建设全面推进。全市亿元以上施工项目452项，增加123项，完成投资768.4亿元，增长47.7%；亿元以上项目投资占比达到59.7%，较去年提高了7.4个百分点；亿元以上新开工项目262个，同比增加39个。全市3000万元以上施工项目972个，同比增加222个，完成投资987.33亿元，同比增长38.3%，3000万元以上项目投资占比达到76.7%，较去年提高了5个百分点。

工业项目投资保持增长。全年完成工业投资665.88亿元，比上年增长15.1%。从行业看，农副食品加工业、医药制造业、汽车制造业和计算机、通信设备制造业完成投资67.64亿元、22.0亿元、63.65亿元和31.80亿元，分别增长8.7%、122.7%、24.5%和238.7%。承接产业转移步伐加快。

开发园区投资保持增长势头。全市10个开发区完成投资620.22亿元，总量占全市固定资产投资比重45.8%，投资增长幅度达28.9%，高于固定资产投资增幅2.2个百分点。其中，石首、荆州城南、松滋开发区投资增长40%以上。全市工业项目和关联产业逐步向园区集中，园区产业配套和项目承载能力逐步增强。

五、国内外贸易和旅游

消费市场需求平稳增长。全年社会消费品零售总额738.26亿元，比上年增长13.5%。其中限额以上实现零售额155.35亿元，增长20.0%。分地区看，城镇市场实现零售额550.07亿元，增长14.0%；乡村市场实现零售额188.19亿元，增长13.1%。分行业看，批发业零售额60.66亿元，增长11.3%；零售业零售额597.56亿元，增长15.6%，增幅居各行业之首；住宿业零售额4.30亿元，增长10.6%；餐饮业零售额75.74亿元，增长13.2%。

出口持续增长。全市进出口总额13.66亿美元，比上年增长18.9%，其中，外贸出口11.27亿美元，比上年增长22.2%。实际外商直接投资额1.08亿美元，比上年增长20.0%。

旅游业保持增长。全市接待国内旅游1850.94万人次。实现旅游总收入110.94亿元，增长21.9%。旅游外汇收入1653.85万美元，增长1.6%。

六、交通和邮电

交通运输、邮电通信业平稳发展。全年完成货运量7883万吨，货物周转量367.98亿吨公里，分别比上年增长13.0%和17.5%。完成客运量10397万人，旅客周转量835831万人公里，分别增长11.1%和14.7%。邮电业务总量35.60亿元，比上年增长9.1%。全市固定电话总数72.86万部，比上年下降3.5%；移动电话393.28万部，增长6.4%；国际互联网75.35万户，比上年增长17.3%。

七、财政、金融和保险业

财政收入稳步增长。全市全口径财政总收入113.17亿元，比上年增长23.3%。其中，地方公共财政预算收入71.95亿元，增长26.8%。全年税收收入94.61亿元，比上年增长22.1%，税收占财政收入的比重为83.6%。国税收入47.96亿元，比上年增长18.7%；地税收入46.74亿元，比上年增长25.6%。分税种看，增值税32.64亿元，营业税18.54亿元，企业所得税16.08亿元，个人所得税4.18亿元，分别增长18.0%、8.6%、18.2%和14.2%。

公共财政预算支出190.65亿元，增长20.0%。从高到低依次是教育33.34亿元，比上年减少7.6%；社会保障和就业31.48亿元，比上年增长0.6%；一般公共服务25.36亿元，比上年增长21.0%；医疗卫生22.61亿元，比上年增长42.9%。

货币信贷平稳增长。年末金融机构人民币存款余额1738.71亿元，比年初增加279.77亿元。其中单位存款余额512.14亿元，比年初增加99.21亿元；个人存款余额1186.42亿元，比年初增加179.80亿元。金融机构人民币贷款余额802.18亿元，比年初增加155.76亿元。从期限结构看：短期贷款余额416.77亿元，比年初增加93.20亿元；中长期贷款余额360.29亿元，比年初增加54.48亿元。金融机构对地方经济的支持力度继续加强。

保险业快速发展。全市实现保费收入65.15亿元，比上年增长2.2%；各项赔付和给付支出15.81亿元，比上年增长38.1%。

八、教育、文化、卫生和科技事业

教育事业稳步发展。全市小学、普通中学招生人数分别为5.95万人、8.45万人，在校学生分别达到31.78万人和25.62万人，毕业生分别达到4.74万人和9.72万人。全市有中等职业教育学校26所，招生数为1.19万人，在校学生为3.64万人，毕业生1.68万人；高校8所，招生数3.20万人，在校学生11.35万人，毕业生3.00万人。

全市共有文化事业机构176个，从业人员1214人。艺术表演团体6个，艺术表演场所4个，公共图书馆8个，公共图书馆藏书量114.8万册。艺术馆、文化馆、乡镇文化站等群众文化事业机构134个。

卫生事业不断进步。全市2013年末有医疗卫生机构 3304 个，卫生机构人员数 35437人，其中卫生技术人员25889 人。全市拥有各类病床23447 张。

科学研究取得新进展。全年共争取国家、省科技项目无偿资金达4900万元，全年共取得省部级以上科技计划量61项，其中国家级科技计划量10项，省级科技计划量51项。专利申请量达1499项，其中发明专利319项，实用新型848项，外观设计332项，企业专利740件。专利授权量1000项。

九、人口、人民生活和社会保障

2013年，全市公安部门统计的户籍人口661.01万人。年末全市常住人口573.94万人（指常住本市半年以上人口），其中城镇人口为275.20万人，占总人口比重为47.9%。

城乡居民收入继续增加。全市城镇居民人均可支配收入达到18706元，比上年增加1696元，增长10.0%。农民人均纯收入9909元，比上年增加1199元，增长13.8%。

居民耐用消费品拥有量不断增加，并逐步向高档化发展。2013年末，每百户农民拥有移动电话213部、彩电 123台、电冰箱89 台、摩托车 79辆、电脑22 台、微波炉 14台。每百户城镇居民拥有家用电脑 69台、移动电话211 部、摩托车17 辆、空调器123台、热水器91 台。

居民住宅面积不断扩大，生活条件明显改善。年末城镇居民人均住房建筑面积38.25平方米。农村居民人均居住面积有所增加，住房结构质量不断提高，农民人均住房面积达到 43.81平方米，比上年增加3.25 平方米，其中楼房所占比重为 76.2%，农村人均拥有楼房面积33.37 平方米；使用水冲式厕所的户数比上年增长8.1%，使用沼气、其他燃气等清洁能源户数比重达66%，比上年增长3.%；饮用自来水户数增长6.7%；住宅外道路硬化的户数比上年增长5.6%，农民生活质量稳步提高。

社会保障体系不断完善，民政福利事业稳步发展。全市养老、医疗、失业保险参保人数继续扩大，社会救济体系不断完善。全市社保基金收入51.60亿元，比上年增长4.3%。全市城镇企业职工基本养老保险参保人数参加企业保险（含乡改）人员达90.17万人，城镇职工基本医疗保险参保人数60.95 万人，参加农村养老保险（已更名为城乡居民社会养老保险）的人数230.66 万人，参加工伤保险的人数31.29万人，参加生育保险的人数19.58万人（女性7.74万人），参加失业保险人数32.12万人。全年城镇居民最低生活保障户数7.70万户，最低生活保障人数13.40万人；农村居民最低生活保障户数11.76万户，最低生活保障人数20.21万人，保障水平不断提高。

注：

1.本公报数据为初步统计数。

2.地区生产总值、各产业增加值绝对数按现价计算，增长速度按可比价计算。

二、统计规范

Statistical Specifications

资料整理：曾庆峰

荆州市人民政府办公室关于印发统计基础工作规范化建设标准的通知

Circular of the Jingzhou Municipal People's Government Office on Issuing the basic statistical work standardization construction standard

荆政办发〔2014〕16号

各县、市、区人民政府，荆州开发区，荆州大遗址保护区，市政府各部门：

为进一步加强统计基础工作，推进统计工作的规范化、制度化、科学化，根据《中华人民共和国统计法》及其实施细则和《湖北省统计管理条例》等有关规定，结合我市统计工作实际，现将荆州市统计基础工作规范化建设标准予以印发，请各地各部门认真贯彻落实。

2014年3月11日

荆州市企业统计基础工作规范化建设标准

项目	建设标准
有人员	有专职或兼职统计工作人员
有职责	有统计工作制度和工作职责
有资格	企业统计人员有统计从业资格证书
有场地	有单独的办公室或相对固定的办公场所
	有电话（含移动电话）
	配有1个以上专门档案柜
有台账	建立统计台帐（含电子台账）
	统计台账与报表内容一致
统计人员专业化	统计工作人员文化程度要求高中以上
	更换统计工作人员，须征得统计部门同意
	参加上级统计部门举办的统计业务培训
统计报表标准化	注明单位名称、报告日期
	企业统计人员签名、主管负责人签名、加盖单位公章
	各类统计报表齐全
	按国家、省、市规定的表种、指标、范围和计量单位执行
统计资料档案化	统计资料、统计分析（经济分析）装订成册，立卷归档
	原始记录存档不低于3年
	统计台帐、上报的统计报表存档不低于5年
	重要统计文件、相关重要统计资料及计算机磁介质长期保存
统计手段现代化	配备电脑和打印机
	实行统计数据网上传输
统计工作法制化	认真贯彻执行《统计法》和《湖北省统计管理条例》及相关统计法规、规章制度
	不拒报、迟报各类统计资料
	上报的企业统计数据真实可信
	积极参加统计法律法规和统计工作的宣传工作；积极配合各级统计部门开展的统计法规检查

荆州市部门统计基础工作规范化建设标准

项目	建设标准
人才专业化	明确统计机构和人员，指定统计负责人。
	统计工作人员应当具备统计从业资格，持有统计人员从业资格证书。
	统计人员纳入全市统一管理，建立统计专业人才库。保证专业干部队伍稳定，人员变动及时向市统计局备案。
工作规范化	部门统计机构统一组织、管理和协调本部门各职能机构的统计调查活动。
	部门统计调查必须制订计划、方案、报表，并报市统计局审批或备案。
	建立健全统计资料管理制度，公布统计资料应当遵守《统计法》及实施细则相关规定。
	应当编辑本部门的年度及历史统计资料，并报送市统计局备案。
	按要求及时向市统计局报送相关统计数据和统计资料。
信息共享化	参与全市统计信息自动化建设，建立以统计调查项目库、统计调查单位名录库、统计数据库为主要内容的部门统计信息管理系统，实现统计信息资源共享。
	各部门有义务、有责任共同维护好统计信息交换平台，使之成为满足政府统计和部门统计要求的重要平台。
管理秩序化	制定统计工作规范化管理办法和相关制度。
	接受政府统计部门的监督检查，对不符合统计工作规范化要求的及时整改。
	建立内部统计检查制度，对内部各职能机构及行业管理职能范围内企事业单位的统计工作进行监督检查。
	建立部门统计联席会议制度。每季度召开一次，由市政府分管领导召集、市统计局负责组织、相关部门参加的联席会议：协调解决全市统计工作中出现的问题和矛盾，研究确定全市部门统计工作的改革方向和重大措施；组织开展联合调研，分析解决当前统计工作所面临的重点、难点问题，研究建立促进部门统计工作良性运转的长效机制；总结交流部门统计工作中好的经验和做法，为经济社会发展建言献策，不断推动统计工作上新台阶。
服务优质化	树立现代服务理念，增强服务意识，提高服务能力，为党委政府和社会各界提供更加高效的统计服务。
	围绕中央、省、市重点工作，围绕民生问题，为党政领导决策提供更加准确可靠地统计数据和统计分析报告，为社 会提供更多更全的统计产品，满足社会公众对统计产品提出的个性化、多样化的需求，实现统计服务功能最大化和统计价值的最大化。

荆州市县（市、区）统计基础工作规范化建设标准

项目	建设标准
（一）数据质量	
1.统计制度方法	严格贯彻执行上级统计调查制度和统计标准。
2.提供统计资料	认真督促调查单位依法如实上报统计数据，调查单位数据 真实。
	各种考核上报数据客观真实，报告期数据与常规报表一致，基期数据与上年统计年鉴一致。
3.企业一套表	严把新增单位入口关。对新纳入的调查单位或项目，严格 按要求核实。
	积极推行企业一套表网上直报，网上直报率达95%以上。
4.数据审核评估	建立了数据质量控制办法与评估制度，并定期开展数据评估、检查，做到统计数据之间匹配协调。
	运用纵向、横向对比以及综合分析判断等方法，对数据进行审核、把关。
5.数据质量检查	定期选择一定数量、不同层次的调查对象进行执法检查，并做好记录。每年对“四上”单位的检查数量不少于30%。
	认真落实上级统计巡查和统计检查提出的整改意见，认真核查群众举报案件，对发现的统计违法行为依法进行查处。
（二）统计保障	
1.统计机构	县（市、区）依法设立独立的统计机构。
	根据统计工作任务需要，不断完善统计局内部机构设置。

项目	建设标准
2.统计人员	统计人员的配备与当地人口规模、经济社会发展和统计工作任务相适应。
	辖区内乡镇统计机构专职统计人员比例超过95%。
	干部调整或退休的，及时补充人员到位。
	县（市、区）统计局专业统计人员（45岁以下）至少90%具备大专以上学历。
3.工作条件	统计工作人员人均办公用房面积符合规定。
	拥有满足工作需求的会议室、计算机机房、档案资料室和 大型普查办公场所。
	配备满足工作需求的公务用车。
	有齐全配套的办公和信息化设备。每个业务工作人员配备1台计算机、1台打印机。每个业务科（股）室至少配备1台公用便携式计算机。
4.工作经费	经常性统计工作经费满足需求，并随着统计工作量的增加和财政收入的增长而增长。
	周期性普查所需经费纳入同级财政预算，并较往年同类普查经费有所增加且足额落实到位。
	与同类型、经济发展水平相似地区比较，县（市、区）统计工作经费是相对充裕的。
5.统计信息化	把统计信息化建设纳入当地电子政务建设的重要内容，制定切实可行的统计信息化建设的整体规划。
	优先立项、优先安排资金，加快统计信息化基础网络建设、数据库建设和电子政务等建设。
	统计内外网络连通至乡镇。
	机房面积在30—60平方米，配备服务器、UPS不间断电源，局域网主干交换机为100兆以上。
	县（市、区）视频会议设备与上级统计部门连通。

（三）统计管理

项目	建设标准
1.管理制度体系	统计行政管理制度齐全。
	统计业务管理制度齐全，如数据发布制度、数据质量责任追究制度、统计执法检查制度、信息化建设管理制度等。
	统计档案建设科学规范，力争达到省二级以上标准。
2.统计工作网络	加强对乡镇（街道）、村统计工作的指导，巩固乡镇统计“八有八化”建设成果，进一步提高乡镇统计基础建设水平。
	对统计调查对象进行管理，指导督促企业按照国家有关规定设置原始记录和统计台帐。
	定期对乡镇（街道）、企业统计人员进行业务培训。
	严格执行统计从业资格认定制度，调查单位统计从业人员持证比例达到85%以上。
3.调查单位和项目管理	建立调查单位名录库且进行动态维护管理。
	调整或新建的地方统计调查项目，按相关管理规定进行审批。
4.部门统计工作管理	各部门依法及时为统计部门提供相关的数据和信息。
	加强县级部门统计资料发布的管理，明确其数据使用和发布范围。
	部门公布重要统计数据，事先与同级政府统计机构沟通。
	各部门督促其管理单位完成好统计工作。
	建立县级部门统计与政府综合统计信息共享机制。
5.专项统计工作	对上级部署的重大国情国力调查和重大统计专项工作组织动员有力，按时保质完成任务。

（四）统计领导

项目	建设标准
1.统计职能	党委政府出台关于加强统计工作的文件。
	注重发挥统计部门的信息、咨询、监督职能，在统计分析、统计咨询和服务决策、考核评价等方面为统计部门提供平台。
	统计部门积极参加或列席当地党委、政府的重要会议，参与当地党政领导的重大调研活动。

项目	建设标准
2.统计工作	党委政府把统计工作纳入重要议事日程，定期听取统计工作汇报，专题研究统计工作。
3.统计法	党政领导带头学习统计法和统计知识。
	统计法和统计知识纳入党校教学内容。
4.联席会议制度	建立统计工作联席会议制度，加强统计部门与政府各部门的协调、合作和交流。
5.困难和问题的解决	党政主要领导亲自部署、督促检查统计工作。
	注重统计干部培养教育。
	为统计工作解决实际困难和问题，如增加内设机构、人员编制或有关经费，改善工作条件等。

（五）统计服务

1.提供统计信息	按时提供进度数据。
	按时编印统计年鉴、综合统计资料。定期发布经济社会发 展情况信息。
	根据统计报表，结合部门资料，加工整理反映经济社会发展状况的统计产品，准确及时地为地方党政领导和社会各 界提供优质的统计信息服务。
2.统计分析研究	根据经济运行情况，加强分析研究，提供有针对性和预见性的经济分析，受到上级领导或本级领导批示的，年内不少于6篇。
	调查信息（报告）、专题分析，被上级统计刊物，国家、省级统计信息网采用的，年内不少于12篇。
3.考核评价工作	按照当地党委、政府的要求，积极做好对乡镇和部门的考核评价工作。
	做好与经济类型相似地区的分析比较工作，为县域经济考核等各种考核评价工作提供优质统计服务。
4.统计宣传工作	利用新闻媒体和网络工具，积极主动向党政领导和社会各界发布统计信息，解读统计数据。
	建立完善统计资料发布制度。
	按照有关规定，对外发布和提供统计资料。

项目	建设标准
5.统计服务机制	建立快速反应机制，及时完成党政领导交办的任务。

荆州市乡镇（街办）统计基础工作规范化建设标准

项目	建设标准
有机构	建立乡镇统计站或与统计任务相适应的统计机构
	挂有统计机构的牌子（如统计室、统计站、统计组）
	刻有统计机构印章
有编制	批准了财政全额负担的行政编制或事业编制
有人员	有专职或兼职从事统计工作的统计人员
	村会计要兼任村统计员
有资格	统计人员有统计从业资格证书
有台帐	建立统计台帐（含电子台帐）
	统计台帐和报表内容一致
有经费	保障日常统计工作的业务经费
	大型普查经费列入财政预算
有场地	有单独的办公室或相对固定的办公场所
有设备	配有桌椅、配有档案柜
统计管理制度化	乡镇建有统计管理制度
	制度要求上墙
	严格执行制度
统计人员专业化	统计人员文化程度要求大专及以上
	持证上岗统计人员的调动要征得上一级政府统计部门同意
	每年参加上级统计部门举办的统计业务培训
	对村、社区（居委会）统计工作指导，并对统计人员进行业务培训
统计报表标准化	注明单位名称、报告日期
	统计人员签名、主管领导签名、加盖单位公章
	基层报表齐全
	按国家、省、市、县规定的表种、指标、范围和计量单位执行

项目	建设标准
统计资料档案化	统计资料装订成册，立卷归档
	定期统计报表、专项调查资料、统计分析报告存档不低于3年
	年度统计报表存档不低于5年
	重要统计文件、重大历史沿革统计资料长期保存
	磁介质普查资料建立备份长期保存
统计手段现代化	配备微机
	电话传真机
	与县级统计机构联网，实行统计数据网上传输
	建立主要经济指标数据库
统计工作法制化	按期如实报送各类统计资料
	不拒报、迟报、虚报、瞒报
	对涉密资料应予保密
	对各类普查资料、统计数据未经上级统计部门批准不得向社会公布
	对个人、家庭的单项统计调查资料，未经本人同意不得泄露
	对统计违法行为要及时向县级政府统计部门举报
统计宣传经常化	开展《统计法》宣传工作
	争取领导和社会公众对统计工作的支持
统计服务优质化	定期向政府和上级统计部门报告统计信息
	提供统计分析资料

荆州市村（社区）统计基础工作规范化建设标准

项目	建设标准
有人员	有专职或村（居）委会主要成员兼任村统计员
有职责	明确了统计工作职责
有资格	村（居）统计工作人员有统计从业资格证书
有场地	有单独的办公室或相对固定的办公场所
	有电话（含移动电话）
	配有1个以上专门档案柜。
有台账	建立统计台帐（含电子台账）
	统计台账与报表内容一致
统计人员专业化	统计工作人员文化程度要求高中及以上
	更换统计工作人员须征得乡镇统计站同意
	参加上级统计部门举办的统计业务培训
统计报表标准化	报表规范：有单位名称、报告日期、单位负责人、统计负责人、填表人签名、单位公章
	基层报表齐全
	按国家、省、市、县规定的表种、指标、范围和计量单位执行
统计资料档案化	统计资料装订成册，立卷归档
	定期统计报表存档不低于3年
	年度统计报表存档不低于5年
	重要统计文件、重大历史沿革统计资料长期保存
统计手段现代化	配备电脑和打印机
	实行统计数据网上传输
统计工作法制化	认真贯彻执行《统计法》和《统计违法违纪行为处分规定》
	不拒报、迟报各类统计资料
	上报的各专业统计数据真实可信
	采取多种形式开展对统计法律法规和统计工作进行宣传，年度至少宣传一次统计法律法规；积极配合乡镇及各级统计部门开展的统计法规检查

三、大事记

Significant Dates in the History

资料整理：耿小平

2013年荆州统计工作大事记

Significant Dates in the History of Jingzhou Municipal Bureau of Statistics in Year 2013

一月份

1月5日，市委宣传部召集相关部门负责人研究全市文化产业统计工作。

1月4日至9日，副调研员李永乐在市政协四届三次会议上被评为优秀政协委员。

1月10日，市统计局送温暖、保安全、守廉洁三措施落实市委市政府两节期间有关通知要求。

1月11日，市统计局被省人社厅、省统计局授予“全省统计系统先进集体”荣誉称号（鄂人社奖[2012]83号）。

1月6日至10日，市第四届人民代表大会第三次会议李建明市长政府工作报告对全市统计工作给予充分肯定并强调。

1月11日，市统计局圆满完成国家局“一报二刊”征订工作，得到省局肯定。

1月14日，市统计局依法行政工作得到市依法行政检查考评组充分肯定。

1月15日，市统计局邀请市委党校副校长辛巍巍作十八大精神解读报告。

1月16日，市统计局党组召开专题民主生活会。认真贯彻党的十八大和省第十次党代会精神。

1月17日，局党组书记、局长胡荆琳带领党建工作队成员到荆州开发区联合街办孙家河社区开展春节前走访慰问活动。

1月17日，市统计局被评为2012年全省统计从业培训、考试和统计人员继续教育工作先进单位（鄂统计函［2013］7号）。

1月18日，市统计局召开全局大会。贯彻落实中央、省、市委、市政府改进工作作风、密切联系群众有关规定。

1月21日，市统计局召开2012年经济形势分析会。

1月22日，局党组书记、局长胡荆琳带领党建工作队成员和市统计局“三万”活动工作组赴石首市东升镇歇马庙村开展春节前走访慰问。

1月24日，市政府主持召开2012年度全市经济形势新闻发布会。

1月25日，陈建华副局长到公安县督查文化产业单位认定工作。

1月30日，胡荆琳局长到江陵调研统计基础工作规范化建设。

1月31日，市统计局被市人社局表彰为“2012年度全市人力资源社会保障统计工作先进单位”。

二月份

2月4日，市统计局召开全局干部职工大会，学习、贯彻中央“八项规定”、省委“六条意见”和市委“七条意见”等。胡荆琳局长带领部分党组成员走访慰问退休局领导。

2月6日，市统计局“四加强”布局全年法规工作。

2月17日，局党组书记、局长胡荆琳召开科室负责人会议，确定争创新业绩的重点。

2月18日，市局党组中心学习小组集中学习十八大有关精神。

2月21日，市统计局在2012年公务员职业道德建设考试中取得优秀成绩。

2月27日，省局召开党风廉政建设视频会议，市局召开全市统计系统视频会议贯彻落实。

2月28日，市统计局被市委、市政府授予“2011–2012年度市级文明单位”。连续六届获此殊荣。

2月28日，陈建华副局长《湖北两圈一带战略构架下荆州发展方位的思考》获市社会科学优秀成果二等奖。

三月份

3月4日，市统计局被市委宣传部表彰为“2012年全市对上对外宣传和典型宣传工作先进单位”（荆宣文［2013］7号）。

3月5日至7日，市委宣传部、市统计局组成联合督查组，到部分县市区开展文化产业统计工作督查。

3月7日，陈玉良副局长赴洪湖市检查贸易统计限上企业联网直报情况。

3月11日，市委常委、常务副市长吴方军到统计局调研。

3月22日，市政府召开全市统计工作会议。市委常委、常务副市长吴方军出席会议并作重要讲话。

3月25日，市委常委、常务副市长吴方军对全市固定资产投资统计工作予以肯定。

3月26日，市统计局召开“学习贯彻十八大、争创发展新业绩”主题实践活动动员大会。胡荆琳局长作动员讲话。

3月29日，市统计局制定《荆州市部门统计工作规范化管理办法》。

四月份

4月1日，局党组书记、局长胡荆琳为市委党校春季主体班和行政学院全体学员讲课，题为《充分认识和运用统计，服务壮腰工程和科学发展》。

4月2日，胡荆琳局长带领工业、投资等专业人员到荆州开发区调研。

4月8日，胡荆琳局长到沙市区调研基础工作规范化建设工作。

4月10日，市统计局党组围绕“深、广、实、严”四个字学习贯彻《条例》和“四项监督制度”。

4月19日，市统计局召开2013年一季度经济形势分析会。

4月22日，市统计局被市委、市政府通报表彰为“2012年度社会管理综合治理优胜单位”，连续第七年获此殊荣。

4月23日，市统计局“世界读书日”向全局干部职工发出读书倡议。

五月份

5月9日，市统计局“四举措”助推“学习贯彻十八大 争创发展新业绩”活动深入开展。

5月10日，胡荆琳局长到江陵县调研农村统计调查和乡镇统计基础工作。

5月27日，市统计局、市人大干部职工联合开展学做第九套广播体操活动。

5月28日–29日，副局长陈建华到石首调研固定资产投资项目运行情况。

5月30日，市统计局举行中青年论坛暨读书演讲比赛，主题为“学习十八大，我为建设现代化服务型统计献一言”。

5月30日，陈建华副局长带领调研组到荆州开发区、公安县落实全省创新调查试点调研工作视频会精神。

六月份

6月3日，省局召开全省第三次经济普查工作布置视频会议。

6月6日，市综治委委员、市统计局局长胡荆琳到综治工作联系点石首市东升镇检查调研推进平安荆州建设工作，并召开东升镇辖区“两代表一委员”座谈会。

6月7日，市统计局制定统计“六五”普法宣传工作计划。

6月14日，市统计局召开专题会议落实全省第三次经济普查视频会议精神。

6月18日，市统计局举办迎“七一”歌咏比赛。

6月24日，市统计局党组中心组被市委表彰为“2011–2012年度‘十佳’先进党组理论学习中心组”。

6月24日，市统计局召开视频会议贯彻国家、省统计局两级“三查”视频会议精神。

6月24日，下发《荆州市人民政府关于认真做好第三次全国经济普查工作的通知》（荆政发〔2013〕19号）。

6月26日，市统计局邀请市党史办主任李玉邦作党史知识讲座。

七月份

7月2日，《中国信息报》登载特约记者贺崇生《古城统计展新颜——湖北省荆州市统计服务科学发展纪略》。

7月3日，我局成立志愿者服务队正式启动“迎省运·创四城·讲文明·树新风”周末志愿者文明劝导行动。

7月5日，市统计局印发《关于深入开展2013年“党章学习月”活动的通知》。

7月5日，市第三次经济普查领导小组副组长、市统计局局长胡荆琳督办荆州区统计局普查中心组建、经济普查等工作。

7月8日，市第三次经济普查领导小组第一次会议召开。

7月8日，局纪检组长李莉率机关党委各支部书记、老干部代表等参加全省老干部先进事迹报告团荆州专场报告会。

7月10日，市统计局召开上半年经济形势分析座谈会。

7月10日，胡荆琳局长到荆州市开发区现场指导工业统计模块建设工作。

7月10日，市人大副主任幸正荣率检查组到市统计局对“六五”普法依法治理中期工作进行检查验收，对市统计局给予高度评价，“工作很实、亮点很多、荣誉很高、风气很正”。

7月15日，市统计局组织各县市区统计局到荆州开发区实地观摩学习统计基础工作规范化样板企业。

7月22日，市统计局召开2013年上半年经济形势分析会议。

7月23日，省统计局局长李克勤到荆州检查指导经济普查准备工作、联网直报“三查”工作，督办落实省政府42号文件等。

7月30日至8月1日，省统计局农村处刘晓明副处长在荆州市检查农村统计基础工作和数据质量并给予好评。

八月份

8月2日，市统计局局务会，学习贯彻习近平总书记视察湖北时的重要讲话精神及市委四届六次全会精神。

8月14日，总统计师陈法明到沙市区检查调研工业、投资、商贸联网直报“三查”工作。

8月19日至20日，胡荆琳局长率领市局“三查”督办核查组到洪湖、监利两地督办检查。

8月19日，农调队队长许燕飞到荆州区督办核查企业联网直报“三查”工作。

8月19日，王维副局长带领“三查”督办核查第四组到公安县检查调研。

8月20日至21日，陈建华副局长赴松滋市开展企业联网直报“三查”工作督办核查。

8月23日，市局召开县市区统计局长会议，传达贯彻省局市州局长会议精神。

8月28日，市统计局举行工业科科长职位演讲竞聘，并进行民主测评。

8月28日，市统计局举办GDP核算知识讲座。

8月28日，局党组书记、局长、市党代会党代表胡荆琳，到荆州开发区联合街办孙家河社区入驻党代表工作室，进行入户走访，并接待部分社区党员群众代表。

8月29日，召开全市第三次全国经济普查电视电话会议，市委常委、常务副市长、市第三次经济普查领导小组组长吴方军出席会议并讲话，

8月30日，局党组书记、局长胡荆琳到荆州开发区2家企业联系点——湖北唯思凌科装备制造有限公司和荆州市鑫元纺织用品有限公司进行调研，了解企业困难和研究解决措施等。

九月份

9月2日，市统计局对企业联网直报“三查”工作进行核查督办和总结。对问题严重单位亮“黄牌”。

9月3日，下发《荆州市第三次经济普查领导小组办公室关于开展全市第三次经济普查专项试点工作的通知》（荆经普办（2013）2号），市经普办成立试点工作组。

9月5日，市委书记李新华专题听取市第三次经济普查领导小组副组长、市统计局局长胡荆琳经济普查工作汇报。

9月6日，市统计局荣获2013年“书香荆楚·文化荆州”全民阅读活动百科知识竞赛组织奖。

9月12日，市统计局组织开展第四届“中国统计开放日”。

9月13日，市经普办召开经济普查单位核查部门工作会议。

9月17日，市统计局成立统计从业资格培训、考试工作专班。

9月18日，市委书记李新华在全市固定资产投资暨重大项目推荐工作会上重点强调全市经济普查工作。

9月23日，局党组书记、局长胡荆琳到荆州区郢城镇和沙市区关沮镇，分别与省局蹲点调研干部和乡镇统计站干部见面，现场了解基层统计工作状况和征求意见。

9月24日，胡荆琳局长和荆州开发区管委会召集其所属经发局、财政局、土地局、房产局、人社局等有关部门领导和直接经办人与2家联系点企业代表见面、现场解难。

9月24日，全市农村统计基础工作推进会在公安县南平镇召开。

9月24日，市统计局举办文明礼仪知识讲座。邀请市委副秘书长刘爱华讲授政务礼仪。

9月26日，局长胡荆琳到石首市调研督办经济普查、统计基础工作规范化建设和企业进规等工作情况。

9月29日，市局开展“统计进党校”、“统计开放日”和统计知识竞赛等活动，纪念《统计法》颁布30周年。

9月29日，市经普办召开全市第三次全国经济普查业务工作会议和业务培训会议，签订经济普查目标责任书。

十月份

10月9日，市政府常务会议听取市三经普领导小组副组长、市统计局局长胡荆琳关于经济普查工作的专题汇报并予肯定。

10月10日，市统计局“爱心助老1+1”关爱空巢老人志愿服务队到孙家河社区开展活动。

10月12日，市统计局组织局离退休老干部开展重阳节活动。

10月14日，市政府督查室下发《关于切实做好第三次全国经济普查准备工作的督查通知》。

10月15日，省第三次全国经济普查领导小组副组长、省财政厅副厅长何大春率省督查三组，对荆州市第三次全国经济普查前期准备工作进行督办检查并给予好评。

10月15-16日，陈玉良副局长赴洪湖市、监利县开展“小进规”企业的督办核查工作。

10月21日，市统计局召开2013年前三季度经济形势分析会议。

10月22日，市统计局党组书记、局长胡荆琳带领局机关部分科级以上干部参加全市预防渎职侵权违法犯罪培训大会。

10月24日，陈建华副局长召开相关科室会议贯彻落实全省文化产业单位核查认定工作视频会议精神和《2013年文化及相关产业核查认定方案》。

10月23日，胡荆琳局长到公安县调研百强乡镇经济发展情况，检查督办经济普查等重点工作。

10月24日，市统计局“道德讲堂”正式开课。

10月25日，陈玉良副局长到洪湖市检查贸易和服务业统计基础工作。与省局服务业处朱焰副处长交换意见。

10月28日，市统计局机关档案工作以94分的高分通过市档案工作目标管理考评组的升省一级达标验收。

10月29日，2013年度市直职能部门计生目标管理责任制考评组对市统计局计生目标管理责任制执行情况给予肯定。

10月30日，市第三次全国经济普查领导小组召开第三次领导小组会议，市三经普领导小组组长、市委常委、常务副市长吴方军作重要讲话。

10月31日，胡荆琳局长带领市局综合、核算、工业、投资、贸易等专业人员到荆州区实地调研。

十一月份

11月1日，市局召开县市区统计局领导班子视频会议。传达学习了马建堂局长致各省区统计局局长、调查总队队长的一封信和王晓东常务副省长到省局调研时的讲话精神；传达全市第三次经济普查领导小组成员单位会议精神。

11月6日，市第三次经济普查领导小组办公室、市委宣传部联合制定《荆州市人民政府第三次全国经济普查宣传工作方案》。

11月6日，市编办下发荆编办[2013]52号文，批准市统计局成立服务业统计科。

11月6日、8日，市长李建明、常务副市长吴方军先后对马建堂局长一封信作出批示。

11月8日，市统计局被评为2012-2013年度中国信息报社统计宣传工作先进单位。

11月19日，市统计局召开科以上干部会议，传达学习十八届三中全会精神。

11月19日，省局召开全省经济普查工作视频会议，市局召开全市视频会议进行贯彻落实。

11月22日，胡荆琳局长到江陵县调研经济普查工作。

11月27日，省局召开全省统计数据质量整治视频会议，市局召开全市视频会议进行贯彻落实。

11月28日，胡荆琳局长到松滋市调研经济普查工作。

十二月份

12月3日，全市第三次全国经济普查宣传月启动仪式在荆州区御河广场进行，同时开展“12.4”法制宣传日活动。

12月6日，市统计局召开学习十八届三中全会精神心得体会交流会议。

12月6日，市统计局组织全体干部集中观看专题教育片，开展党风廉政警示教育活动。

12月10日，市经普办召开全市经济普查单位核查质量分析会。

12月11日，市统计局2013年度党建工作考评获得市直机关工委第三考评组好评，考评结果位于全市前列。

12月16日，市政府召开第三次经济普查工作推进电视电话会议，市第三次经济普查领导小组组长、市委常委、常务副市长吴方军作重要讲话，市第三次经济普查领导小组副组长、市统计局局长胡荆琳通报全市经济普查工作进展情况。

12月21-23日，市经普办在城区召开第三次经济普查PDA使用培训会。

12月26日，胡荆琳局长到沙市区检查指导经济普查工作和县级基础工作规范化建设。

12月27日，制定《荆州市第三次全国经济普查应急预案》。

12月30日，国家局、省局召开第三次全国经济普查动员视频会议，荆州市召开全市视频会议贯彻落实。

统计资料

Statistical Data

一、综　　合

General Survey

资料整理：李永乐　曾庆峰
周长征　潘红星

1–1 行 政 区 划

Divisions of Administrative Areas

单位：个

指　标	街道办事处	镇政府	乡政府	居民委员会	村民委员会
荆州市	13	89	13	374	2454
荆州区	3	7		34	122
沙市区	6	4	2	80	82
江陵县		7	2	20	199
松滋市		14	2	39	234
公安县		14	2	60	328
石首市	2	11	1	36	272
监利县		18	3	64	768
洪湖市	2	14	1	41	449

1–2 分县市区人口

Population by County

单位：万户、万人、‰

	总户数	户籍人口	常住人口	城镇人口	自然增长率
荆州市	206.57	661.01	573.94	274.89	5.80
荆州区	19.92	57.10	56.92	42.43	5.59
沙市区	19.59	54.81	64.79	55.00	4.39
江陵县	11.92	40.90	33.97	11.35	4.82
松滋市	28.90	84.84	77.35	33.40	4.27
公安县	33.18	105.41	89.62	35.87	3.40
石首市	21.58	66.55	56.56	24.00	4.21
监利县	42.05	157.94	109.84	39.48	7.05
洪湖市	29.42	93.45	84.89	33.36	6.39

注：总户数与户籍人口为公安部门提供。

1-3 国民经济主要指标

Main Indicators of National Economy

指 标	单 位	2000 年	2005 年	2010 年	2011 年	2012 年	2013 年
行政区域土地面积	平方公里	14067	14067	14067	14067	14067	14067
#耕地面积	千公顷	432.58	439.78	464.80	466.51	467.77	468.71
全市生产总值	亿元	301.54	393.04	837.10	1043.12	1196.02	1334.93
第一产业	亿元	88.30	118.43	231.07	265.15	292.80	319.09
第二产业	亿元	122.07	124.37	325.33	448.83	522.54	596.20
#工业	亿元	108.33	105.9	293.27	407.41	475.34	539.84
建筑业	亿元	13.73	18.47	32.06	41.42	47.20	47.87
第三产业	亿元	91.17	150.24	280.70	329.14	380.68	419.64
人均生产总值	元	4799	6158	14707	18288	20912	23259
就业人员	万人	287.08	290.81	306.61	325.87	341.47	362.79
第一产业	万人	165.71	151.85	123.24	120.07	116.43	114.15
第二产业	万人	33.92	35.59	66.72	74.73	81.58	88.93
第三产业	万人	87.45	103.37	116.65	131.07	143.46	159.71
在岗职工人数	万人	46.46	38.41	28.01	30.58	31.92	36.01
国有经济	万人	34.52	25.16	20.58	18.91	19.09	18.86
城镇集体经济	万人	5.19	1.35	0.90	1.35	1.43	0.93
其他单位	万人	6.04	11.90	6.53	10.33	11.41	16.22
在岗职工工资总额	亿元	28.99	37.41	68.89	86.35	99.08	129.27
国有经济	亿元	22.64	26.76	52.61	54.55	60.76	66.05
城镇集体经济	亿元	2.23	1.11	2.09	3.22	3.76	3.41
其他单位	亿元	3.91	9.54	14.19	28.59	34.57	59.83
全社会固定资产投资	亿元	81.28	116.78	600.93	773.71	1042.89	1355.60
财政总收入	亿元	18.13	24.41	73.67	74.50	91.82	113.17
一般预算收入	亿元	13.91	12.05	27.60	44.33	56.76	71.95
地方财政支出	亿元	20.64	39.51	163.15	161.26	192.98	243.43
农村居民人均可支配收入	元	2185	3108	6453	7664	8710	9909
农村居民人均生活费总支出	元	1574	2422	3964	4989	6526	7107
#：食品支出	元	840	1165	1788	2109	2616	2676
城镇居民人均可支配收入	元	5242	8094	14708	16513	17010	18706
城镇居民人均消费性支出	元	4396	5848	10583	11693	12026	12761
#：食品支出	元	1917	2347	4448	4912	5333	5420

1-3 续表1

指 标	单 位	2000 年	2005 年	2010 年	2011 年	2012 年	2013 年
乡村劳动力	万人	207.27	208.51	226.28	228.66	230.97	235.37
#：农林牧渔业	万人	150.68	137.53	108.63	107.55	104.23	101.16
农林牧渔业总产值	亿元	144.99	207.81	423.79	484.20	534.97	578.34
农业机械总动力	万千瓦	198.86	240.31	445.69	475.87	511.63	556.84
化肥使用量（折纯量）	万吨	30.45	31.67	37.37	38.13	35.80	36.00
农村用电量	亿千瓦小时	7.57	7.06	12.18	13.12	13.84	14.87
有效灌溉面积	千公顷	332.01	352.80	405.51	411.03	414.93	416.46
总播种面积	千公顷	1003.39	937.95	1032.52	1043.22	1067.28	1078.55
#：粮食作物	千公顷	487.94	459.04	539.45	547.05	574.75	583.99
粮食产量	万吨	328.47	322.20	375.55	363.05	371.06	386.06
棉花产量	万吨	9.31	12.37	13.76	14.86	15.36	13.88
油料产量	万吨	41.39	45.50	54.78	55.82	57.55	62.75
猪肉产量	万吨	20.70	25.10	33.75	34.52	36.29	38.19
牛肉产量	吨	3156	5130	10869	9459	8869	9695
羊肉产量	吨	712	1704	987	1898	2072	2173
水产品产量	万吨	44.25	65.00	104.30	108.00	115.69	122.4
规模以上工业企业单位数	个	480	572	1269	713	846	999
规模以上工业总产值	亿元	220.98	248.88	897.57	1182.36	1519.88	1897.32
规模以上工业企业资产总计	亿元	271.16	306.95	667.38	709.39	855.52	1149.03
规模以上工业企业负债合计	亿元	181.80	189.40	366.00	392.79	450.07	597.07
规模以上工业企业产品销售收入	亿元	193.93	255.74	854.48	1098.40	1411.77	1781.87
规模以上工业企业利润总额	亿元	5.05	5.81	56.53	59.33	75.65	118.19
建筑企业单位数	个	219	151	177	180	187	203
建筑业总产值	亿元	23.45	57.22	112.46	134.42	156.01	197.93
房屋建筑施工面积	万平方米	541.66	600.64	1014.68	1188.48	1291.43	1489.63
房屋建筑竣工面积	万平方米	410.47	321.75	581.72	673.66	736.90	776.19
公路里程	公里	4160	6576	18685	19204	19658	20307
#：等级公路	公里	3764	6278	17588	18294	18807	19584
民用汽车拥有量	辆	30248	58839	136716	161474	185147	263737
邮电业务收入	亿元	8.48	16.48	28.11	29.12	32.71	35.60
本地电话用户	万户	54.40	100.13	80.00	74.31	72.70	73.32

1-3 续表2

指　标	单　位	2000 年	2005 年	2010 年	2011 年	2012 年	2013 年
移动电话用户	万户	19.00	123.49	320.03	354.96	372.80	393.30
社会消费品零售总额	亿元	168.49	221.60	471.08	595.66	650.54	738.26
金融机构存款	亿元	197.46	439.37	1036.14	1222.63	1458.94	1738.71
#居民储蓄存款余额	亿元	136.90	345.92	719.69	848.58	1005.76	1180.67
金融机构贷款	亿元	246.09	256.58	461.07	546.07	646.42	802.18
#：短期贷款	亿元				258..66	323.57	416.77
中长期贷款	亿元				270.36	305.81	360.29
幼儿园数	所	251	285	392	394	439	451
入园儿童数	万人	5.77	2.70	10.96	13.44	13.08	13.87
小学学校数	所	2138	1116	509	489	458	392
小学专任教师数	万人	2.50	1.79	1.55	1.39	1.34	1.40
小学在校学生数	万人	64.84	42.54	37.09	36.25	32.52	31.78
普通中学学校数	所	316	313	259	257	256	247
普通中学专任教师数	万人	2.03	2.43	2.27	2.33	2.22	2.19
普通中学在校学生数	万人	36.03	48.22	35.01	32.85	27.73	25.60
普通中学招生数	万人	12.72	14.88	10.81	10.30	8.70	8.40
普通中学毕业生数	万人	10.67	15.30	13.80	12.62	11.45	9.69
普通高等学校数	所	8	9	9	8	8	8
普通高等学校专任教师数	人	1750	3987	4937	4593	4653	4555
普通高等学校在校学生数	万人	3.34	9.80	11.8	11.1	11.4	11.4
普通高等学校招生数	万人	1.59	3.07	3.33	3.49	3.36	3.20
普通高等学校毕业生数	万人	0.70	2.77	3.27	3.42	3.07	3.00
公共图书馆	个	9	8	8	8	8	8
公共图书馆藏书量	万册	107	180	106	111	112	115
卫生机构数	个	1186	456	590	3242	3244	3304
#：医院、卫生院	个	182	145	160	161	164	166
卫生机构床位数	张	16094	11143	15918	17625	20569	23447
#：医院、卫生院	张	9010	10317	14906	16395	18792	21490
卫生机构人员数	人	28017	21165	24798	32551	34078	35437
卫生机构、卫生技术人员	人	22253	17329	20369	23051	24501	25889
#：医生	人	9735	6769	7146	8683	9154	9592
注册护师、护士	人	7018	5361	7228	8261	9076	9914

1-4 县市区国民经济基本情况

Basic Statistics on National Economy by County

指 标	单 位	荆州区	沙市区	江陵县	松滋市
土地面积	平方公里	1046	469	1048	2177
常住人口	万人	56.92	64.79	33.97	77.35
城镇人口	万人	42.43	55.00	11.35	33.40
乡村人口	万人	14.49	9.79	22.62	43.95
年底总人口	万人	57.10	54.81	40.90	84.84
男	万人	28.60	27.25	20.83	42.87
女	万人	28.50	27.56	20.92	41.97
出生人口	人	4984	4417	3865	7342
死亡人口	人	1605	2522	2354	4059
年底总户数	万户	19.92	19.59	11.92	28.90
地区生产总值	亿元	195.47	254.14	54.96	180.01
第一产业	亿元	31.66	14.89	18.95	36.70
第二产业	亿元	98.54	145.12	18.08	87.21
#工业	亿元	93.94	133.06	14.78	74.98
第三产业	亿元	65.27	94.13	17.93	56.10
人均地区生产总值	元	34584	39225	16372	23375
地区生产总值指数	上年=100	112.0	110.1	111.5	112.0
第一产业	上年=100	105.2	102.9	104.9	105.0
第二产业	上年=100	114.9	110.6	115.3	116.7
#工业	上年=100	114.7	110.4	115.5	118.2
第三产业	上年=100	110.8	110.5	115.9	110.8
人均地区生产总值指数	上年=100	110.6	110.3	111.0	111.9
城镇登记失业率	%	4.5		4.2	4.2
城镇单位就业人数	万人	5.31		3.27	4.32
城镇单位就业人员平均工资	元	40551	30581	23398	34163
固定资产投资（不含农户）	亿元	220.61	117.63	43.18	166.98
#房地产开发	亿元	10.58	25.90	3.58	9.72
商品房销售额	亿元	8.63	18.75	1.84	8.83
#住宅	亿元	6.94		1.42	7.38
商品房销售面积	万平方米	18.84	59.42	5.43	20.51

1-4 续表1

指 标	单 位	公安县	石首市	监利县	洪湖市
土地面积	平方公里	2257	1427	3508	2519
常住人口	万人	89.62	56.56	109.84	84.89
城镇人口	万人	35.87	24.00	39.48	33.36
乡村人口	万人	53.75	32.56	70.36	51.53
年底总人口	万人	105.40	66.55	157.94	93.45
男	万人	53.32	34.12	82.59	49.45
女	万人	52.08	32.43	75.35	44.00
出生人口	人	9064	5859	19416	8445
死亡人口	人	3976	3628	8274	6434
年底总户数	万户	33.18	21.58	42.05	29.42
地区生产总值	亿元	176.37	121.91	194.87	163.48
第一产业	亿元	54.53	29.59	80.72	52.05
第二产业	亿元	76.21	54.26	61.04	57.08
#工业	亿元	70.87	51.20	56.38	47.89
第三产业	亿元	45.63	38.05	53.11	54.35
人均地区生产总值	元	19679	21702	18239	19257
地区生产总值指数	上年=100	110.4	110.3	110.0	110.1
第一产业	上年=100	105.3	104.9	104.9	105.0
第二产业	上年=100	114.4	114.3	114.4	114.2
#工业	上年=100	114.6	114.3	113.6	112.3
第三产业	上年=100	110.3	108.9	112.8	110.7
人均地区生产总值指数	上年=100	111.0	111.1	111.5	110.9
城镇登记失业率	%	4.1	3.5	4.3	4.0
城镇单位就业人数	万人	5.30	3.01	3.95	4.01
城镇单位就业人员平均工资	元	32851	33505	29901	29190
固定资产投资（不含农户）	亿元	168.59	117.07	126.48	105.15
#房地产开发	亿元	4.06	0.90	8.90	13.13
商品房销售额	亿元	5.03	2.59	6.71	9.46
#住宅	亿元	4.74	2.47	6.67	8.25
商品房销售面积	万平方米	17.25	7.07	22.89	34.4

1-4 续表2

指 标	单 位	荆州区	沙市区	江陵县	松滋市
#住宅	万平方米	15.64		4.87	19.28
财政总收入	亿元	14.50	15.11	2.81	15.08
公共财政预算收入	亿元	10.75	10.01	1.87	8.50
#税收收入	亿元	8.28	8.77	1.20	5.99
公共财政预算支出	亿元	20.02	18.26	5.95	30.64
农村居民人均可支配收入	元	11118	11230	8542	9995
农村居民人均消费支出	元	9092		7917	6844
城镇居民人均可支配收入	元	20811	20911	15456	16722
城镇居民人均消费支出	元	13934	14062	10148	13432
农村人均住房面积	平方米	51.76		45.00	41.30
城镇人均住房建筑面积	平方米	47.44		28.00	38.20
乡村户数	万户	6.92	2.88	6.24	17.96
常用耕地面积	千公顷	35.00	12.15	37.99	59.63
农业机械总动力	万千瓦	29.00		48.10	59.50
化肥使用量（折纯量）	万吨	3.49	4.30	14.01	5.40
农村用电量	亿千瓦小时	1.38	1.01	1.15	2.33
有效灌溉面积	千公顷	32.07	12.11	33.27	47.75
农作物总播种面积	千公顷	86.58	27.55	81.27	138.87
#粮食作物	千公顷	44.01	15.56	46.23	69.71
粮食产量	万吨	21.86	7.23	27.10	34.20
棉花产量	吨	14549	4320	10382	15581
油料产量	万吨	5.86	0.85	7.37	7.62
水产品产量	吨	125575	57439	31905	31679
规模以上工业企业单位数	个	146	108	38	126
工业总产值	亿元	335.46	176.51	52.18	246.86
#轻工业	亿元	104.10	56.30	28.95	164.32
重工业	亿元	231.36	120.21	23.23	82.54
农产品加工业产值	亿元	152.10		42.70	160.20
高新技术产业增加值	亿元	17.63		2.22	9.03
建筑业总产值	亿元	29.19		12.42	40.38

1-4　续表3

指　标	单　位	公安县	石首市	监利县	洪湖市
#住宅	万平方米	16.63	6.83	22.76	31.92
财政总收入	亿元	12.00	16.58	5.67	7.27
公共财政预算收入	亿元	7.59	7.31	3.69	5.21
#税收收入	亿元	5.73	5.73	3.21	3.66
公共财政预算支出	亿元	14.87	21.71	27.32	17.33
农村居民人均可支配收入	元	10193	9840	9521	9625
农村居民人均消费支出	元	7028	7302	6754	7015
城镇居民人均可支配收入	元	16711	16689	15402	16002
城镇居民人均消费支出	元	12310	12200	9902	11535
农村人均住房面积	平方米	38.00	31.40	45.22	36.00
城镇人均住房建筑面积	平方米	27.60	41.63	35.15	42.00
乡村户数	万户	18.53	11.92	25.52	16.49
常用耕地面积	千公顷	80.38	40.92	137.70	62.49
农业机械总动力	万千瓦	78.29	49.95	147.84	107.20
化肥使用量（折纯量）	万吨	27.36	2.76	8.17	5.21
农村用电量	亿千瓦小时	2.64	1.10	2.98	2.03
有效灌溉面积	千公顷	78.14	37.34	111.18	63.95
农作物总播种面积	千公顷	181.54	94.05	313.26	153.70
#粮食作物	千公顷	95.14	40.38	182.55	90.08
粮食产量	万吨	64.20	21.80	140.50	68.98
棉花产量	吨	40273	18426	25004	9957
油料产量	万吨	12.67	7.05	12.63	8.60
水产品产量	吨	140005	129304	279008	427669
规模以上工业企业单位数	个	109	116	77	105
工业总产值	亿元	250.79	193.91	197.84	185.82
#轻工业	亿元	137.54	59.83	175.09	113.33
重工业	亿元	113.25	134.08	22.75	72.49
农产品加工业产值	亿元	131.70	66.20	200.40	136.10
高新技术产业增加值	亿元	14.63	10.12	6.48	9.18
建筑业总产值	亿元	23.25	10.02	4.45	14.66

1-4　续表4

指　标	单　位	荆州区	沙市区	江陵县	松滋市
房屋建筑施工面积	万平方米	243.85		58.31	170.84
房屋建筑竣工面积	万平方米	130.80		49.30	149.46
公路里程	公里	1742	1172	1670	3071
#等级公路	公里	1705	1172	1504	3060
民用汽车拥有量	辆	27043		48456	24480
邮政业务总量	亿元			0.29	0.82
电信业务总量	亿元			0.35	3.46
固定电话用户	万户			2.03	9.09
移动电话用户	万户			18.2	46.67
互联网宽带接入用户数	万户			3.08	7.71
社会消费品零售总额	亿元	112.02	155.25	26.25	88.70
批发和零售业商品销售额	亿元	45.01		3.45	90.78
住宿和餐饮业营业额	亿元	1.44		0.25	0.57
外商直接投资实际使用额	万美元	1100		320	1967
招商引资总额	亿元	122.40		36.85	121.60
金融机构本外币存款	亿元			78.52	212.23
金融机构本外币贷款	亿元			26.72	63.76
在园儿童数	人	11721	6161	8120	16904
普通小学在校学生数	人	17386	21921	13642	30880
普通中学在校学生数	人	20185	15604	10100	30102
公共图书馆	个	1		1	1
卫生机构数	个	188		115	379
卫生机构床位数	张	3775	6283	1148	2380
卫生机构人员数	人	5284	7529	1709	3786
社会保险参保率	%	100		99.78	99.95
工业用电量	亿千瓦时	6.31		3.66	4.17
单位GDP能耗降低率	%	4.59		3.81	4.62
生产安全事故起数	起	2		2	73
生产安全事故死亡人数	人	2		2	32

1-4　续表5

指　标	单　位	公安县	石首市	监利县	洪湖市
房屋建筑施工面积	万平方米	210.79	44.92	20.65	100.74
房屋建筑竣工面积	万平方米	105.86	37.14	15.98	78.52
公路里程	公里	2940	2279	5374	2924
#等级公路	公里	2940	2279	4171	2878
民用汽车拥有量	辆	28696	11738	18500	11529
邮政业务总量	亿元	0.75	0.51	0.67	0.71
电信业务总量	亿元	3.47	2.27	4.63	3.29
固定电话用户	万户	8.34	3.50	8.7	8.96
移动电话用户	万户	49.58	30.90	58.2	40.43
互联网宽带接入用户数	万户	7.32	3.95	6.26	7.37
社会消费品零售总额	亿元	95.57	75.77	92.80	81.48
批发和零售业商品销售额	亿元	27.89	15.62	10.02	9.31
住宿和餐饮业营业额	亿元	1.57	1.45	0.47	1.37
外商直接投资实际使用额	万美元	900	910	840	943
招商引资总额	亿元	71.04	64.38	70.01	77.37
金融机构本外币存款	亿元	211.02	158.07	220.84	160.36
金融机构本外币贷款	亿元	70.96	48.20	89.84	81.84
在园儿童数	人	18955	19659	39657	19125
普通小学在校学生数	人	41925	26292	105889	41474
普通中学在校学生数	人	38427	24953	59460	33401
公共图书馆	个	1	1	1	1
卫生机构数	个	466	332	787	589
卫生机构床位数	张	2714	1980	2855	2249
卫生机构人员数	人	4276	3485	3384	4543
社会保险参保率	%	99.80	99.98	99.98	99.99
工业用电量	亿千瓦时	7.80	3.99	4.7	2.57
单位GDP能耗降低率	%	3.53	4.05	3.98	3.5
生产安全事故起数	起	72	1	106	1
生产安全事故死亡人数	人	1	1	16	1

1-5 全省市（州）国民经济主要指标
Basic Statistics on National Economy by Cities and Prefectures

指　标	单　位	武汉	黄石	十堰	宜昌	襄阳
土地面积	平方公里	8494	4586	23680	21084	19728
常住人口	万人	1022.00	244.5	336.70	409.83	559.12
年底总人口	万人	822.05	262.3	346.69	400.08	595.10
年底总户数	万户	286.39	75.4	117.98	152.55	213.44
地区生产总值	亿元	9051.27	1142.03	1080.59	2818.07	2814.02
第一产业	亿元	335.40	95.21	143.03	335.95	386.45
第二产业	亿元	4396.17	699.20	547.01	1693.77	1611.41
#工业	亿元	3645.32	631.24	498.04	1550.69	1470.5
第三产业	亿元	4319.70	347.62	390.55	788.35	816.16
人均地区生产总值	元	88564	46750	32094	68846	50512
地区生产总值指数	上年=100	110.0	109.8	110.4	111.5	111.4
第一产业	上年=100	104.5	104.8	105.0	104.8	104.8
第二产业	上年=100	110.3	110.2	112.2	112.6	113.3
#工业	上年=100	110.3	110.5	111.4	113.2	113.3
第三产业	上年=100	110.0	110.1	109.2	111.6	110.7
人均地区生产总值指数	上年=100	108.9	109.6	110.5	111.1	110.7
就业人员	万人	522.24	134.2	210.40	223.1	314.40
城镇登记失业率	%	3.52	2.18	4.8	3.0	3.62
固定资产投资（不含农户）	亿元	5974.53	947.69	853.52	2023.92	1998.57
#房地产开发	亿元	1905.60	84.68	101.11	203.18	301.94
商品房销售额	亿元	1539.9	70.07	73.47	216.83	263.03
#住宅	亿元	1266.95	55.72	68.30	170.63	210.10
商品房销售面积	万平方米	1995.36	187.14	174.90	460.13	663.08
#住宅	万平方米	1750.43	168.17	169.70	406.54	586.90
商品房待售面积	万平方米	704.08	58.57	95.11	123.75	193.52
#住宅	万平方米	466.04	44.20	56.17	75.30	129.51
货物进出口总额	万美元	2175189	285264	48294	235041	161976
进口额	万美元	980898	164808	5964	33360	18547
出口额	万美元	1194290	120455	42330	201681	143429
外商直接投资实际使用额	万美元	404000	49000	15615	27002	53746
公共财政预算收入	亿元	978.52	78.36	73.53	206.31	191.53
#税收收入	亿元	793.49	55.09	56.13	152.25	141.38
#国内增值税	亿元	81.20	10.94	10.31	16.45	14.15
营业税	亿元	263.46	16.41	17.31	47.58	40.27

1-5 续表1

指 标	单 位	鄂州	荆门	孝感	荆州
土地面积	平方公里	1594	12404	8910	14067
常住人口	万人	105.70	288.72	485.30	573.94
年底总人口	万人	109.79	300.78	527.43	661.01
年底总户数	万户	37.70	101.74	166.40	206.57
地区生产总值	亿元	630.94	1202.61	1238.93	1334.93
第一产业	亿元	78.51	190.30	243.13	319.09
第二产业	亿元	375.08	651.93	602.31	596.20
#工业	亿元	344.23	610.98	535.8	539.84
第三产业	亿元	177.35	360.38	393.49	419.64
人均地区生产总值	元	59791	41668	25585	23259
地区生产总值指数	上年=100	110.5	110.5	110.8	110.4
第一产业	上年=100	104.9	104.8	104.8	104.9
第二产业	上年=100	112.2	112.4	114.0	113.5
#工业	上年=100	111.9	112.4	112.9	113.0
第三产业	上年=100	109.0	110.5	109.6	110.2
人均地区生产总值指数	上年=100	110.2	110.4	110.5	110.0
就业人员	万人	64.85	154.74	303.4	362.79
城镇登记失业率	%	3.32	4.1	4.5	4.1
固定资产投资（不含农户）	亿元	567.19	978.5	1215.35	1287.40
#房地产开发	亿元	22.78	87.79	111.13	76.79
商品房销售额	亿元	19.43	68.86	79.82	67.96
#住宅	亿元	17.66	60.9	71.05	61.91
商品房销售面积	万平方米	56.77	195.47	242.78	174.39
#住宅	万平方米	53.20	178.46	233.73	166.91
商品房待售面积	万平方米	7.06	174.38	125.26	102.61
#住宅	万平方米	2.24	134.4	108.43	87.31
货物进出口总额	万美元	49218	77698	102475	136598
进口额	万美元	31595	15946	24495	23858
出口额	万美元	17624	61752	77980	112740
外商直接投资实际使用额	万美元	16200	26275	27500	10824
公共财政预算收入	亿元	38.43	59.84	89.05	71.95
#税收收入	亿元	27.90	42.06	58.23	53.39
#国内增值税	亿元	3.68	4.88	7.48	9.71
营业税	亿元	8.20	13.27	18.50	18.54

1-5 续表2

指　标	单　位	黄冈	咸宁	随州	恩施
土地面积	平方公里	17457	9861	9636	24061
常住人口	万人	625.19	248.50	218.01	331.20
年底总人口	万人	750.15	300.51	257.59	405.62
年底总户数	万户	253.48	89.82	87.14	140.2
地区生产总值	亿元	1332.55	872.11	661.94	552.48
第一产业	亿元	356.79	162.90	124.79	133.28
第二产业	亿元	521.28	423.09	320.26	197.75
#工业	亿元	410.76	386.65	281.35	160.85
第三产业	亿元	454.48	286.12	216.89	221.45
人均地区生产总值	元	21314	35166	30377	16699
地区生产总值指数	上年=100	110.5	110.6	110.6	109.9
第一产业	上年=100	104.8	104.8	104.8	105.1
第二产业	上年=100	112.7	113.6	112.8	112.1
#工业	上年=100	112.9	113.1	112.7	110.8
第三产业	上年=100	111.9	109.0	110.5	111.3
人均地区生产总值指数	上年=100	110.9	110.2	110.3	109.7
就业人员	万人	357.00	153.69	135.00	237.51
城镇登记失业率	%	4.0	2.88	4.3	4.1
固定资产投资（不含农户）	亿元	1365.57	953.00	628.59	510.4
#房地产开发	亿元	132.73	112.06	29.23	57.06
商品房销售额	亿元	132.40	92.47	33.68	70.59
#住宅	亿元	113.50	78.60	30.63	52.32
商品房销售面积	万平方米	421.30	271.31	91.61	178.14
#住宅	万平方米	393.60	245.31	88.11	156.97
商品房待售面积	万平方米	197.58	198.57	46.93	58.27
#住宅	万平方米	152.37	121.39	39.67	33.17
货物进出口总额	万美元	53567	33582	126660	38767
进口额	万美元	8434	6800	13989	292
出口额	万美元	45133	26783	112671	38475
外商直接投资实际使用额	万美元	6749	24674	8774	2348
公共财政预算收入	亿元	79.98	58.71	29.67	50.05
#税收收入	亿元	53.02	41.13	21.79	40.42
#国内增值税	亿元	6.86	4.04	3.52	4.67
营业税	亿元	19.57	13.93	7.44	13.73

1-5　续表3

指　标	单　位	武汉	黄石	十堰	宜昌	襄阳
企业所得税	亿元	124.49	8.95	7.06	15.31	12.63
个人所得税	亿元	31.68	1.76	2.27	4.61	4.46
公共财政预算支出	亿元	1122.88	150.79	231.42	364.44	364.87
#教育	亿元	137.31	21.53	29.62	48.98	57.05
社会保障和就业	亿元	149.25	25.68	33.53	37.20	53.41
医疗卫生	亿元	70.10	12.12	17.99	26.35	25.35
农林水利事务	亿元	61.96	14.47	34.23	37.78	43.49
住房保障	亿元	26.32	4.34	10.44	11.38	18.59
农村居民人均纯收入	元	12713	8492	5226	9121	9785
农村居民人均消费支出	元	9127	6518	4540	6762	7091
#食品支出	元	3459	2567	1924	2581	2800
城镇居民人均可支配收入	元	29821	21330	17694	20934	19329
城镇居民人均消费支出	元	20157	14964	12994	14743	13425
#食品支出	元	7771	5852	5140	5858	5356
农村人均住房面积	平方米	47.82	50.89	34.93	49.92	42.20
城镇人均住房建筑面积	平方米	34.75	31.11	29.49	42.68	41.90
乡村户数	万户	77.20	37.62	65.73	88.23	101.25
常用耕地面积	千公顷	197.64	89.39	177.05	266.44	452.20
农业机械总动力	万千瓦	263.68	90.2	197.47	293.07	588.77
化肥使用量（折纯量）	万吨	14.87	5.41	14.25	38.20	59.30
农村用电量	亿千瓦小时	12.07	11.27	5.31	9.73	9.35
有效灌溉面积	千公顷	162.10	52.18	36.58	111.32	271.07
农作物总播种面积	千公顷	551.15	242.95	467.01	609.77	964.86
#粮食作物	千公顷	222.45	139.56	276.4	329.3	756.79
粮食产量	万吨	126.87	64.42	116.06	164.53	502.81
棉花产量	吨	33168	7590	188	32616	41778
油料产量	万吨	18.66	9.38	13.20	23.92	24.97
蔬菜产量	万吨	688.09	66.21	152.47	384.2	312.81
水果产量	万吨	8.48	4.20	36.63	283.20	59.37
肉类产量	万吨	33.54	14.53	23.13	61.04	82.38
奶类产量	万吨	0	0	0.23	4.00	0.89
禽蛋产量	万吨	21.48	4.14	4.96	6.30	26.24
水产品产量	吨	490161	202389	66108	188441	189118
工业企业单位数	个	2353	688	856	1387	1714

1-5 续表4

指 标	单 位	鄂州	荆门	孝感	荆州
企业所得税	亿元	1.85	3.54	6.58	6.43
个人所得税	亿元	0.86	1.58	1.93	1.67
公共财政预算支出	亿元	70.87	158.79	227.90	255.92
#教育	亿元	10.58	21.35	37.37	36.97
社会保障和就业	亿元	8.51	22.02	25.95	41.58
医疗卫生	亿元	4.94	11.94	18.49	26.97
农林水利事务	亿元	7.22	24.13	11.80	41.25
住房保障	亿元	1.44	5.98	8.70	7.44
农村居民人均纯收入	元	10210	10615	9023	9909
农村居民人均消费支出	元	7317	7268	5768	7107
#食品支出	元	3337	2870	2508	2676
城镇居民人均可支配收入	元	20878	19820	19819	18706
城镇居民人均消费支出	元	12334	14123	12990	12761
#食品支出	元	5586	5210	5600	5420
农村人均住房面积	平方米	—	44.60	39.05	45.25
城镇人均住房建筑面积	平方米	—	38.40	39.90	39.65
乡村户数	万户	20.90	49.84	105.68	107.24
常用耕地面积	千公顷	40.41	266.69	266.84	468.71
农业机械总动力	万千瓦	63.56	426.21	243.51	556.84
化肥使用量（折纯量）	万吨	9.76	35.03	20.80	36.00
农村用电量	亿千瓦小时	4.50	9.56	11.73	14.87
有效灌溉面积	千公顷	27.75	208.13	232.77	416.46
农作物总播种面积	千公顷	120.49	606.83	612.63	1078.54
#粮食作物	千公顷	59.18	364.49	356.27	583.99
粮食产量	万吨	35.51	267.60	223.64	386.06
棉花产量	吨	6950	47690	41352	138766
油料产量	万吨	6.09	38.80	24.21	62.75
蔬菜产量	万吨	96.99	197.83	356.28	259.12
水果产量	万吨	3.79	44.62	18.75	44.88
肉类产量	万吨	12.20	42.28	53.78	50.97
奶类产量	万吨	0	0.06	0.62	0.01
禽蛋产量	万吨	5.36	15.13	37.11	18.62
水产品产量	吨	427002	491703	415485	1224016
工业企业单位数	个	484	971	1150	999

1-5 续表5

指 标	单 位	黄冈	咸宁	随州	恩施
企业所得税	亿元	2.33	4.80	2.19	3.41
个人所得税	亿元	1.88	1.00	0.97	1.68
公共财政预算支出	亿元	305.16	158.14	100.04	216.69
#教育	亿元	60.34	25.62	14.85	31.7
社会保障和就业	亿元	47.73	18.86	16.48	22.9
医疗卫生	亿元	29.71	13.82	11.86	20.8
农林水利事务	亿元	46.15	24.92	16.89	33.9
住房保障	亿元	7.34	6.44	2.35	7.34
农村居民人均纯收入	元	6966	8480	9490	5235
农村居民人均消费支出	元	6092	6073	6635	4623
#食品支出	元	2345	2400	2642	2167
城镇居民人均可支配收入	元	18432	18581	19806	16639
城镇居民人均消费支出	元	13768	13696	14018	11729
#食品支出	元	5549	5357	5659	4398
农村人均住房面积	平方米	44.20	46.46	40.00	45.82
城镇人均住房建筑面积	平方米	37.10	45.91	43.00	43.47
乡村户数	万户	154.50	52.4	52.58	97.27
常用耕地面积	千公顷	343.63	158.65	143.35	260.29
农业机械总动力	万千瓦		179.79	197.44	237.39
化肥使用量（折纯量）	万吨	39.83	11.94	16.24	28.39
农村用电量	亿千瓦小时	19.91	4.34	4.49	4.55
有效灌溉面积	千公顷	236.87	92.31	124.04	68.24
农作物总播种面积	千公顷	1017.41	417.89	327.82	777.65
#粮食作物	千公顷	535.64	212.27	235.71	435.02
粮食产量	万吨	318.98	104.67	158.18	162.86
棉花产量	吨	86169	5494	19398	36
油料产量	万吨	55.39	10.19	7.37	10.17
蔬菜产量	万吨	279.55	254.01	150.18	219.14
水果产量	万吨	12.08	6.54	13.95	25.15
肉类产量	万吨	58.48	25.84	31.95	47.29
奶类产量	万吨	13.8335	5.6725	0.0085	0.0816
禽蛋产量	万吨	58.22	2.97	7.58	2.89
水产品产量	吨	478255	226828	85622	7134
工业企业单位数	个	1248	829	631	428

1-5　续表6

指　标	单　位	武汉	黄石	十堰	宜昌	襄阳
工业企业资产总计	亿元	10925.87	1753.10	2573.63	4836.04	2467.39
工业企业负债合计	亿元	7024.06	1126.02	1173.46	2915.01	1319.01
工业企业所有者权益	亿元	3887.77	623.79	1392.92	1907.78	1096.79
工业企业主营业务收入	亿元	11123.30	2503.73	1612.07	4428.57	4220.08
工业企业主营业务成本	亿元	9228.91	2273.94	1370.85	3563.90	3644.34
工业企业利润总额	亿元	480.54	89.77	192.47	448.24	351.67
工业企业本年应交增值税	亿元	345.92	49.74	53.55	203.50	122.60
建筑业企业单位数	个	1275	124	218	291	322
建筑业总产值	亿元	4879.24	243.67	305.83	701.04	581.04
房屋建筑施工面积	万平方米	26369.04	1802.44	1249.87	2100.62	3901.11
房屋建筑竣工面积	万平方米	10103.98	1019.45	508.43	1021.90	1664.91
公路里程	公里	15023	5712	24398	27601	26547
#等级公路	公里	14518	5712	22143	24816	24714
民用汽车拥有量	辆	1240771	110424	197671	290768	317636
#私人汽车	辆	995973	95060	163564	269093	299085
邮政业务总量	亿元	8.33	2.15	2.05	2.51	3.37
电信业务总量	亿元	156.08	17.35	16.35	28.00	31.25
固定电话用户	万户	304.00	42.60	48.50	65.17	78.00
移动电话用户	万户	1642.00	223.33	267.51	377.28	393.80
互联网宽带接入用户数	万户	369.00	39.78	68.48	64.00	62.00
社会消费品零售总额	亿元	3916.60	468.86	491.51	881.93	966.31
批发和零售业商品销售额	亿元	9424.96	289.71	383.85	664.36	645.78
住宿和餐饮业营业额	亿元	152.00	6.77	9.20	19.51	25.29
接待入境旅游者人数	万人次	161.37	0.27	17.08	34.34	4.89
#外国人	万人次	128.82	0.21	1.37	27.20	3.13
国际旅游外汇收入	万美元	91431	191	5824	8273	2986
国内旅游人数	万人次	17022.11	1254.21	2853.42	3286.03	2824.20
国内旅游收入	亿元	1633.40	62.02	198.51	255.00	179.01
星级饭店数	个	96	23	74	55	26
金融机构本外币存款	亿元	14915.69	1138.90	1439.28	2381.91	2181.96
金融机构人民币存款	亿元	14701.18	1138.88	1439.80	2370.61	2177.18
#储蓄存款	亿元	5070.89	597.18	787.79	1200.10	1317.96
金融机构本外币贷款	亿元	12803.87	737.35	732.84	1749.06	1244.79
金融机构人民币贷款	亿元	11797.26	737.35	724.40	1724.39	1240.24

1-5 续表7

指　标	单　位	鄂州	荆门	孝感	荆州
工业企业资产总计	亿元	519.55	1030.29	1176.78	1149.03
工业企业负债合计	亿元	313.29	515.68	604.00	597.07
工业企业所有者权益	亿元	205.10	508.29	570.24	546.90
工业企业主营业务收入	亿元	1179.83	2545.50	2116.74	1769.07
工业企业主营业务成本	亿元	1064.00	2176.21	1773.84	1523.21
工业企业利润总额	亿元	42.44	131.56	121.83	118.19
工业企业本年应交增值税	亿元	31.45	52.99	48.77	50.02
建筑业企业单位数	个	75	127	122	203
建筑业总产值	亿元	95.79	93.65	314.29	197.93
房屋建筑施工面积	万平方米	843.62	771.85	3081.61	1489.63
房屋建筑竣工面积	万平方米	453.87	388.88	1804.50	776.19
公路里程	公里	3237	12553	13701	20307
#等级公路	公里	2774	11649	13701	19584
民用汽车拥有量	辆	97021	158226	132075	263737
#私人汽车	辆	26339	141727	112036	180115
邮政业务总量	亿元	9.19	1.79	3.75	4.36
电信业务总量	亿元	7.17	16.18	21.47	31.24
固定电话用户	万户	21.68	38.15	57.85	73.32
移动电话用户	万户	95.00	199.23	326.50	393.3
互联网宽带接入用户数	万户	16.16	38.24	49.93	75.51
社会消费品零售总额	亿元	208.68	414.68	608.68	738.26
批发和零售业商品销售额	亿元	84.08	288.10	291.67	355.35
住宿和餐饮业营业额	亿元	3.36	9.64	9.43	9.54
接待入境旅游者人数	万人次	0.50	2.15	1.06	5.61
#外国人	万人次	0.17	1.73	0.96	4.01
国际旅游外汇收入	万美元	271	523	499	1654
国内旅游人数	万人次	482.62	1804.96	1485.95	1901.15
国内旅游收入	亿元	41.37	90.29	88.68	111.26
星级饭店数	个	10	34	32	44
金融机构本外币存款	亿元	397.82	1123.79	1407.08	1742.80
金融机构人民币存款	亿元	396.78	1121.25	1404.12	1738.71
#储蓄存款	亿元	234.12	732.74	943.17	1180.67
金融机构本外币贷款	亿元	270.98	560.42	660.50	805.61
金融机构人民币贷款	亿元	256.39	560.42	659.10	802.18

1-5 续表8

指 标	单 位	黄冈	咸宁	随州	恩施
工业企业资产总计	亿元	881.71	769.38	458.24	419.07
工业企业负债合计	亿元	461.11	348.79	213.95	247.84
工业企业所有者权益	亿元	404.54	406.97	236.02	169.56
工业企业主营业务收入	亿元	1389.25	1420.88	1046.18	315.79
工业企业主营业务成本	亿元	1202.96	1176.46	863.34	241.07
工业企业利润总额	亿元	98.55	135.60	110.23	32.78
工业企业本年应交增值税	亿元	43.29	46.86	34.43	18.29
建筑业企业单位数	个	229	98	68	101
建筑业总产值	亿元	649.30	98.40	65.80	86.77
房屋建筑施工面积	万平方米	4219.89	643.59	689.02	675.21
房屋建筑竣工面积	万平方米	3140.59	504.19	452.50	383.73
公路里程	公里	25942	14079	7738	18739
#等级公路	公里	24252	12310	7738	18732
民用汽车拥有量	辆	202439	122510	99630	183905
#私人汽车	辆	165566	104354	81036	160371
邮政业务总量	亿元	2.82	1.38	1.62	2.15
电信业务总量	亿元	26.46	12.96	11.64	17.28
固定电话用户	万户	87.43	41.87	36.31	35.05
移动电话用户	万户	349.27	220.18	175.26	364.1
互联网宽带接入用户数	万户	56.17	34.41	31.29	30.4
社会消费品零售总额	亿元	635.02	330.58	333.86	218.28
批发和零售业商品销售额	亿元	337.78	288.80	272.70	149.49
住宿和餐饮业营业额	亿元	5.99	15.15	13.56	6.88
接待入境旅游者人数	万人次	0.90	1.28	1.25	32.68
#外国人	万人次	0.32	0.92	0.26	32.52
国际旅游外汇收入	万美元	286	500	678	7415
国内旅游人数	万人次	1500.44	2649.08	1459.74	2441.74
国内旅游收入	亿元	78.07	130.11	84.67	124.88
星级饭店数	个	40	49	18	79
金融机构本外币存款	亿元	1721.14	847.87	726.17	808.71
金融机构人民币存款	亿元	1719.43	776.62	724.41	808.71
#储蓄存款	亿元	1197.89	448.83	499.16	466.00
金融机构本外币贷款	亿元	654.57	486.31	328.88	449.33
金融机构人民币贷款	亿元	654.21	442.58	323.91	449.33

1-5　续表9

指　标	单　位	武汉	黄石	十堰	宜昌	襄阳
#短期贷款	亿元	3393.69	421.42	226.52	749.00	632.98
中长期贷款	亿元	8032.82	296.47	484.43	958.89	594.85
幼儿园数	所	1024	313	382	385	621
在园儿童数	万人	22.43	6.8	9.81	8.13	15.35
普通小学学校数	所	590	447	437	270	456
普通小学专任教师数	人	27667	10668	14228	11509	21141
普通小学招生数	万人	7.75	4.17	4.09	2.72	6.09
普通小学在校学生数	万人	42.38	21.71	20.94	15.63	32.11
普通小学毕业生数	万人	6.51	2.99	2.98	2.75	4.69
初中学校数	所	269	109	148	137	194
初中专任教师数	人	19453	6233	8249	8763	13129
初中招生数	万人	6.43	2.83	2.94	2.77	4.71
初中在校学生数	万人	19.41	8.19	8.60	8.59	13.94
初中毕业生数	万人	6.61	3.12	2.99	3.19	4.79
普通高中学校数	所	100	30	27	35	43
普通高中专任教师数	人	12057	3321	3838	4555	5614
普通高中招生数	万人	3.73	1.52	1.81	1.95	3.17
普通高中在校学生数	万人	11.99	5.00	5.54	5.88	9.67
普通高中毕业生数	万人	4.96	2.00	2.11	2.03	3.65
普通高等学校数	所	80	3	7	5	5
普通高等学校专任教师数	人	57038	2218	2745	3488	2815
普通高等学校招生数	万人	27.12	1.00	1.48	1.68	2.02
普通高等学校在校学生数	万人	96.64	3.67	4.89	5.98	6.46
普通高等学校毕业生数	万人	24.73	0.90	1.23	1.34	1.67
公共图书馆	个	17	5	8	14	9
卫生机构数	个	4560	1126	3258	3690	3667
#医院	个	238	53	37	40	58
卫生机构床位数	张	66563	13220	22593	23797	27480
#医院	张	52076	11893	20657	16844	18166
卫生机构人员数	人	93542	19719	29958	34174	37178
#卫生技术人员	人	70164	15096	23474	25719	30880
#执业（助理）医师	人	28827	4725	8389	9998	10711
注册护师、护士	人	32036	6903	9472	11202	10979

1-5　续表10

指　标	单　位	鄂州	荆门	孝感	荆州
#短期贷款	亿元	133.23	300.77	306.90	416.77
中长期贷款	亿元	108.00	256.68	343.07	360.29
幼儿园数	所	73	206	467	451
在园儿童数	万人	1.60	6.00	11.58	13.87
普通小学学校数	所	249	231	447	392
普通小学专任教师数	人	4817	9330	16878	14015
普通小学招生数	万人	1.27	2.15	4.75	5.95
普通小学在校学生数	万人	6.72	12.23	24.06	31.78
普通小学毕业生数	万人	1.02	2.09	3.68	4.74
初中学校数	所	39	90	174	180
初中专任教师数	人	2658	5914	12928	12872
初中招生数	万人	1.01	1.98	3.66	4.74
初中在校学生数	万人	2.86	6.18	11.07	14.53
初中毕业生数	万人	0.99	2.30	3.92	5.46
普通高中学校数	所	11	32	45	67
普通高中专任教师数	人	1235	3365	6308	7508
普通高中招生数	万人	0.63	1.46	2.47	3.71
普通高中在校学生数	万人	1.99	4.70	7.98	11.07
普通高中毕业生数	万人	0.78	1.79	3.46	4.23
普通高等学校数	所	1	1	2	8
普通高等学校专任教师数	人	559	1004	1855	4555
普通高等学校招生数	万人	0.49	0.78	0.95	3.2
普通高等学校在校学生数	万人	1.31	2.12	4.07	11.35
普通高等学校毕业生数	万人	0.42	0.64	0.78	3.00
公共图书馆	个	1	5	8	8
卫生机构数	个	773	1054	1022	3304
#医院	个	16	38	28	48
卫生机构床位数	张	4410	14524	17058	23447
#医院	张	3141	13339	10187	15584
卫生机构人员数	人	6804	20401	28193	35439
#卫生技术人员	人	5093	15389	19391	25889
#执业（助理）医师	人	1730	6335	7393	7868
注册护师、护士	人	2131	6306	7014	9914

1-5 续表11

指　标	单　位	黄冈	咸宁	随州	恩施
#短期贷款	亿元	265.84	125.23	186.57	126.84
中长期贷款	亿元	381.35	312.96	135.54	322.26
幼儿园数	所	794	396	181	417
在园儿童数	万人	18.06	9.40	5.71	9.67
普通小学学校数	所	736	396	189	580
普通小学专任教师数	人	23604	10890	7013	13600
普通小学招生数	万人	7.79	3.40	2.13	4.32
普通小学在校学生数	万人	43.19	23.00	11.38	23.95
普通小学毕业生数	万人	6.46	2.93	1.64	3.77
初中学校数	所	240	116	80	139
初中专任教师数	人	15474	7066	5030	8732
初中招生数	万人	6.40	2.94	1.63	3.90
初中在校学生数	万人	20.24	8.89	5.18	11.89
初中毕业生数	万人	7.81	2.99	2.07	4.19
普通高中学校数	所	67	26	18	24
普通高中专任教师数	人	8547	2957	2529	3348
普通高中招生数	万人	4.09	1.39	1.20	2.09
普通高中在校学生数	万人	13.65	4.41	3.53	5.79
普通高中毕业生数	万人	5.74	1.84	1.54	1.83
普通高等学校数	所	4	2	1	2
普通高等学校专任教师数	人	2376	1938	432	1728
普通高等学校招生数	万人	1.56	1.10	0.20	1.07
普通高等学校在校学生数	万人	4.83	4.20	0.68	3.77
普通高等学校毕业生数	万人	1.41	1.35	0.17	0.86
公共图书馆	个	12	7	4	9
卫生机构数	个	4883	1311	1496	3598
#医院	个	45	26	25	28
卫生机构床位数	张	23192	12407	8242	18422
#医院	张	13060	6997	-	11233
卫生机构人员数	人	38745	19119	12691	21205
#卫生技术人员	人	28066	14723	9065	15712
#执业（助理）医师	人	10713	5871	3696	5596
注册护师、护士	人	10410	6038	3469	6762

1-6 分年荆州城区基本情况

Basic Statistics on Jingzhou City Proper by Year

指 标	单 位	2005 年	2010 年	2011 年	2012 年	2013 年
一、人口、劳动力及土地面积						
年末总人口	万人	120.49	112.76	112.72	112.95	111.91
其中：城镇人口	万人	80.04	90.42	93.67	96.73	97.43
年平均人口	万人	110.80	114.81	112.64	112.84	112.43
年出生人口	人	7863	8951	8632	9212	9114
年死亡人口	人	3412	17115	3937	7244	4940
年末总户数	万户	37.20	38.84	39.18	39.31	39.51
单位从业人员	万人	14.80	18.29	13.93	15.80	18.37
第一产业	万人	1.65	3.04	0.22	0.08	0.10
第二产业	万人	6.80	8.63	6.82	8.88	10.66
（1）采掘业	万人	0.12				
（2）制造业	万人	5.26	7.07	3.28	6.26	7.25
（3）电力、煤气、水生产供应业	万人	0.60	0.51	0.28	0.29	0.35
（4）建筑业	万人	0.82	1.05	3.26	2.33	3.06
第三产业	万人	6.35	6.62	6.89	6.84	7.61
（1）交通运输、仓储及邮政业	万人	0.63	0.65	0.53	0.61	0.91
（2）信息传输、计算机服务和软件业	万人	0.16	0.24	0.27	0.26	0.33
（3）批发和零售业	万人	0.49	0.18	0.54	0.67	0.7
（4）住宿、餐饮业	万人	0.15	0.06	0.08	0.11	0.12
（5）金融、保险业	万人	0.44	0.52	0.79	0.57	0.63
（6）房地产业	万人	0.10	0.13	0.24	0.22	0.23
（7）租赁和商业服务业	万人	0.03	0.02	0.04	0.02	0.06
（8）科学研究、技术服务和地质勘查业	万人	0.16	0.17	0.10	0.10	0.16
（9）水利、环境和公共设施管理业	万人	0.48	0.26	0.22	0.24	0.26
（10）居民服务和其他服务业	万人	0.01	0.01	0.02	0.01	0.01
（11）教育	万人	1.60	1.68	1.43	1.47	1.54
（12）卫生、社会保障和社会福利业	万人	0.76	0.95	0.98	1.01	1.07
（13）文化、体育和娱乐业	万人	0.15	0.19	0.16	0.18	0.20
（14）公共管理和社会组织	万人	1.20	1.56	1.49	1.35	1.39
私营和个体从业人员	万人	10.61	10.11	13.65	15.51	20.81
年末城镇登记失业人员数	万人	2.52	3.02	3.25	3.38	3.42
行政区域土地面积	平方公里	1576	1576	1576	1576	1566
其中：建成区面积	平方公里	62	66	68	69	72
城市建设用地面积	平方公里	60	66	68	69	72
其中：居住用地面积	平方公里	17	18	19	19	19

1-6 续表1

指 标	单 位	2005年	2010年	2011年	2012年	2013年
公共设施用地面积	平方公里	10	10	8	8	8
工业用地面积	平方公里	14	16	17	18	20
二、综合经济						
(一)国内生产总值	亿元	128.99	297.58	367.61	412.98	449.61
第一产业增加值	亿元	18.30	36.09	39.46	43.51	46.55
第二产业增加值	亿元	55.80	154.33	202.96	225.67	243.66
其中：工业增加值	亿元	47.53	144.30	188.19	211.04	227.00
第三产业增加值	亿元	54.89	107.16	125.19	143.80	159.40
国内生产总值(2010年价)	亿元	124.02	230.54	341.67	381.19	422.81
人均国内生产总值	元	11153	25829	31288	34111	36941
国内生产总值增长率	%	10.1	14.8	14.8	11.6	10.9
地方财政一般预算内收入	万元	50861	151552	255274	319846	402419
其中：各项税收	万元	35630	119714	200291	242948	303337
其中：企业所得税	万元	2616	12187	29892	35520	40025
个人所得税	万元	1727	4084	8276	9555	11488
地方财政一般预算内支出	万元	122915	394647	641337	744689	830162
科学支出	万元	435	2169	8071	10442	15173
教育支出	万元	19644	47466	65359	113256	112576
医疗卫生支出	万元	6861	17429	49220	41126	52805
年末金融机构存款余额	亿元	204.85	427.90	493.06	583.38	697.67
其中：城乡居民储蓄年末余额	亿元	112.86	275.83	316.05	368.69	424.85
年末金融机构各项贷款余额	亿元	155.46	238.89	284.66	335.18	420.87
三、工业						
规模以上工业企业主要经济指标：						
工业企业数	个	229	487	294	322	389
其中：1、内资企业	个	205	450	268	294	361
其中：国有企业	个	11	11	9	6	5
私营企业	个	76	223	116	111	116
2、港、澳、台商投资企业	个	12	21	14	16	16
3、外商企业	个	12	16	12	12	12
工业总产值(当年价)	亿元	130.43	424.55	547.63	627.29	748.92
其中：1、内资企业	亿元	111.51	339.08	461.63	525.37	631.6
其中：国有企业	亿元	30.54	44.8	86.32	54.11	46.01
私营企业	亿元	15.76	142.48	116.29	141.11	155.29
2、港、澳、台商投资企业	亿元	9.58	42.32	37.33	44.96	53.06

1-6　续表2

指　标	单　位	2005 年	2010 年	2011 年	2012 年	2013 年
3、外商企业	亿元	9.34	43.15	48.67	56.96	64.25
从业人员年平均人数	万人	6.85	7.66	6.87	6.86	7.63
流动资产合计	亿元	78.89	147.58	183.48	191.72	226.06
固定资产合计	亿元	85.94	167.63	148.54	144.78	207.49
主营业务收入	亿元	145.09	345.80	493.62	565.98	678.06
主营业务税金及附加	亿元	0.54	1.61	2.01	2.25	2.87
本年应交增值税	亿元	4.01	9.55	9.62	9.50	14.06
利润总额	亿元	0.88	23.87	25.21	24.46	36.37
四、邮电通讯及能源电力：						
年末邮政局（所）数	处	35	35	35	35	36
全年用电量	万千瓦时	266536	279168	303480	328220	397891
其中：工业用电	万千瓦时	211605	196956	214414	262519	261408
城乡居民生活用电	万千瓦时	30639	54610	57887	67844	64942
五、贸易、外经、						
限额以上批发零售贸易业商品销售总额	万元	461241	911986	1075169	1235985	1982860
社会消费品零售额	万元	780835	1721464	2087008	2417850	2776800
限额以上批发零售贸易企业数	个	30	51	56	95	176
当年实际使用外资金额	万美元	5000	2203	7429	3950	4991
六、固定资产投资						
全社会固定资产投资总额	万元	525143	2532376	3309856	4484748	5679900
其中：固定资产投资完成额（不含农村）	万元	508378	2515752		4393967	5599475
其中：房地产开发投资完成额	万元	136648	188982	303485	279598	363945
其中：住宅	万元	80196	148808	245694	212750	265632
全年新增固定资产	万元	261269	1574521	2656730	2850000	3135000
商品房屋销售面积	万平方米	35.66	60.75	71.77	57.06	66.84
其中：住宅	万平方米	32.61	60.15	69.54	55.75	64.64
商品房屋销售额	万元	58607	216065	288514	258588	335131
其中：住宅	万元	45480	212608	278403	248358	309895
商品房屋空置面积	万平方米	5.60	22.05	43.41	24.31	34.75
七、教育、科技、文化、卫生						
学校数：						
高等学校	所	9	9	8	8	8
中等职业学校	所	18	14	11	11	10
普通中学	所	61	53	52	53	53
小学	所	96	69	67	61	61

1-6 续表3

指 标	单 位	2005年	2010年	2011年	2012年	2013年
专任教师数：						
高等学校	人	3987	4937	4593	4653	4555
中等职业学校	人	1011	1382	1397	1335	979
普通中学	人	4433	4166	4420	4342	4463
小学	人	3226	2785	2333	2213	2366
在校学生数：						
高等学校	人	98049	117840	111397	113638	113476
高中阶段在校学生数	人	43581	81034	69617	29100	27798
中等职业学校	人	38763	49510	38530	28083	22172
普通中学	万人	7.57	6.74	6.46	5.69	5.45
小学	万人	6.94	5.29	5.22	4.95	4.93
小学毕业生升学率	%	100	100	100	100	100
初中毕业生升学率	%	97.9	99.0	91.0	92.0	93.0
成人高等教育学校在校学生数	人	25752	27192	34898	28051	29612
体育场馆数	个	6	2	1	1	3
剧场.影剧院数	个	4	1	0	1	5
公共图书馆图书藏量	千册	778	644	692	662	674
医院卫生院数	个	21	37	38	40	42
医院卫生院床位数	张	3949	6822	7714	8226	10058
医生数（执业医师+执业助理医师）	人	2255	2642	3459	3647	3709
注册护士	人	2221	3347	3925	4316	4684
八、人民生活						
在岗职工平均人数	万人	13.40	12.44	16.88	13.00	15.22
在岗职工工资总额	万元	146093	329755	399610	446348	623598
居民人均可支配收入	元	8094	14708	16509	18211	20861
居民人均消费支出	元	5848	10583	11693	12771	14062
其中：（1）食品	元	2347	4448	4912	5429	5819
（2）衣着用品	元	664	1066	1148	1330	1446
（3）家庭设备、用品及服务	元	344	672	517	622	1605
（4）医疗保健	元	411	914	1665	1103	722
（5）交通和通讯	元	549	619	757	1037	921
（6）娱乐、教育、文化服务	元	804	1196	1041	1344	1482
（7）居住	元	585	1245	1293	1483	1527
每百户拥有家用电脑	台	39	61	60	63	77
人均住房使用面积	平方米	19	29.98	35.81	37.35	40.00

1-6 续表4

指 标	单 位	2005 年	2010 年	2011 年	2012 年	2013 年
居民消费品价格指数	%	101.5	102.4	105.3	102.1	103.1
基本养老保险参保职工	人	159725	343748	342226	355656	375771
基本医疗保险参保人数	人	160378	746438	268300	304628	332232
失业保险参保人数	人	136864	169755	174752	127474	143634
社会福利院数	个	16	17		3	3
社会福利院床位数	个	1890	1914	1077	2497	2498
居民最低生活保障线以下人数	人	57052	54816	55546	50413	47085
九、社会治安						
交通事故死亡人数	件				65	66
交通事故损失额	万元	41	42	44.22	13	13
火灾事故死亡人数	人	2	2	0	0	0
火灾事故损失额	万元	70	105	98	124	928
刑事案件立案数	件	3294	3855	5255	7320	7319
犯罪人数	人	853	688	953	1558	1149
其中：青少年人数（年龄25周岁及以下）	人	361	131	247	506	286
十、市政公共事业						
城市维护建设资金支出	万元	22239	33135	43269	65140	45920
年末实有铺装道路面积	万平方米	748	755	760	865	891
排水管道长度	公里	370	385	394	433	465
供水综合生产能力（包括自备水源)）	万吨/日	74.0	71.5	71.5	57.0	55.0
供水总量量	万吨	8841	7493	7520	7592	7812
其中：居民家庭用水量	万吨	4687	5639	3117	3408	3436
用水人口	万人	83.13	67.70	69.80	74.57	70.55
煤气（人工.天然气）供气总量	万平方米	300	6803	8061	8505	12631
其中：家庭用量	万平方米	72	948	1354	2475	2996
用煤气人口	人	87000	330000	360000	430000	459000
液化石油气供气总量	吨	13800	8200	7960	7758	5034
其中：家庭用量	吨	12200	8200	7960	7758	5034
用液化气人口	人	382000	318000	305600	283800	240000
年末实有公共汽车营运车辆数	辆	499	1103	1185	729	763
全年公共汽车客运总量	万人次	8044	14000	19037	13042	14875
年末实有出租汽车数	辆	1588	1588	2930	1588	1588
园林绿地面积	公顷	1549	2333	2340	2431	2487
其中：公共绿地面积	公顷	479	677	677	734	760
建成区绿化覆盖面积	公顷	1720	2642	2649	2747	2803

1-7 私营企业与个体工商户

Main Statistics on Private Enterprises and Self-Employed Industry and Commerce Enterprises by County

指　标	单　位	合　计	荆州区	沙市区	荆州开发区	江陵县
私营企业户数	户	22491	3510	4070	1940	1033
私营企业从业人数	万人	13.86	1.35	1.68	0.67	1.21
#第一产业	万人	0.86	0.12	0.09	0.00	0.07
第二产业	万人	5.18	0.14	0.26	0.36	0.47
第三产业	万人	7.82	1.09	1.33	0.31	0.67
个体工商户户数	万户	19.75	2.11	3.57	0.52	0.75
个体从业人员	万人	57.77	5.60	10.11	1.40	1.33
#第一产业	万人	1.65	0.02	0.18	0.00	0.12
第二产业	万人	5.01	0.82	0.47	0.48	0.12
第三产业	万人	51.11	4.76	9.46	0.92	1.09

指　标	单　位	松滋市	公安县	石首市	监利县	洪湖市
私营企业户数	户	2588	2850	1715	1929	2856
私营企业从业人数	万人	1.37	2.48	2.16	1.36	1.58
#第一产业	万人	0.07	0.12	0.15	0.09	0.15
第二产业	万人	0.36	1.40	0.90	0.46	0.83
第三产业	万人	0.94	0.96	1.11	0.81	0.60
个体工商户户数	万户	3.14	2.91	1.60	2.44	2.71
个体从业人员	万人	8.21	8.30	5.51	9.94	7.37
#第一产业	万人	0.15	0.23	0.30	0.22	0.43
第二产业	万人	0.39	0.36	0.28	1.59	0.50
第三产业	万人	7.67	7.71	4.93	8.13	6.44

指 标 解 释

Explanatory Notes on Statistical Indicators

【户籍人口】 指根据户籍登记情况统计的人口，以派出所办理的户籍登记和监狱管理局、劳教工作管理局掌握的服刑人员的情况为基础进行汇总而成。

【暂住人口】 指不具有本市常住户口，来自市行政区划以外的，在本市暂住三日以上，并向公安机关申报暂住登记以及领取暂住证件的人员。

【常住人口】 指在本市地区实际居住半年以上的人口。

【出生率】 指在一定时期内（通常为一年）出生人数与同期平均人数（或期中人数）之比，一般用千分比表示。计算公式：

$$出生率=\frac{年出生人数}{年平均人数}\times 1000‰$$

出生人数是指活产，即脱离母体时（不管怀孕月数），有过呼吸或其他生命现象的活婴儿总和。年平均人数是年初、年底人口数的平均数，也可用年中人口数代替。

【死亡率】 指在一定时期内（通常为一年）死亡人数与同期平均人数（或期中人数）之比，一般用千分比表示。计算公式：

$$死亡率=\frac{年死亡人数}{年平均人数}\times 1000‰$$

【自然增长率】 指在一定时期内（通常为一年）人口自然增加数（出生人数减死亡人数）与该时期内平均人数（或期中人数）之比，一般用千分比表示。计算公式：

$$自然增长率=\frac{本年出生人数-本年死亡人数}{年平均人数}\times 1000‰$$

人口自然增长率=人口出生率-人口死亡率

二、国民经济核算

National Accounts

资料整理：李永乐

2-1 分年支出法地区生产总值

GDP by Year Calculated by Expenditure Approach

单位：亿元

指 标	1999 年	2000 年	2001 年	2002 年	2003 年
支出法地区生产总值	245.22	260.35	282.34	303.83	326.00
一、资本形成总额	78.86	89.10	97.43	107.33	105.09
固定资本形成总额	70.76	81.28	90.28	100.57	96.58
第一产业	5.06	4.49	6.56	5.20	5.34
第二产业	20.48	21.86	29.35	30.19	30.53
工业	19.79	21.04	28.20	27.31	27.38
建筑业	0.69	0.82	1.15	2.88	3.21
第三产业	45.21	54.92	54.37	65.18	60.71
存货增加	8.10	7.82	7.15	6.76	8.51
二、最终消费	176.08	185.86	196.10	212.66	223.16
居民消费	139.41	143.30	148.82	164.38	171.54
农村	70.35	73.92	75.72	76.95	77.70
城镇	69.06	69.38	73.10	87.43	93.84
政府消费	36.67	42.56	47.28	48.28	51.61
投资率	32.2	34.2	34.5	35.3	32.2
消费率	71.8	71.4	69.5	70.0	68.5

2-1 续表1 单位：亿元

指 标	2004年	2005年	2006年	2007年	2008年
支出法地区生产总值	355.87	393.04	438.06	519.63	623.98
一、资本形成总额	116.05	125.39	158.81	220.43	301.74
固定资本形成总额	108.23	116.78	149.66	210.75	291.46
第一产业	4.47	6.49	7.76	6.31	20.28
第二产业	34.56	37.14	58.88	96.22	141.99
工业	34.40	37.11	58.83	96.22	141.74
建筑业	0.16	0.03	0.05		0.25
第三产业	69.20	73.15	83.02	108.21	129.19
存货增加	7.82	8.61	9.15	9.69	10.28
二、最终消费	246.93	267.27	291.46	340.35	377.59
居民消费	191.20	203.65	221.48	264.41	292.26
农村	90.61	99.04	109.76	120.57	138.53
城镇	100.59	104.61	111.72	143.84	153.73
政府消费	55.73	63.62	69.98	75.94	85.33
投资率	32.6	31.9	36.3	42.4	48.4
消费率	69.4	68	66.5	65.5	60.5

2-1　续表2　　单位：亿元

指　标	2009年	2010年	2011年	2012年	2013年
支出法地区生产总值	709.58	837.10	1043.12	1196.02	1334.93
一、资本形成总额	446.09	564.75	717.81	962.13	1172.68
固定资本形成总额	435.16	554.94	707.37	951.10	1172.68
第一产业	26.3	32.59	23.63	45.27	53.42
第二产业	206.66	281.18	371.56	528.15	593.34
工业	206.49	281.07	367.56	523.29	572.71
建筑业	0.17	0.11	4.00	4.86	20.63
第三产业	202.20	241.17	312.18	377.68	525.93
存货增加	10.93	9.81	10.44	11.03	11.45
二、最终消费	401.30	436.55	511.54	584.33	630.75
居民消费	310.80	339.05	401.36	461.93	498.25
农村	133.74	141.23	166.97	207.39	221.78
城镇	177.06	197.82	234.39	254.54	276.48
政府消费	90.50	97.50	110.18	122.40	132.50
投资率	62.9	67.5	68.8	80.4	87.8
消费率	56.6	52.2	49.0	48.9	47.2

2–2　分年地区生产总值

Gross Domestic Product of Jingzhou by Year

单位：亿元

年　份	地区生产总值（当年价）	第一产业	第二产业	工业	建筑业	第三产业
1978年	17.66	9.00	5.38	5.13	0.25	3.28
1979年	21.86	11.60	6.22	5.88	0.34	4.04
1980年	19.74	8.14	7.25	6.80	0.45	4.35
1981年	23.90	11.06	8.28	7.91	0.37	4.56
1982年	26.47	12.47	8.51	8.12	0.39	5.49
1983年	29.39	13.81	9.41	8.98	0.43	6.17
1984年	37.22	18.83	11.03	10.49	0.54	7.36
1985年	41.62	20.45	13.08	12.35	0.73	8.09
1986年	44.84	21.44	14.70	13.81	0.89	8.70
1987年	52.18	23.67	16.60	15.49	1.11	11.91
1988年	67.21	31.76	21.03	19.70	1.33	14.42
1989年	73.63	33.08	22.53	21.68	0.85	18.02
1990年	79.14	39.28	21.86	20.97	0.89	18.00
1991年	80.01	36.03	24.93	22.73	2.20	19.05
1992年	93.67	41.22	30.07	27.54	2.53	22.38
1993年	116.35	51.87	36.39	32.83	3.56	28.10
1994年	159.89	79.93	39.87	36.23	3.64	40.09
1995年	190.51	96.69	45.84	40.41	5.43	47.97
1996年	215.94	100.54	53.11	46.20	6.91	62.30
1997年	241.08	109.44	61.48	53.45	8.03	70.16
1998年	240.65	94.82	68.84	59.56	9.28	76.99
1999年	245.22	90.72	72.68	62.32	10.37	81.82
2000年	260.35	88.30	81.44	69.74	11.69	90.61
2001年	282.34	93.50	87.32	74.50	12.82	101.52
2002年	303.83	96.71	94.16	80.10	14.06	112.96
2003年	326.00	100.70	101.30	86.49	14.80	124.00
2004年	355.87	109.00	110.26	93.31	16.95	136.61
2005年	393.04	118.43	124.37	105.90	18.47	150.24
2006年	438.06	126.67	141.78	124.11	17.67	169.61
2007年	519.63	154.20	174.15	152.97	21.18	191.28
2008年	626.06	187.91	213.20	192.21	20.99	224.95
2009年	709.58	207.22	254.09	228.99	25.10	248.27
2010年	837.10	231.07	325.33	293.27	32.06	280.70
2011年	1043.12	265.15	448.83	407.41	41.42	329.14
2012年	1196.02	292.8	522.54	475.34	47.2	380.68
2013年	1334.93	319.09	596.20	539.84	56.36	419.64

2-3 地区生产总值指数

Indices of Gross Domestic Product

单位：%

年份	地区生产总值	第一产业	第二产业	工业	建筑业	第三产业
1978年	110.9	104.90	118.32	118.40	116.8	115.1
1979年	115.8	114.7	113.54	112.3	135.0	122.2
1980年	90.4	78.7	119.59	119.3	123.9	100.0
1981年	117.6	121.7	116.76	118.5	80.1	101.9
1982年	115.0	111.5	101.14	101.0	104.3	120.4
1983年	109.6	104.9	118.46	119.1	105.0	107.4
1984年	118.1	128.1	117.87	117.7	121.2	115.5
1985年	109.8	104.4	120.50	120.5	120.6	107.9
1986年	108.2	104.8	116.35	116.4	115.6	102.9
1987年	106.3	100.1	118.67	119.0	114.1	124.0
1988年	110.9	102.1	118.55	119.6	103.0	104.2
1989年	104.7	103.0	103.07	104.6	64.0	109.8
1990年	103.9	109.9	100.59	100.6	100.5	96.3
1991年	98.4	94.7	122.59	118.3	167.0	101.0
1992年	111.1	110.5	112.58	113.0	108.0	110.2
1993年	113.7	109.3	124.15	124.6	120.0	107.1
1994年	118.5	121.9	121.4	124.0	88.7	109.7
1995年	109.8	111.1	109.4	107.5	143.1	108.4
1996年	103.4	89.9	106.2	104.7	125.7	121.2
1997年	114.4	119.1	116.5	116.6	115.8	105.9
1998年	104.4	90.9	112.3	111.9	117.4	111.7
1999年	106.4	107.9	110.2	109.7	114.9	99.3
2000年	108.7	101.0	113.3	113.1	115.1	110.7
2001年	109.0	104.5	110.8	110.9	109.9	110.9
2002年	109.0	102.1	112.2	112.3	112.0	111.0
2003年	107.8	101.8	110.3	110.6	107.3	109.5
2004年	108.5	104.2	110.4	110.2	112.5	109.2
2005年	108.1	103.0	110.9	111.5	107.4	109.7
2006年	109.2	103.9	111.9	114.9	94.5	111.0
2007年	112.4	107.8	119.4	120.1	114.6	110.1
2008年	112.6	108.4	116.8	120.7	88.3	112.0
2009年	113.5	106.2	121.0	120.7	123.5	111.4
2010年	113.2	104.3	121.3	121.3	120.6	110.6
2011年	113.4	104.4	121.6	122.0	118.2	111.4
2012年	111.1	104.7	114.6	115.5	106.3	111.5
2013年	110.4	104.9	113.5	113.0	118.8	110.2

2-4　地区生产总值

Gross Domestic Product of Jingzhou City

单位：亿元

指　标	按当年价格计算		按可比价格计算		
	2013 年	2012 年	2013 年	2012 年	2013 年为 2012 年的 %
地区生产总值	1334.93	1196.02	1164.26	1054.99	110.4
第一产业	319.09	292.80	264.96	252.58	104.9
农、林、牧、渔业	319.09	292.80	264.96	252.58	104.9
农、林、牧、渔服务业	3.63	3.28	3.04	2.89	105.4
第二产业	596.20	522.54	514.80	453.49	113.5
工业	539.84	475.34	466.93	413.20	113.0
建筑业	56.36	47.20	47.87	40.29	118.8
第三产业	419.64	380.68	384.50	348.92	110.2
交通运输、仓储和邮政业	40.50	37.89	39.54	36.26	109.0
交通运输、仓储业	39.05	36.52	38.13	34.95	109.1
邮政业	1.45	1.37	1.41	1.31	107.7
信息传输、计算机服务和软件业	21.74	20.95	21.58	20.86	103.5
批发和零售业	90.07	81.26	82.35	74.29	110.8
批发业	42.02	37.54	38.52	34.41	111.9
零售业	48.05	43.72	43.83	39.88	109.9
住宿和餐饮业	41.31	38.07	36.58	33.72	108.5
住宿业	8.44	7.84	8.05	7.48	107.6
餐饮业	32.87	30.23	28.53	26.24	108.7
金融业	26.01	22.69	23.73	20.84	113.9
银行业	20.76	16.46	18.94	15.12	125.3
证券业	3.08	3.83	2.81	3.52	79.7
保险业	2.14	2.36	1.95	2.16	90.1
房地产业	43.77	40.05	36.96	34.40	107.4
房地产开发经营业	5.84	4.71	4.85	4.13	117.5
物业管理业	3.00	2.45	2.50	2.15	116.4
房地产中介服务业	0.58	0.48	0.48	0.42	115.2
其他房地产活动	1.96	1.73	1.63	1.52	107.3
居民自有住房服务业	32.39	30.69	27.50	26.19	105.0
租赁和商务服务业	7.47	6.30	6.98	5.87	118.8
科学研究、技术服务和地质勘查业	3.18	2.99	2.92	2.74	106.3
水利、环境和公共设施管理业	3.59	3.41	3.30	3.13	105.3
居民服务和其他服务业	23.98	20.19	22.41	18.82	119.1
教育	30.34	28.25	27.82	25.92	107.3
卫生、社会保障和社会福利业	20.68	19.17	18.96	17.59	107.8
文化、体育和娱乐业	7.41	6.39	6.93	5.96	116.3
公共管理和社会组织	59.58	53.07	54.46	48.51	112.3

2–5 地区生产总值构成（当年价）

Composition of Gross Domestic Product（Current Prices）

单位：万元

指 标	增加值	劳动者报酬	生产税净额	固定资产折旧	营业盈余
地区生产总值	1334.93	736.77	153.67	114.54	329.95
第一产业	319.09	297.56	6.30	3.56	11.66
农、林、牧、渔业	319.09	297.56	6.30	3.56	11.66
农、林、牧、渔服务业	3.63	3.09	0.09	0.23	0.23
第二产业	596.20	256.88	78.73	64.34	196.25
工业	539.84	225.19	69.85	60.71	184.09
建筑业	56.36	31.69	8.88	3.63	12.16
第三产业	419.64	182.32	68.64	46.65	122.03
交通运输、仓储和邮政业	40.50	13.50	2.65	4.73	19.62
交通运输、仓储业	39.05	12.67	2.61	4.48	19.29
邮政业	1.45	0.83	0.05	0.25	0.32
信息传输、计算机服务和软件业	21.74	3.06	1.01	9.12	8.54
批发和零售业	90.07	18.36	20.22	6.40	45.09
批发业	42.02	6.63	8.80	2.21	24.38
零售业	48.05	11.73	11.42	4.19	20.70
住宿和餐饮业	41.31	12.61	4.94	7.14	16.63
住宿业	8.44	2.49	0.87	2.56	2.52
餐饮业	32.87	10.12	4.07	4.54	14.14
金融业	26.01	12.38	3.33	2.22	8.07
银行业	20.76	8.60	2.73	1.91	7.52
证券业	3.08	1.55	0.40	0.28	0.83
保险业	2.14	2.20	0.19	0.03	–0.29
房地产业	43.77	4.16	33.42	3.23	2.96
房地产开发经营业	5.84	1.86	0.64	2.62	0.72
物业管理业	3.00	1.35	0.20	0.28	1.17
房地产中介服务业	0.58	0.25	0.04	0.04	0.25
其他房地产活动	1.96	0.70	0.15	0.29	0.82
居民自有住房服务业	32.39	0.00	32.39	0.00	0.00
租赁和商务服务业	7.47	2.98	0.71	0.52	3.25
科学研究、技术服务和地质勘查业	3.18	2.18	0.15	0.23	0.62
水利、环境和公共设施管理业	3.59	2.51	0.07	0.97	0.04
居民服务和其他服务业	23.98	12.50	1.03	1.06	9.38
教育	30.34	26.76	0.06	3.35	0.18
卫生、社会保障和社会福利业	20.68	13.48	0.25	1.53	5.42
文化、体育和娱乐业	7.41	4.78	0.43	0.67	1.54
公共管理和社会组织	59.58	53.05	0.36	5.49	0.67

2–6 总 产 出

Total Output

单位：亿元

指　标	按当年价格计算		按可比价格计算		
	2013 年	2012 年	2013 年	2012 年	2013 年为2012 年的 %
总产出	3334.98	2965.61	2902.15	2600.65	111.6
第一产业	578.34	534.97	484.78	460.44	105.3
农、林、牧、渔业	578.34	534.97	484.78	460.44	105.3
农、林、牧、渔服务业	6.98	6.31	5.87	5.57	105.3
第二产业	2083.31	1820.24	1799.04	1579.84	113.9
工业	1897.32	1664.23	1641.07	1446.67	113.4
建筑业	185.99	156.01	157.97	133.17	118.6
第三产业	673.33	610.40	618.33	560.37	110.3
交通运输、仓储和邮政业	76.52	71.29	74.71	68.23	109.5
交通运输、仓储业	72.07	67.08	70.36	64.19	109.6
邮政业	4.45	4.22	4.35	4.03	107.7
信息传输、计算机服务和软件业	34.05	32.81	33.80	32.67	103.5
批发和零售业	113.40	102.31	103.68	93.53	110.8
批发业	52.53	46.93	48.15	43.01	111.9
零售业	60.87	55.38	55.52	50.52	109.9
住宿和餐饮业	89.87	82.82	79.58	73.36	108.5
住宿业	16.88	15.65	16.10	14.96	107.6
餐饮业	73.04	67.18	63.40	58.40	108.6
金融业	62.49	54.51	57.01	50.07	113.9
银行业	39.92	31.66	36.42	29.08	125.3
证券业	3.88	4.84	3.54	4.44	79.7
保险业	18.57	17.90	16.94	16.44	103.0
房地产业	50.43	46.14	42.58	39.63	107.4
房地产开发经营业	6.80	5.90	5.74	5.05	113.8
物业管理业	5.63	4.68	4.68	4.12	113.6
房地产中介服务业	1.29	1.06	1.07	0.93	115.2
其他房地产活动	4.32	3.82	3.60	3.35	107.3
居民自有住房服务业	32.39	30.69	27.50	26.19	105.0
租赁和商务服务业	14.15	11.94	13.22	11.13	118.8
科学研究、技术服务和地质勘查业	7.18	6.75	6.58	6.19	106.3
水利、环境和公共设施管理业	5.00	4.75	4.59	4.36	105.3
居民服务和其他服务业	38.31	32.26	35.80	30.07	119.1
教育	41.09	38.25	37.67	35.11	107.3
卫生、社会保障和社会福利业	40.63	37.65	37.25	34.55	107.8
文化、体育和娱乐业	13.12	11.31	12.26	10.54	116.3
公共管理和社会组织	87.09	77.60	79.60	70.93	112.2

2-7 支出法地区生产总值

Gross Domestic Product Calculated by Expenditure Approach

单位：亿元

指　标	按当年价格计算		按可比价格计算		
	2013 年	2012 年	2013 年	2012 年	2013 年为 2012 年的 %
支出法地区生产总值	1334.93	1196.02	1177.52	1054.99	111.6
一、最终消费支出	630.75	584.33	556.38	515.42	107.9
居民消费支出	498.25	461.93	439.50	407.46	107.9
农村居民	221.78	207.39	195.62	182.93	106.9
城镇居民	276.48	254.54	243.88	224.52	108.6
政府消费支出	132.50	122.40	116.88	107.97	108.3
二、资本形成总额	1184.13	962.13	1044.50	848.68	123.1
固定资本形成总额	1172.68	951.10	1034.40	838.95	123.3
存货增加	11.45	11.03	10.10	9.73	103.8
三、货物和服务净流出	−479.95	−350.43	−423.36	−309.11	137.0

2-8 县市区地区生产总值

Gross Domestic Product in Each County

县（市、区）名　称	按当年价格计算（万元）					比上年同期增长 %
	地区生产总　值	第一产业	第二产业	工业	第三产业	
荆州区	1954767	316665	985390	939393	652712	12.0
沙市区	2541356	148842	1451208	1330558	941306	10.1
江陵县	549610	189520	180784	147836	179306	11.5
松滋市	1800070	366976	872099	749810	560995	12.0
公安县	1763656	545269	762087	708715	456300	10.4
石首市	1219092	295937	542624	511970	380531	10.3
监利县	1948674	807180	610425	563754	531069	10.0
洪湖市	1634795	520470	570835	478876	543489	10.1

指 标 解 释

Explanatory Notes on Statistical Indicators

【地区生产总值】 是按市场价格计算的地区生产总值的简称。它是一个地区所有常住单位在一定时期内生产活动的最终成果。地区生产总值有三种表现形式，即价值形态、收入形态和产品形态。从价值形态看，它是所有常住单位在一定时期内所生产的全部货物和服务价值超过同期投入的全部非固定资产货物和服务价值的差额，即所有常住单位的增加值之和；从收入形态看，它是所有常住单位在一定时期内所创造并分配给常住单位和非常住单位的初次分配收入之和；从产品形态看，它是最终使用的货物和服务减去进口货物和服务。在实际核算中，地区生产总值的三种表现形态表现为三种计算方法，即生产法、收入法和支出法。三种方法分别从不同的方面反映地区生产总值及其构成。

【三次产业】 根据社会生产活动历史发展的顺序对产业结构的划分，产品直接取自自然界的部门称为第一产业，对初级产品进行再加工的部门成为第二产业。为生产和消费提供各种服务的部门称为第三产业。它是世界上通用的产业结构分类，但各国的划分不尽一致。我国2003年前的三次产业划分是：

【第一产业】 农、林、牧、渔业（包括农业、林业、畜牧业和渔业）。

【第二产业】 工业（包括采掘工业、制造业、电力、煤气及水的生产及供应业）和建筑业。

【第三产业】 除第一、第二产业以外的其他各业。

2003年后的三次产业划分是：

【第一产业】 农、林、牧、渔业（包括农业、林业、畜牧业、渔业和农、林、牧、渔服务业）。

【第二产业】 工业（包括采矿业、制造业、电力、燃气及水的生产及供应业）和建筑业。

【第三产业】 除第一、第二产业以外的其他各业。

三、从业人员与职工工资

Employment and Wage

资料整理：陈以艳
张　帅

3-1　分行业城镇单位从业人员期末人数
The Final Number of Employed Persons in Urban Units by Sector

单位：人

指　标	合　计	国有单位	集体单位	其他单位
总　　计	415831	221182	11672	182977
按国民经济行业分组（GB/T 4754-2011）				
（一）农、林、牧、渔业	12334	12272	62	0
（二）采矿业	674	94	0	580
（三）制造业	116469	20491	824	95154
（四）电力、热力、燃气及水生产和供应业	7336	4851	383	2102
（五）建筑业	68690	7506	6836	54348
（六）批发和零售业	12802	2991	100	9711
（七）交通运输、仓储和邮政业	14915	11062	166	3687
（八）住宿和餐饮业	3830	239	0	3591
（九）信息传输、软件和信息技术服务业	6018	2434	0	3584
（十）金融业	12159	4587	1900	5672
（十一）房地产业	3486	887	54	2545
（十二）租赁和商务服务业	1604	1446	39	119
（十三）科学研究和技术服务业	4602	4495	12	95
（十四）水利、环境和公共设施管理业	7047	7047	0	0
（十五）居民服务、修理和其他服务业	709	709	0	0
（十六）教育	51514	49863	81	1570
（十七）卫生和社会工作	30087	28839	1215	33
（十八）文化、体育和娱乐业	3545	3373	0	172
（十九）公共管理、社会保障和社会组织	58010	57996	0	14

3-2 分行业城镇单位在岗职工期末人数

The Final Number of Employed Staff and Workers by Sector

单位：人

指　标	合　计	国有单位	集体单位	其他单位
总　　计	360107	188562	9307	162238
按国民经济行业分组（GB/T 4754-2011）				
（一）农、林、牧、渔业	9128	9098	30	0
（二）采矿业	666	91	0	575
（三）制造业	110233	15910	824	93499
（四）电力、热力、燃气及水生产和供应业	7156	4741	372	2043
（五）建筑业	46718	2464	4586	39668
（六）批发和零售业	11697	2174	100	9423
（七）交通运输、仓储和邮政业	12502	8757	165	3580
（八）住宿和餐饮业	3581	105	0	3476
（九）信息传输、软件和信息技术服务业	4527	2148	0	2379
（十）金融业	8736	3650	1835	3251
（十一）房地产业	3274	832	54	2388
（十二）租赁和商务服务业	1583	1431	39	113
（十三）科学研究和技术服务业	3746	3639	12	95
（十四）水利、环境和公共设施管理业	5401	5401	0	0
（十五）居民服务、修理和其他服务业	522	522	0	0
（十六）教育	46906	45293	77	1536
（十七）卫生和社会工作	28294	27048	1213	33
（十八）文化、体育和娱乐业	3156	2991	0	165
（十九）公共管理、社会保障和社会组织	52281	52267	0	14

3-3　分行业城镇单位从业人员工资总额

Total Wages of Employes in Urban Units by Sector

单位：万元

指　标	合　计	国有单位	集体单位	其他单位
总　　计	1423999	728489	38959	656551
按国民经济行业分组（GB/T 4754-2011）				
（一）农、林、牧、渔业	24887	24752	136	
（二）采矿业	3207	197		3010
（三）制造业	413570	49916	1890	361764
（四）电力、热力、燃气及水生产和供应业	29103	20337	1403	7363
（五）建筑业	216384	23788	19729	172867
（六）批发和零售业	46337	17059	200	29078
（七）交通运输、仓储和邮政业	39504	31049	332	8123
（八）住宿和餐饮业	8777	436		8341
（九）信息传输、软件和信息技术服务业	27891	7315		20576
（十）金融业	70953	28492	12390	30071
（十一）房地产业	12722	3084	252	9387
（十二）租赁和商务服务业	3486	3109	105	272
（十三）科学研究和技术服务业	13716	13287	30	400
（十四）水利、环境和公共设施管理业	18320	18320		
（十五）居民服务、修理和其他服务业	2054	2054		
（十六）教育	174352	169375	262	4714
（十七）卫生和社会工作	121516	119211	2229	76
（十八）文化、体育和娱乐业	11029	10565		463
（十九）公共管理、社会保障和社会组织	186192	186144		48

3-4　分行业城镇在岗职工工资总额

Total Wages of Staff and Workers by Sector

单位：万元

指　标	合　计	国有单位	集体单位	其他单位
总　　计	1292658	660251	34081	598326
按国民经济行业分组（GB/T 4754-2011）				
（一）农、林、牧、渔业	19078	19009	70	
（二）采矿业	3185	192		2992
（三）制造业	403866	44070	1890	357906
（四）电力、热力、燃气及水生产和供应业	28611	20106	1383	7122
（五）建筑业	154275	6613	15116	132546
（六）批发和零售业	42320	13808	200	28312
（七）交通运输、仓储和邮政业	34367	26147	330	7890
（八）住宿和餐饮业	8257	189		8068
（九）信息传输、软件和信息技术服务业	20534	6456		14078
（十）金融业	62688	25837	12219	24633
（十一）房地产业	12156	2987	252	8917
（十二）租赁和商务服务业	3451	3083	105	263
（十三）科学研究和技术服务业	12408	11978	30	400
（十四）水利、环境和公共设施管理业	16054	16054		
（十五）居民服务、修理和其他服务业	1553	1553		
（十六）教育	166910	162026	259	4625
（十七）卫生和社会工作	118055	115751	2228	76
（十八）文化、体育和娱乐业	10200	9747		452
（十九）公共管理、社会保障和社会组织	174691	174643		48

指 标 解 释

Explanatory Notes on Statistical Indicators

【从业人员】 指从事一定社会劳动并取得劳动报酬或经营收入的人员。包括：

（1）全部职工

（2）再就业的离退休人员

（3）私营业主

（4）个体户主

（5）私营和个体从业人员

（6）乡镇企业从业人员

（7）农村从业人员

（8）其他从业人员（包括民办教师、宗教职业者等）。这一指标反映了一定时期内全部劳动力资源的实际利用情况，是研究我国基本国情国力的重要指标。

【各单位的从业人员】 指在各级国有机关、政党机关、社会团休及企业、事业单位中工作，并取得劳动报酬的全部人员。包括职工、再就业的离退休人员、民办教师以及在各单位中工作的外方人员和港、澳、台方人员。

各单位的从业人员反映了各单位实际参加生产或工作的全部劳动力。

【在岗职工】 指在本单位工作并由单位支付工资的人员，以及有工作岗位，但由于学习、病伤、产假等原因暂未工作，仍由单位支付工资的人员。

【在岗职工工资总额】 指各单位在一定时期内直接支付给本单位全部在岗职工的劳动报酬总额，包括计时工资、计件工资、奖金、津贴、补贴、加班加点工资和其他工资（如附加工资、保留工资以及增加工资补发的上年工资等）。

【职工平均工资】 指企业、事业、机关单位的职工在一定时期内平均每人所得到货币工资额。它表明一定时期职工工资收入的高低程度，是反映职工工资水平的主要指标。

四、固定资产投资

Investment in Fixed Assets

资料整理：林祖春

4-1 分年全社会固定资产投资完成额

Total Investment in Fixed Assets by Year

单位：万元

指　标	2005年	2010年	2011年	2012年	2013年
一、全社会固定资产投资完成额	1117026	6009331	7737115	10428870	13556001
1. 按报表种类分					
50万元以上项目投资	944204	5338414	7335396	9954907	12874028
#：房地产	161876	355346	580854	548855	767853
农村私人	172822	315571	401719	473963	681973
2. 按资金来源分					
国家预算	109415	582918	472203	495599	438464
国内贷款	120157	246085	431484	760390	794011
利用外资	20553	12668	21340	3251	12560
自筹资金	866901	5167660	6812088	9169630	12310966
3. 按县市区分					
中省属	157823	170252	30032	123359	1223768
市县属	959203	5168162	7305364	9831548	12332233
#市直	250195	697818	1007309	1443790	1703048
荆州区	73182	871097	1178886	1638105	1645305
沙市区	76914	646614	1049404	1301438	1303198
江陵县	42189	117641	195562	303565	432804
松滋市	112881	649894	1767047	1277500	1608696
公安县	103418	602450	928133	1262566	1835651
石首市	111262	559554	1179722	912627	1207208
监利县	115634	558434	708582	956192	1454777
洪湖市	124272	464660	1182841	735765	1141546

4-2 固定资产投资完成分类

Investment in Fixed Assets of Economy

单位：万元

指 标	合 计
一、计划投资（万元）	
1.计划总投资	29533652
其中：本年新开工项目	15430800
2.自开始建设累计完成投资	18514609
二、自年初累计完成投资（万元）	12874028
其中：国有经济控股	2985009
其中：住宅	769735
1.按登记注册类型分	
内资企业	12505692
国有企业	2816642
集体企业	370424
股份合作企业	55811
联营企业	1825
其他联营企业	1825
有限责任公司	2712307
国有独资公司	98345
其他有限责任公司	2613962
股份有限公司	1028356
私营企业	4304517
其他企业	1215810
港、澳、台商投资企业	90020
港、澳、台商独资经营企业	47620
港、澳、台商投资股份有限公司	39450
其他港、澳、台商投资	2950
外商投资企业	198503
中外合资经营企业	7310
外资企业	155425
其他外商投资	35768
个体经营	79813
个体户	10770
个人合伙	69043
2.按建设性质分	
（1）新建	8221296
（2）改建	1182044
（3）改建和技术改造	2551900
3.按构成分	
建筑工程	8163401
安装工程	573360
设备工器具购置	2428840
其中：用于更新的设备	653910
其他费用	1708427
4.按国民经济行业分	
（一）农、林、牧、渔业	415615
农业	38542
林业	26087
畜牧业	198445
渔业	97198
农、林、牧、渔服务业	55343
（二）采矿业	84705
煤炭开采和洗选业	4250
石油和天然气开采业	10800
黑色金属矿采选业	15600
非金属矿采选业	45500
开采辅助活动	3555
其他采矿业	5000
（三）制造业	6211641
农副食品加工业	676353
食品制造业	196633
酒、饮料和精制茶制造业	169057
纺织业	352871
纺织服装、服饰业	191309
皮革、毛皮、羽毛及其制品和制鞋业	93481
木材加工及木、竹、藤、棕、草制品业	127436
家具制造业	67900
造纸和纸制品业	194293
印刷业和记录媒介复制业	35408
文教、工美、体育和娱乐用品制造业	33603
石油加工、炼焦及和核燃料加工业	78215
化学原料及化学制品制造业	736843
医药制造业	219989
化学纤维制造业	7172
橡胶和塑料制品业	88882
非金属矿物制品业	486235
黑色金属冶炼及压延加工业	37699
有色金属冶炼及压延加工业	155164
金属制品业	247257
通用设备制造业	297677
专用设备制造业	379417
汽车制造业	636499
铁路、船舶、航空航天和其他运输设备制造业	36800
电气机械和器材制造业	197729
计算机、通信和其他电子设备制造业	317975
仪器仪表制造业	62148
其他制造业	16818
废弃资源综合利用业	67316
金属制品、机械和设备修理业	3462

4-2 续表 单位：万元

指 标	合 计
（四）电力、燃气及水的生产和供应业	362468
电力、热力生产和供应业	223584
燃气生产和供应业	19950
水的生产和供应业	118934
（五）建筑业	206276
房屋建筑业	8840
土木工程建筑业	189338
建筑安装业	3175
建筑装饰和其他建筑业	4923
（六）批发和零售业	423658
批发业	130272
零售业	293386
（七）交通运输、仓储和邮政业	1233980
道路运输业	890181
水上运输业	271362
装卸搬运和运输代理业	37737
仓储业	31394
邮政业	3306
（八）住宿和餐饮业	127403
住宿业	94602
餐饮业	32801
（九）信息传输、软件和信息技术服务业	49840
电信、广播电视和卫星传输服务业	45284
软件和信息技术服务业	4556
（十）金融业	19991
货币金融业	17721
保险业	2270
（十一）房地产业	1793238
房地产业	1793238
（十二）租赁和商务服务业	200701
商务服务业	200701
（十三）科学研究和技术服务业	35682
专业技术服务业	9283
科技推广和应用服务业	26399
（十四）水利、环境和公共设施管理业	870995
水利管理业	152334
生态保护和环境治理业	65980
公共设施管理业	652681
（十五）居民服务和其他服务业	28511
居民服务业	15570
机动车、电子产品和日用产品修理业	10541
其他服务业	2400
（十六）教育	90826
教育	90826
（十七）卫生和社会工作	156988
卫生	137593
社会工作	19395
（十八）文化、体育和娱乐业	148505
广播、电视、电影和影视录音制作业	12500
文化艺术业	61247
体育	64638
娱乐业	10120
（十九）公共管理、社会保障和社会组织	413005
中国共产党机关	5650
国家机构	249840
社会保障	890
群众团体、社会团体和其他成员组织	28035
基层群众自治组织	128590
三、新增固定资产（万元）	7767896
四、项目个数（个）	
1.施工项目个数	2290
其中：本年新开工	1822
2.本年投产项目个数	1621
五、房屋建筑面积（平方米）	
1.施工面积	25358297
其中：住宅	7655553
2.竣工面积	6517878
其中：住宅	1812538
六、本年资金来源合计（万元）	14102362
1.上年末结余资金	409378
2.本年资金来源小计	13692984
（1）国家预算内资金	438464
其中：中央预算资金	39696
（2）国内贷款	794011
（3）利用外资	12560
其中：外商直接投资	3800
（4）自筹资金	11884808
其中：企、事业单位自有资金	1018601
其中：股东投入资金	71977
其中：借入资金	27133
（5）其他资金来源	563141
七、各项应付款合计（万元）	358672
其中：工程款	230011
八、征用和购置土地情况	
1.规划用地面积（平方米）	0
2.本年实际征用和购置土地面积（平方米）	0
3.本年实际征用和购置土地成交价款（万元）	0

4-3 县市区全社会投资完成情况

Total Investment in Fixed Assets by County

单位：万元

地 区	全社会合计		500 万以上项目投资		# 房地产投资		农村农户（建房和购买生产性）	
	2013 年	2012 年	2013 年	2012 年	2013 年	2012 年	2013 年	2012 年
荆州市	13556001	10428870	12874028	9954907	767853	548855	681973	473963
开发区	1703048	1431704	1703048	1431704		12250		
荆州区	2206115	1701132	2176115	1660825	105755	72222	30000	40307
沙市区	1770786	1351912	1720312	1301438	259030	195126	50474	50474
江陵县	432804	306578	431804	303565	35843	27011	1000	3013
松滋市	1695817	1308330	1669817	1277500	97230	53586	26000	30830
公安县	1793900	1383619	1685900	1286835	40647	49470	108000	96784
石首市	1207208	938785	1170709	912627	9013	16734	36499	26158
监利县	1454777	1121771	1264777	965234	89040	47158	190000	156537
洪湖市	1141546	885039	1051546	815179	131295	75298	90000	69860

4-4 房地产开发投资基本情况

Main Statistics on Real Estate Development

单位：万元

指　标	总计	#城区
计划总投资	3542579	1392511
自开始建设累计完成投资	2022550	1064424
本年完成投资	767853	363945
配套工程投资	12592	6525
国有经济控股	37551	4597
1.按登记注册类型分		
内资企业	767853	363945
国有企业	9675	4597
集体企业	7720	6420
股份合作企业	400	
有限责任公司	389447	214227
其他有限责任公司	389447	214227
股份有限公司	78813	68311
私营企业	217695	6307
私营独资企业	455	
私营合伙企业	2330	
私营有限责任公司	212183	6307
私营股份有限公司	2727	
其他企业	64103	64083
2.按构成分		
建筑工程	556807	266607
安装工程	49611	26509
设备工器具购置	7922	2616
其他费用	153513	68213
其中：旧建筑物购置费	2941	2231
土地购置费	103900	37511
3.按工程用途分		
住宅	564061	265632
其中：90平方米以下	132238	92956
其中：144平方米以上	26087	12482
别墅、高档公寓	2147	1657
办公楼	4842	3351
商业营业用房	129377	67876
其他	69573	27086
经济适用房		
本年新增固定资产	366396	110167
一、本年资金来源合计	1267991	593927
1.上年末结余资金	238937	147014
2.本年资金来源小计	1029054	446913
（1）国内贷款	132039	53603
银行贷款	123439	53603
非银行金融机构贷款	8600	0
（2）自筹资金	393185	126215
其中：自有资金	215456	48214
（3）其他资金来源	503830	267095
其中：定金及预收款	281112	148834
其中：个人按揭贷款	195082	96871
二、本年各项应付款合计	268926	178018
其中：工程款	210660	135447
项目规划情况		
项目规划占地面积	6539262	2376650
项目规划建筑面积	11971535	4834876
其中：住宅	9841540	3900699
商业营业用房	1318843	494593
办公楼	68017	18820
其他	743135	420764
规划住宅套数	87706	38064
其中：90平方米以下	29127	17409
144平方米以上	6532	3831
其中：别墅、高档公寓	513	473
项目个数	170	57
待开发土地面积	257847	100155
本年土地购置面积	770672	208092
本年土地成交价款	120966	38882
其中：拆迁补偿费	3326	611
土地使用权出让金	79333	24762
契税	2134	691

4-5 房地产施工销售及空置情况综合表

Major Indicaotrs of Investment in Real Estate Development

单位：平方米、万元、套

指标名称	合计	住宅	90 平米及以下	144 平米以上	别墅、高档公寓	办公楼	商业营业用房	其他房屋
房屋施工面积	6939849	5768666	936993	223306	13689	21583	793579	356021
#新开工面积	2541457	1991424	388541	85897	5988	17150	412208	120675
房屋竣工面积	1267661	1111691	114883	77937	6812	2654	116252	37064
#不可销售面积	34744	24214	17550				2153	8377
商品住宅竣工套数		9901	1627	423	35			
竣工房屋价值	261637	221040	22513	16176	1622	518	31306	8773
批准预售面积	2774897	2390906	213100	75294	18314	9597	363639	10755
批准预售住宅套数		21521	2608	392	78			
出租房屋面积	17500	17500	17500					
商品房销售面积	1743885	1669147	154289	81584	12724	2400	68216	4122
#现房销售面积	583281	534037	58408	57387	6812	2400	42722	4122
#期房销售面积	1160604	1135110	95881	24197	5912		25494	
商品房销售额	679618	619126	54192	24878	8173	492	59289	711
#现房销售额	222587	185052	14449	16001	1622	492	36332	711
#期房销售额	457031	434074	39743	8877	6551		22957	
商品住宅销售套数		15148	1947	460	57			
#现房销售套数		4577	694	308	35			
#期房销售套数		10571	1253	152	22			
空置面积	1026130	871344	126496	107449		4835	140404	9547
#空置1-3年面积	630928	513519	10264	75082		4835	104908	7666
#空置3年以上面积	14499	566	566				13568	365

4-6　荆州城区房地产施工销售及空置情况综合表

Major Indicaotrs of Investment in Real Estate Development in City Proper

单位：平方米、万元、套

指标名称	合计	住宅			别墅、高档公寓	办公楼	商业营业用房	其他房屋
			90平米及以下	144平米以上				
房屋施工面积	2593346	2103452	572427	97970	5877	14633	330374	144887
#新开工面积	882597	637074	193986	24097		12854	168508	64161
房屋竣工面积	418645	365557	32828	26324			24205	28883
#不可销售面积	6051							6051
商品住宅竣工套数		3595	441	154				
竣工房屋价值	102167	87038	11571	7110			7995	7134
批准预售面积	1248299	1062475	138052	20010	11502	4214	181572	38
批准预售住宅套数		10153	1710	102	43			
出租房屋面积								
商品房销售面积	668362	646347	65748	11489	5912		22015	
#现房销售面积	203834	191581	12494	6967			12253	
#期房销售面积	464528	454766	53254	4522	5912		9762	
商品房销售额	335131	309895	31401	5641	6551		25236	
#现房销售额	106908	90266	5698	3116			16642	
#期房销售额	228223	219629	25703	2525	6551		8594	
商品住宅销售套数		6144	821	71	22			
#现房销售套数		1764	166	44				
#期房销售套数		4380	655	27	22			
空置面积	347469	289270	81128	18719			51791	6408
#空置1-3年面积	206569	166360	6207	18719			34166	6043
#空置3年以上面积	14499	566	566				13568	365

4-7 房地产开发企业财务状况主要指标对比表

Main Financial Indicators of Real Estate Enterprises

单位：万元

指标名称	年初存货	累计折旧	本年折旧	资产总计	负债合计	所有者权益合计
总　　计	1118103	24984	6353	2457957	1905578	552379
一、按控股情况分组						
国有控股	86513	3504	329	415182	371140	44043
集体控股	24915	4781	633	121284	96073	25211
私人控股	892327	15363	4879	1751099	1284536	466563
港澳台商控股						
外商控股	12188	79	63	4767	2851	1916
其他	102161	1257	449	165624	150979	14645
二、按资质等级						
一级	9156	597	34	22179	30057	–7878
二级	92902	2123	283	240352	206806	33546
三级	274706	13675	3207	699566	530496	169070
四级	459060	5335	1925	683474	562579	120895
暂定	282278	3253	904	812386	575641	236745
其他						
三、按机构类型分组						
企业	1118103	24984	6353	2457957	1905578	552379
四、按地区分组						
沙市区	493082	8814	2137	1103568	938074	165494
荆州区	98510	5037	945	302641	240066	62576
公安县	243166	1432	150	161588	130336	31253
监利县	43273	451	161	167890	119386	48504
江陵县	47403	1080	267	160143	125566	34577
石首市	34204	3992	1577	49337	26466	22871
洪湖市	100388	3133	939	302436	232162	70273
松滋市	58077	1045	178	210354	93524	116830

4-7 续表1

单位：万元

指标名称	主营业务收入	土地转让收入	商品房屋销售收入	房屋出租收入	主营业务成本	主营业务税金及附加
总　计	833996	13217	806742	2781	584745	59184
一、按控股情况分组						
国有控股	105292	10409	92603	1236	75495	5468
集体控股	8702	284	7699	558	7601	1675
私人控股	589566	2524	577501	346	400293	44518
港澳台商控股						
外商控股	13401	0	13401	0	11094	0
其他	117035	0	115539	641	90262	7523
二、按资质等级						
一级	18868	0	18672	197	16517	1250
二级	79240	0	79055	185	55099	3789
三级	219002	0	215453	1659	152721	14248
四级	247503	284	238342	282	191399	15882
暂定	269383	12933	255221	459	169011	24014
其他						
三、按机构类型分组						
企业	833996	13217	806742	2781	584745	59184
四、按地区分组						
沙市区	380441	0	376819	1931	231273	26163
荆州区	92277	84	91563	558	88395	4942
公安县	77092	120	76939	33	52809	6828
监利县	35591	0	35591	0	25306	2683
江陵县	32694	10409	22277	3	25820	2011
石首市	66873	0	58157	0	48039	5266
洪湖市	79331	2604	76030	8	62470	6109
松滋市	69697	0	69366	249	50634	5183

4-7　续表2　　　　单位：人、万元

指标名称	销售费用	管理费用		财务费用	营业利润	利润总额	应付职工薪酬（贷方累计发生额）
			税金				
总　计	28397	30576	1696	17559	113031	118210	18538
一、按控股情况分组							
国有控股	7264	6174	81	1445	8227	11484	2162
集体控股	342	712	56	530	−2158	−2041	893
私人控股	19286	21378	1396	14872	89881	91750	14136
港澳台商控股							
外商控股	0	156	0	106	2073	2073	80
其他	1506	2156	163	606	15008	14944	1268
二、按资质等级							
一级	424	448	3	204	−31	−31	227
二级	1153	3113	13	2660	13293	13289	1342
三级	10799	11102	1092	3701	27157	28140	5367
四级	7478	7082	480	7573	19076	20104	6037
暂定	8543	8830	108	3421	53536	56708	5566
其他							
三、按机构类型分组							
企业	28397	30576	1696	17559	113031	118210	18538
四、按地区分组							
荆州市	28397	30576	1696	17559	113031	118210	18538
沙市区	12715	15416	285	3285	92874	92678	6315
荆州区	3550	2879	43	2275	−9764	−9266	1556
公安县	1476	1759	86	3568	10678	10579	1154
监利县	1347	1214	46	3349	1880	2240	1223
江陵县	1668	1073	29	1215	−958	2169	1099
石首市	2357	1758	919	726	8728	9929	494
洪湖市	3572	3841	263	1865	1593	1620	4591
松滋市	1713	2637	25	1277	8001	8262	2106

4-8 建筑业企业财务状况

Main Finamcial Indicators of Construction Enterprises

单位：万元

指标名称	一、年初存货	二、年末资产负债				
		流动资产合计	应收工程款	其中：存货	固定资产合计	固定资产原价
总计	135217	739161	179032	168264	298190	349362
其中：国有及国有控股企业	15735	106895	8331	19942	58103	63213
一、按登记注册类型分组						
内资企业	135217	739161	179032	168264	298190	349362
国有企业	10215	39700	2624	10880	20188	22665
集体企业	3040	22319	4441	4767	22337	22526
有限责任公司	83059	417963	110231	103399	145846	167945
股份有限公司	2358	43913	5705	7044	18927	19168
私营企业	36547	215267	56032	42174	90892	117057
私营合伙企业	168	181	0	0	521	651
私营有限责任公司	35937	210974	52816	41816	87781	113415
私营股份有限公司	442	4112	3217	358	2589	2992
二、按国民经济行业分组						
房屋建筑业	74875	336195	71830	94833	151043	161936
土木工程建筑业	43264	295055	41178	63208	126269	162514
铁路、道路、隧道和桥梁工程建筑	17704	77234	27420	22176	48442	65975
铁路工程建筑	71	2230	1552	349	142	200
公路工程建筑	13564	55235	12646	16312	40460	55338
市政道路工程建筑	4012	19385	13184	5514	7440	9545
其他道路、隧道和桥梁工程建筑	57	384	38	0	401	893
水利和内河港口工程建筑	1773	63721	3213	1927	28883	32610
水源及供水设施工程建筑	369	15912	1510	227	14462	13447
河湖治理及防洪设施工程建筑	1150	47258	1655	1198	14005	18253
港口及航运设施工程建筑	255	551	49	502	417	910
工矿工程建筑	6	1632	75	98	318	321
架线和管道工程建筑	15050	100052	3956	24856	36738	47334
架线及设备工程建筑	14238	71801	3742	24088	17969	23561
管道工程建筑	812	28251	213	768	18769	23773
其他土木工程建筑	8731	52415	6515	14152	11887	16275
建筑安装业	8479	59936	35940	5592	6171	6337
电气安装	6021	55335	35100	2837	5611	5670
其他建筑安装业	2458	4601	840	2756	560	667
建筑装饰和其他建筑业	8599	47975	30084	4631	14707	18574
建筑装饰业	2029	10511	5072	1468	3165	3405
工程准备活动	1032	7023	4204	623	2620	5287
提供施工设备服务	1346	8692	954	661	4087	4836
其他未列明建筑业	4192	21750	19855	1879	4834	5046
三、按企业资质等级分组						
施工总承包	118088	615228	132627	148885	250147	294051
一级	27456	178553	58560	26016	60558	76770
二级	55374	236455	43939	81893	107723	127028
三级以下	35259	200221	30129	40975	81866	90253
专业承包	17130	123933	46405	19380	48042	55311
一级	12	1076	722	74	1208	1295
二级	3700	40820	6756	4909	23811	24338
三级以下	13418	82037	38927	14397	23024	29679

4-8 续表1 单位：万元

指标名称	二、年末资产负债					
	累计折旧	其中：本年折旧	在建工程	资产总计	流动负债合计	应付账款
总计	105807	21506	25020	1121159	393973	97852
其中：国有及国有控股企业	19528	3260	3827	175574	47440	7150
一、按登记注册类型分组						
内资企业	105807	21506	25020	1121159	393973	97852
国有企业	7451	1112	3827	66626	24803	4476
集体企业	6546	1441	4813	49401	9237	1220
有限责任公司	46462	9010	7446	601260	248519	59782
股份有限公司	3203	1029	1881	73862	19100	2638
私营企业	42145	8914	7052	330011	92315	29736
私营合伙企业	130	100	0	721	0	0
私营有限责任公司	39656	6947	5186	322588	90128	27633
私营股份有限公司	2359	1866	1866	6702	2187	2103
二、按国民经济行业分组						
房屋建筑业	38886	8167	16284	538977	185340	32312
土木工程建筑业	59624	11081	7701	449568	169972	48206
铁路、道路、隧道和桥梁工程建筑	29339	5076	2596	128083	35834	16026
铁路工程建筑	58	2	0	2898	2018	0
公路工程建筑	23845	2546	76	96559	24051	7871
市政道路工程建筑	4944	2529	2520	27843	9717	8155
其他道路、隧道和桥梁工程建筑	492	0	0	785	49	0
水利和内河港口工程建筑	9310	1352	3679	101748	22388	752
水源及供水设施工程建筑	3024	692	3408	33558	5207	27
河湖治理及防洪设施工程建筑	5792	608	271	67208	17181	726
港口及航运设施工程建筑	494	51	0	982	0	0
工矿工程建筑	18	16	0	1950	1239	0
架线和管道工程建筑	15606	3204	1081	150886	78288	23927
架线及设备工程建筑	6247	1736	627	103866	75334	23773
管道工程建筑	9359	1468	454	47020	2955	155
其他土木工程建筑	5351	1434	346	66901	32222	7500
建筑安装业	1820	393	0	68225	10248	2486
电气安装	1713	341	0	63061	9339	2449
其他建筑安装业	107	52	0	5164	909	36
建筑装饰和其他建筑业	5477	1865	1035	64390	28414	14849
建筑装饰业	636	179	359	15061	6130	1463
工程准备活动	2667	296	0	9936	3465	2533
提供施工设备服务	749	114	0	12779	9110	1401
其他未列明建筑业	1426	1276	675	26614	9709	9452
三、按企业资质等级分组						
施工总承包	87370	17374	24101	942292	336370	88019
一级	26608	4258	4266	270386	82825	22166
二级	33488	5650	7744	361275	128460	33198
三级以下	27274	7466	12091	310631	125084	32654
专业承包	18437	4132	919	178867	57603	9833
一级	401	163	146	4062	1187	847
二级	10326	1883	304	67551	18004	3048
三级以下	7710	2086	469	107254	38412	5938

4-8　续表2　　单位：万元

指标名称	二、年末资产负债					
	非流动负债合计	负债合计	所有者权益合计	实收资本	国家资本	集体资本
总计	65012	483732	637428	430712	56153	51147
其中：国有及国有控股企业	22160	81266	94308	61552	41274	9218
一、按登记注册类型分组						
内资企业	65012	483732	637428	430712	56153	51147
国有企业	1080	34175	32451	23170	21694	1366
集体企业	1556	11821	37580	27616	6692	14965
有限责任公司	2006	262569	338691	216636	21549	32314
股份有限公司	22339	41449	32412	27101	5219	1909
私营企业	38031	133717	196294	136189	1000	594
私营合伙企业	120	120	601	601	0	0
私营有限责任公司	37911	130412	192177	132094	1000	594
私营股份有限公司	0	3185	3517	3494	0	0
二、按国民经济行业分组						
房屋建筑业	20191	211595	327383	248308	12374	29445
土木工程建筑业	43633	231566	218002	143233	43727	20900
铁路、道路、隧道和桥梁工程建筑	1400	44229	83854	60005	17713	4892
铁路工程建筑	0	2218	680	600	600	0
公路工程建筑	0	27355	69204	45722	14955	3714
市政道路工程建筑	1400	14608	13235	12675	2158	1178
其他道路、隧道和桥梁工程建筑	0	49	736	1008	0	0
水利和内河港口工程建筑	21180	50877	50871	38868	20176	5246
水源及供水设施工程建筑	0	12256	21302	13257	6168	69
河湖治理及防洪设施工程建筑	21180	38372	28836	24960	14009	4526
港口及航运设施工程建筑	0	250	733	651	0	651
工矿工程建筑	0	1239	710	691	0	0
架线和管道工程建筑	20616	98904	51982	22238	0	9238
架线及设备工程建筑	0	75334	28532	16238	0	9238
管道工程建筑	20616	23571	23450	6000	0	0
其他土木工程建筑	437	36316	30584	21432	5838	1524
建筑安装业	880	11267	56958	18801	0	802
电气安装	0	9478	53582	17401	0	802
其他建筑安装业	880	1789	3375	1400	0	0
建筑装饰和其他建筑业	308	29304	35086	20369	52	0
建筑装饰业	0	6713	8348	6798	52	0
工程准备活动	120	3585	6351	4154	0	0
提供施工设备服务	188	9297	3482	2500	0	0
其他未列明建筑业	0	9709	16905	6918	0	0
三、按企业资质等级分组						
施工总承包	63287	420040	522252	374053	44733	42504
一级	36624	120765	149621	108063	5167	5000
二级	4432	143138	218137	156930	30102	19754
三级以下	22232	156137	154494	109060	9465	17750
专业承包	1724	63692	115175	56659	11420	8643
一级	0	1187	2875	2537	52	0
二级	522	21528	46022	26927	9448	3491
三级以下	1203	40977	66278	27195	1920	5152

4-8 续表3　　　　单位：万元

指标名称			三、损益及分配		
	法人资本	个人资本	营业收入	主营业务收入	营业成本
总计	108946	214465	1906235	1857347	1606870
其中：国有及国有控股企业	9316	1745	281287	280087	230457
一、按登记注册类型分组					
内资企业	108946	214465	1906235	1857347	1606870
国有企业	0	110	119592	118636	103635
集体企业	2039	3920	104071	103890	79347
有限责任公司	44859	117914	1189880	1166950	1018616
股份有限公司	3477	16497	93062	93062	70966
私营企业	58571	76024	399630	374809	334305
私营合伙企业	0	601	1210	1210	980
私营有限责任公司	58451	72049	390227	365415	326534
私营股份有限公司	120	3374	8194	8184	6791
二、按国民经济行业分组					
房屋建筑业	57445	149043	1149070	1145011	982035
土木工程建筑业	28549	50056	578153	552966	470780
铁路、道路、隧道和桥梁工程建筑	4315	33084	271989	271979	227373
铁路工程建筑	0	0	2412	2412	2288
公路工程建筑	2260	24793	228582	228582	192523
市政道路工程建筑	2056	7283	40246	40236	31814
其他道路、隧道和桥梁工程建筑	0	1008	749	749	748
水利和内河港口工程建筑	7906	5540	79224	79210	62168
水源及供水设施工程建筑	1500	5520	23703	23703	19144
河湖治理及防洪设施工程建筑	6406	20	53233	53220	41262
港口及航运设施工程建筑	0	0	2288	2288	1762
工矿工程建筑	91	600	513	513	419
架线和管道工程建筑	7000	6000	159969	135472	131825
架线及设备工程建筑	1000	6000	129244	128481	111086
管道工程建筑	6000	0	30724	6991	20740
其他土木工程建筑	9237	4832	66458	65791	48995
建筑安装业	10959	7040	134055	114413	118187
电气安装	10959	5640	126707	107071	112268
其他建筑安装业	0	1400	7348	7342	5919
建筑装饰和其他建筑业	11992	8326	44957	44957	35867
建筑装饰业	1129	5617	13988	13988	11560
工程准备活动	1495	2659	14664	14664	12087
提供施工设备服务	2450	50	3673	3673	3332
其他未列明建筑业	6918	0	12633	12633	8888
三、按企业资质等级分组					
施工总承包	88564	198252	1574788	1545863	1339856
一级	36225	61672	396597	393523	335989
二级	11846	95228	759468	757940	653653
三级以下	40493	41352	418723	394401	350214
专业承包	20382	16214	331447	311483	267014
一级	1985	500	10742	10742	6619
二级	6829	7159	139568	139568	105707
三级以下	11568	8555	181138	161173	154688

4-8　续表4　　　　单位：万元

指标名称	三、损益及分配				
	主营业务成本	营业税金及附加	主营业务税金及附加	其他业务利润	管理费用
总计	1524479	83548	81011	2297	78281
其中：国有及国有控股企业	200475	10878	8673	495	16478
一、按登记注册类型分组					
内资企业	1524479	83548	81011	2297	78281
国有企业	73879	5096	3084	488	8464
集体企业	79279	5739	5733	81	3931
有限责任公司	987869	51444	51089	1810	46545
股份有限公司	70940	4222	4222	0	5208
私营企业	312512	17048	16883	-82	14134
私营合伙企业	980	42	42	0	16
私营有限责任公司	304741	16755	16591	-82	13832
私营股份有限公司	6791	251	251	0	286
二、按国民经济行业分组					
房屋建筑业	950401	51869	49832	1955	44983
土木工程建筑业	443490	22288	21965	278	29740
铁路、道路、隧道和桥梁工程建筑	219748	9979	9934	0	10395
铁路工程建筑	2288	81	81	0	42
公路工程建筑	192523	7906	7860	0	8415
市政道路工程建筑	24189	1977	1977	0	1906
其他道路、隧道和桥梁工程建筑	748	16	16	0	31
水利和内河港口工程建筑	62165	2756	2635	7	4221
水源及供水设施工程建筑	19140	679	557	0	762
河湖治理及防洪设施工程建筑	41262	1998	1998	7	3100
港口及航运设施工程建筑	1762	80	80	0	359
工矿工程建筑	419	22	22	0	49
架线和管道工程建筑	112864	4667	4512	151	9595
架线及设备工程建筑	110068	4299	4273	81	8831
管道工程建筑	2797	369	239	70	764
其他土木工程建筑	48295	4863	4863	120	5481
建筑安装业	96185	7034	7034	76	1759
电气安装	90268	6785	6785	72	1538
其他建筑安装业	5917	249	249	4	221
建筑装饰和其他建筑业	34403	2357	2180	-12	1800
建筑装饰业	10825	572	526	-12	717
工程准备活动	11357	618	487	0	630
提供施工设备服务	3332	5	5	0	209
其他未列明建筑业	8888	1162	1162	0	245
三、按企业资质等级分组					
施工总承包	1281831	67000	64536	2223	65202
一级	334289	16904	16887	1357	16981
二级	616194	34956	32772	749	26069
三级以下	331348	15140	14877	116	22153
专业承包	242648	16548	16475	75	13079
一级	6593	1104	1104	0	383
二级	104345	5950	5903	-12	5487
三级以下	131709	9494	9468	86	7209

4-8 续表5

单位：万元

指标名称	三、损益及分配				
	税　金	财务费用	利息收入	利息支出	营业利润
总计	4424	15564	236	13064	109752
其中：国有及国有控股企业	1241	1358	23	787	20569
一、按登记注册类型分组					
内资企业	4424	15564	236	13064	109752
国有企业	217	279	4	36	1169
集体企业	686	734	105	313	13010
有限责任公司	2236	8623	130	7669	58398
股份有限公司	199	922	1	780	11016
私营企业	1086	5006	–3	4266	26158
私营合伙企业	3	16	0	1	143
私营有限责任公司	1081	4965	–3	4241	26008
私营股份有限公司	3	25	0	24	7
二、按国民经济行业分组					
房屋建筑业	2115	11305	188	9727	52213
土木工程建筑业	2104	3175	43	2641	48233
铁路、道路、隧道和桥梁工程建筑	917	1159	11	747	21396
铁路工程建筑	0	0	0	0	1
公路工程建筑	742	1101	7	694	17841
市政道路工程建筑	175	58	4	53	3601
其他道路、隧道和桥梁工程建筑	0	0	0	0	–47
水利和内河港口工程建筑	483	367	19	281	9401
水源及供水设施工程建筑	262	78	2	69	2957
河湖治理及防洪设施工程建筑	221	289	17	213	6358
港口及航运设施工程建筑	0	0	0	0	86
工矿工程建筑	2	1	0	0	15
架线和管道工程建筑	167	1276	–24	1345	11339
架线及设备工程建筑	141	0	5	52	4375
管道工程建筑	27	1276	–29	1293	6964
其他土木工程建筑	535	372	37	269	6082
建筑安装业	96	527	5	185	6339
电气安装	95	379	5	38	5549
其他建筑安装业	1	148	0	147	789
建筑装饰和其他建筑业	109	556	0	511	2966
建筑装饰业	64	49	0	30	731
工程准备活动	10	38	0	20	339
提供施工设备服务	1	65	0	65	74
其他未列明建筑业	34	404	0	396	1822
三、按企业资质等级分组					
施工总承包	2559	14018	190	11923	79729
一级	109	7262	29	7101	19118
二级	1549	3843	154	2525	37164
三级以下	902	2913	7	2297	23448
专业承包	1864	1545	46	1141	30023
一级	110	140	0	95	2013
二级	1276	956	2	621	18992
三级以下	478	449	45	426	9017

4-8　续表6　　　　单位：万元

指标名称	三、损益及分配				
	营业外收入	营业外支出	利润总额	应交所得税	应付职工薪酬（贷方累计发生额）
总计	6964	3388	112772	19267	253917
其中：国有及国有控股企业	1705	24	20861	2100	40159
一、按登记注册类型分组					
内资企业	6964	3388	112772	19267	253917
国有企业	1126	20	2275	448	23436
集体企业	1633	515	14328	1804	19153
有限责任公司	904	911	59210	9792	147789
股份有限公司	1602	1912	9317	1248	16549
私营企业	1699	30	27641	5975	46990
私营合伙企业	0	0	143	6	855
私营有限责任公司	1699	30	27491	5950	45508
私营股份有限公司	0	0	7	19	627
二、按国民经济行业分组					
房屋建筑业	3207	3032	52588	9268	188961
土木工程建筑业	3570	358	50056	8491	50631
铁路、道路、隧道和桥梁工程建筑	455	28	21823	1819	20088
铁路工程建筑	0	1	0	0	309
公路工程建筑	455	14	18282	1404	14790
市政道路工程建筑	0	14	3588	406	4783
其他道路、隧道和桥梁工程建筑	0	0	-47	9	206
水利和内河港口工程建筑	270	136	8147	1726	14886
水源及供水设施工程建筑	191	119	3029	652	4005
河湖治理及防洪设施工程建筑	79	16	5032	1028	9919
港口及航运设施工程建筑	0	0	86	46	962
工矿工程建筑	0	0	15	5	215
架线和管道工程建筑	252	110	11481	2771	7712
架线及设备工程建筑	123	86	4411	986	6753
管道工程建筑	130	24	7070	1785	959
其他土木工程建筑	2592	84	8590	2170	7730
建筑安装业	0	0	6339	716	6100
电气安装	0	0	5549	569	5621
其他建筑安装业	0	0	789	148	479
建筑装饰和其他建筑业	187	-2	3789	792	8226
建筑装饰业	2	-2	735	291	2273
工程准备活动	0	0	1158	293	2262
提供施工设备服务	186	0	74	18	349
其他未列明建筑业	0	0	1822	190	3342
三、按企业资质等级分组					
施工总承包	3785	2855	79471	15348	230692
一级	50	320	17459	3083	74672
二级	3572	2483	38453	6810	101750
三级以下	163	52	23558	5455	54270
专业承包	3179	533	33301	3919	23225
一级	0	-2	2015	164	1354
二级	1422	10	21223	2775	8672
三级以下	1757	525	10064	980	13198

4-9 建筑业生产情况

Indicators on Construction Enterprises

单位：个、万元

指标名称	建筑业企业个数	签订的合同额	建筑业总产值	竣工产值	房屋建筑施工面积	年末从业人数
总计	203	3641453	1979339	1560210	14896297	79644
其中：国有及国有控股企业	35	388025	293015	285245	1131641	12666
一、按登记注册类型分组						
国有企业	16	173819	119860	116481	1019781	6667
集体企业	20	139236	126404	100267	994136	6651
有限责任公司	97	2148966	1249705	937837	9587817	44638
股份有限公司	14	146485	90099	83220	726125	5123
私营企业	56	1032947	393271	322405	2568438	16565
二、按国民经济行业分组						
房屋建筑业	93	2221509	1225924	967938	13861304	57132
土木工程建筑业	73	840840	541407	389599	287219	17630
铁路、道路、隧道和桥梁工程建筑	20	400844	271875	225643	10735	7733
铁路工程建筑	1	2442	2412	691	4455	106
公路工程建筑	10	351620	228486	188620		5732
市政道路工程建筑	8	46034	40228	35583	6280	1715
其他道路、隧道和桥梁工程建筑	1	749	749	749		180
水利和内河港口工程建筑	21	116224	81132	81153	111860	5198
水源及供水设施工程建筑	7	25132	22397	17475		1643
河湖治理及防洪设施工程建筑	13	88616	56447	61391	111860	3295
港口及航运设施工程建筑	1	2477	2288	2288		260
工矿工程建筑	3	2467	1717	1659		72
架线和管道工程建筑	9	198006	128235	36602		1900
架线及设备工程建筑	8	198006	124758	33126		1703
管道工程建筑	1		3477	3477		197
其他土木工程建筑	20	123298	58448	44542	164624	2727
建筑安装业	7	498406	137490	139791	690663	1739
电气安装	5	485790	127607	132889	690663	1558
其他建筑安装业	2	12616	9883	6902		181
建筑装饰和其他建筑业	30	80699	74519	62882	57111	3143
建筑装饰业	18	13720	13246	12392	15821	837
工程准备活动	7	15766	14753	14753	30000	846
提供施工设备服务	2	36	3358	26		80
其他未列明建筑业	3	51177	43161	35711	11290	1380
三、按企业资质等级分组						
施工总承包	137	3290160	1642339	1234068	14520861	71013
特级						
一级	13	1391133	550498	360883	5445826	21960
二级	56	1013307	684563	588827	6289689	31110
三级及以下	68	885720	407278	284359	2785346	17943
专业承包	66	351293	337000	326141	375436	8631
一级	3	10593	10593	9658	73042	510
二级	26	143764	139045	138134	15821	3719
三级及以下	37	196937	187362	178350	286573	4402

指　标　解　释

Explanatory Notes on Statistical Indicators

【全社会固定资产投资】 包括城镇固定资产投资（含房地产开发投资）和农村固定资产投资。

【全市固定资产投资】 指全社会固定资产投资中扣除房地产开发投资。

【固定资产投资】 是指各种登记注册类型的企业、事业、行政单位及个体户进行的计划总投资在50万元及以上的建设项目投资。县及县以上各级政府及主管部门直接领导、管理的建设项目和企事业单位的投资均为城镇固定资产投资。

【农村固定资产投资】 指发生在农村区域范围内、用于改变农村面貌的投资在50万元及以上的固定资产投资项目完成的投资。县以下各级政府及企事业单位完成的投资额计入农村固定资产投资。

【基础设施】 是指能够为企业提供作为中间投入用于生产的基本需求；能够为消费者提供所需的基本消费服务；能够为社区提供用于改善不利的外部环境的服务等建设的投资，包括固定资产投资中用于市政工程、电信工程、公共设施和水利环保等建设的投资。具体包括：电力、燃气和水的生产和供应业；交通运输业；邮政业；信息传输业；水利、环境和公共设施管理业等。

【住宅建设投资】 是指专供居住使用的房屋，包括职工家属宿舍、职工单身宿舍、学生宿舍和经济适用房等建设单位自己建造的住宅，不包括购置的商品住宅。

【建安投资（建筑安装工作量）】 是指各种房屋、建筑物的建造工程，各种设备、装置的安装工程。又称建筑安装工作量。建筑工程投资必须经过兴工动料，通过施工活动才能实现。在安装工程中，不包括被安装设备本身价值。

【设备、工具、器具购置】 是指把工业企业生产的产品转为固定资产的购置活动，包括建设单位或企、事业单位购置或自制达到固定资产标准的设备、工具、器具的价值。新建单位及扩建单位的新建车间，按照设计或计划要求购置或自制的全部设备、工具、器具，不论是否达到固定资产标准均计入”设备、工具器具购置”中。

【其他费用】 指在固定资产建造和购置过程中发生的，除建筑安装工程和设备、工器具购置投资完成额以外的费用，不指经营中财务上的其他费用。包括旧房屋购置，基本畜禽支出，林木支出，退耕还林还草、土壤改良、城市绿化，办公生活用家具、器具购置，建设单位管理费、土地征用、购置及迁移补偿费，政府收费，勘察设计费，研究实验费，可行性研究费，临时设施费，施工机械转移费，设备检验费，负荷联合试车费，土地占用、使用费，建设期应付利息，包干节余，企业债券发行费，合同公证费及工程质量监测费，国外借款手续费及承诺费，汇兑损益，调整器材调拨价格折价，坏帐损失，固定资产资产亏损及损失等。

【本年新增固定资产】 是指报告期内交付使用的固定资产价值。包括本年内建成投入生产或交付使用的工程投资和达到固定资产标准的设备、工具、器具的投资及有关应摊入的费用。属于增加固定资产价值的其他建设费用，应随同交付使用的工程一并计入新增固定资产。

【房屋施工面积】 是指报告期内施工的全部房屋建筑面积。包括本期新开工的面积和上年开工跨入本期继续施工房屋面积，以及上期已停建在本期恢复施工的房屋面积。本期竣工和本期施工后又停建、缓建的房屋面积仍包括在施工面积中，多层建筑应填各层建筑面积之和。

【房屋竣工面积】 是指报告期内房屋建筑按照设计要求已全部完工，达到住人和使用条件，经验收鉴定合格（或达到竣工验收标准），可正式移交使用的各栋房屋建筑面积的总和。

【销售面积】 是指报告期已竣工的房屋面积中已正式交付给购房者或已签订正式销售合同的商品房屋面积。不包括已签订预售合同正在建设的商品房屋面积。但包括报告期或报告期以前签订了预售合同，在报告期又竣工的商品房屋面积。

【建筑业总产值】 指建筑业企业自行完成的以工程预（概）算为依据，按工程进度计算的建筑安装总价值。它包括建筑工程产值、设备安装工程产值、其他产值三部分内容。

（1）建筑工程产值：指列入建筑工程预算内的各种

工程价值；

（2）安装工程产值：指设备安装工程价值，包括：生产、动力、起重、运输、传动和医疗、实验等各种需要安装设备的装配和安装与设备相连的工作台、梯子、栏杆等装设工程，附属于被安装设备的管线敷设工程、被安装设备的绝缘、防腐、保温、油漆等工作，以及为测定安装工作质量，对单个设备、系统设备进行单机试运和系统联动无负荷试运工作。在设备安装产值中，不得包括被安装设备本身价值。

（3）其他产值：指建筑业总产值中除建筑工程、安装工程以外的产值。包括房屋构筑物修理产值、非标准设备制造产值、总包企业向分包企业收取的管理费、以及不能明确划分的施工活动所完成的产值。

【装修装饰产值】 指为了使建筑物、构筑物的室内空间和外表达到一定的标准和环境质量，使用建筑材料对建筑物或构筑物的室内和外表进行修饰的一系列建筑施工活动所完成的产值。可分为装修和装饰两部分产值。

【装修产值】 指对新建房屋及构筑物经施工活动后，达到设计文件所规定的全部内容，且完全具备使用条件，其施工活动中的地面、天棚、内外墙面、门窗、非承重的隔墙、隔断和保温等。

【装饰产值】 指对新建房屋及构筑物经施工活动后主体工程已完，尚未达到使用条件交付给建设单位，需二次施工后才能达到使用条件所完成的产值；对原有房屋经使用若干年后，在不改变原有建筑物主体结构的情况下而进行施工活动所完成的产值。建筑装饰工程的范围，包括抹灰、门窗、玻璃、吊顶、隔断、饰面板（砖）、涂料、裱糊、刷浆、花饰等十项工程。

【年末自有机械设备净值】 指本企业自有机械设备经过使用、磨损后实际存在的价值，既原值减去累计折旧后的净额。

【年末自有机械设备年末总台数】 指年末本企业（或单位）自有的直接用于工程施工的各种机械设备的台数。不包括附属辅助生产机械设备、运输机械设备、生产试验机械设备的台数。

【年末自有机械设备年末总功率】 指年末本企业（或单位）自有的直接用于工程施工的各种机械设备年末总功率，按设定能力或查定能力计算。包括施工机械本身的动力和为该机械服务的单独动力设备，如电动机等。但不包括附属辅助生产机械设备、运输机械设备、生产试验机械设备的功率。计量单位用千瓦，动力换算可按 1 马力 =0.735 千瓦折合成千瓦数。电焊机、变压器、锅炉不计算动力。

荆州住房公积金
Jing zhou Housing Fund

心系百姓冷暖　情奔广厦万千

市委书记李新华检查荆州公积金工作

荆州住房公积金管理中心（简称“中心”）始建于1994年，是直属市政府的不以营利为目的的独立的正县级事业单位，负责荆州市行政区域内住房公积金的统一管理与运作，具体承办职工住房公积金汇缴、核算、提取及贷款审批等工作。

中心党组书记、主任　熊鹰

截止2013年12月底，全市累计有40万职工及个人参与了住房公积金缴存,历年累计归集公积金75.8亿元,归集余额48.5亿元;累计办理职工按政策提取个人公积金27.2亿元;共向3.1万户职工家庭发放公积金个人贷款36.8亿元；累计为个人公积金账户计付利息4.37亿元。2005—2013年间，共从公积金增值收益中提取并上交政府廉租房建设补充资金1.25亿元。中心上交的廉租房建设补充资金已成为我市廉租住房建设资金的主要来源。

中心领导干部参观市反腐倡廉教育展

二十年来，中心以服务广大群众，保障资金安全，维护职工权益为己任，认真贯彻执行国务院《住房公积金管理条例》，不断探索创新，逐步形成了独具特色的公积金中心文化品牌：以实现资金、数据、干部成长安全为着力点，加强风险防控，强化廉政教育，廉政文化深入人心；以率先开发导入CIS管理体系、创立并实施“常青树要素工作法”为契机，推行规范化、一体化管理，管理文化别具一格；以回应群众诉求、切实便民利民为宗旨，倡导优质服务，提升服务质量，服务文化尽显魅力；以开展竞进提质、争创一流为出发点，开展创先争优，精品文化特色鲜明；以倡导职业道德、社会公德、个人品德、家庭美德，克服思想、行为上的贪、嗔、痴、慢为目的，实施“EAP德能双馨员工援助计划”，传统文化旗帜高扬。

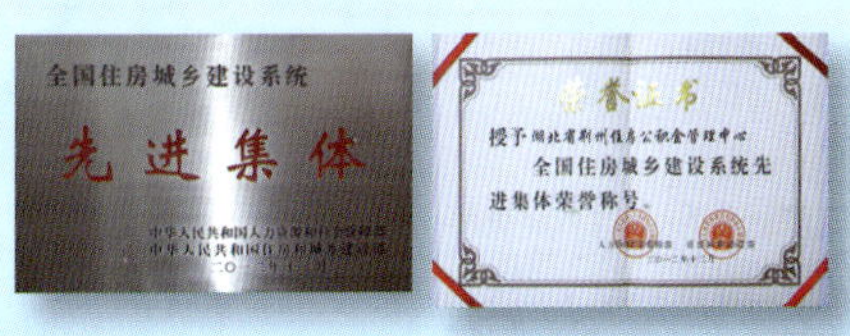

2004年以来，中心连续九年获省住建厅、财政厅授予的“全省住房公积金管理先进单位”称号；2008年以来，连续六年获“全省住建系统先进集体”称号；多次获得市级文明单位、党建先进单位、综治优胜单位、绩效考核先进单位等荣誉。中心营业厅先后获全国巾国文明示范岗、省青年文明号；2013年，中心还作为全省公积金行业及荆州市的唯一单位荣获国家人力资源与社会保障部、住建部授予的“全国住建系统先进集体”殊荣。

举办预防职务犯罪讲座

开展公积金走进社区活动

公积金走进党校课堂

公积金服务热线:12329　　公积金网址：www.jzgjj.com

湖北省江北监狱

江北监狱党委书记、监狱长刘江华，江北监狱政委黄汉桥，江北公司总经理罗胜林在花家台监管区检查工作

省人大来江北监狱调研

省纪委副书记陈洪波带省纪委法规室到我狱开展党日活动

湖北省江北监狱始建于1951年，隶属于湖北省监狱管理局。地处湖北省荆州市境内，长江荆江段以北，总面积61平方公里，是湖北省高配副厅级大型监狱之一，现有耕地5.7万亩，标准化加工厂房1.92万平方米，民警职工2349人，企业资产2亿元。

2013年，在省厅、省局党委的正确领导下，全狱上下以科学发展观统揽全局，坚持“一二三四五”总体发展思路不动摇，紧紧围绕“全面规范、提升水平、持续安全、跨越发展”工作要求和“四无三不一提升”工作目标，深入开展党的群众路线教育实践活动、“教育改造质量年”、“安全隐患排查整治”等活动，坚定不移地保安全、谋发展、强队伍、惠民生，圆满完成年度工作目标。

确保了全年监狱安全稳定。全面实现了“六无”和“五大”安全，取得了连续13年无罪犯脱逃、12年无重大狱内案件、8年无罪犯非正常死亡和18年无重大安全生产事故的好成绩。

司法厅党委副书记、副厅长、省监狱管理局党委书记、局长程颖（中）在我狱检查指导工作

全省监狱系统经济工作现场会议在
北召开，图为省监狱局局长程颖、省
团公司总经理吴顺发会前参观

江北监狱召开工作会议

监狱党的群众路线教育活动动员大会

确保了企业经济稳步发展。监狱下辖企业江北公司坚持“三主三辅”经济发展整体思路，对5万亩耕地实行高标准基本农田整治，提升农业经营水平。对资源工业进一步做大，宏业米业年加工稻谷能力达到12万吨，荣获“湖北省农业产业化龙头企业”称号。西湖酒业积极开发新品种，努力拓展市场，提升盈利能力。对承揽加工业进一步做强，全年完成加工总产值7299万元，较上年增长1762万元，增幅达32%。全年企业总产值突破5亿元，实现企业增加值1.60亿元，主营业务收入3.66亿元。

确保了民生惠民全面落实。职工工资实现“六连增”，成立监狱各类协会组织，大力开展丰富多彩的文体活动，提升监狱文化品位，抓好社会治安综合治理和城区管理工作，社区管理水平不断提高，改善环境，确保监狱整体和谐稳定，江北人民安居乐业。

中心监区奠基仪式

爱岗敬业勤政廉政先进事迹报告会

省直机关关工委报告团成
员、司法厅关工委副主任李国胜
作法制教育报告

大米加工线

宏业公司

江北小学庆“六一”演出

职工广场舞比赛

荆　州

关长　袁昌海

荆州海关原名沙市海关，1896年10月1日（清光绪二十二年），依据《马关条约》而设，1946年被撤销。随着原沙市市对外经济贸易的发展，1993年4月22日，经国务院批准，沙市海关复关，隶属武汉海关。经过两年多的建设，并经海关总署验收，沙市海关于1995年12月26日正式开关。随着沙市市与荆州地区合并成立荆沙市（后更名为荆州市），1997年9月10日经海关总署批准，沙市海关更名为荆州海关。荆州海关是武汉关区第一个隶属关，内设办公室、综合业务科、监管科、稽查科、机关服务中心、驻荆门办事处（筹）等科室。2012年12月18日，武汉海关根据鄂西地区外向型经济发展和海关缉私业务的需要，在荆州成立荆州海关缉私分局，内设办公室、法制科、侦查科、查私科。

荆州海关现管辖区域为荆州市、荆门市和潜江市。主要负责办理辖内除行邮监管业务以外的海关监管、征税、缉私和统计等业务。

荆州海关缉私分局现管辖区域为荆州市、荆门市、潜江市、宜昌市、恩施自治州、神农架林区、襄阳市和十堰市。主要负责辖区内走私违法刑事、行政案件侦（查）办工作及反走私综合治理工作。

荆州海关和荆州海关缉私分局是武汉海关设立的两个正处级机构，互不隶属。

海　关

在武汉海关的正确领导下，荆州海关认真贯彻落实“把好国门、做好服务、防好风险、带好队伍”的总体要求，求真务实，与时俱进，锐意开拓，勇于创新，全面提高把关服务能力，坚持科学治关的工作思路，大力推进内陆强关建设，在履行好把关职能的同时，积极服务地方外向型经济的发展。经过十余年的建设与发展，荆州海关的各项工作均取得了丰硕成果。2013年税收入库2.44亿元；监管进出口货运量29.73万吨，监管进出口货运值7.26亿美元；办理报关单8050份，办理加工贸易合同备案98份。在精神文明建设方面，荆州海关也获得了显著的成绩，连续被评为“全国精神文明创建先进单位”、“湖北省最佳文明单位”、“荆州市文明单位”，并先后获得了湖北省“大通关先进单位”、武汉海关“五型海关建设先进集体”等荣誉称号，得到了武汉海关和地方党政部门的充分肯定。

荆　州　市

市领导视察公安工作

市委副书记、政法委书记施政视察公安工作

市局举行升旗仪式

2013年，全市公安机关按照“一年打基础、两年抓规范、三年见成效、五年新跨越”的总体构想和“打基础、谋长远，抓规范、求创新，促发展、创满意”的工作思路，围绕“紧盯‘一主两副’、争创全省一流”的工作目标，全面加强打防管控，积极推进机制创新，提振精神、提升形象、提高能力，争创满意，比较圆满完成了各项公安保卫任务。全市社会治安呈现“三降一低”的喜人态势，即：刑事案件、治安案件、八类严重刑事案件分别下降15.2%、25.9%和26.5%，命案发案为近5年新低。没有发生惊天地的案件，没有发生有影响的事故，没有发生大炒作的事件。

在2013年度全省“一感两度”测评中，我市综合

副市长、市委政法委副书记、公安局长周振武深入基层调研与基层民警交流思想

副市长、市委政法委副书记、公安局长周振武接待上访群众

副市长、市委政法委副书记、公安局长周振武参加“119”消防宣传启动仪式

公　　安　　局

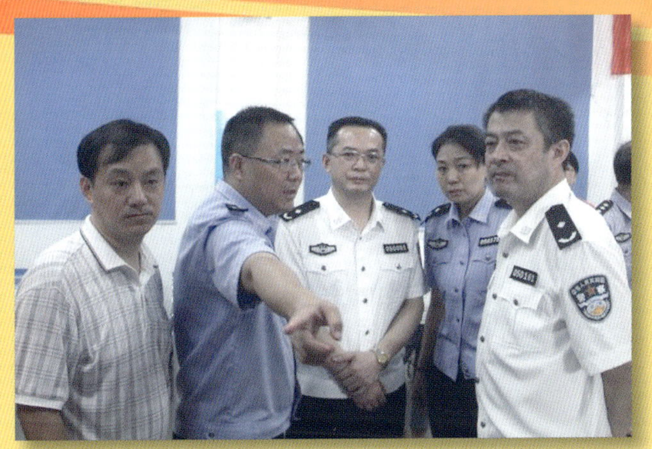

市局领导深入服务窗口现场指导

副市长、市委政法委副书记、公安局长周振武看望慰问基层一线民警

排名第5比上年上升8位，市局受到市政府通令嘉奖。市公安局被评为2013年度全省政法系统党风廉政建设先进单位，连续十年被市政府评为建议提案办理工作先进单位，连续两年被评为市直绩效考核优秀单位。市局党委理论中心学习组被市委评为全市十佳先进党委（党组）理论学习组，“10.19”部督特大跨国网络赌博案被市绩考办评为2013年度市直单位“十佳新业绩”。全市公安“宣传攻势”排名全省第三，市局特警支队在全省公安特警红蓝对抗比武中获得团体第二名，追逃、打黑除恶、打假等工作均进入全省先进行列。省委、省政府、市委、市政府和省公安厅领导先后31次批示肯定荆州公安工作。

副市长、市委政法委副书记、公安局长周振武作客《行风热线》就社会治安及综合治理与市民互动

副市长、市委政法委副书记、公安局长周振武看望、勉励贫困学生

市局党委副书记、副局长董元松看望慰问特警支队骑警大队民警

市局党委副书记、常务副局长景圣志看望慰问基层民警

荆州市人

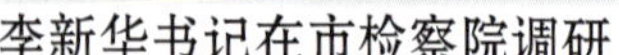
李新华书记在市检察院调研

市检察院为企业发展保驾护航

2013年，市检察院在市委和省检察院领导下，紧紧围绕全市总体部署，忠实履行法律监督职责，各项工作取得了新的进展。

一、牢固树立大局意识，着力优化发展环境

充分发挥打击、预防、监督、教育、保护等职能作用，努力服务经济社会科学发展。开展打击破坏发展环境、损害投资形象的系列专项行动，批准逮捕破坏市场经济秩序犯罪嫌疑人157人，提起公诉164人；批准逮捕侵犯知识产权和生产销售假冒伪劣商品犯罪嫌疑人37人，提起公诉30人；查处房地产开发、医药购销、银行信贷等领域的职务犯罪43人；查处项目审批、招标投标、物资采购等环节的职务犯罪34人；查处中央财政补助资金监管领域的职务犯罪10人，为经济社会发展营造最优法治环境。

二、依法履行检察职能，着力提升监督水平

认真履行法律监督职能，努力推进法治荆州、平安荆州和反腐倡廉建设。贯彻宽严相济刑事政策力度明显加大，共批准逮捕刑事犯罪嫌疑人2087人，提起公诉2296人。查办和预防职务犯罪力度明显加大，共查处各类职务犯罪195人，同比上升10.8%。通过办案为国家挽回经济损失5900余万元，同比上升68%。举办预防渎职侵权违法犯罪集中教育培训10场，全市9000余名公务人员参加培训。对诉讼活动的法律监督力度明显加大。加强刑事诉讼监督，监督立案445件，监督撤案702件，提出刑事抗诉23件。加强民事和行政诉讼监督，提请、提出抗诉37件，提出再审检察建议28件。

秉公执法获得群众肯定　　邀请社会各界代表参观检察机关　　缅怀革命先烈

民　检　察　院

检察长接待来访群众

召开第三届检察理论与应用研究暨执法规范化建设研讨会

三、认真践行根本宗旨，着力做好群众工作

坚持人民检察为人民，切实维护人民群众合法权益。出台《执法为民工作措施》，在全市检察机关开展“三百”工程，两级检察院100名领导班子成员负责100个联系点，200个内设机构负责200个联系点，加强同社区、学校、医院、特殊群体的联系。共收集整理联系点反映困难和问题829条。与检察职能相关的155条已全部解决并回复，其他的问题已向相关部门反映，并积极协助解决。

四、积极构建倒逼机制，着力规范执法行为

始终坚持“执法办案是中心、规范执法是核心”，加强案件管理中心建设，建立“4+3”办案模式，出台“十五个严格”规定，并制作《办理职务犯罪案件须知》，构建以“信息化、责任化、制度化”为主要内容的倒逼机制，做到“规范执法零瑕疵、不规范执法零容忍”。

五、自觉接受监督制约，着力打造“阳光检察”

牢固树立监督者必须接受监督的观念，确保检察权在阳光下运行。坚持重要部署、重要情况和重大案件，主动向党委请示报告，贯彻执行党委决定和要求。编印《荆州检察动态·人大专刊》和《政协专刊》，将检察工作向人大代表、政协委员一季一报。全面推进人民监督员制度，接受人民监督员监督案件25件25人。注重听取律师意见，依法保障律师执业权利。邀请800余名社会群众参加“公众开放日”等活动，保障人民群众对检察工作的知情权、表达权、参与权和监督权。

举办“深入反腐败 大家来预防”演讲比赛

深入推进基层检察院“四化”建设

举办预防渎职侵权违法犯罪培训班

荆　州　市

2014年荆州市法律援助“春雨行动”启动仪式，副市长康均心讲话

荆州市依法治市办公室主任、市司法局刘汉平与长江大学荆楚文化研究中心主任徐文武教授共同签署《荆楚法治文化研究传播合作协议》

荆州市司法局是荆州市人民政府主管全市司法行政工作的职能部门，局内设办公室、法制宣传科、律师公证管理科、法律援助科（市法律援助中心）、基层工作科、国家司法考试科、司法鉴定管理科、法制和行政审批科、行财装备科、政治（警务）部(干部警务科、组织宣传科)、机关党委、监察室、离退休干部科、市社区矫正局、市公证处等职能科室。

近年来，全市司法行政干警和法律服务从业人员紧紧围绕党委政府的工作中心，充分发挥职能作用，全力维护社会平安稳定，竭力服务经济社会发展，扎实推进法治荆州进程，认真完成法律援助办实事任务，努力夯实司法行政基层基础，着力加强司法行政队伍建设,为促进荆州经济社会发展、维护

3月27日，湖北省社区矫正安置帮教工作会议在公安县召开，市司法局局长刘汉平陪同市委副书记、市委政法委书记施政以及省司法厅副厅长陈文贵、省社矫局局长许振奇到公安县社区矫正局参观

5月18日，荆州市司法鉴定协会二届二次会员大会、二届三次理事会召开

司　法　局

荆州市司法局党委聘请新一届共12名作风建设监督员

荆州市司法行政系统青年干警“学习身边典型”演讲比赛获奖者领奖

社会和谐稳定作出了积极贡献。近年来，市司法局先后被省委、省政府表彰为精神文明创建省级最佳文明单位；被省综治委评为省级妇女儿童维权岗；被评为全省首批法治创建活动示范单位；被表彰为全省关心下一代工作先进集体、全省社区矫正工作先进单位；荆州市市级文明单位、连续6年绩效考核工作先进单位、全市社会管理综合治理优胜单位、落实十件实事工作先进单位、全市信访工作目标责任制先进单位、全市机关党组织“十面红旗”、全市对上对外宣传和典型宣传工作先进单位。荆州市法律援助中心先后被司法部表彰为“第四届全国法律援助工作先进集体”、全国法律援助“便民服务示范窗口”、全国法律援助工作联系点先进单位。

深入开展司法鉴定“两项活动”，武汉大学副教授张勇在“司法鉴定机构内部规范化管理培训班”和“法医类执业鉴定人文书写作培训班”上进行授课

3月25日，荆州市召开人民调解暨推进社会矛盾大调解工作电视电话会议

荆州市发展和

省发改委副主任肖安民调研重大项目建设情况

全市上半年经济工作暨固定资产投资调度会

成功引进总投资12亿元的金科环保循环经济产业园项目

2013年，市发改委以科学发展观为指导，全面贯彻落实中央和省市有关会议精神，扎实推进“壮腰工程”，全力以赴抓好固定资产投资和招商引资，积极向上争取战略和资金，较好地完成各项工作目标任务。

1、重大战略争取和项目前期工作卓有成效。成功纳入《全国老工业基地调整改造规划》，中心城区老工业基地整体搬迁改造实施方案编制完成；洞庭湖生态经济区规划获国务院批复；1亿美元古城保护与开发世行贷款项目、荆州经济开发区首次发行4亿元企业债券获国家发改委批复；总装机容量472万千瓦的3个大型火电项目正式签订开发协议，江陵“煤电路港”项目加快推进；石首长江大桥可研报告通过专家预审；民航中南局正式将荆州机场建设纳入全国民用机场布局规划上报国家民航总局，机场选址等三

开展“法律进社区”讲座

机关干部参加洁城活动

改革委员会

大报告编制完成。

2、固定资产投资实现增量提质。坚持一月一调度，开展机关干部联系重点项目制度，完成全社会固定资产投资1355.6亿元，增长30%，总量居全省第5位、增幅居全省第3位，连续八年增长30%以上。全市在建亿元以上项目452项，同比增加123项，完成投资768.4亿元，同比增长47.7%，占投资总量的56.7%。新开工亿元以上项目262项，同比增加39项，完成投资451.9亿元，同比增长24.6%。

3、向上争取项目资金再创新高。进一步加大项目争取力度，认真研究和分析国家产业政策和投资导向，积极向上开展争取工作，全市发改系统向上争取项目资金21.6亿元，占全省十分之一以上，再创历史新高。

4、招商引资工作取得历史性突破。自全市驻点招商启动以来，市发改委把招商引资作为重点工作，成立北京招商专班和天津招商专班，广泛宣传和推介荆州，成功引进投资3.2亿元的米公农产品深加工项目和投资12亿元的金科环保循环经济产业园项目。

5、专项工作取得积极进展。积极申报第二批省级服务业综合改革试点；完成计划内中央投资项目稽查和全市开发区综合考评工作；对重点企业实施节能考核，落实年度减排目标；编制完成《荆州中长期铁路规划》；做好鄂西圈和长江经济带项目资金争取和协调服务工作；开展新型城镇化调研和上市企业辅导工作；优化完善审批流程，推广备案项目网上申报；认真落实交通战备、经济动员和援疆工作；加强机关科学管理，档案规范化管理晋升为省一级。

张明军同志深入基层慰问

全体机关干部重温入党誓词

建设中的蒙华铁路公铁两用桥

江南高速将于2014年建成通车

荆 州 市 国

省国土资源厅党组书记、厅长孙亚调研福娃集团

市委书记李新华调研重点投资项目进展情况

2013年，全市国土资源系统紧紧围绕市委、市政府“做实壮腰底盘、服务支点建设”的总体部署和省国土资源厅党组“六个实现”的奋斗目标，改革创新，竞进提质，创造性地开展工作，推进了国土资源管理工作上台阶、上水平。

一、主动服务，重大项目用地保障有力。全年建设项目用地总量34803.85亩（其中获批新增建设用地26762亩、存量土地和闲置土地挖潜8041.85亩），有力保障了除交通外重点项目用地需求。强化顶层设计的引导作用，提请市政府出台了《关于加强工业项目用地管理推进节约集约用地的意见》。明确工业项目按注册资本测算投资规模，按投资强度核定用地面积。

二、节约优先，土地利用效率明显提升。全年开展2次新增建设用地实地核查，分别核减用地面积38.8%、41.8%。全市消化“批而未供”土地13302.42亩，前三年供地率分别达到83.3%、86.4%、70.94%；盘活闲置低效用地146宗、面积6640亩，处置率53.8%。公安县、松滋市被表彰为全省国土资源节约集约模范县（市）创建优秀单位。

全省国土资源系统教育实践活动专题信息调研暨信息宣传业务培训班在荆州召开

三、以建促保，农村土地整治不断创新。全市获批省级以上土地整治项目27个、规模54.7万亩、资金8.37亿元。全市新增耕地面积31580.4亩。实施土地整治绩效管理，试行土地整治项目“全流程、全方位、精细化、可视化”监管模式。仙洪试验区“兴地灭螺”土地整理效能监察项目，被省纪委、监察厅评为全省优秀效

土 资 源 局

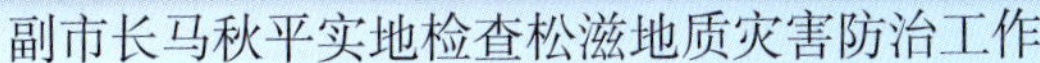
副市长马秋平实地检查松滋地质灾害防治工作

市局机关干部到荆州监狱接受警示教育

能监察项目一等奖。

四、规范市场，土地资产经营成效显著。全市实现土地收入总额86.4亿元，其中招拍挂交易额83.6亿元。进一步健全完善土地资产管理集体决策机制，市政府成立了由分管副秘书长任主任、相关部门参加的市土地资产管理委员会办公室。全市60个乡（镇、农场）开展了土地招拍挂，土地交易额11.4亿元，有力地支撑了新型城镇化建设。

五、强基固本，公共服务能力持续增强。2013年12月，松滋市被认定为“国家级重点保护古生物化石集中产地”。我市新一轮中心城区及各县市城区土地级别与基准地价获批。农村宅基地、集体建设用地使用权确权登记发证试点、社会公众服务平台试点、全市矿政管理信息系统（“一张图”管矿）通过省级验收。全市成功避让地质灾害17起，未出现重大人员伤亡和财产损失。

六、推进改革，干部队伍建设有新气象。全面完成了局直事业单位机构改革，实现了改革预期目标。我局先后被国土资源部表彰为“保发展保红线工程2012年行动成效显著单位”、“‘六五’普法国土资源管理系统推进依法行政中期先进单位”，被省委、省政府表彰为“省级最佳文明单位”、“三万活动先进工作组”，被市委、市政府表彰为“2013年度市直绩效考核工作优秀单位”、“2013年度全市社会管理综合治理优胜单位”，全系统有152个单位被表彰为省、市、县级文明单位。

全市国土资源工作暨党风廉政建设工作会议召开

荆 州 市 城

荆州市城市管理局 2009 年 4 月，由原市环卫局机关、市城监支队机关、市户外广告管理处三个副县级机构合并为市城市管理局（正县级）和市城管局直属执法分局（正科级），隶属市住建委二级商业单位; 2013 年 10 月，将市城管局和直属执法分局整合，设立荆州市城市管理局（挂荆州市城市管理行政执法局牌子），为市政府直属事业单位，正县级机构。

主要职责

（一）贯彻执行国家、省关于城市管理及城市管理行政执法的法律、法规、规章和政策，拟订城市管理和城市管理行政执法中长期规划和年度计划，拟订城市管理方面规范性文件、措施、规定并组织实施。

（二）负责组织编制市中心城区市容环境卫生、户外广告、景观照明等城市管理专项规划，制定相关技术标准并组织实施。

（三）负责对市中心城区城市管理领域开展相对集中行政处罚权工作进行督察；负责市区统一执法和跨区联合执法的组织实施；负责城市管理执法队伍建设的指导、业务培训和考评；负责对各区城市管理局开展规划执行情况的日常管理和巡查进行督办、检查；直接行使重大案件执法权和规划管理方面对违证建设行为处罚种类的决定权、对无证建设的建筑物不予拆除的决定权。相对集中的行政处罚权包括: 市容环境卫生管理方面法律、法规、规章规定的行政处罚权，强制拆除不符合城市容貌标准、环境卫生标准的建筑物或者设施；城市规划管理方面法律、法规、规章规定的在城市规划区内未取得建设工程规划许可证，或者未按照建设工程规划许可证的规定进行建设，或者未经批准进行临时建设和未按照批准内容进行临时建设，以及临时建筑物、构筑物超过批准期限不拆除的行政处罚权；城市绿化管理方面法律、法规、规章规定的行政处罚权；城市市政管理方面法律、法规、规章规定的行政处罚权；环境保护管理方面法律、法规、规章规定的对经营噪声污染、建筑施工噪声污染、生活噪声污染的行政处罚权；工商行政管理方面法律、法规、规章规定的对无固定经营场所无照商贩的行政处罚权；

公安交通管理方面法律、法规、规章规定的对非机动车在非机动车道随意停放的行政处罚权。

（四）代表市政府组织开展全市城市管理考核评比工作，拟订考评办法、考评标准和实施细则并组织实施。

（五）集中行使市中心城区城市管理方面行政审批职责。

（六）负责市级数字化城市管理平台的建设和运营。

（七）负责城市管理科研和技术进步工作；负责全市城市管理的信息、统计和报表工作。

（八）会同市财政局及相关单位拟订城市管理、城市管理行政执法、城市综合管理考核的年度资金使用计划，报市政府审批后组织实施和监督管理；负责组织依法征收市政府明确的行政事业性费用。

（九）指导各县（市）城市管理和城市管理行政执法工作。

（十）承办上级交办的其他事项。

开展城市环境综合整治，改善城市环境面貌

（一）开展专项治理，破解城市管理难题

1、开展渣土整治和扬尘治理。

2、开展市容环境专项整治和校园周边环境整治。

（二）日常监管与集中治理结合，全面提升环卫保洁质量

（三）结合包路，开展“洗脸整容”及“市容环境美好示范路”创建工作

（四）落实“门前三包”，助推“四城同创”

（五）严管违法建设，规划拆控违工作开局良好

推进项目建设，提升城市管理基础设施建设水平

（一）继续推进城乡一体化生活垃圾收运项目，加大生活垃圾无害化处理覆盖范围。

（二）继续推进城市重点区域亮化项目，提升城市品味。

（三）加快数字城管项目建设，搭建城市管理信息化平台。

荆 州 市 供

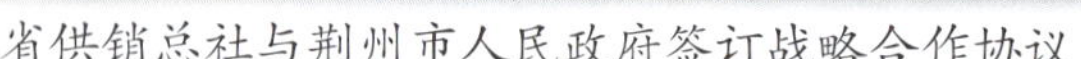

省供销总社与荆州市人民政府签订战略合作协议

遍布城乡的日用工业品网点

供销合作社是“为农服务的合作经济组织”。荆州市供销合作社联合社现辖松滋、公安、石首、江陵、监利、洪湖 6个县（市）及荆州、沙市两个区供销社，各类社有企业58家，经营项目涉及农资、农副产品收购、日用工业品、再生资源、医药、仓储、水产等。2013年全系统实现购销总额60亿元；实现利润总额1403万元，所有者权益达到2.74亿元。

截止2013年底，全市系统已建成农资、日用品和烟花爆竹配送中心19个，乡镇超市40个，各类连锁网点4670个；村级综合服务社1400个，庄稼医院16个；创办、领办、各类农民专业合作社共43

庄稼医院　　村级综合服务社

销 合 作 社

农资配送中心外景

送农资下乡

家，登记注册的协会11个，累计助农增收超过1个亿；获得中、省“新网工程”、农业综合开发项目扶持资金1000多万元。

荆州市供销社将继续以基层社恢复重建为重点，以推进项目建设为抓手，以服务网络为平台，着力提升为农服务能力，努力把供销社打造成农业社会化服务的主渠道，成为中国特色农村工作体系和农村服务体系的重要组成部分，为实施“壮腰工程”，建设荆州“市场农业、工业农业、科技农业和可持续发展农业”作出新贡献。

国家储备棉入库场景

国家棉花储备仓库

中 共 荆 州

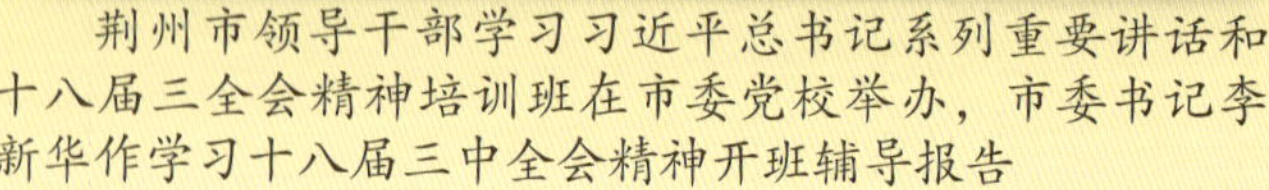

荆州市领导干部学习习近平总书记系列重要讲话和十八届三全会精神培训班在市委党校举办，市委书记李新华作学习十八届三中全会精神开班辅导报告

荆州市2013年高层次人才岗前培训班在党校举行

荆州市委党校、荆州市行政学院、荆州市社会主义学院（简称“一校两院”），实行校务委员会领导体制和“一校两院”的办学格局。党校校长由市委常委、组织部长兼任；行政学院院长由市委常委、常务副市长兼任；社会主义学院院长由市委常委、统战部长兼任。日常工作由常务副校（院）长主持，内设21个职能科室，现有在职职工71人（其中正高3人，副高12人，中级职称15人），离退休职工93人。

学校地处全国历史文化名城荆州，校园占地53亩，建筑面积33000平方米，绿化面积占全校总面积的40%以上，被评为市级“花园式”单位。学校拥有规模壮观的教学大楼,功能齐全的学术报告厅和多媒体教室22个、现代化的远程教学网络、藏书10万册的图书馆、200个床位的宾馆式学员住宿楼,教学设施完善,学习、生活条件舒适,是学习进修、办班培训、理论研讨、继续教育和召开中小型会议的理想场所。学校春秋两季开办主体班，培训规模700人左右。同时开办省委党校在职研究生班。

学校具有较强的教学科研实力，实行荆州、宜昌、荆门党校区域教学合作机制并建立了荆州市党校系统师资库。教学能适应新形势要求，建立和完善了包括“基本理论”、“前沿信息”、“市县乡情”“党性修养”、“专业知

市委党校

市长李建明带队实地考察党校搬迁选址工作

市委副书记施政，市委常委、党校校长曾庆祝，省委党校党校工作指导处处长陈祖明参加全市迎评工作推进会

识”等几个方面为主要内容的教学新布局。科研工作坚持教学出课题，科研出成果，成果进课堂，实行科研教学一体化，重点围绕重大理论问题和市情市策开展研究，产生了一系列有影响的成果，多次被省委党校评为“科研工作先进单位”。

2013年，在市委、市政府的高度重视和坚强领导下，在相关部门大力支持下，全校教职工开拓进取、不断创新，各项工作都取得了新成绩。校风学风明显加强，校容校貌不断改观，培训质量稳步提升。一是以打造魅力党校为总揽，全面提升办学水平。致力于魅力课堂、魅力学员、魅力团队、魅力校园建设，努力打造魅力党校，全面提升办学水平。二是以迎评达标为契机，全面规范办学行为。抓本级带县（市、区）级，采取把脉问诊、现场推进、督办通报等办法，促进市、县两级党校改革发展与建设，为确保市、县各校达标验收目标如期实现打下了坚实基础。三是以推动整体搬迁为动力，“着眼长远搬迁”，整合城区相关培训资源，全面谋划党校建设未来。

2013年，在全校教职工的努力下，市委党校荣获荆州市2013年度绩效考核工作先进单位，荆州市综合治理优胜单位，荆州市市直责任部门人口计生目标管理二等奖，“三万”活动工作组获得先进市直工作组称号等多项荣誉。

市委党校主体班学员到教学实践基地参观学习

市委党校学员到社区扶贫帮困

荆州市

省统计局局长李克勤到荆州指导第三次经济普查工作

省统计局副局长蔡受清一行到荆州调研

市委书记李新华、市委常委、常务副市长吴方军等到统计局调研并看望全局干部职工

市长李建明到市统计局调研

市委副书记施政到市统计局看望全局干部职工

统 计 局

市统计局召开党的群众路线教育实践活动动员大会

市统计局全体干部工间做广播体操

市统计局举办党的群众路线教育实践活动主题演讲活动

第四届“中国统计开放日”现场主题宣传活动

荆州市经济普查启动仪式

国家统计局

国家统计局副局长谢鸿光、荆州市市长李建明检查指导工作

城乡抽样调查样本轮换

粮食实割实测

CPI现场采价

国家统计局荆州调查队既是政府统计调查机构，也是统计执行机构，依法独立行使统计调查、统计监督的职权，独立向国家统计局和上级调查队上报承担的国家调查数据，并对上报的调查数据质量和调查资料的真实性负责。同时，承担地方政府委托的各项统计调查任务。

国家统计局荆州调查队设立党组。

主要职能是：

（一）完成国家统计局布置的各项统计调查任务；

主要有：农产量、城乡居民人均可支配收入、居民消费价格、工业生产者价格及原材料购进价格、中国采购经理人指数、城镇低收入居民基本生活费用价格指数、畜禽监测、规模以下工业企业、部分服务业和其他专项调查等。

（二）接受地方政府交办的有关调查任务；

（三）完成上级调查队交办的地方调查任务；

（四）协助地方统计局完成重大国情国力普查任务；

荆州调查队

飞机航拍农作物播种面积

耕地面积勘测

（五）组织指导地方调查队的业务工作；

（六）负责查处调查队组织实施的统计调查中发生的统计违法行为；

（七）受总队委托管理指导辖区内的国家统计局县级调查队的有关业务工作；

（八）负责调查队机关党的建设、纪检监督和干部管理工作；

（九）完成国家统计局和调查总队交办的其他事项。

统计开放日宣传活动

荆州调查系统文艺汇报演出

在九岭岗接受革命传统教育

荆州市卫生和

市委书记李新华在全市计划生育工作会上讲话

市长李建明在全市血防和爱国卫生工作电视电话会上讲话

全市卫生计生系统隆重纪念建党93周年表彰大会

荆州市卫生和计划生育委员会位于荆州古城荆东路18号，是市政府工作部门，正县级机构，挂荆州市血吸虫病防治领导小组办公室（简称“血防办”）牌子。局机关内设机构17个，班子成员8人，在职干部49人。

近年来，卫生计生委机关以精神文明建设为动力，以改革为突破口，以深化医疗卫生体制改革和落实国家计划生育政策为重点，以缓解群众“看病难、看病贵”为出发点，各项工作取得新的成效。全市未发生重大疫情流行，未发生重大的卫生突发事件，血

市卫生计生委党委书记、主任向华祥在洪湖市汉河镇现场查看灭螺情况

第27个“世界无烟日”主题宣传活动

计划生育委员会

市委常委、纪委书记黄汉桥在洪湖查看“两非”案件卷宗

市政府副市长、市红十字会会长徐朝平为楚源博爱卫生站揭幕奠基

吸虫病、艾滋病、结核病等重大疾病得到有效控制，城乡居民基本医疗卫生计生服务得到保障，全市低生育水平持续保持稳定，出生人口性别比趋于合理，卫生计生事业得到长足发展，为保护人民健康和营造良好的人口环境作出了重要贡献。市卫生计生委先后荣获“全国医药卫生系统创先争优先进基层党组织”、“全省卫生工作先进集体”、“全省计划生育先进单位”、“全省纪检监察工作先进集体”、“全省卫生监督执法工作先进集体”、“省级文明单位”等荣誉称号。

2014年5.12“国际护士节”表彰大会

在三万驻点村开展送医送药送温暖义诊活动

组织在职党员开展进社区服务群众活动

市委书记李新华赴四机中学调研

教师节前夕，市长李建明先后到湖北中医药高等专科学校和江陵中学，看望慰问一线教师

荆州中学新校区鸟瞰图

荆州市共有各级各类学校1128所。其中，高校8所，普通高中68所，中职学校22所，普通初中128所，九年一贯制学校52所，小学392所，特校7所，幼儿园451所。在校生85.9万人。其中，高校在校生11.4万人，普通高中在校生11.1万人，中职学校在校生3.2万人，初中在校生14.5万人，小学在校生31.8万人，特殊学校在校生647人，幼儿园在校生13.9万人。教职工5.79万人。

2013年，市教育局紧紧围绕省教育厅和市委、市政府的统一部署以及年度教育工作目标和任务，以“学习贯彻十八大，争创发展新业绩”主题实践活动为抓手，以“规范管理、质量建设年”为主线，全面落实教育规划纲要，加快转变发展方式，推进政风行风建设，不断增强教育服务经济社会发展能力。

加快推进以荆州中学、沙市中学迁建为龙头的中心城区学校布局调整和教育资源整合。将七一一小学与北湖联小优化整合为张居正小学；完成职教中心与东方中学的改革工作；完成对张居正小学、荆棉学校、沙市一中等

全市校园安全管理工作会

荆州市幼儿园“百名园长”培训班开班典礼

大力推进薄弱学校建设，图为文星中学新建教学楼

省教育厅刘传铁厅长调研荆州中学

局机关干部到荆州开发区黄场村开展“三万”活动

督查中心城区学校及周边环境综合整治工作

学校的改造升级和标准化建设；积极推行市实验中学与四机中学、沙市实验小学与荆棉学校的强弱学校对口帮扶试点，努力破解择校现象严重等难题。实施农村义务教育学校布局调整，全市新建学校9所、改扩建学校131所、完成标准化学校建设223所，建设国家标准化考点45个，考场1927个；推进县域义务教育均衡发展，荆州区、洪湖市均以97.5分通过省级验收。加快发展学前教育，建设幼儿园42所，全市学前三年毛入园率达88.25%。2013年，全市初中三年毛入学率≥99.71%、巩固率≥98.83%。进一步优化高中教育结构，2013年，全市停止了5所高中学校招生资格。实施中职与初中对接、高职与普通高中对接的招生政策，招收中职学生10060人。服务“壮腰工程”，为企业及高层次人才子女安排优质学位200多个，接受进城务工人员子女3000多人入学。评选表彰各类优秀教师2542人，培训教师52954人次。争取各类教育专项资金5.181亿元，为28929名高中学生发放国家助学金3968.35万元。开展在职教师有偿补课专项整治行动，查处违规案件82起，处理98人次，清退违规资金98.29万元。

沙市中学新校区鸟瞰图

2013年湖北省中小学安全逃生演练教育活动暨安全知识网络竞赛活动启动仪式在荆州市举行

荆州市庆祝第29个教师节表彰大会

中小学诗意“大课间”创造全新的课间体验

荆州市

市委书记李新华带队珠三角招商

市长李建明带队福建招商

市委常委、副市长曹松带队广州招商

2013年，在市委、市政府的正确领导和各地、各部门的共同努力下，圆满超额完成了年初各项招商引资目标计划。全市引进投资2000万元以上工业和生产性服务业项目311个，工业项目280个，亿元以上项目204个，亿元以上工业项目180个，10亿元以上项目21个，30亿元以上项目4个。全市招商引资实际到位资金740亿元，占年度计划的100.7%，同比增长51%。工业和生产性服务业项目实收注册资本金76.7亿元，占年度计划的122.7%，其中工业项目实收注册资本金47.7亿元，占总额的62.2%。全市招商引资呈现以下特点：一是招商合力日益凸显。全市上下同心协力，形成了大员上阵、专业为主、全员参与的良好局面。二是招商质效明显提升。突出工业招商重点，引进了一大批投资额度大、科技含量高、产业带动力强的项目。三是招商

招　商　局

党组书记张远梅授课如何反对“四风”

局长韩旭“学习新知识、适应新形势、争当好干部”交流发言

模式日趋完善。不断探索创新，形成了以驻点招商和小分队招商为主，产业招商、以商招商等多种方式有序推进的荆州招商模式。四是招商机制逐步健全。招商引资工作机制不断健全和完善，项目签约率、开工率稳步提升。

市直单位引进项目集中签约仪式

深港企业家考察团来荆考察

走进企业，解决服务对象“最后一公里”问题

荆州市长江

2013年5月，省委副书记、省长王国生在公安检查荆南四河堤防工程建设和防汛备汛工作

2014年6月，省委常委、宣传部长尹汉宁检查荆州长江防汛工作

荆江大堤综合整治工程沙市堤段防渗墙施工

荆南四河堤防加固工程石首宜山垱闸施工

荆州市长江河道管理局为纯公益性水管单位，担负着全市长江流域河道堤防工程的规划、设计、建设、管理和防洪保安重任，行政隶属荆州市委、市政府，业务隶属湖北省水利厅，下辖8个分局，6个直属单位。现有人员3158人，其中高级职称56人、中级职称463人。直接管理堤防937.73公里，涵闸56座，代管荆南四河堤防1086公里的工程建设。

2013年，在市委、市政府和省水利厅的正确领导下，全市长江河道系统深入贯彻落实中省市关于加快水利改革发展的一系列决策部署，团结拼搏，真抓实干，圆满完成各项工作任务。强化上下协调，加强检查督办，荆江大堤综合整治工程和荆南四河堤防加固工程建设稳步推进，累计完成土方489.93万立方米、石方18.24万立方米、防渗墙95.43万平方米、锥探灌浆278.45万延米。坚持科学、依法、综合防控，成功实现防洪保安全、救灾保民生的总体目标。持之以恒，坚持不懈，突出抓好堤防管理基础性工作，堤防管理水平全面提升，被评为“全省堤防管理先进集体”。扎实开展民主评议政风行风、学习贯彻十八大精神等活动。认真贯彻执行中央“八项规定”、省委“六条意见”和市委“七条意见”，扎实推进学习型党组织和机关建设，强化党风廉政建设责任制和“一岗双责”，党的建设和干部队伍建设成效显著。局机关继续保持“全省卫生先进单位”、“全省绿化模范单位”、“全市安全生产先进单位”等荣誉，获得“全市绩效考核优秀单位”、“档案规范管理AA级单位”、“全市社会管理综合

河道管理局

2013年6月，市委书记李新华在江陵观音寺闸检查防汛工作

2014年5月，市委常委万卫东在监利检查防汛工作

治理合格单位”等称号。

2014年是学习贯彻党的十八届三中全会精神的开局年，是全面深化水利改革的起步年，也是我局面临新一轮发展至关重要的一年。我局将突出抓好“六个重点”，坚持不懈抓好防洪保安，坚持不懈抓好工程建设，坚持不懈抓好堤防管理，坚持不懈抓好水政执法，坚持不懈抓好财务管理，坚持不懈抓好水利经济，克难奋进，锐意进取，奋力推进全市长江堤防改革发展新跨越，为促进荆州社会经济的可持续发展做出我们应有的贡献。

石首分局创建国家级管理单位验收会议

2014年1月20日，市长江河道管理局组织科级以上干部到江陵看守所参加警示教育

市长江河道系统纪念建党92周年暨表彰大会

荆州市

12月7日，国务院副总理汪洋在省委书记李鸿忠、省委副书记张昌尔陪同下参观“2013第十一届中国国际农产品交易会”荆州水产展区

荆州市农业局是市委、市政府农业农村工作主管部门。2013年，荆州市各级农业部门认真贯彻落实中省一系列强农惠农政策，围绕发展现代农业、建设农业强市，大力开展百亿斤粮食大市创建，突破性发展农产品加工业，着力培育新型经营主体，积极推动“四化同步”发展，全市农业农村经济保持良好发展势头。

2013年全市粮食产量77.2亿斤，比上年增产3亿斤，增量位居全省第一；油菜总产1220万担，连续5年超过千万担，位居全国市州第一；水产品产量122万吨，连续19年稳居全国市州第一；生猪出栏499万头，家禽出笼7708万羽。全市农产品加工业产值达到1019亿元，成为全市第一个千亿级大产业。农民人均纯收入9909元，增长13.76%，连续9年超过全省平均水平，连续6年超过全国平均水平。

8月2日，农业部副部长陈晓华到监利县新沟镇横台村调研

9月11日，荆州市市长李建明向湖北省副省长郭生练一行介绍华中农高区项目建设规划

农 业 局

12月10日，省政协副主席郭跃进、省水产局局长李胜强等领导为洪湖清水螃蟹节开幕启动水晶球

8月28日，全市农产品加工业发展调度会现场

新沟镇等11个“四化同步”试点镇区建设稳步推进，“福娃模式”成为全省“四化同步”发展的一面旗帜。农业机械化综合作业率达到65%，高于全省平均水平3个百分点。农民专业合作社达到3017家，合作社联合社达到25家，位列全省第一。家庭农场1121个，居全省第一。农业执法工作全省领先。完成316个村“清洁家园”整治，美丽乡村建设迈出坚实的一步。

2013年，市农业局被评为湖北省文明单位、全省农业工作先进单位、全省爱国卫生工作先进单位。是2013年度市直绩效考核优秀单位、市“e线民生”“群众满意优秀单位”、全市质量工作先进单位、社会管理综合治理优胜单位。2013年度农产品加工业成为全市首个千亿级产业受到市政府通令嘉奖。

监利现代育秧工厂一角

湖北双港公司层叠笼、自动捡蛋系统鸡舍全景

三湖机收现场

荆州市公安

方凤云局长路面执勤

兰长青政委带领民警在新车管所宣誓

夜读原著

校园宣传

荆州市公安交通管理局紧紧围绕荆州经济建设大局，牢牢把握市委、市政府实施壮腰工程，加快荆州振兴战略机遇和市公安局“紧盯‘一主两副’、争创全省一流”发展机遇，以党的群众路线教育实践活动和“正风肃纪、争做好干警”两大活动为中心，以“秩序好、事故少、群众满意、服务经济建设”为目标，积极谋划，主动作为，全力开展“三大一严”攻坚战、交通秩序综合整治和“畅安”行动，交通事故明显下降，城区交通秩序明显好转，队伍精神面貌整体提升。

一是守住了队伍底线。做到了“三个严防发生”和“四个没有发生”。即队伍没有发生严重违法违纪案件，没有发生因公安交管工作不到位而引发的群体性事件，没有发生重大以上或在全省有影响的道路交通事故，没有发生长距离长时间的交通拥堵。二是圆满完成了安保工作任务。在重大活动、重大节庆、重大警卫和重大事件的安保中做到了万无一失。三是争先创优有了新突破。交管局再次获得了省、市级文明单位，首次被省总工会授予“五一劳动奖状”，被市委、市政府表彰为“三万工作”先进单位。被省厅交管局、市公安局表彰为年度先进集

集中培训

交通管理局

进村组听取群众意见建议　　在三万工作组驻村劳动

体，进入第一方阵。直属一大队被公安部评为“大排查、大宣传、大教育”货车违法行为整治专项行动成绩突出集体。11月份交管局被省公安厅评为“全省公安机关国庆安全保卫工作成绩突出集体”。被市委表彰为“E线民生”处理先进单位。省住房和城乡建设厅、公安厅授予荆南路、塔桥路“环境美好示范路”；所属四大队被市委、市政府表彰为信访工作先进单位，并因侦破“2.9”交通肇事逃逸案，被市局荣记集体三等功。二大队张尧被授予“湖北省见义勇为先进个人”。民警刘义军被评为湖北省首届“百姓喜爱十佳交警”，“湖北省五一劳动奖章”、荆州最美警察。四是党委、政府和广大人民群众满意度明显提升。市委市政府主要领导多次批示，肯定交管工作成绩。去年6月28日，市人大召开四届人大常委会第十九次会议，以35票赞成、1票弃权通过了全市实施《道路交通安全法》情况工作报告。

载誉归来

重大活动和重点工作部署

志愿者上街宣传

少年小交警

荆州市外派
荆州市对外劳

省商务厅外经处处长唐华同志一行检查平台报名咨询窗口情况

市商务局副局长陆华圣同志为咨询中心和培训基地授牌

荆州市外派劳务服务中心（平台），于2005年12月12日经市人民政府和市编办批准成立，并经市编办注册登记，具有独立法人资格的事业单位。成立了以分管市长为组长的外派领导小组。2009年外派服务中心通过湖北省商务厅验收。2011年被市政府认定为荆州市对外劳务合作服务平台，为对外劳务服务、促进、保障、规范和管理为一体的政府公共服务机构。2013年被湖北省商务厅认定为省级样板平台。其主要职责是：在市外派劳务工作领导小组的领导下，负责全市为外派劳务人员提供政策咨询，接受有意出国劳务人员报名；发布各类准确的出国劳务招聘信息；组织劳务人员参加外派企业和外国雇主的面试；维护荆州市出国劳务人员信息系统；开展出国前适应性培训和专业技能培训；为劳务人员推荐外派企业，为外派企业提供劳务资源；受理劳务人员投诉，协调处理涉外劳务纠纷和突发事件；为回国劳务人员提供就业和创业等服务 。并与各外派经营公司建立业务联系。中心不向服务对象收取任何费用。

平台服务大厅一角

服务中心（平台）内设“三处一中心”，即秘书处，主要负责工作计划、工作总结的起草，有关政策的宣传和信息的发布，内外之间的工作协调、财务和档案的管理，以及日常接待等工作，培训处，主要负责培训基地的落实，招生计划的安排，招生的录取，有关培训大纲和教材的编写，教学质量的管理，召开培训研讨会等工作。就业处，主要负责搜集外派劳务的需求信息，建立就业网络，建立外派人员档案，搞好跟踪服务，宣传外派政策等工作。维权中心，主要负责宣讲有关法律知识，开通维权服务热线电话，开展法律援助等工作。

为保持工作高效运转，服务中心（平台）制订了工作程序，包括平台管理、工作程序图、招选、培训、派遣、事后管理等。

根据工作的需要，服务中心制订了组织招收、政治审查、体检防疫、培训教育、财务管理、合同管理、信息发布、法律服务、金融支持、处理突发事件预案等管理制度。

外派企业负责人在长江大学培训

服务中心（平台）办公地点设在市商务局，有专门的服务大厅，建立专门的网站，具备全市外派劳务储备信息管理库的条件，使其有能力组织全市外派劳务培训派遣和劳务储备工作，能较好协调与各技能培训单位及对外劳务合作经营企业的关系。平台下设培训基地五家（其中三所大专、一个高级技工学校，一个创业培训服务中心），报名咨询服务点十个。服务中心坚持"诚信、守约、友情、协调"工作理念，严格按照操作程序化、管理规范化、服务优质化、发展全面化、形象品牌化标准，为劳务人员和外派企业提供优质、高效的服务，得到了社会各界的好评。

劳务服务中心
务合作服务平台

出国劳务必读

问：为什么不能持旅游、商务等签证出国务工？

答：旅游签证是某国使馆在您护照上签发的准许您去该国旅游的入境签字证明；商务签证是某国使馆在您护照上签发的准许您去该国开展商务活动的入境签字证明；如果您持旅游或商务签证到某国务工，属于未经该国政府批准而在该国非法工作的违法行为，必然要受到该国相关法律法规的惩处。

问：你们是中介吗？

答：我们不是中介，是一个公益平台，我们不收取任何费用，但我们负责监督那些中介公司，不允许他们乱收费，同时也起到维护劳动者权益的作用。

问：有哪些岗位，可以到哪些国家和地区？

答：岗位分建筑类、制造类、服务类、管理类、农业水产养殖类。

每个时间段，外派劳务信息会有调整，同样的岗位，不同的时间段用工企业及所在国家都会有变化，具体详情请有意境外劳务人员到各窗口进行咨询。

问：出国劳务有什么好处？

答：不仅可以获得高额的报酬，还可以开阔眼界，增长见识，强化专业知识，学习更先进的劳动技能，回国后有较好的就业前景和丰厚的待遇。

问：出国务工需要交纳一些什么费用，经过哪些手续，多长时间可以出国？

答：出国务工费用包括护照、体检、签证、培训、综合服务费、国际国内段路费、公证费等费用。出国前要先参加适应性培训，培训合格后安排进行面试，面试通过后可以开始办理护照(出国意愿强烈的人员可以在面试前先行办理护照)、体检，取得护照后开始办理签证，技能培训根据各用工单位的要求在面试前或是面试后组织，所有以上手续都办理完成，即可出国，正常流程三个月左右。

问：怎样获取出国劳务信息？

答：一般情况下，您可以从电视、广播、报纸、网络等媒体获得各种招收出国劳务人员的信息，也可以从荆州市对外劳务合作服务中心（报名咨询窗口）直接获得相关信息。

问：报名前应该了解哪些情况？

答：1、去的国家和地区；

2、做什么工作、工作期限、有没有试用期、每月或每周工作天数，每天工作时间等；

3、福利待遇：包括月基本工资、超时和节假日加班费、工资和加班费发放方式等。一般情况下，国外雇主会直接将工资支付给您，或是通过外派企业转交给您的家属，或者存入您的银行账号。

问：合同期是多长时间？中途除了规定的探亲时间外其他时间能探亲吗？往返费用由谁承担？

答：合同期一般是三年，承包工程公司一般合同期限为二年。除了合同约定的假期之外如果还想回家探亲，则需要与雇主协商并征得雇主同意。雇主在合同上会约定假期的福利待遇，是否由雇主支付回乡路费跟据合同为准，如果是约定假期之外另行请假回乡，路费自行承担。

问：我没有技能如何出国务工？我没有资金如何出国务工？

答：对于没有技能想出国务工的人员，一方面，可以根据雇主的要求，进行技能培训（原则上是先面试通过再进行技能培训，培训合格后出国）另一方面，可以介绍至无需技能即可的企业工作。对于想出国但交纳服务费用有困难的人员，原则上以自筹为主，金融支持为辅的方式，对于符合国家政策补贴的对象我中心会帮助争取补贴。

问：出国务工的收入有多少，合法权益如何得到保障？

答：根据岗位的区别，出国务工年收入在10万-30万。通过荆州市外派劳务服务中心监管下签定的外派劳务协议，其合法权益会在政府的监管下得到保障，通过政府正规渠道出国务工的人员，其权益也同样受到当地法律的保护，现在国外的法律是相当规范的，只要是您在当地打工是受到当地法律保护的，那您的工资收入及其他合法权益也会受到当地法津保护。

问：在国外发生劳务纠纷怎么办？找谁来处理？

答：劳务人员在出国前应与外派企业签订《外派劳务合同》并与国外雇主签订《雇佣合同》，如与国外雇主发生矛盾纠纷，您应根据所签订的《雇佣合同》协商解决，若协商不成，请及时向外派企业反应，请求帮助解决；如与外派企业发生矛盾，您应根据所签订的《外派劳务合同》协商解决，若协商不成，您可以依照合同通过法律途径解决。

问：国外的劳动强度大不大。工作情况是什么样子？

答：国外劳动强度普遍比国内低，因为发达国家的机械化程度会高于国内同工种，具体的岗位的工作环境、生活环境、工作内容、工资待遇、加班情况等情况各窗口有详细资料介绍。

荆州市外派劳务服务中心　荆州市对外劳务合作服务平台

地址：荆州市碧波路6号

电话：0716-8230678　网址：www.jzsww.gov.cn

荆州市对外劳务合作服务平台服务大厅

地址：荆州市商务局附二楼

电话：0716-4183840

荆州市国

省国税局党组成员、副局长魏贵和检查指导落实36字要求情况

省国税局党组成员、纪检组长李岩检查指导荆州国税文化建设

荆州国税优化环境服务经济我先行

2013年，荆州市国税系统在宏观经济增速放缓和落实结构性减税政策的双重压力下，严格执行税收政策，牢牢把握组织收入主动权，圆满完成了收入任务。全年共组织各项税收收入52.38亿元，完成年度计划的104.7%，超收2.37亿元,同比增收8.5亿元，增长19.4%。收入规模突破50亿元大关，税收增量创历史新高，位居全省第四，增幅位居全省第五，主体税种全面增长,11个征收单位全部增收，6个单位实现了20%以上的增幅。为推进壮腰工程，支持地方经济发展提供了持续可靠的财力保障。同时，全年共审批办理各项减免税1.67亿元，有力支持了涉农企业、资源综合利用企业、高新技术企业和小微企业发展。认真落实“营改增”

企业所得税零负申报“一库式”管理特色工作在全市推广

营改增工作持续推进

家 税 务 局

大力组织税收收入，为地方经济发展提供财力保障。图为荆州市委常委、常委副市长吴方军调研荆州国税工作

陈晓铃局长检查市政务服务中心国税窗口工作，要求窗口工作人员为纳税人提供优质服务，树立国税部门良好形象。

试点政策，减税6000万元，总体减税幅度达到28%。落实出口退税新政，全年办理退（免）税6.76亿元，促进了全市外向型经济发展。此外，全市代收工会经费5213万元，同比增收355万元，增长7.3%，圆满完成了代征任务。年内，荆州市局获得了全省最佳文明单位、湖北省就业先进工作单位、湖北省卫生先进单位、全市绩效考核先进单位、全市综合治理先进单位等荣誉称号，江陵县国税局、石首市国税局被评为全省最佳文明单位，荆州区国税局和松滋市国税局被评为全省工会经费代征工作先进单位，3人被评为全省代征工作先进个人，2人被评为全国先进社科工作者。

加强依法行政，机关干部参加全省国税系统行政处罚裁量权考试

特邀监察员座谈，找问题抓整改

加强国税文化建设，举办“迎省运、全民健身”城区单位羽毛球赛

荆州市地方税务局

2013年10月9日，市地税局召开主要领导调整动员大会，省地税局局长许建国到会指导

2013年11月8日，市地税局召开群众路线民主生活会，省地税局总会计师游干成一行到会督导

2013年10月17日，市地税局局长雷浩一行到市行政服务中心地税资本交易窗口实地调研

2013年，荆州市地方税务局在省地税局和市委、市政府的正确领导下，紧紧围绕“五税战略”和“壮腰工程”战略部署，圆满完成了各项工作，为全市经济社会发展做出了积极的贡献。

2013年12月10日，全省股权转让个人所得税管理工作会议在荆州召开，省地税局副局长肖绪湖参会，市地税局做经验交流

大力组织税收收入。全市各项税费收入规模首破百亿大关，达到105.55亿元，同比增长22.23%，增收19.04亿元。其中税收收入完成46.73亿元，增长25.62%；社保费收入完成54.79亿元，增长20.52%；大力开展房地产税收“两清”和资本交易税收控管工作，为地方经济社会发展提供强有力的财力支撑。

切实转变工作作风。务实开展党的群众路线教育实践活动，将活动的成果用到税收工作的主战场上。认真贯彻转作风相关规定，形成改进调查研究、会议管理、精简文件等“十项规定”。开展行风建设“回头看”活动，被评为“2013年度‘e线民生’工作处理问题先进单位。

全面提升服务水平。开展“我和局长面对面”、“税法进万家”等活动，解决纳税人诉求79条，发放“中税答疑”免费软件4000余个。发挥“纳税人学校”作用，开班38次、培训近2300人。

积极开展文明创建。建成4个“省级最佳文明单位”、9个“省级文明单位”、12个“市级文明单位”，文明创建达到历史最好水平。市地税局12366坐席中心先后获得了“青年文明号”与“巾帼文明岗”两个荣誉称号。

2013年7月1日，市地税局组织党员到市中山公园革命烈士纪念碑前重温入党誓词

2013年12月4日，市地税局与沙市区地税局走进蛇入山社区，联合开展“12.4法制宣传日”活动

2013年12月16日，荆州市地税系统组织人才库选拔考试

荆州市经济和信息化委员会

副省长许克振、省经信委主任欧阳万坤一行在精川智能公司调研

市领导在市经信委专题研究工业经济发展

市经信委党委书记、主任曲金付在公安县凯乐公司调研

近几年来，市经信委紧紧围绕“工业壮腰”，狠抓工业运行、招商引资和项目建设，大力实施中小企业成长工程和企业家培育计划，加强“五型”（学习型、服务型、创新型、廉洁型、节约型）机关建设，积极争先创优，不断优化企业服务，促进了全市工业经济持续、快速发展。

2013年，全市规模以上工业企业突破1000家，达到1001家，完成增加值530亿元，增长13.9%，增速居全省第一位；完成工业投资665.9亿元，增长15%；为企业争取国家和省政策性无偿扶持资金1.6亿元；市经信委获湖北省产学研合作项目洽谈会最佳组织奖，被评为市绩效考核、综合治理、招商引资、计生工作先进单位和档案工作目标管理省一级单位。

全市县域经济暨固定资产投资工作电视电话会议

荆州组团参加全省产学研合作项目洽谈会并现场签约

华讯方舟集团董事长吕向阳与市长李建明签订战略投资协议

荆州海事局

工作部署安排

巡航救助基地

2011-2012年度

最佳文明单位

中共湖北省委
湖北省人民政府

中华人民共和国荆州海事局是长江海事局十个分支局之一，下设沙市、公安、江陵、石首等4个海事处，荆州大桥、沙市港口、盐卡、陡湖堤、公安大桥、郝穴、绣林、调关等8个执法大队，1个通信信息中心和1个后勤管理中心。依据国家法律、法规，担负保障水上交通安全、保护水上环境清洁、保护船员整体权益、维护国家海上主权等重要职责。管辖范围为：长江中游鸭子口—石首五马口172.3公里水域，年均通过船舶7万余艘次，船舶进出港口2万余艘次。辖区码头泊位240多座，港口吞吐能力4000多万吨，货物吞吐量2600万吨，集装箱吞吐量10万标箱；渡口43个，渡船47艘，年渡运旅客250万人次，车辆70万辆次；登记注册船公司63家，船舶460余艘，船员1700人；危险货物码头23座、通过水运的危险货物50多种，年均近100万吨。

高温高洪水位现场监管

枯水期船舶现场维护

2003年1月1日建局以来，针对荆江河段通航环境复杂，荆州海事局始终坚持严管就是优服、科学安全发展、民生海事等理念，广大干部职工不辱使命，求索奋进，全面履职，探讨建立“科学监管、安全预警、重点工作长效管理、快速反应”等四个机制，夯实“四船”基础，突出“短途运砂船、危化品船、渡船、战枯水”等四个重点；加强五化建设，狠抓依法行政、内部规范管理、文明创建等，科学监管格局基本形成，重点船舶监管成效显著，枯水期安全监管长效机制有效运行，海事监管科技含量明显提升，履职能力及应急救助水平明显增强，形成了以“求索笃行、荆江安澜”为核心价值观的荆州海事文化体系，先后打造了战枯水、荆江放心船、长江荆州航区文明样板航道等系列特色品牌，确保了辖区安全形势持续稳定，没有发生船舶污染水域事件。单位荣获并保持省级最佳文明单位称号，先后获湖北“五一”劳动奖状、全国职工书屋示范单位、湖北省安全生产先进单位等。

人命救助

打非治违青年突击队

荆州市公安消防支队

党委书记、政治委员　关斌

党委副书记、支队长　陈万红

荆州市公安消防支队（武警荆州市消防支队）实行由公安机关和省公安消防总队双重领导体制，支队为正团职现役编制，支队机关设司令部、政治处、后勤处、防火处4个部门、1个培训基地，下辖9个基层大队、1个战勤保障大队、11个执勤中队，现装备各类消防车81台。全市列管社会单位9172家，其中，消防安全重点单位1975家、人员密集场所1021家（其中公众聚集场所498家）、易燃易爆场所387家、十小场所5789家。大型物资仓库44家，液化气站75家，油库8座，化工企业39家，高层建筑103栋，地下建筑5家，重点文物保护单位17家。支队担负着全市662万人口，1.4万平方公里，3345个乡镇、农场、街办、居（村）委会的消防保卫任务。随着社会经济的快速发展，消防部队在完成以防火监督、火灾扑救为中心工作的同时，还肩负着参加以抢救人员生命为主的危险化学品泄漏、道路交通事故、地震及其次生灾害、水旱灾害、地质灾害、建筑物坍塌、重大安全生产事故、空难、爆炸及恐怖事件、核与辐射事故、突发公共卫生事件和群众遇险事件等18项应急救援任务。时值今日，全市消防部队勇担铁军重任，正以“忠诚、务实、担当、奋进”的荆州消防精神，在保卫荆州经济社会发展，服务“壮腰工程”中发挥着积极作用。

消防支队成功处置“3.12”荆州长江大桥特大交通事故

消防官兵成功处置“4.16”随岳高速荆岳长江大桥收费广场液化天然气槽车泄漏起火事故

消防支队成功处置湖北强达化工有限公司工业萘起火燃烧事故

荆州市集中销毁假冒伪劣消防产品行动

举行“119时刻——千万民众消防疏散大演练”

荆州市人力资源和社会保障局

常务副市长吴方军、副市长曾庆祝专题调研人社工作

省人社厅督导组对我局窗口作风专项建设情况进行督办检查

荆州市人力资源和社会保障局是负责全市“就业、社保、人才、人事、收入分配、劳动关系”六大板块工作的政府工作部门。近年来，全市人力资源和社会保障工作在市委、市政府的坚强领导下，坚持“民生为本、人才优先”工作主线，锐意进取，开拓创新，取得了显著成绩。

2013年，全市新增城镇就业8.47万人，城镇登记失业率控制在4.2%以内，共培训有创业意愿人员5738人，发放小额担保贷款4440笔3.93亿元，扶持创业6144人，带动就业2.55万人。“五险”参保人数达到375.67万人次，社会保险费征收53.82亿元。城乡居民社会养老保险参保人数达到230.69万人，综合参保率达到99.71%，续保率99.18%。全年新增专业技术人才11800人，新增高技能人才10437人。全年共争取中、省各类资金33.12亿元，同比增长22%；其中，市直8.08亿元，同比增长24%。劳动关系和谐有序，农民工工资清欠率达到100%，劳动争议案件结案率达到95%以上。积极开展招商引资，共引进到位资金5.63亿元，超额完成1个亿的硬性指标。不断持续加强作风建设，2013年度民主评议政风行风活动取得了第一名的好成绩。被市委、市政府表彰为2013年度全市绩效考核工作优秀单位、社会管理综合治理优胜单位。

全市人社系统“依法行政”务虚会

当前，荆州市人力资源和社会保障局正以十八大和十八届三中全会精神为指导，不断加强改革和发展，强力作为，为实现荆州经济振兴、民生事业发展作出新的更大贡献。

◄市人社系统干部参加全省党的群众路线教育实践活动演讲比赛

市人社局积极开展政风行风问题整改

荆州市民政局

竭力解民困 倾情优服务

局长　邓应军

省市领导与福利院儿童合影

荆州市民政局党的群众路线教育实践活动动员大会

2014年以来，全市民政系统深入贯彻党的十八大、十八届三中全会和全省民政工作会议精神，以改革创新、倾情服务为主题，求真务实，真抓实干，各项民政工作在服务大局中稳步推进，在改革创新中重点突破，在统筹兼顾中狠抓落实，呈现科学发展的良好态势。

一、在完善社会救助体系、兜底保障民生方面取得新进展

从5月1日起，全市普遍提高城乡低保、农村五保、医疗救助标准。截至第三季度，全市城乡低保31.4万人，支出4.3亿元；城乡医疗救助5.9万人，共支出7434.1万元；农村五保1.7万人，共支出3859万元。全市累计发放各类优待抚恤补助资金1.7亿元，惠及优抚对象6.1万人。接收安置退役士兵3153人，组织2401名退役士兵参加了职业教育和技能培训。认真开展困难家庭走访慰问和军休干部“双访”活动，坚持开展军休人员政治学习和文体活动，保障了军休干部“两个待遇”的落实。整合救助政策，在救急难上初见成效。松滋市扎实开展重特大疾病医疗救助试点，探索出“医前定额救助”“医中一站式救助”“医后补充救助”三位一体、有机衔接的医疗救助新模式。江陵县出台惠民新政十条，实现了救助效应最大化，深受群众好评。

二、在推进养老服务体系、提高福利水平方面取得新成效

截至第三季度，全市新建社区居家养老服务中心14个，农村老年人互助照料活动中心216个，民办养老机构5个，进一步充实力量，完善了养老服务体系。洪湖市打破“一镇一院”的固定模式和供养身份限制，由城市福利院与农村福利院联办联建联营，实现了资源利用最大化。全市发放2540名孤儿补助资金900万元；圆满举办了全国未成年人社会保护试点工作培训班暨经验交流会，我市未成年人社会保护试点工作受到民政部、省民政厅的充分肯定。

三、在加快城乡社区建设、强化基层自治方面取得新发展

成功举办市本级社区公益服务项目创投能力培训会，并选派11个社区参加全省社区公益服务项目创投大赛，6个社区入围前100名，沙市区文星楼社区的“隐形的翅膀”关爱孤儿项目入围前30强。积极开展社区居委会干部能力提升培训。培训城镇社区居委会的负责人、基层民政干部500余人次。同时，启动了第九届村民委员会换届选举前期各项调查摸底准备工作。

四、在规范社会事务管理、优化服务环境方面取得新突破

对行业协会商会类、科技类、公益慈善类、城乡社区服务类等四类社会组织进行直接登记，市直共培育发展社会组织13家，成立了首家非公募基金会。启动了荆州与武汉、荆门和市辖江陵与监利、石首之间的行政区域界线联合检查工作，完成了界线、界桩踏勘等外勤工作。编撰并出版了政区大典湖北省分卷荆州部分。全市累计救助流浪困境人员9654人次；落实惠民殡葬减免资金450万元。平稳安全文明度过清明祭扫期，无一安全事故发生。各地婚姻登记机构共办理结婚登记46561对，离婚登记9429对。各地民政部门累计办理收养36个。全市福利彩票在高位运行中稳步增长，截至第三季度已经完成销售额4亿元。

市民政局召开教育实践活动专题民主生活会

五、在转变工作作风、联系服务群众方面取得新进步

按照省委和市委的要求，全市民政系统在教育实践活动中聚焦“四风”问题，狠抓工作落实，取得了阶段性成果。全系统党员干部通过集中学习、“夜读原著”等形式，增强了“道路自信、理论自信、制度自信”，政治信念更坚定，群众观点更牢固，作风更扎实。

荆州市城乡规划局

党委书记、局长　伍昌军

局长伍昌军带队深入“三进三联”活动联系企业走访调研

局长伍昌军带领机关干部职工走访沙北新区体育馆建设工地现场办公

2013年，荆州市城乡规划局以科学发展观为统领，全面服务市委、市政府中心工作，紧紧围绕“壮腰工程”“四化同步”“打造湖北经济增长‘第四极’”等重要决策，坚持开拓进取，改革创新，努力实现规划成果质量、行政服务效能和规划实施水平的新跨越，为推进全市经济社会全面、协调、可持续发展提供了科学引导和高效服务。

2013年，《荆州古城保护与利用概念规划》《国家级荆州开发区概念规划》《荆江城镇带空间发展规划》的编制工作稳步推进，其他各类规划不断完善，保证了城乡建设的需要。截至12月上旬，共办理《建设项目选址意见书》119项，用地面积381.52万平方米；办理《建设用地规划许可证》275项，用地面积400.41万平方米；办理《建设工程规划许可证》506项，建筑面积731.38万平方米，管线长度1.28万米；依规代收城市基础设施配套费19557.78万元。严格坚持分段分项核实和竣工规划条件核实制度，共对358个项目核发了核实合格证。查处各类违法建设案件508起，组织及参与配合相关部门拆违176处，面积达1.67万平方米。“数字荆州”建设扎实推进，开展了基础地理信息数据采集整理与建库工作。市规划院完成各类项目515项，完成产值7500万元；市测绘院完成测绘工程项目503项，完成产值666万元。招商引资工作成效显著，已引进落地的1个项目计划投资38亿元。较好地完成了年度工作计划和上级交办的各项工作。

年内，荆州市规划局（测绘局）先后获得“全省住房和城乡建设系统先进集体”“全省测绘地理信息工作优秀单位”“全省测绘先进集体”“全市信访工作目标责任制先进单位”“全市档案工作先进单位”“三万活动先进工作组”等荣誉称号。

局长伍昌军带队走访“三万”活动驻点村，并为困难群众送去春耕备耕物资

荆州第一次全国地理国情普查工作会议召开

市规划局做客《行风热线》节目

荆州市房产管理局

李建明市长视察危房改造征收现场

国务院法制办夏勇副主任一行视察我市住房保障工作

2013年，荆州市房产管理局在市委、市政府的领导下，全面贯彻十八大和十八届三中全会会议精神，以服务壮腰工程为目标，以住房保障工作为中心，以促进房地产市场健康发展为重点，坚持管理与服务并重，各项工作成效显著。

住房保障工作成绩喜人。全市实际开工20570套，基本建成18740套，分配入住13606套，新增租赁补贴1907户，超额完成省下达的住房保障年度工作任务。

房地产市场平稳有序。房地产交易总面积达241.62万平方米，交易金额114.52亿元。

政务服务体系进一步完善。市房屋产权市场管理处纳入政府服务体系，成为市政务服务中心的4个分中心之一。全年共计登记发放房屋所有权证22283本，他项权证15603本。行政审批中心窗口共受理各类审批552宗。

直管公房管理进一步加强。顺利完成国有直管公房调租任务；全年完成大中小修项目9292项，共投入维修资金309.5万元。

物业管理水平进一步提升。推行物业管理全覆盖工作，建立开放式小区和安全卫生的长效管理机制，创建“平安小区”活动；全年归集专项维修资金6625万元，使用支出187.24万元。

稳妥推进大科室改革。局机关推行大科室改革和竞争上岗，将原有14个科室精简为7个大科室；对基层单位领导干部进行了轮岗调整。调整后，一批年富力强、注重实干、敢于创新的年青干部走上领导岗位，各基层单位呈现出勇于谋事业、干事业的新气象。

积极开展公务用车清查工作。共清理出超标超编车辆18台，其中超标8台，超编10台，已全部移交市财政局进行公开拍卖；进一步规范公务用车管理工作，制定下发了《荆州市房产管理局公务用车管理办法》。

廉租住房分配摇号现场

荆州市水利局

李建明主持抗旱会商

郝永耀指导抗旱

抗大旱夺丰收，大建设打基础

荆州市水利局是全市水行政主管部门，主要工作职责包括：水法律法规的组织实施与监督检查，水资源的开发、利用和节约、保护，组织、指导全市水政监察和水行政执法，全市防汛抗旱、河道、水库、湖泊、泵站、分蓄洪区的建设与管理，组织实施水土保持、农田水利基本建设、农村饮水安全、农村水电电气化等工作。

2013年，全市水利系统认真贯彻落实党的十八大和十八届三中全会精神，以防汛抗旱为中心，着力抓好平安水利、民生水利、生态水利建设，奋力夺取了防汛抗旱工作的全面胜利，圆满完成了年度水利建设任务，水利项目争取成绩显著，服务“壮腰工程”取得了实效。

尽职尽责，抗大旱夺丰收。7月底至8月遭遇历史罕见晴热高温天气，全市发生严重旱灾。高峰时受旱面积433万亩，4.4万人、1.7万头牲畜发生饮水困难。面对旱情，在市委、市政府和市防指的坚强领导下，通过周密部署、精心组织、科学调度、加强督办，从7月27日江陵观音寺闸开闸引水至8月24日结束抗旱应急响应，连续奋战1个月。组织全市各地采取从江河引水、湖库放水、固定泵站提水、临时架机抽水、多级架机提水、打井抽水、人工增雨、水车送水等多种措施千方百计搬水抗旱。

夯实基础，建设任务圆满完成。2013年度农田水利基本建设完成土方4500万立方米，完成投资16.3亿元。建设呈现特点：一是江河防洪工程取得突破。二是小农水重点县项目建设成效卓著。三是农村饮水安全工程稳步实施。四是中小河流治理工程深入推进。全面完成了蛟子河、老浇河、拾桥河、太湖港总渠等8个项目的建设任务。五是灌区续建配套工程顺利完成。六是常规小型农田水利建设超额完成。七是应急整险成效明显。

依法行政，各项工作稳步推进。一是抢抓机遇，水利项目争取成绩显著。二是依法治水，切实抓好水资源的利用和保护。我市实行最严格水资源管理制度实施方案已拟定完成，“三条红线”控制指标已由市政府分解到各县市，并与各县市区政府签订了《荆州市加快实施最严格水资源管理责任书》，在沙市区开展了最严格水资源管理试点工作。

荆南四河涵闸整治

荆南四河堤防加固护坡

引江济汉工程试通水

引江济汉工程荆江大堤防洪闸

湖北省荆江分蓄洪区工程管理局

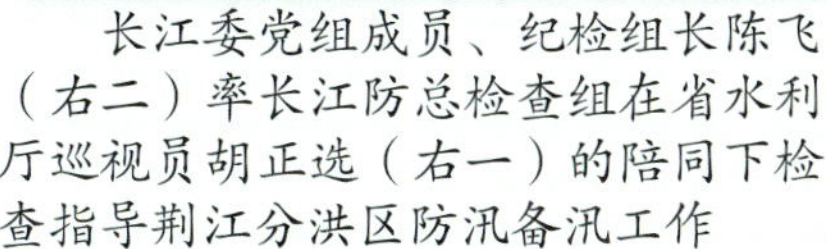

长江委党组成员、纪检组长陈飞（右二）率长江防总检查组在省水利厅巡视员胡正选（右一）的陪同下检查指导荆江分洪区防汛备汛工作

省水利厅党组成员、省防办专职副主任徐少军（中）调研荆江分洪区

荆州市副市长王守卫（右一）、荆州市水利局局长郝永耀（左一）到荆江分洪区工程建设工地现场踏勘

湖北省荆江分蓄洪区工程管理局（以下简称省荆管局）主要承担荆江分蓄洪区的建设与管理任务。局直属管理单位14个，局机关内设科室12个。历年来，省荆管局党委带领系统广大干部职工全面贯彻落实“分洪保安全、不分洪保丰收，保经济发展”的方针，积极争取工程投资，加快分蓄洪区安全工程建设步伐，强化工程管理，不断增强分洪保安能力。先后获得全国工人先锋号、省市文明单位、省水利系统纪检监察工作先进集体、省水利财务审计工作先进单位、省河道堤防管理先进集体、市“五一”劳动奖状等多项荣誉称号。

2013年，省荆管局党委带领全体干部职工紧紧围绕年初工作目标，坚持竞进提质、效速兼取的工作要求，凝心聚力，锐意进取，防汛备汛工作扎实有效；项目争取进展顺利；工程建设严格四制管理；工程管理科学规范；水利经济做大做强；财务管理规范、财务运行保障有力；安全生产实现全年零事故；党建、群团、作风建设、文明创建等各项工作取得显著成绩。全年争取项目投资1070万元，在建工程总投资3670万元，改造安置房12栋、2.3万平方米。全系统工管、水利经济收入相比同期也有较大幅度的增长。年度获得省水利厅“部门预算编制一等奖”，“三万”活动市直先进派驻单位荣誉称号，档案管理顺利通过省AA级复查，直属单位连续五年获得市安全管理先进单位荣誉称号。

泰国副总理包巴索·苏拉瓦蒂（中）率代表团在国家防办专职副主任张志彤（右六）的陪同下考察荆江分洪区

2011-2012年度
文明单位
中共湖北省委
湖北省人民政府

荆州市南水北调引江济汉工程管理局

2014年9月26日，国务院南水北调办主任鄂竟平、省委书记李鸿忠、省长王国生共同启动按钮，引江济汉工程建成通水

2014年8月8日，副省长梁惠玲启动开闸按钮，引江济汉应急通水缓解汉江中下游旱情

2013年12月5日，市水利局局长、市南水北调引江济汉工程管理局局长郝永耀陪同在荆全国人大代表、省人大代表视察引江济汉工程

引江济汉工程是南水北调中线一期汉江中下游四项治理工程之一，也是湖北省最大的水资源优化配置工程。工程的主要任务是向汉江兴隆以下河段（含东荆河）补充因南水北调中线调水而减少的水量，同时改善该河段的生态、灌溉、供水和航运用水条件。工程地跨荆州区、沙洋县、潜江市，进水口位于荆州区李埠镇，出水口位于潜江市高石碑镇。

引江济汉工程兼具通水、通航两种功能。工程建设工期四年半，总投资约85亿元。引水干渠全长67.23公里，设计底宽60米，设计边坡1:2～3.5，设计流量350立方米每秒，最大引水流量500立方米每秒，多年平均补汉江水量约25亿立方米，补东荆河水量约6亿立方米。引江济汉航道为限制性三级航道，通行1000吨级船舶。

引江济汉工程荆州段长27.052公里，干渠沿北东向穿荆江大堤、318国道、宜黄高速公路、庙湖、荆沙铁路、襄荆高速、海子湖后，经纪南镇雷湖村拾桥河故道进入沙洋县。荆州境内涉及各类建筑物共计46座，其中水闸5座、泵站1座、船闸1座、倒虹吸12座、公路桥26座、铁路桥1座。工程征地拆迁主要涉及荆州区的4个镇（管理区）15个村49个组，永久征地9440亩，临时用地9924亩，搬迁农户738户、3699人，拆迁房屋面积17.31万平方米，兴建安置点14个，迁坟3050座。

引江济汉工程运行后，将为荆州带来四大直接利好。第一大利好，防洪排涝。引江济汉建成后，长湖上游的拾桥河来水可利用引江济汉拾桥河枢纽进行撇洪，最大撇洪流量达740立方米每秒，部分洪水将不进入长湖，可有效缓解长湖防洪压力。第二大利好，抗旱灌溉。2011年持续大旱，洪湖、长湖几乎干涸，导致四湖流域大面积受灾、人畜饮水困难。引江济汉工程建成后，引江济汉渠道在拾桥河留置的110个流量，通过长湖向东荆河分水，可解决四湖流域和东荆河流域的抗旱灌溉问题。第三大利好，便利交通。引江济汉渠道右岸建有限制性二级公路，并分布有若干连接点与城市主干道对接。引江济汉渠道可通行1000吨级船舶，缩短长江中游荆州至汉水中游潜江水运里程681公里，缩短荆州至武汉水运里程141公里。第四大利好，生态补水。引江济汉工程运行后，港南渠分水闸可向护城河引水10个流量，庙湖分水闸可向庙湖补水6个流量，拾桥河枢纽可向长湖分水110个流量，将有效改善中心城区和四湖流域水生态环境。

荆州市环保局

市委书记李新华视察水污染治理情况

市长李建明调研环保工作

2013年，在市委、市政府正确领导和省环保厅大力支持下，全市环保系统深入贯彻党的十八大和十八届三中全会精神，紧紧围绕荆州跨越发展，着力服务“壮腰工程”，切实维护群众的环境权益，全面提高环境保护监督管理水平，全市环境保护工作取得了新的进展。

4月16日，市委、市政府专题研究环保工作

继获得2012年度全省环保目标责任制考核二等奖和市直部门绩效考核优秀等次等奖项后，2013年再创佳绩，现已获得2013年度全省环保目标责任制考核一等奖、市纠风办“e线民生群众满意先进单位”等奖项。省环保厅党组和市委、市政府对全市环保工作给予了较好评价。9月29日，市委书记李新华主持召开市委常委会肯定环保工作：监督有力，支持有方，服务高效，环境创新，对经济社会发展作出了应有贡献。

2013年，我市共完成各类环境要素监测数据7万多个，主要监测指标呈现出稳定趋好态势。

让荆州的天更蓝、水更清、空气更清新，是我们的奋斗目标，也是我们的神圣职责。我们要以贯彻落实十八大和十八届三中全会精神为主线，以生态文明建设为统领，以环保体制机制改革为动力，以生态市创建为载体，着力解决影响科学发展和损害群众健康的突出环境问题，切实改善生态环境质量，确保全市环境安全和区域环境优化美化，为谱写美丽中国梦，建设美丽荆州做出更大贡献。

4月29日，雷中喜主席参加在市环保局召开的荆州市政协第四次知情明政圆桌会议

3月19日，媒体集体采访秸秆禁烧工作

3月31日，市政府举行秸秆禁烧新闻发布会

湖北省无线电管理委员会办公室荆州市管理处

湖北省无线电管理委员会办公室（简称省无委办）荆州市管理处是湖北省无线电管理委员会办公室的派出机构，内设4个科，即综合科、频率台站管理科、监督检查科、监测与检测科，下属一个监测站，人财物由省无委办直接管理。

省无委办荆州市管理处在省无委办和荆州市政府的双重领导下，负责荆州市以及天门、仙桃、潜江三市的无线电管理工作，其主要职能是贯彻执行国家无线电管理的方针政策和法规；管理无线电发射设备的生产和销售；审批无线电台站，指配无线电频率，核发电台执照；查处非法电台，协调频率干扰，维护空中电波秩序；监测电磁环境，检测无线电发射设备；征收无线电频率占用费。

2013年，管理处认真贯彻落实党的十八大精神，紧紧围绕省无委办制定的目标管理考核工作和荆州市委市政府的中心工作，强化管理，狠抓落实，完成了各项工作任务，取得了较好成绩。2013年，共收缴频率占用费24.442万元；为61个设台单位办理年审手续，审核各类电台设备877部，核发、换发电台执照154份，进一步规范了频率台站管理，完善了数据库。开展长江水上无线电通信专项整治活动，在荆州境内的长江沿线，检查船舶48艘，检测船舶电台52台。在荆州市城区查处非法设置使用无线电台站10起，查处卫星电视干扰、移动通信干扰8起。完成了全国高考、研究生考试、公务员考试、各种资格证考试的无线电监测保障任务，共发现无线电考试作弊案件38起，用大功率管控系统压制36起，查处2起。

2013年，管理处获得“三万”工作被评为“先进工作组”，全省无线电监测演练技术竞赛获得第一名。

荆州市扶贫开发办公室

党组书记、主任　胡纯龙

省扶贫办主任杨朝中（左三）在我市调研

2013年，荆州市扶贫办全面贯彻落实中央和全省扶贫开发工作会议精神，认真组织实施《荆州市农村扶贫开发“十二五”规划》，以省定重点老区乡镇、插花贫困乡镇和片区开发为主战场，以稳定解决扶贫对象温饱并实现脱贫致富为首要任务，以增强老区贫困地区自我发展能力为重点，坚持开发式扶贫方针,推动专项扶贫、行业扶贫、社会扶贫“三位一体”相结合，扶贫开发取得了新的成效。全市总计投入贫困地区财政扶贫和老区建设资金6809.11万元，其中省拨财政扶贫资金2478万元，地方配套和捆绑各类涉农资金4331.11万元。全市实施财政扶贫项目159个，其中基础设施项目82个，投入资金2169.7万元；实施生产发展项目59个，投入资金4233.41万元；社会发展项目3个，投入资金25万元；科技推广与培训项目15个，投入资金381万元，组织开展贫困农民实用技术和脱贫致富带头人政策业务培训7800人次，完成农村贫困劳动力转移培训招生1610人，跨年度转移安置1560人。实施整村推进村56个，其中省定贫困村48个、市级贫困村8个。全市农村贫困人口由2012年的54.28万人减少到50.28万人，净减少4万人。

胡纯龙调研产业扶贫

义务植树

整村推进成效

产业扶贫养殖基地

荆州市总工会

省总工会党组书记、常务副主席马建中（右二）莅荆调研，市总工会党组书记、常务副主席王圣发（右三）陪同调研

市委副书记、市总工会主席施政慰问环卫工人

承办全省工资集体协商"百日行动"启动仪式

举办全市烹饪技能大赛暨"荆楚名菜"交流评选活动

承办全省第二届职工排舞大赛

2013年，市总工会深入贯彻市委和省总决策部署，以"学习贯彻十八大、争创发展新业绩"为统领，以百万职工素质大提升为主抓手，着力服务发展、服务职工、服务基层，工会工作继续保持在全省市州工会第一方阵的良好态势。一年来，全市工会组织5500家基层单位、101万人次参加技能竞赛，推动3000多人技能晋级。开展家政月嫂（育婴师）培训637人，开展员工关系管理师、中高级技工培训580人，对规模以上企业职工轮训1次。开办女职工"点单式"素质课堂，举办第三届荆州职工读书节，援建全国、省级、市级示范性职工书屋31家。组织"相约开发区·务工在荆州"活动，提供就业岗位2万多个，服务农民工10万人。在40家企业建成职工服务中心。筹集810多万元，元旦、春节慰问困难职工3万人，金秋助学资助困难职工子女2240人。发放小额借贷款800万元，扶持下岗职工创业53人。全市累计签订工资集体协商专项集体合同5677份，覆盖企业7500多家，覆盖职工35.1万人，建会企业职代会、厂务公开建制率分别达到90%以上，"职工议事"建制企事业达到3200多家。全年新增建会企业482家，新增县级行业工会28家，非公企业法人建会率达到95%以上，建会企业规范化达到90%以上。

荆州市妇女联合会

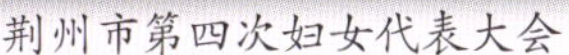

荆州市第四次妇女代表大会

第四届“十佳军嫂”座谈暨表彰会会场

全市维护妇女儿童权益暨平安家庭创建推进会

2013年以来，荆州市妇联融入中心，服务大局，深入基层服务妇女，着力推动男女平等基本国策贯彻落实，全面实施荆州市妇女儿童发展规划，有效推动妇联工作创新发展，团结引领全市广大妇女积极投身“壮腰工程”，为我市壮腰工程“三年见成效”、打造湖北经济增长“第四级”作出新贡献。

——营造良好宣传氛围，提升精神区位。2013年3月1日，召开市委妇女工作会议（左下图一），研究部署全市妇联和妇女工作，出台《关于进一步加强妇联和妇女工作意见》，充分发挥妇女在经济社会发展中的重要作用，开创妇女工作新局面；8月26日至27日，召开荆州市第四次妇女代表大会（左上图一），全市268名代表、48名特邀代表和10名列席代表参加会议，市委书记李新华、市长李建明等市领导和省妇联主席彭丽敏参加开幕式，李静芹同志作工作报告，明确今后五年全市妇女工作任务，圆满完成领导班子的换届选举工作。推动男女平等基本国策宣传教育进党校、进高校、进机关、进社区；举办纪念“三八”国际妇女节系列活动，选树、宣传先进妇女典型（右中图二），评选表彰一批三八红旗手（集体）、“巾帼女能人”、“十佳军嫂”（左上图二）等各类评选表彰活动；扎实推进文明家庭创建和深化家庭道德建设工作,将“五好文明家庭”创建评选表彰活动与寻找“最美家庭”活动紧密结合，评选表彰一批市级文明家庭。

情暖童心——关爱留守儿童“微心愿”活动

——立足岗位建功立业，加快荆州振兴。2013年以来，市妇联开展女性“特色培训”2042人，联合其他部门培训4466人，新型女农民实用技术培训5437人，农产品女经纪人培训37人，农村妇女专业合作组织带头人、科技致富带头人培训255人，妇女手工刺绣培训279人，培训月嫂300多人、育婴师376人、保洁员80多人，培训上岗率达98%。结合全市“关爱留守儿童、服务就业创业”行动，开展“温暖回家”（左下图二）、求职考察、走访慰问、结对帮扶和幸福梦圆（左下图三）等系列活动，帮扶留守家庭1077 户，结对749户，其中女企业家103户，巾帼文明岗124户，为求职妇女提供岗位3000余个，帮助2613名妇女达成就业意向，77名妇女上岗就业，为近5000名求职妇女提供咨询服务，发放宣传资料近10000册。

为全市“三八红旗手”颁奖

——切实维护妇女权益，强化保障机制。不断深化12338热线服务和拓宽网络平台，广泛开展“三八维权周”、“防邪”知识进家庭、“反家庭暴力”、“12.4法制宣传”和深化维护妇女儿童权益暨平安家庭创建等系列活动（左上图三）;深入了解妇女儿童在生存发展中存在的问题和维权需求，引导妇女合理表达诉求，对侵害妇女儿童合法权益的现象和案件跟踪督办;认真做好农村妇女“两癌”免费检查、“母亲健康快车”、“金凤工程”、“春蕾计划”、“彩虹行动”等各类公益项目，开展留守儿童父母“返乡创业故事征集”、“守护童年”、“未成年人家庭安全教育活动”、“情暖童心”（右中图一）等各类关爱活动。

召开市委妇女工作会议

关爱留守家庭 服务就业创业——温暖回家活动

服务妇女就业创业——“妈妈回家.幸福梦圆”特别节目

荆州市科技局

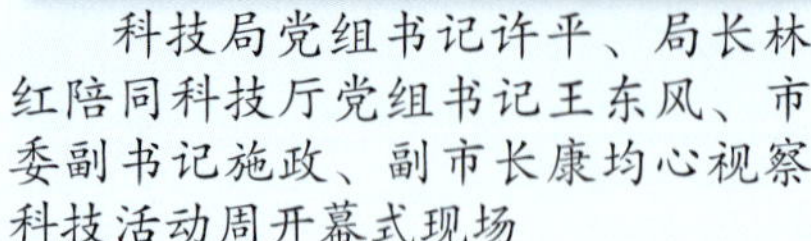
科技局党组书记许平、局长林红陪同科技厅党组书记王东风、市委副书记施政、副市长康均心视察科技活动周开幕式现场

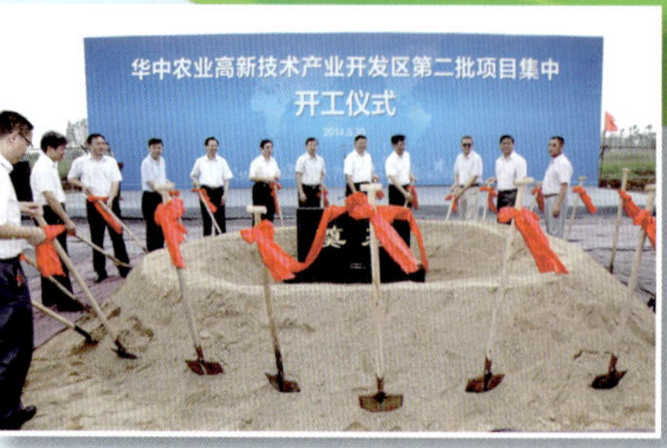

湖北省科技厅副厅长郑春白、市委书记李新华、市长李建明参加华中农高区第二批项目集中开工仪式

全市科技奖励大会

荆州市科技局在市委、市政府和省科技厅的正确领导下，将推进我市科技工作与开展党的群众路线教育实践活动有机结合，着力为“壮腰工程”提供科技支撑和引领，推动各项工作取得新进展。建市二十年来，充分发挥科技技术对经济社会发展的积极作用，为推动我市产业结构优化升级和经济发展方式做出了应有的贡献。截止目前，全市共有高新技术企业89家，省级工程研究中心20家，校企共建研发中心12家。市科技局促成了省科技厅和荆州市共建华中农高区，省政府和科技部先后批复华中农高区成立省级农业高新技术开发区和国家农业科技园区。历年科技活动周活动多次获得表彰，2014年被省科技厅评为湖北省2014年科技活动周先进集体。近年来在全国科技进步考核中屡获佳绩， 2011年、2012年先后被评为全国和全省先进市，2013年荆州市再次被评为“全国科技进步考核先进市”。

方国强副厅长在荆州市水产业技术创新联盟成立大会上讲话

局党组书记许平调研联系企业

局领导深入企业了解情况

局长林红陪同省天使基金考察企业

小巨人授牌仪式

荆州市人民政府机关事务管理局

局党组书记、局长甘长虹（左四）主持召开“先进党支部表彰大会”

局党组书记、局长甘长虹（左一），局党组副书记、副局长白荆生（左二）为先进党支部颁奖

荆州市人民政府机关事务管理局是市政府直属财政全额拨款的正县级行政单位。内设办公室、国资科、管理科、人事教育科、财务科、公车管理办公室、老干科、节能科、采购科、纪检监察室、机关党委、基建科、保卫科共13个科室，下辖市机关后勤服务中心、市机关幼儿园。在职人员44名。

其主要职责是：（一）研究拟订关于荆州市机关事务工作的管理办法及有关规章制度并组织实施（二）承担荆州市“四大家”等机关大院的国有资产相关管理工作、公务员住宅小区以及办公用房的建设、管理及服务职责（三）负责荆州市“四大家”机关和授权的市直单位的行政经费、住房公积金及行政事业经费的收支管理 （四）负责荆州市“四大家”机关大院的水电、暖气、园林绿化、环境卫生和公用设施的建设维护等管理服务工作，以及消防、治安等安全工作的管理（五）负责荆州市公共机构节能管理工作（六）负责荆州市“四大家”副厅级以上领导和市委办政府办离退休干部的服务工作（七）负责荆州市“四大家”机关的政府采购工作（八）负责荆州市公务用车管理工作。

近年来，荆州市机关事务工作在市委市政府的正确领导下，团结协作，真抓实干，开拓创新。坚持以科学发展为指南，紧紧围绕荆州跨越发展，积极服务市委市政府中心工作，全面提升管理服务水平，为促进荆州经济社会快速发展提供了有力保障，为建设美丽和谐的机关大院做出了积极贡献。2013年，荆州市机关事务管理局在绩效考核、综合治理、文明机关创建、党建、公共机构节能、办公用房管理、公车管理、老干服务等方面都取得了良好成绩。

局举办“庆祝建党九十周年表彰暨红歌会”

局党组书记、局长甘长虹带领班子成员慰问市政府机关幼儿园

市委市政府机关离退休老同志座谈会议

荆州市建筑工程管理局

局长　熊忠炎

局领导班子

服务企业　助推精品　加快建筑业又好又快发展

荆州市建筑工程管理局下辖荆州市建设工程质量监督管理站、荆州市建筑工程安全监察站、荆州市建筑市场管理站和荆州市建筑工程造价管理站等四个专业站。主要负责市城区的施工许可证的发放，组织和监督建筑施工、监理、咨询等活动，整顿、培育和规范建筑市场，依法查处城区建筑市场、质量、安全和造价咨询等各种违法行为，指导全市建筑工程施工质量和安全生产监督等工作。

2013年，我局在促进行业发展，推进工程监管，完善政务服务体系建设等方面取得了一定的成绩。

一、大力打造精品工程，加强动态监管，全面提升房屋建筑质量

城区主要建筑业企业新签订合同额73.3亿（同比增长108.2%），完成产值74亿（同比增长110.2%）。我市城区共办理施工许可证84项，造价57.1亿，建筑面积340.6万M2，与去年同期分别增加了50%，191%和113%，全年未发生一般以上安全生产和工程质量事故，有16个项目荣获省结构优质工程，有6个项目荣获省楚天杯，有2个项目申请创建国家级AAA级安全文明标准化诚信工地，有1个项目申报鲁班奖。

二、突出工作重点，加强专项治理，确保施工安全

与54家单位签订《安全生产责任状》。开展各类专项整治8次，检查塔吊118台，施工电梯47台和物料提升机38台，对不符合要求的6台起重设备进行现场停用。全面推行起重机械设备实名监控管理，共19个项目，76台塔吊安装了人脸识别系统。分别在万达广场和楚天都市佳园召开了两次安全生产观摩会，共计近1000人参加活动。

三、以打非治违为抓手，全方位整顿规范建筑市场

加强建筑市场违法行为的打击力度。对未经许可擅自开工行为的查处，下发停工通知书68份，整改通知书48份，对14个项目实施了立案处罚。约谈了16家企业负责人，警示清出企业1家。

四、推进“三库两网”建设，强化工程造价行业管理

市场材料和价格动态反馈及时，聘请了价格信息反馈员14人，新增信息采集点20余处，新增材料528项，发布价格信息12期，7000余册。我市有3家企业达到优良标准，扶持培育了一家造价咨询企业晋升甲级。加强工程款支付跟踪监管。开展合同履约巡查，及时发现调解拖欠农民工工资行为。共检查项目70多个，参与调解农民工上访事件3次。

五、优化结构，开拓市场，助推建筑行业发展

城区主要企业在外地市场新签合同 30亿，市外完成产值22亿。积极开展访百进千工作，完成了60家企业，80个施工现场的走访调研工作。

六、发挥行业管理综合优势，维护行业和谐稳定

妥善处理和解决了企业改制遗留问题等投诉件100多人次，开展矛盾纠纷排查12人次。及时处理e线民生和市长热线转办过来的各类投诉事件，及时处理，及时回复，今年67项投诉都得到了及时妥善处理，回复率和满意率一直保持100%。

2014年，我们将紧紧围绕推进做大做强建筑业这一战略目标，着力整顿和规范以工程质量和安全生产为核心的建筑市场行为，提高干部队伍整体素质，主动创新工作方法，推进建筑行业科学发展、和谐发展、率先发展。

办公楼

荆州市运管物流局

运管物流局挂牌成立

高效、优质的窗口服务

荆州市运管物流局2013年4月16日经省编委批准设立。根据市委和市编委荆编〔2013〕15号文件精神，整合荆州市道路运输管理处、荆州市客运出租汽车管理处、荆州市物流发展局，上收荆州区道路运输管理所、沙市区道路运输管理所，组建荆州市道路运输管理局（挂荆州市物流发展局牌子），为市交通运输局管理的正县级事业单位，负责全市道路旅客运输经营、道路货物运输、交通物流发展、站场经营、机动车维修与检测、机动车驾驶员培训以及城市公交和出租车行业管理工作。

近年来，我局根据市委、市政府提出“实施壮腰工程，加快荆州振兴”的新战略，聚焦群众关心的热点、难点，一手抓服务质量，一手抓行业发展，有力促进了道路运输经济发展。

——道路客运：全市拥有55家客运企业、3748辆客运车辆,1022条客运班线。客运班线覆盖全国24个省、市、自治区，通达全市114个乡镇、2396个行政村，全市符合安全通行条件的行政村已全部通达客运班车，基本实现了“人便于行”。

——货运物流：全市具有一定规模的物流企业10家；危货运输企业19家；24807辆货运车辆，保障了我市“货畅其流”。

——站场建设：全市共建有99个等级客运站，其中一级站2个、二级站8个；建有1289个候车亭、1905个招呼站，从市到县到乡村，客运站场网络实现了“全覆盖”。

——城市公共客运：全市拥有9家城市公交企业、1688辆公交车（其中中心城区815辆）；拥有29家出租车企业、3350辆出租车（其中中心城区1988辆），确保了市民通行无忧。

——维修检测：全市拥有505家维修企业（一、二类维修企业180家）和8家汽车综合性能检测站，为不断增长的机动车及时提供维修检测服务，确保道路运输车辆的安全性能良好。

——驾驶员培训：全市拥有52家机动车驾驶员培训学校，年培训机动车驾驶员能力达到8万人次。驾培机构已全面实现IC卡计时管理，提高了学员培训质量。

文明规范执法

出租车“双创”活动卓有成效

公交24路线被评为省级文明示范线

荆州市劳动就业管理局
荆州市就业服务信息平台
http://www.jzsjob.com.cn
搭建用人单位
和求职者沟通桥梁
首页
找工作
纳贤才
机构概要
政策法规
政务新闻
职场资讯
就业e图
用工备案
今天是2013年 12月 25日 星期三
全市就业联动:
湖北公共招聘
市直
荆州区
沙市区
开发区
江陵
松滋
公安
石首
监利
洪湖
找工作 就上荆州就业网
www.jzsjob.com.cn
三种方式任你选

荆州市畜牧兽医局

2014年7月8日荆州市人大常委会副主任任万伦在副市长刘先德陪同下视察畜牧企业

开展生产技术培训

荆州市畜产品质量安全检测技术提升培训班

动物防疫效果抗体监测

近年来，全市畜牧兽医系统认真贯彻落实中、省、市农村农业工作会议精神，紧紧围绕“壮腰工程”和畜牧强市建设目标，以畜牧强县暨现代畜牧业示范区创建为抓手，以畜禽全产业链建设为着力点，全力开展招商引资，深入推进畜禽标准化规模养殖和产业化经营，强化重大动物疫病防控和畜产品质量安全监管，有力促进了全市畜牧业持续健康发展。

开展肉品质量安全巡查

标准化猪场内景

兽药经营市场监管执法

花园式的现代化畜禽养殖场

荆州市城市规

——立足荆州、服务

青山绿水映衬下的武落钟离山建筑群

明月公园实施照片屈原雕像与明月桥

荆州市城市规划设计研究院成立于1978年，为国有公益性事业单位，是国家首批甲级规划院。主要承担城乡规划编制，包括城镇体系规划，城市（镇）总体规划、分区规划、详细规划、乡及村庄建设规划，风景园林、市政工程规划；参与社会经济发展战略和城乡建设公共政策研究，为政府及部门提供规划研究、规划编制、规划和工程咨询等技术服务；为城乡建设、规划管理提供技术支持。现拥有如下各类资质。

设计资质：

1、城乡规划编制甲级；

2、建筑行业（建筑工程）甲级；

3、风景园林工程设计专项甲级

4、工程咨询专业 城市规划、市政公用工程（市政交通、给排水、风景园林）、建筑甲级，市政公用工程（环境卫生）丙级；

5、工程勘察专业类（岩土工程勘察）甲级；

6、市政行业（给水、排水、道路、桥梁工程）专业、工程勘察专业类（岩土工程设计、工程测量）乙级，市政行业（城镇燃气工程）专业丙级。

建筑施工行业资质：建筑装饰装修工程、地基与基础工程专业承包叁级。

院通过ISO9001：2008质量管理体系认证,建立工程设计质量责任保险。已发展成以城乡规划编制为主业，集工程勘察设计、工程咨询服务、工程专业承包为一体的综合科技实体。

全院现有在岗人员197人，各类各级专业技术人员160人。其中：正高职13人、副高职28人、中级68人、初级51人；国家注册城市规划师、一级注册建筑师、一级注册结构工程师、注册公用设备、电气（供配电）、岩土、咨询、造价、建造工程师66人次。已建立起结构合理、专业齐全、业务精湛、实力雄厚的人力资源队伍。内设城市规划、城市景观规划、风景园林规划、市政工程规划设计室；下辖天成建筑工程设计事务所、楚原城

划设计研究院

荆州，促进单位发展

市规划技术咨询服务中心、城市建设技术开发公司、地基工程部；设有重庆、新疆分院。业务范围拓展到湖北及重庆、广东、广西、海南、浙江、江苏、安徽、河南、河北、贵州、西藏、新疆等省市区。近两百项规划编制、工程勘察设计与研究成果获部、省、市级优秀设计和科技进步奖，院多次荣获省、市先进单位，现为“湖北省省级文明单位”。

近年来，积极参与、投身到荆州市全面提升市容环境的综合整治工作中来，加强公益事业服务职能，为荆州城市科学发展决策提供技术支撑。多次参与配合沙市机场迁建、“蒙华铁路”荆州站和“垄上行文化产业用地”选址工作。参与市政府面向国内外公开征集《荆州古城保护与利用概念规划》方案的活动，本院排名第三，并完成了5套方案整合工作。

荆州古城保护与利用概念规划鸟瞰图

先后多次参与城市基础设施建设、城区环境和道路整治的研究工作，如：荆州古城保护及世界银行荆州古城修复与保护项目专家组到荆州考察的项目讨论和总结、文化体育中心、省运会绿化及省运会包路路段建设、长江大桥亮化、城区夜景照明、地下空间综合开发、消防与应急救援等项目；章华寺、太师渊公园、玉桥公园、滨江公园、明月公园、护城河治污和城南片区改造、九老仙都景区建设、海子湖文化旅游等项目。

卡拉玛依河沿岸建筑及景观概念性城市设计方案

完成项目主要有荆州市中心城区控制性详细规划动态维护、荆州市大交通规划研究、海子湖文化旅游区控规、荆州市临港工业新城控规、荆州市古城保护与利用规划、荆州市省运会的奥体中心外场市政工程设计等一批项目，为荆州“壮腰工程”及省运会工程项目顺利实施作出了强有力的技术支撑。

荆州市城市规划设计研究院竭诚为社会各界客户及各级政府部门提供优质高效的规划编制、规划咨询、工程咨询和工程勘察设计等技术服务，让我们携手并进、互利共赢、再创辉煌！

地　址：湖北省荆州市沙市区塔桥路20号
邮　编：434000　传　真：0716-8265364
电　话：0716-8254123　8253071
8250131　8517844
信　箱：hbjzghvip.sina.com
网　址：www.hbjzghy.com

荆州市城市

地下管线是城市基础设施的重要组成部分，是现代化城市的血管和神经，科学掌握城市“生命线”，既是未来充分利用地下空间的一项重要基础工作，也是现代化城市可持续发展和有效应对突发灾害的保证，对国民经济和城市建设有着极其重要的作用。因此，如何对地下管线数据资源进行有效的、统一的、科学的管理，是我馆近年来的主要工作。

2010年，为了避免在建设施工中发生挖断或挖坏地下管线，造成停气、停水、停电、通信中断、污水四溢等严重事故，减少给市民生活带来的诸多不便，避免造成了较大的经济损失，荆州市政府开始了我市第二次城区地下综合管线普查及信息系统建设工作。当年七月，市政府成立领导小组，明确了荆州市住建委为牵头主管部门，市城建档案馆负责地下管线普查的日常组织、协调及探测完后的探测数据管理工作。经过11个月，在50多名专业技术人员的共同努力下，完成了全市城区65平方公里、总长1684.915公里地下管线的探测工作，所探测管线包含给水、排水、燃气、电力、通讯、工业管道、人防工程等二十类别，探测各类管线点共97272个，并同步建立了以GIS技术为核心，具有空间决策支持和专家系统综合分析能力的综合性管线信息系统，面向社会提供地下管线信息服务。

为加强地下管线资料的动态管理，确保地下管线管理工作中的各个环节做到有法可依，荆州市政府于2011年8月出台了《荆州市城市地下管线工程档案管理办法》（荆州市人民政府第91号令），该办法就管线施工中的各个环节，各部门之间的相互配合等，都做了明确规定，这一管理办法的出台，标志着荆州市地下管线工程档案管理步入良性运转的法制化轨道，也为荆州地下管线信息的动态管理提供了有力的法律保障。

2013年5月，荆州市住建委在该办法的基础上，发布了《关于进一步加强城市地下管线管理的通知》，就办法实施2年来，实际操作中的问题进行了进一步的

建设档案馆

细化和明确，让荆州市地下管线的动态管理工作走上了更规范、高效的轨道。目前，新开工项目在开工前来查阅相关区域地下管线资料的比率为100%。

随着城镇化进程的推进，城市基础设施建设的步伐大大加快，地下管线资料的收集、管理、利用在城市的管理中发挥的作用逐步加大。如何有效利用手中资源，实现信息共享、减少重复投资，提高工作效率，是每个决策者思考的问题。荆州市地下管线信息管理系统，在设计之初就考虑到了这个问题，系统采用了先进的B/S架构，可根据工作需要，实行多级别、分层级的数据共享，能在确保安全的前提下，提供数据给具有权限的数据访问者。目前，荆州的地下管线数据信息已对荆州市市政园林管理局和荆州市城投公司实现了数据共享，这两个单位都可以在自己的办公室，远程访问位于市城建档案馆服务器上的数据，实时查询自己所需要的给、排水等管线的高程、流向、地下构筑物等信息，方便、快捷，极大提高了工作效率，让地下管线这一城市的血管、神经、“生命线”为决策者所掌握，最大限度的为城市规划、建设、管理发挥重要的支撑作用。

地下管线综合普查

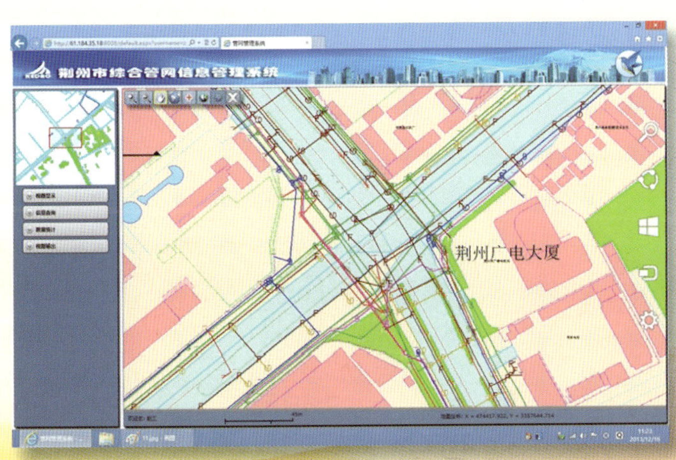

地下管线信息系统

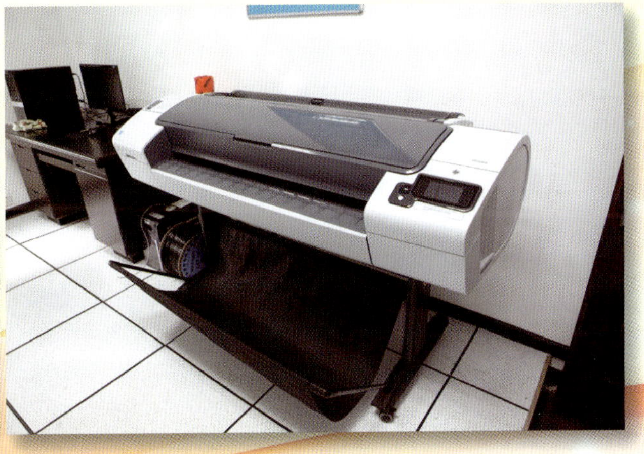

图纸输出设备

荆州市公安局开发区分局

开发区工委委员、公安分局局长　项戬

开发区公安分局政治委员　严玥

荆州市公安局开发区分局位于湖北省荆州市开发区江津东路101号，辖区面积209平方公里，下辖联合街办、滩桥镇、沙市农场、岑河农场，区域人口18万，辖区企业1300余家。分局内设5个综合科室、6个实战大队、7个基层派出所，民警143人。

2014年以来，分局紧紧围绕“打基础，创特色，强服务”的总体工作思路，在开发区管委会和市局的坚强领导下，以党的群众路线教育实践活动和“正风肃纪、争做好干警”活动为载体，以“迎省运、创满意、保平安”集群攻坚战为主线，以打造平安省运、助力“壮腰工程”为工作目标，全警动员，尽职履责，全力维护了开发区社会大局稳定，竭力服务了经济社会发展。全年共化解各类矛盾纠纷1700余起，破获刑事案件295起，查办行政案件1311起，查处打击各类违法犯罪嫌疑人1025人，连续7年实现命案全破，圆满地完成了各项公安工作任务。

局长项戬检查省运安保工作

政委严玥检查指导企业内保工作

荆州市公安局荆州区分局

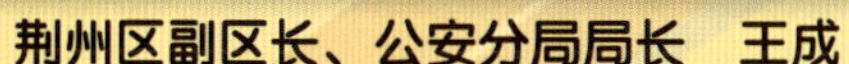

荆州区副区长、公安分局局长　王成

荆州区公安分局政委　郭英林

荆州市公安局荆州区分局位于湖北省荆州市荆州区荆州中路96号。全区国土面积1045平方公里，辖7镇、3个街道办事处、2个管理区，总人口57.09万人。分局共有内设机构16个（含公安消防、森林警察、看守所、拘留所），下设派出所12个。

2013年，分局在区委、区政府和市公安局的坚强领导下，坚持以科学发展观为统领，以平安创建为主题，以提升“一感两度两率”为目标，以“三创”活动（即强化党建意识抓基础，开展为民服务创建活动；强化主业意识抓执法，开展群众满意创建活动；强化效能意识抓规范，开展队伍管理创建活动）为抓手，创新管理机制、用好法制手段、坚持打防结合、践行群众路线、深化监督考评、强化内部挖潜，全区公安机关信息化应用能力、规范执法能力、群众工作能力、新媒体应对管控能力、拒腐防变能力不断提高，确保了全区社会大局持续稳定。

局长王成检查指挥中心工作

局长王成检查荆州火车站安保工作

沙市区公安分局

政协主席雷中喜等市政协领导在周振武、姚华等同志的陪同下检查指导沙隆达警务站工作

市局党委副书记、常务副局长景圣志、局长姚华深入企业调查走访

2013年，沙市公安分局以建设“四型队伍”、提升“五个能力”为重点，加强公安队伍建设。分局党委制定《沙市区公安分局“第一综合党支部”运行规程》，坚持每季度召开一次全体党员大会、每月一次党小组活动交流会、每周一次党小组民主生活会，开展批评与自我批评。落实党风廉政建设责任制，建立健全廉政监督制度。分局党委把反腐倡廉纳入全局公安工作总体规划，层层分解落实目标责任，要求各单位认真落实《廉政准则》，严格执行《关于领导干部重大事项报告制度》等规定，把党风廉政建设和反腐败工作同公安业务工作同部署、同考核。同时，开展警示教育活动，筑牢民警反腐倡廉、反特权的思想。分局聘任特邀监督员，与分局纪委督察部门严查民警执法违法、违纪活动相结合，形成内外监督合力，最大限度地防止民警出现违纪执法问题。分局党委成员、中层干部和社区民警深入社区（村组）、企业进行走访，求群众意见，回应群众呼声，整治突出问题，帮扶困难群众，以实际行动和效果来提升人民群众的“一感两度”。大力宣传公安战线的先进人物，先后在《人民网》、《中国警察网》、《湖北日报》、《楚天都市报》等媒体宣传西区派出所一心为民的好警察倪兵的事迹。并大张旗鼓地宣传“严打整治”战果、公安工作新举措和取得的重大成绩和战果，全年，在国家、省级媒体发表152篇，市、区级媒体刊登520篇。中央电视台《今日说法》栏目组2次对沙市公安分局侦破的2起典型案件进行专题报道。全年，破获各类刑事案件1157起，治安案件1404起，逮捕570人，劳教4人，治安处罚2697人。

沙市区委书记段昌林、局长姚华带队检查企业消防安全

沙市区水利局

水利调研

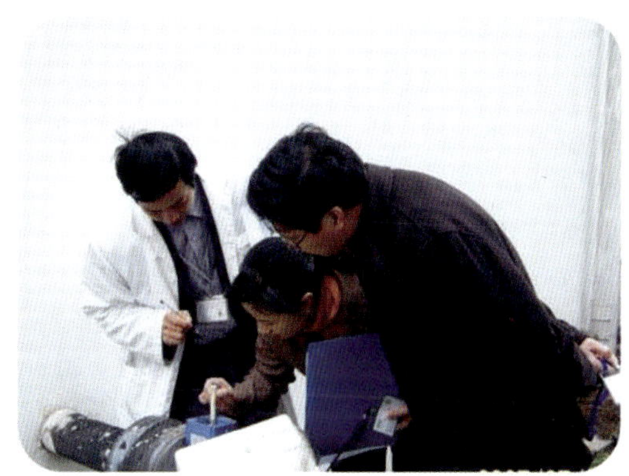
最严格的水资源管理

沙市区水利局是区政府水行政主管部门，与区防汛抗旱指挥部办公室合署办公，承担着全区防汛抗灾、水利建设与管理、水资源保护与管理等多项工作职能。局内设4科2室，即农村水利科、水政与水资源科、计划财务科、防办综合科、局办公室和局监察室，下辖3家二级单位，即区长湖管理局、区水政监察大队、沙市水利经济公司，另有按乡镇延伸派驻的5个水利管理站，现有在职干部职工127人，其中中共党员70人，初、中、高级专业技术人员82人。

2013年，全区水利干部职工以中国特色的社会主义理论体系和党的“十八大”精神为指导，弘扬“献身、负责、求实”的水利行业精神，坚持两手抓，两手硬，以提升行政效能、推进民生水利、依法治水管水、优化水利服务和加强党风廉政建设为重点，认真履行工作职责,全面完成了各项工作任务，进一步推进了全区水利事业的又好又快发展。由于水利工程成绩突出，沙市区先后被选定为全国水利综合执法试点单位和全省实行最严格的水资源管理制度试点单位，2013年，区水利局荣获全区行风政风评议第一名。

防汛演练

豉湖河综合治理

洪湖市水利局

洪湖市水利局，负责全市水资源的统一监督管理、农村饮水安全工程建设与管理、防治水旱灾害、农田水利基本建设、水利设施的管理与保护、水行政执法等工作。

近年来，洪湖市水利局认真贯彻落实科学发展观，积极践行可持续发展治水思路，践行党的群众路线，秉承人水和谐的治水理念，着力构建功能完善的防汛抗旱减灾体系、水资源合理配置和高效利用体系、水资源保护和水生态健康保障体系、适应科学发展的水利管理体系。相继启动实施了大型泵站更新改造、隔北灌区改造、农村饮水安全、水利血防、洪湖围堤和下内荆河堤整治加固、中小河流治理以及小型农田水利重点县等一批水利项目。大规模地开展了以骨干河渠疏挖为重点的水利建设大比武，水利防灾减灾体系得到进一步完善。战胜了2010年大涝、2011年和2013年大旱等自然灾害，为促进经济社会发展作出重大贡献。先后荣获全国农田水利建设先进县（市）、全省农田水利建设先进单位、全省农田水利基本建设“大江杯”创先争优活动先进单位、全省防汛抗灾工作先进单位、荆州市农田水利建设先进单位、荆州市防汛抗灾工作先进单位、洪湖市十优部门和红旗单位等荣誉称号。

龙口泵站抽水抗旱

龙口镇水利建设现场

峰口水厂东荆河取水头部

江陵县农业局

省农业厅长戴贵洲一行视察了江陵县早稻工厂化育秧现场

受农业部委托，经过中国工程院院士官春云测产，我县油菜高产创建示范片油菜亩单产达290.1公斤，创全省最高纪录

江陵县农业局是主管全县农、牧、渔、农业机械、农村能源等农村经济发展的职能部门，担负着依法行政、服务“三农”、促进农业农村经济发展的重任。内设7个科室，下辖畜牧兽医局、水产局、农业行政执法大队、农村能源办公室、农业技术推广中心（农广校）等5家二级单位。

近年来，全县农业工作在县委县政府的正确领导和上级部门的大力支持下，克服困难，狠抓措施落实，加快农业发展方式转变，推进现代农业发展，取得了明显成效。截止2013年底，全县农产品加工业产值达到42.7亿元，与农业总值之达1.3:1；农民人均纯收入保持高速增长，达到8542元；跻身全省粮油生产大县，油菜高产创建居长江流域最高水平，得到院士官春云的高度赞誉；畜禽生产规模化超过91%，标准化率达到25%；渔业名特优养殖面超过40%；农机保有量达到2.46万台，农业综合机械化作业水平达到67%；新型农业经营主体达460余家。先后获得全省农业产业化、市“五四红旗团支部”、县绩效考核2013年度全县经济发展部门第一名等百余项表彰。

CCTV7田间采访，报道江陵油菜越冬管理典型经验

畜牧泰斗陈焕春院士首次莅临江陵传经送宝

推广机械插

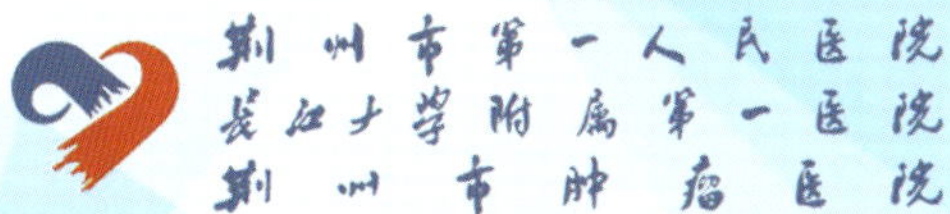

总院、西院、临床学院组成一体两翼
博士、硕士、海归专家呈现百花齐放

一体两翼 鹏程万里

总院

- 中国地级城市医院百强医院
- 湖北省医疗机构综合排名十强医院
- 国际紧急救援中心网络医院、国际爱婴医院
- 全国百姓放心示范医院
- 中国科学院生物物理研究所转化医学研究基地

西院

- 荆州市肿瘤诊疗中心
- 长江大学医学院硕士培养点
- 长江大学医学院肿瘤临床教学实习基地
- 湖北省肿瘤专科护士临床培训基地
- 全国大肠癌早诊早治项目指定单位

临床医学院

- 18个教研室
- 内科学和外科学2个硕士培养专业
- 博士、硕士研究生291人
- 国家二级教授6人、硕士研究生导师58人
- 副教授以上高级职称人员300余人

三维一体 突显实力

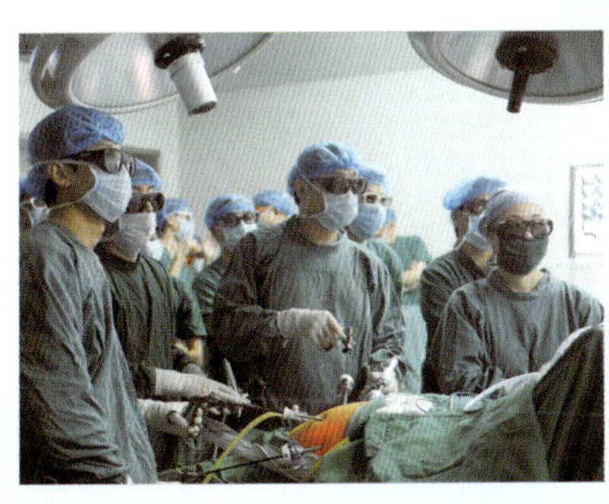

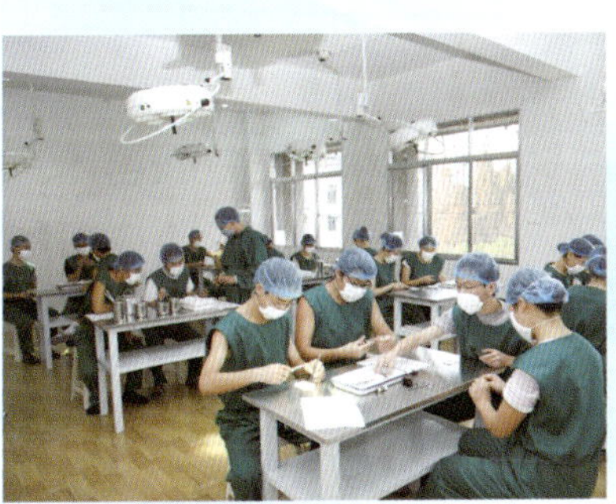

医疗

- 四大专科医院
- 十大临床诊疗中心
- 十一个省级临床重点专科
- 十大核心技术

教学

- 卫生部内镜与微创专业技术妇科培训基地
- 全国全科医学培训基地
- 湖北省临床技能实训中心
- 湖北省继续教育培训基地
- 湖北省住院医师规范化培训基地
- 湖北省专科护士培训基地

科研

- 中科院生物物理研究所转化医学研究基地
- 中科院生物物理研究所生物样本库
- 湖北省痴呆与认知障碍医学临床研究中心临床基地
- 长江大学附属第一医院中心实验室(GMP实验室、肿瘤个体化分子实验室）
- 十家国际医疗机构协作医院

荆州市妇幼保健院

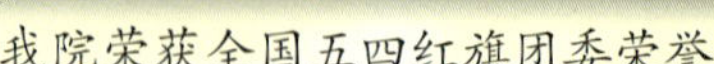

我院荣获全国五四红旗团委荣誉

全省地市级规模最大的妇幼保健院

荆州市妇幼保健院(市儿童医院)是1984年由联合国儿童基金会援助而建立的集医疗、科研、教学、预防、康复为一体的三级甲等优秀妇幼保健院，是荆州市六县（市）两区八所妇幼保健院业务技术指导中心，是江汉平原最大的妇女儿童专科医院，是国家级爱婴医院、省级文明妇幼保健院、省级健教示范医院，是湖北省民政部门定点的五个低视力康复中心之一、荆州市白内障定点医院、荆州市新生儿疾病筛查中心。

医院现有在职职工459人，专业技术人员426人，其中高级职称80人，中级职称91人。开放床位300张，年门诊量45万人次，年住院病人1.5万人次。配备有我市首台超高档智能彩超诊断系统——西门子ACUSON S2000、美国GE四维彩超、德国MasterScreen Paed肺功能检测仪、腹腔镜、宫腔镜、新生儿呼吸机、全自动生化仪、五分类全自动血球计数仪、骨密度测试仪、生物反馈治疗仪、母亲胎儿监护仪、产后康复仪、C-13呼气试验检测仪、白内障超声乳化仪、儿童视力筛查仪等400多台件先进而实用的检查和治疗设备。

医院业务分为保健与临床两大部分。保健业务中，围产保健专科、儿童生长发育专科、儿童心理行为专科为省级保健重点专科。临床业务上，产科和儿科为市级临床重点专科，产科分娩数、儿科病员量位居全市第一，在江汉平原享有盛誉。医院同时承担着全市妇幼卫生工作指导管理职能，我市社会发展有两大评价指标，孕产妇死亡率、5岁以下儿童死亡率控制指标位居全省先进前列。

近年来，秉承“团结、拼搏、求实、创新”的妇幼人精神，“视病人为亲人”的服务理念，医院走出了一条解放思想、开拓进取、强化管理、超常规发展的特色之路，其发展规模及业务量居全省地市级妇幼保健院首位，被树为全省妇幼保健机构标杆。医院先后荣获全国卫生系统先进集体；全国卫生文化建设先进单位；全国模范职工之家；全国五四红旗团委；省级最佳文明单位；全省妇幼保健工作先进集体；全省卫生系统先进基层党组织；湖北省五·一劳动奖状集体等国家省市级以上荣誉50余项。

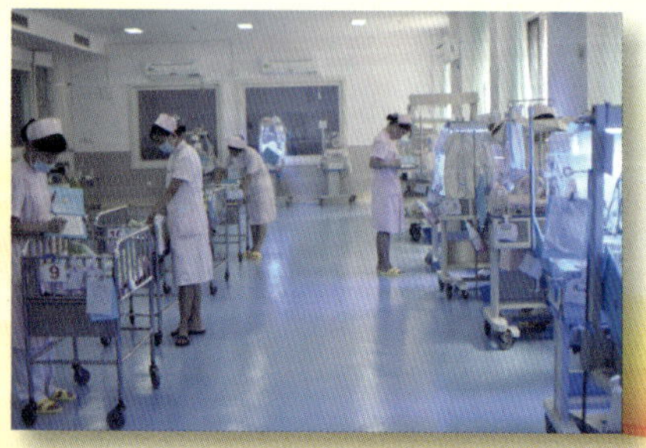

无陪洁净的新生儿病房

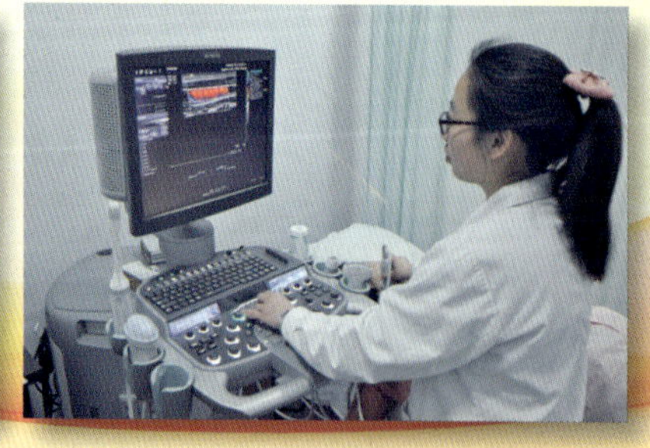

全市首台超高档智能彩超诊断系统——西门子ACUSON S2000

专用于婴幼儿的德国MasterScreen Paed肺功能检测仪

荆州市传染病医院 胸科

深入开展党的群众路线教育实践活动

承担全市结核病防治任务

住院部大楼

政府指定的公共卫生医疗机构
湖北省三级专科医院
长江中游区域性结核病防治中心

荆州市传染病医院（荆州市胸科医院、荆州市结核病防治所）是一所集医疗救治、疾病控制、科研教学于一体的现代化三级专科医院，具有六十年的建院历史，现有编制床位500张，湖北省政府“壮腰工程”确认医院为长江中游区域性结核病防治中心。

医院是由国家直接投资建设的非营利性公共卫生医疗机构。现开设有综合传染科、肝病科、结核科、难治结核科、呼吸科、胸外科等特色专科病房，独立的气管镜室、胃镜室，介入治疗室。业务范围涵盖国家法定的各类传染病病种，独具专科特色，尤其在治疗难治性结核、耐多药结核、结核性脑膜炎等各型结核病方面疗效显著；对各种急、慢性病毒性肝炎、顽固性腹水、肝硬化等采用中西医结合治疗并有新突破；采用介入疗法和微创手术技术，在治疗肺部肿瘤、纵隔肿瘤、气胸、淋巴结核、骨关节结核等疾病上独树一帜，特别是对早期发现的肺癌进行根治手术，效果突出；在治疗慢性阻塞性肺疾病、间质性肺疾病、支气管哮喘、肺心病方面有较高水平。医院拥有螺旋CT机、数字X光机、数字胃肠机、全自动生化仪、彩色多普勒B超等先进仪器，实验室经过升级改造已成为标准临检中心。

赢得患者领好口碑

医院特别重视自身能力建设，多次与中国CDC和国家结核病防治临床中心开展科研合作，积极参与“十二五”重大科研项目，被国家疾控中心授予“卫V”“卫X”国家级先进集体，医院先后荣获省级文明单位、省级卫生先进单位、省级模范职工之家、省“疾控文明号”等荣誉称号。随着医疗改革不断深化，作为公共卫生医疗机构，医院已步入了科学发展的快车道。

温馨式医疗服务

荆州市政务服务管理办公室（市公共资源交易监督管理局）

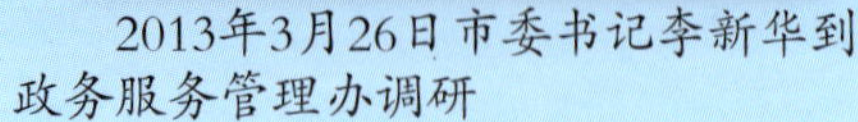

2013年3月26日市委书记李新华到政务服务管理办调研

2013年3月21日省编办副主任彭超视察政务服务中心

2013年9月3日市人大常委会主任易法新视察窗口工作

2013年，是全面贯彻落实党的十八大精神，加快荆州振兴的发力之年。市政务服务管理办（市公共资源交易监督管理局），创新政务服务方式，强化公共资源交易监管，推动了服务效能大提升，发展环境大改善。截止12月底，全市保留的227个行政审批事项进驻政务服务中心的达183项，向县、市（区）下放138个行政审批事项。全市41个具有行政许可审批职能的部门中，有30个部门在市政务服务中心设置独立窗口，9个单位设置综合窗口，4个单位设立分中心。5名副县级领导干部、23名审批科长（副科长）、34名首席代表常驻政务服务中心办公。政务服务中心共受理行政审批事项270049件，办结269801件，办结率达99.9%；行政审批收费1.22亿元；市本级公共资源交易平台共成交974项，成交额总计1234214.71万元，增效节资114079.96万元，节资率9.24%。其中：监管房屋建筑和市政基础设施工程390项，总建筑面积2736102.62㎡，工程预算价881516.77万元，招标中标价810481.67万元，节约采购资金71035.10万元，下降率8.06%；完成土地挂牌122宗，土地面积3806446.22㎡，挂牌起始价285740.3万元，竞得价326452.3万元，增加土地收益40712万元，增加幅度14.3%；监管综合类工程248项，工程预算价65729.62万元,招标中标价65512.33万元，节约采购资金217.29万元，下降率1.00%；监管交通工程13项，工程预算价10926.03万元，招标中标价10004.11万元，节约采购资金921.92万元，下降率8.44%；监管水利工程36个，其中土建及安装工程26个，工程预算价9337.49万元，招标中标价8876.33万元，节约采购资金461.16万元，下降率4.94%；管材及管材采购工程10个，工程预算价3532.55万元，招标中标价3515.61万元，节约采购资金16.94万元，下降率0.48%;政府集中采购项目165项，采购预算10087.91万元，中标价9372.36万元，节约财政资金715.55万元，节约率7.09%。

2013年12月3日，市委常委常务副市长吴方军调研政务服务体系建设工作

2013年8月7日全市政务服务体系建设工作会议

2013年3月30日政务服务办召开2012年度工作总结表彰会

五、财政、税收、金融与保险

Local Goverment Finance, Taxation, Banking and Insurance

资料整理：刘家鹏　李　颖
吴　涛　赵　娟

5-1 分年财政收入

Financial Revenue by Year

单位：万元

指　标	2005 年	2010 年	2011 年	2012 年	2013 年
地方财政总收入	244094	736719	744974	918225	1131701
#增值税	93906	226774	246411	276868	341884
营业税	35590	90901	131675	170763	185430
企业所得税	23860	69533	104852	136010	160822
个人所得税	12068	24562	32478	36648	41841
地方公共财政预算收入	120503	276032	443269	567632	719525
各项税收	71490	199944	336515	424625	533941
#增值税	15964	38551	61603	69338	97062
营业税	24913	63631	131675	170763	185430
企业所得税	5965	17383	41940	54404	64329
个人所得税	3017	6141	12991	14659	16736
资源税	370	691	827	1875	3904
城市维护建设税	7022	17854	22690	28138	33673
房产税	3948	5814	7827	9023	10980
印花税	993	2575	3254	4146	5664
城镇土地使用税	2414	5840	6698	8850	10019
车船使用税	419	3052	3882	4545	5642
耕地占用税	3374	14224	8787	15626	25001
契　税	2879	18366	19781	28349	46411
国有资本经营收入	4434	2547	–31	197	50
基金收入	2926	144464	289615	353903	528505
上划中央收入合计	96823	256267	301705	350593	412176
#消费税	4597	29438	34499	39468	45756

5-2 县市区财政收入与支出

Financial Revenue and Expenditures in Each County

单位：万元

指 标	荆州市	荆州区	沙市区	荆州开发区	江陵县
地方财政总收入	1131701	144961	151106	133048	28064
各项税收	946117	120270	138701	127904	21387
地方公共财政预算收入	719525	107539	100108	69326	18663
各项税收	533941	82848	87703	64182	11986
增值税	97062	11174	13320	16998	2945
营业税	185430	22490	40260	11380	4370
企业所得税	64329	6066	11192	8358	986
个人所得税	16736	1344	2968	3423	225
地方基金收入	528505	19633	1245	11926	69584
地方公共财政预算支出	2559244	200174	127761	54831	145084
一般公共服务	258598	28950	17837	6437	18084
公共安全	125576	9577	10758	648	7789
教育	369668	29641	21959	3936	16596
科学技术	30527	1903	2462	898	1196
文化体育与传媒	26719	1332	284	19	892
社会保障和就业	415786	36249	27846	3512	22803
医疗卫生	269726	23672	11494	2428	13821
节能环保	40822	409	1424	5330	2890
城乡社区事务	71889	3232	7902	2029	2233
农林水事务	412520	29091	13374	1355	29720
交通运输	187826	11874	4265	551	9488
资源勘探电力信息事务	143711	658	897	24539	9213
粮油物资储备事务	44938	5503	2523	18	3808
金融监管支出	870	0	585	0	0

5-2 续表 单位：万元

指 标	松滋市	公安县	石首市	监利县	洪湖市
地方财政总收入	150840	119935	73048	56653	72662
各项税收	125745	101317	57259	51809	57183
地方公共财政预算收入	85000	75901	48522	36916	52104
各项税收	59905	57283	32733	32072	36625
增值税	13880	11931	7499	5149	5769
营业税	15485	18783	11799	14438	16662
企业所得税	8953	5936	2394	3030	3005
个人所得税	912	1762	506	1003	840
地方基金收入	72253	13730	52734	13677	14839
地方公共财政预算支出	306418	330329	217127	400401	329723
一般公共服务	34314	29921	17700	29288	31155
公共安全	13460	10871	12402	14385	12643
教育	49619	53547	30726	61977	44627
科学技术	3558	3524	2597	3119	1360
文化体育与传媒	1599	1597	1200	2744	2937
社会保障和就业	41393	46030	35842	67762	63453
医疗卫生	34949	41460	26585	61509	38597
节能环保	3466	1266	5274	2483	4976
城乡社区事务	3571	1907	4792	10005	6587
农林水事务	50978	85585	37688	83231	58184
交通运输	27820	19851	15129	20858	22777
资源勘探电力信息事务	20077	13068	12171	12373	11132
粮油物资储备事务	4604	6969	3246	10624	6354
金融监管支出	65	0	0	40	0

5-3 地税收入

Main Statistics on Local Taxation

指 标	2012 年	2013 年	比上年 ±%
合 计	857187	1055527	23.1
税收合计	371998	467349	25.6
#营业税	170763	185430	8.6
企业所得税	49127	69695	41.9
个人所得税	36647	41840	14.2
资源税	1875	3905	108.3
城市维护建设税	28137	33673	19.7
房产和城市房地产税	9024	10980	21.7
印花税	4146	5664	36.6
土地使用税	8850	10019	13.2
土地增值税	14909	29090	95.1
车船使用和牌照税	4546	5643	24.1
农业两税	43974	71410	62.4
社保五费	451578	547937	21.3
其它收入	33611	40241	19.7
#教育附加	12412	14782	19.1
文化事业建设费	210	134	-36.2
堤防维护费	7795	8894	14.1
地方教育发展费	7863	9174	16.7
残疾人就业保障基金	1065	1263	18.6
排污费	3298	5011	51.9
其他	968	983	1.5

5-4 县市区地税收入

Main statistics on Local Taxation by County

指 标	2012 年	2013 年	比上年 ±%
合 计	857187	1055527	23.1
市 直	109382	124344	13.7
荆 州 区	107943	129765	20.2
沙 市 区	139223	172207	23.7
荆州开发区	66539	82644	24.2
江 陵 县	30022	33150	10.4
松 滋 市	90664	107971	19.1
公 安 县	95140	115052	20.9
监 利 县	77461	134362	73.5
石 首 市	62417	68973	10.5
洪 湖 市	78396	87059	11.1

5-5 县市区国税收入

Main Statistics on State Taxation by County

单位：万元

指　标	合计	市直	荆州区	沙市区	荆州开发区
合　　计	523816	119232	46053	58362	76626
按税种分					
消费税	45756	30214	48	476	0
增值税	343982	26882	37646	42603	63683
企业所得税	91730	29770	8284	14922	12943
个人所得税	52	9	1	2	0
车辆购置税	42296	32357	74	359	0
按隶属关系分					
中央级	389758	99164	31512	39073	54292
省级	20	3	0	0	0
市级	20065	20065	0	0	0
县（市、区）级	113973	0	14541	19289	22334

指　标	江陵县	松滋市	公安县	石首市	监利县	洪湖市
合　　计	12944	73339	56110	31663	22910	26577
按税种分						
消费税	141	12804	1551	314	154	54
增值税	11023	52119	42866	27360	18680	21120
企业所得税	1482	5259	9608	2628	3096	3738
个人所得税	2	7	17	6	6	2
车辆购置税	296	3150	2068	1355	974	1663
按隶属关系分						
中央级	9246	57352	40329	23110	16522	19158
省级	1	3	7	3	2	1
市级	0	0	0	0	0	0
县（市、区）级	3697	15984	15774	8550	6386	7418

5-6 县市区金融机构存贷款

Deposits and Loans of Financial Institutions in Each County

单位：万元

指　标	荆州市	荆州城区	江陵县	松滋市
金融机构本外币存款	17428001	7013676	785189	2123281
金融机构人民币存款	17387123	6976725	785189	2122327
单位存款	5121361	2440236	250868	567030
个人存款	11864242	4297717	527037	1548952
#储蓄存款	11806677	4248495	526962	1546874
财政性存款	376033	224659	7239	3415
临时性存款	23561	12313	39	2893
其他存款	1924	1799	6	38
金融机构本外币贷款	8056056	4242839	267164	637578
金融机构人民币贷款	8021799	4208670	267164	637578
境外贷款	76	63		
境内贷款	8021723	4208607	267164	637578
短期贷款	4167680	2048718	164857	295562
#个人贷款及透支	1019908	387103	30571	124996
单位贷款	2733244	1412500	116162	145866
银团贷款	118022	37704	17123	
贸易融资	296506	211412	1000	24700
中长期贷款	3602949	1966321	94576	338390
个人贷款	1607782	802778	43251	179953
单位贷款	1671239	1061089	25678	137915
银团贷款	323928	102455	25647	20523
有价证券	417661	315091		20458

5-6 续表 单位：万元

指 标	公安县	石首市	监利县	洪湖市
金融机构本外币存款	2111199	1581404	2209090	1604162
金融机构人民币存款	2110163	1580748	2208390	1603582
单位存款	444887	436873	603201	378267
个人存款	1632475	1131812	1573440	1152809
#储蓄存款	1631125	1129248	1571923	1152050
财政性存款	31829	9690	29053	70149
临时性存款	955	2349	2679	2333
其他存款	17	23	17	25
金融机构本外币贷款	709694	481996	898418	818366
金融机构人民币贷款	709608	481995	898418	818366
境外贷款			14	
境内贷款	709608	481995	898404	818366
短期贷款	435404	281015	432777	509347
#个人贷款及透支	151104	130549	93340	102245
单位贷款	249466	124916	298407	385927
银团贷款	22365	19050	17130	4650
贸易融资	12469	6500	23900	16525
中长期贷款	257097	196202	443572	306789
个人贷款	156489	94097	171763	159451
单位贷款	72012	41714	216863	115969
银团贷款	28596	60391	54947	31369
有价证券	13392	37720	31000	

5-7 县市区保险事业

Main Statistics on Insurance by County

指　标	单位	2011 年	2012 年	2013 年
保险机构数	个	34	39	44
年末职工人数	人	13646	13462	15116
保费收入	万元	611205	637537	651479
财产保险	万元	92811	108122	131242
人身保险	万元	518393	529415	520237
人身意外伤害保险	万元	8405	10532	13514
健康险	万元	22174	25986	35701
寿险	万元	487815	492897	471022
赔款及给付	万元	77189	114530	158112
财产保险	万元	40598	63363	67011
人寿保险	万元	36591	51167	91101

指 标 解 释

Explanatory Notes on Statistical Indicators

【地方公共财政预算收入】 是通过一定的形式和程序，由各级财政部门组织并纳入预算管理的各项收入，也就是会计制度改革以前所称的”预算收入”。

【基金预算收入】 是按规定收取，转入或通过当年财政安排，由财政管理并具有指定用途的政府性基金预算收入等。

【地方公共财政预算支出】 是各级财政部门对集中的一般预算收入有计划地分配和使用而安排的支出。

【基金预算支出】 是各级财政部门用基金预算收入安排的支出。

【信贷资金】 国家银行用于发放贷款的资金叫信贷资金。中国人民银行信贷资金的来源有各项存款、对国际金融机构负债、流通中货币、银行自有资金及当年结益等。信贷资金的运用有各项贷款、黄金占款、外汇占款、财政借款及在国际金融机构中的资产等。

【存款】 企业、机关、团体或居民根据可以收回的原则，把货币资金存入银行或其他信用机构保管并取得一定利息的一种信用活动形式。根据存款对象的不同可划分为企业存款、财政存款、机关团体存款、城镇储蓄存款、农村存款等科目。它是银行信贷资金的主要来源。

【贷款】 银行或其他信用机构根据必须归还的原则，按一定利率，为企业、个人等提供资金的一种信用活动形式。我国银行贷款分为流动资金贷款、固定资产贷款、城乡个体工商户贷款以及农业贷款等科目。

【保费】 又叫保险费。是投保人根据保险合同的有关规定，为被保险人取得因约定危险事故发生所造成的经济损失补偿（或给付）权利，付给保险人的代价。包括财产险和人身险收入。

六、价格指数

Price Indices

资料整理：朱　燕

6-1 居民消费、商品零售价格指数

Price Indices of Circulation and Consumption

（上年同期=100）

指　标	2005 年	2010 年	2011 年	2012 年	2013 年
居民消费价格总指数	101.5	102.4	105.3	102.7	103.1
一、食品	103.9	106.8	111.5	106.2	105.1
二、烟酒及用品	100.5	102.4	102.3	102.8	102.8
三、衣着	97.9	97.6	101.2	98.6	99.4
四、家庭设备用品及维修服务	99.7	97.5	101.2	102.6	106.1
五、医疗保健和个人用品	96.0	101.5	102.7	103.1	104.7
六、交通和通信	97.0	100.1	102.4	99.4	98.6
七、娱乐教育文化用品及服务	101.0	100.5	101.5	99.8	103.1
八、居住	106.6	102.3	104.9	102.3	101.7
商品零售价格总指数	101.8	102.0	105.2	102.4	102.0
一、食品	103.7	107.0	111.6	106.3	105.2
二、饮料、烟酒	100.9	102.5	102.3	102.9	102.0
三、服装、鞋帽	97.9	97.5	100.2	98.5	99.0
四、纺织品	99.4	97.5	112.4	100.6	100.5
五、家用电器及音像器材	94.7	95.8	99.2	97.5	98.6
六、文化办公用品	96.2	93.3	94.5	97.2	99.2
七、日用品	102.5	99.5	101.5	103.6	101.0
八、体育娱乐用品	99.1	98.4	99.9	100.4	100.0
九、交通、通信用品	90.7	95.3	98.0	97.5	97.6
十、家具	99.6	96.1	101.1	100.2	99.8
十一、化妆品	98.9	99.1	99.5	103.6	102.5
十二、金银珠宝	105.4	118.6	113.3	100.7	92.2
十三、中西药品及医疗保健用品	92.2	101.8	103.8	101.0	105.4
十四、书报杂志及电子出版物	101.0	100.1	100.5	99.9	100.0
十五、燃料	115.4	111.0	113.1	103.3	100.4
十六、建筑材料及五金电料	102.5	101.5	106.5	105.3	103.5

6-2 工业生产者出厂价格指数

Products Price Indices for Industrial Products

（以上年价格指数为100）

指　标	2005 年	2010 年	2011 年	2012 年	2013 年
全部工业品	101.8	105.6	108.5	100.7	99.6
其中：轻工业	100.6	109.8	117.1	99.0	99.8
以农产品为原料	99.6	111.9	119.5	98.7	100.1
以非农产品为原料	102.8	104.1	101.1	101.2	97.7
重工业	103.5	100.5	102.8	101.9	99.4
采掘	126.5	89.7	104.3	89.8	82.5
原料	108.3	101.4	102.9	103.6	97.9
加工	101.2	100.2	102.7	101.2	100.2
其中：生产资料	102.6	105.5	106.1	100.0	99.2
（01）采掘	126.5	89.7	104.3	89.8	82.5
（02）原料	110.5	103.3	102.7	103.9	97.3
（03）加工	101.5	105.9	107.2	98.9	99.8
生活资料	99.7	106.1	114.4	102.5	100.6
（01）食品	98.8	106.4	116.8	102.6	100.4
（02）衣着	100.0	106.4	110.8	107.8	104.0
（03）一般日用品	103.3	104.8	113.1	102.0	103.8
（04）耐用消费品	96.9	105.0	98.5	100.3	95.6
按工业行业分					
煤炭开采和洗选业	126.6	88.5	103.8	89.0	81.0
黑色金属矿采选业	105.8	102.8	110.9	101.1	100.0
农副食品加工业	98.5	109.1	121.2	102.1	100.8
食品制造业	100.3	104.8	116.9	101.8	100.9
饮料制造业	100.4	100.0	88.1	101.3	100.4
烟草制品业					
纺织业	97.4	129.0	139.4	90.1	98.3
纺织服装、鞋、帽制造业	100.0	107.1	110.6	107.9	104.2
皮革、毛皮、羽毛（绒）及其制品业		98.4	111.9	106.5	101.8
木材加工及木、竹、藤、棕、草制品业	107.4	98.5	85.6	97.0	98.7
家具制造业		96.7	95.0	107.0	111.4
造纸及纸制品业	104.5	102.5	98.0	96.8	98.2
印刷业和记录媒介的复制		96.2	99.6	100.0	100.0
文教体育用品制造业		102.9	117.0	98.0	118.5
化学原料及化学制品制造业	101.0	101.5	106.3	102.5	95.4
橡胶制品业	105.8	101.3	103.0	106.1	100.8
塑料制品业	108.5	106.5	102.6	103.5	99.1
非金属矿物制品业	97.1	102.5	101.2	100.6	102.0
黑色金属冶炼及压延加工业	109.0	87.4	101.2	97.5	97.1
有色金属冶炼及压延加工业		136.5	141.8	103.4	93.3
金属制品业	104.5	102.7	101.3	99.8	106.7
通用设备制造业	95.9	99.8	102.7	100.6	101.6
专用设备制造业	102.0	103.1	100.1	100.6	100.3
交通运输设备制造业	97.5	101.6	103.1	102.2	99.9
电气机械及器材制造业	106.1	111.3	100.6	99.0	96.6
通信设备、计算机及其他电子设备制造业	100.0	100.3	100.2	100.1	97.2
工艺品及其他制造业	112.6	100.0	100.0	100.0	104.4
电力、热力的生产和供应业	106.4	100.1	102.0	106.2	101.1
水的生产和供应业	100.0	111.7	102.5	104.9	100.0

6-3 工业生产者购进价格指数

Purchasing Price Indices for Industrial Producess

（以上年价格指数为100）

指 标	2005年	2010年	2011年	2012年	2013年
全部原材料	101.5	111.7	113.8	101.4	100.3
（一）燃料、动力类	106.7	113.2	110.5	102.9	99.2
（二）黑色金属材料类	109.4	106.9	111.7	105.7	98.5
其中：钢材	110.5	107.1	111.7	106.1	98.7
其它	104.0	105.1	110.9	97.8	96.0
（三）有色金属材料和电线类	111.1	110.1	98.8	99.4	108.5
（四）化工原料类	106.6	110.6	120.0	97.4	99.8
（五）木材及纸浆类	98.6	113.6	114.8	95.2	100.4
（六）建筑材料及非金属矿类	99.4	102.4	104.5	113.6	98.5
（七）其它工业原材料及半成品类	104.9	115.5	106.4	100.4	100.4
（八）农副产品类	92.5	113.9	120.5	105.6	99.6
（九）纺织原料类	92.7	117.2	110.2	85.2	101.0
按行业分（企业法）：					
（06）煤炭开采和洗选业	100.6	89.5	113.9	102.5	97.5
（10）非金属矿采选业		105.5	106.1	117.4	97.5
（13）农副食品加工业	98.5	109.3	111.3	108.1	106.6
（14）食品制造业	124.9	111.6	101.5	103.3	107.5
（15）饮料制造业	107.4	98.0	115.4	95.6	96.3
（16）烟草制品业					
（17）纺织业	102.1	120.3	110.2	85.2	101.0
（18）纺织服装、鞋、帽制造业	100.0	108.2		107.9	
（19）皮革、皮毛、羽毛（绒）及其制品业		121.9	105.3	105.9	109.5
（20）木材加工及木、竹、藤、棕、草制品业	114.4	102.3	114.5	106.3	105.2
（21）家具制造业		106.0		107.0	
（22）造纸及纸制品业	106.5	105.0	104.9	91.7	98.2
（23）印刷业和记录媒介的复制	104.5	116.1		100.0	
（24）文教体育用品制造业	100.0	96.4		99.6	
（25）石油加工、炼焦及核燃料加工业	118.2	105.5	116.6	99.4	102.4
（26）化学原料及化学制品制造业	109.0	106.3	124.3	98.2	100.3
（27）医药制造业	109.8	110.5	102.3	100.0	100.0
（28）化学纤维制造业			113.4	80.1	91.6
（29）橡胶制品业	113.1	138.0	91.5	98.1	100.0
（30）塑料制品业	113.4	106.0	100.5	94.5	97.5
（31）非金属矿物制品业	106.0	103.5	98.9	100.0	102.1
（32）黑色金属冶炼及压延加工业	110.4	112.4	111.9	105.8	98.5
（33）有色金属冶炼及压延加工业	104.1	121.5	98.8	99.4	108.5
（34）金属制品业	105.7	101.1	106.9	101.3	102.8
（35）通用设备制造业	110.5	104.3	105.3	101.3	101.0
（36）专用设备制造业	111.6	103.8		100.6	
（37）交通运输设备制造业	112.2	104.8	104.6	100.0	98.8
（39）电气机械及器材制造业	111.1	108.5	98.3	100.0	100.4
（40）通信设备、计算机及其他电子设备制造业	105.1	103.9		100.1	
（42）工艺品及其他制造业	103.8	100.0			
（44）电力、热力的生产和供应业	111.3	142.7	102.8	103.9	102.7
（45）燃气生产和供应业	112.8				
（46）水的生产和供应业	103.5	100.0	101.0	101.0	100.6

指 标 解 释

Explanatory Notes on Statistical lndicators

【商品零售价格指数】 是反映城乡商品零售价格变动趋势的一种经济指数。零售物价的调整变动直接影响到城乡居民的生活支出和国家的财政收入，影响居民购买力和市场供需平衡，影响消费与积累的比例。

【居民消费价格指数】 是反映一定时期内城乡居民所购买的生活消费品价格和服务项目价格变动趋势和程度的相对数。利用居民消费价格指数，可以观察和分析消费品的零售价格和服务价格变动对城乡居民实际生活费支出的影响程度。

【工业生产者出厂价格指数】 是反映全部工业产品出厂价格总水平的变动趋势和程度的相对数，包括工业企业售给本企业以外所有单位的各种产品和直接售给居民用于生活消费的产品。通过工业品出厂价格指数能观察出厂价格变动对工业总产值的影响。

七、人民生活

People's Livelihood

资料整理：王鹏飞

彭建兵

7-1　城区居民人均收入与支出

Avreage Income and Expenditures of Households in City Proper

单位：元/人

指　标	2005 年	2010 年	2011 年	2012 年	2013 年
一、可支配收入	8094	14708	16509	18211	20861
二、家庭总收入	8561	15661	17648	19638	23358
三、家庭总支出	7558	12730	14595	17026	18987
四、消费性支出	5848	10583	11692	12771	14062
1.食品	2347	4448	4912	5429	5819
2.衣着	664	1066	1148	1330	1446
3.家庭设备用品及服务	344	672	1293	622	722
4.医疗保健	411	914	517	1103	921
5.交通和通信	549	619	1665	1037	1482
6.教育文化娱乐服务	803	1196	757	1344	1527
7.居住	585	1245	1041	1483	1605
8.杂项商品和服务	144	424	359	424	540

7-2 县市城镇住户调查样本基本情况

Basic Conditions of Sampled Urban Households by County

指 标	单 位	荆州城区	松滋市	公安县	石首市	监利县	洪湖市	江陵县
一、调查户数	户	100	50	50	50	50	50	50
（一）家庭人口数	人/户	2.54	2.35	3.06	2.75	3.75	2.33	2.27
1. 有收入者人数	人/户	1.93	2.56	2.38	2.06	2.34	1.73	1.63
（1）就业人口数	人/户	1.13	1.60	2.00	1.75	2.09	1.43	1.33
①国有经济单位职工人数	人/户	0.51	0.13	0.19	0.50	1.05	0.97	1.07
②城镇集体经济单位职工人数	人/户							
③其它经济类型单位职工人数	人/户							
④城镇个体或私营企业主人数	人/户	0.08	0.38	0.88	0.69	0.67	0.07	
⑤城镇个体或私营企业被雇人数	人/户							
⑥离退休再就业人数	人/户	0.06	0.29	0.31	0.19		0.07	
⑦其它就业人数	人/户	0.47	0.81	0.63	0.38	0.38	0.33	0.27
（2）离退休人数	人/户	0.77	0.96	0.31	0.06	0.14	0.30	0.13
（3）其它有收入者人数	人/户	0.04		0.06	0.25	0.11		0.17
2. 无收入者人数	人/户	0.61	0.61	0.69	0.69	1.41	0.60	0.63
（二）在外就学人数	人次/户	0.01		0.06	0.25	0.06	0.07	
（三）非家庭人口在家用餐	人次/户							
（四）家庭人口在外用餐	人次/户							
一、住房情况								
1. 家庭居住人口	人	2.68	2.52	3.25	3.44	3.86	2.80	2.27
2. 现住房总建筑面积	平方米	40.00	41.17	37.67	42.45	36.35	43.94	43.21
3. 房屋产权（合计）	–							
租赁公房	–	12.19	8.33	12.50				
租赁私房	–	8.01						
原有私房	–	6.77	43.33	37.50	40.00	50.00	13.33	46.67
房改私房	–	55.42	28.33	37.50	35.00	25.00	46.67	13.33
商品房	–	13.54	20.00	12.50	25.00	25.00	26.67	40.00
其它	–	4.06					13.33	
4. 住宅建筑式样（合计）	–							
单栋住宅	–	5.42	15.00	37.50	28.00	18.75		40.00
四居室	–	1.35						

7-2 续表

指 标	单 位	荆州城区	松滋市	公安县	石首市	监利县	洪湖市	江陵县
三居室	–	24.27	15.00	12.50	22.50	18.75	66.67	53.33
二居室	–	54.86	35.00	18.75	33.50	62.50	26.67	
一居室	–	5.98	16.00	6.25	16.00			
普通楼房	–	4.06	14.00	6.25				
平房及其它	–	4.06	5.00	18.75			6.67	6.67
5. 饮水情况（合计）	–							
自来水	–	100	100	100	100	100	100	100
矿泉水	–							
纯净水	–							
6. 用水情况（合计）	–							
独用自来水	–	100	100	100	100	100	100	100
公用自来水	–							
井、河水	–							
7. 卫生设备（合计）	–							
无卫生设备	–	5.42						
有厕所浴室	–	86.46	98	97	95	99	96	98
有厕所无浴室	–	8.13	2	3	5	1	4	2
公用	–							
8. 取暖设备（合计）	–							
无取暖设备	–	5.41		56.25		43.75	13.33	
空调设备	–	94.59	92.00	43.75	89.00	56.25	86.67	95.00
暖气	–							
其它	–		8.00		11.00			5.00
9. 炊用燃料使用情况（合计）	–							
煤炭	–	4.06	6.67	2.50	2.00		5.00	13.33
罐装液化石油气	–	24.38	66.67	81.25	98.00	50.00	50.00	86.67
管道液化石油气	–							
管道煤气	–							
管道天然气	–	71.00	26.67	16.25		50.00	45.00	

7-3　县市城镇居民每百户耐用消费品拥有量

Number of Major Consumer Goods Per 100 Urban Households Owned by County

指　标	单　位	荆州城区	松滋市	公安县	石首市	监利县	洪湖市	江陵县
1. 摩托车	辆	6	50	25	50	25	33	7
2. 助力车	辆	16	17	19	50	50	13	53
3. 家用汽车	辆	12	10	11	10	9	8	10
4. 洗衣机	辆	93	98	100	99	96	90	94
5. 电冰箱	台	97	100	100	98	100	96	100
6. 彩色电视机	台	125	117	126	123	119	127	140
7. 家用电脑	台	77	68	70	72	66	53	73
8. 组合音响	台	13	30	13	22	13	7	7
9. 摄像机	台	4	4	3	4	2	2	
10. 照相机	台	32	28	25	20	33	27	20
11. 钢琴	台	2	2		2			
12. 其它中高档乐器	台	5	2	4	1	6	2	1
13. 微波炉	台	70	75	53	55	38	33	73
14. 空调器	台	142	135	125	122	119	123	127
15. 淋浴热水器	台	89	96	100	100	100	96	93
16. 消毒碗柜	台	12	14	15	16	13	20	27
17. 洗碗机	台							
18. 健身器材	台	1	2	2	3	4	2	1
19. 固定电话	台	46	25	23	25	31	27	37
20. 移动电话	台	203	208	221	275	275	200	223

7–4 县市城镇居民现金收支

Cash Income and Expenditures of Urban Households by County

单位：元/人

指　标	荆州城区	松滋市	公安县	石首市	监利县	洪湖市	江陵县
一、家庭总收入	23358	17845	18481	18635	17016	16958	16251
其中：可支配收入	20861	16722	16711	16689	15402	16002	15456
（一）工薪收入	9365	11569	13915	14342	11046	7707	9107
1.工资及补贴收入	9242	11569	13558	13467	10938	6737	9107
2. 其他劳动收入	123		357	874	108	970	
（二）经营净收入	3244	2542	1652	1337	3167	3984	3684
（三）财产性收入	1066	274	636	465	129	237	223
（四）转移性收入	9683	3460	2278	2491	2674	5030	3237
1.养老金或离退休金	7145	3103	1098	1536	1505	2682	2008
2. 赡养收入	711	237	678	545	708	1574	203
3. 捐赠收入	571		337	345	156	457	139
二、家庭总支出	18987	17531	17374	18388	13970	16929	13938
消费支出	14062	13432	12310	12200	9902	11535	9583
1、食品	5819	5248	4932	4618	4272	4808	4335
2、衣着	1446	1889	1585	1612	1265	1173	1369
3、居住	1605	1529	1504	1198	1014	1378	898
4、家庭设备用品及服务	722	898	1002	908	803	851	419
5、医疗保健	921	999	594	765	336	692	301
6、交通和通讯	1482	1293	1034	1327	892	1154	1058
7、教育文化娱乐服务	1527	1165	1299	1471	1099	1129	1002
8、其它商品和服务	540	412	360	300	222	350	202

7–5 县市城镇居民人均食品消费支出

Per Capital Living Expenditures on Food of Urban Households by County

单位：元/人

指 标	荆州城区	松滋市	公安县	石首市	监利县	洪湖市	江陵县
一、粮油类	514	418	448	506	508	616	409
1. 粮食	256	277	254	252	284	338	214
2. 淀粉及薯类	31					42	11
3. 干豆类及豆制品	71	25	63	91	22	58	32
4. 油脂类	156	117	130	162	203	179	152
二、肉类	814	781	844	722	732	584	614
三、禽类	175	163	210	119	196	120	134
四、蛋类	74	71	65	55	73	82	88
五、水产品类	353	239	328	360	564	559	270
六、蔬菜类	590	536	546	541	710	589	242
七、调味品	68	71	44	8	61	54	29
八、糖烟酒饮料类	531	585	675	273	148	1093	577

7–6 分年分县市城镇居民人均收入

Per Capital Annual Icome of Urban Households by County by Year

单位：元/人

地 区	可支配收入					家庭总收入				
	2005 年	2010 年	2011 年	2012 年	2013 年	2005 年	2010 年	2011 年	2012 年	2013 年
荆州城区	8094	14708	16509	18211	20861	8561	15661	17648	19638	23358
松 滋 市	6638	11824	13243	15110	16722	7004	13293	13807	16055	17844
公 安 县	7952	11867	13362	15220	16711	8632	13043	14241	16783	18481
石 首 市	7695	11830	13297	15105	16689	8133	12366	13937	16832	18635
监 利 县	6753	10940	12286	13956	15402	6907	11331	12634	15376	17015
洪 湖 市	6899	11100	12789	14567	16002	7033	11588	13646	15186	16957
江 陵 县		10950	12275	13969	15456		11286	12561	14290	16251

7-7 分年分县市城镇居民人均消费支出

Per Capital Expenditures of Urban Households by County by Year

单位：元/人

地 区	消费支出					食品支出				
	2005 年	2010 年	2011 年	2012 年	2013 年	2005 年	2010 年	2011 年	2012 年	2013 年
荆州城区	5848	10583	11693	12771	14062	2347	4408	4912	5429	5819
松 滋 市	5314	10603	11476	12260	13432	2249	4408	4970	5539	5248
公 安 县	6363	10847	11090	11800	12310	2720	5385	5799	6131	4932
石 首 市	6554	10082	10184	11976	12200	2695	4394	4624	5440	4918
监 利 县	4592	8061	8263	8657	9902	2010	3554	3621	4233	4272
洪 湖 市	4681	7710	9551	10267	11535	2424	3974	4364	4726	4808
江 陵 县		6781	7882	8722	9583		3244	3555	3965	4335

7-8 分年全省全口径主要地市人均可支配收入

Per Capital Disposable Income of Hubei Households by Main Region by Year

单位：元/人

地 区	2005 年	2010 年	2011 年	2012 年	2013 年
武汉市	10850	20806	23738	27061	29821
黄石市	8502	14665	17003	19417	21330
十堰市	10413	12653	14172	16011	17694
荆州市	8094	13285	14947	17010	18706
宜昌市	8711	14282	16451	18775	20934
襄阳市	8145	13333	15352	17532	19329
荆门市	8585	13601	15526	17678	19820

7-9 全市农村住户调查样本基本情况

Basic Conditions of Sampled Rural Households

指　标	单位	2005 年	2010 年	2011 年	2012 年	2013 年
一、调查户数	户	500	720	750	750	750
二、常住人口	人	1984	2833	2884.25	2904.25	2786.12
三、整半劳动力	人	1471	2247	2308	2327	2148.64
（一）按劳动力文化程度分类						
1、不识字或识字很少	%	5.64	4.67	3.51	3.63	4.98
2、小学程度	%	34.94	26.30	25.26	24.53	28.95
3、初中程度	%	48.54	53.98	55.62	55.88	50.81
4、高中（含中专）程度	%	10.40	13.40	13.15	13.07	11.27
5、大专及以上	%	0.48	1.65	2.46	2.89	3.99
（二）按是否参加培训分类						
1、受过专业培训的人数	%	12.51	22.34	29.70	28.73	29.25
2、未受过专业培训的人数	%	87.49	77.66	70.30	71.27	70.75
（三）按劳动力就业行业分类						
1、一产业就业劳动力	%	69.01	64.21	61.12	59.64	62.66
2、非农产业就业劳动力	%	30.99	35.79	38.88	40.36	37.34
（四）按劳动力就业地点分类						
1、乡内	%	72.00	68.39	71.05	70.57	64.57
2、县内乡外	%	1.02	3.46	3.38	4.46	6.46
3、省内县外	%	2.93	4.49	5.18	4.72	7.72
4、省外	%	24.05	23.66	20.39	20.25	21.25
四、人均经营耕地面积	亩	1.96	2.26	2.29	2.82	2.30
人均经营养殖水面面积	亩	0.19	0.16	0.19	0.33	0.54
五、人均生产性固定资产原值	元	699	2454	1930	3002	1784
六、人均住房面积	平方米	31.80	37.07	39.63	40.25	45.25
#：钢筋混凝土结构面积	平方米	16.26	22.72	28.11	29.1	38.78
砖木结构面积	平方米	15.16	14.02	10.68	11.03	6.36
七、人均住房价值	元	4516	13055	22847	24968	27059

7-10 全市农村住户每百户耐用消费品拥有量
Number of Major Durable Consumer Goods Per 100 Rural Households Owned

指　标	单位	2005 年	2010 年	2011 年	2012 年	2013 年
洗衣机	台	35	61	58	71	72
电冰箱	台	8	52	74	88	89
空调机	台	3	23	41	54	55
微波炉	台		6	12	12	14
热水器	台	10	35	52	58	59
自行车	辆	103	71	72	73	32
摩托车	辆	38	64	84	86	79
汽车（生活用）	台			2	4	5
固定电话机	部	41	37	25	21	21
移动电话	部	58	149	196	199	213
彩色电视机	台	84	115	121	119	123
影碟机	台	47	53	27	32	
摄像机	台			1	1	1
组合音响	套	12				
收录机	台	3				
照相机	架	2	2	1	2	3
家用计算机	台		8	13	17	22

7-11　全市农村住户总收入、总支出及纯收入

Total Income, Expenditures and Net Income of Rural Households

单位：元/人

指　标	2005 年	2010 年	2011 年	2012 年	2013 年
一、总收入	4368	8972	10748	12316	13412
（一）工资性收入	819	2086	2531	2945	3522
1. 在非企业组织中劳动得到收入	59	105	98	99	119
2. 在本乡地域内劳动得到收入	285	561	850	1038	1241
（1）在企业中劳动得到收入	39	120	173	203	242
（2）在国家投资基建项目得到收入	14		2	4	5
（3）提供其他劳务收入	233	441	674	831	994
3、外出从业得到收入	475	1420	1583	1808	2162
（1）在乡外县内从业得到收入	9	272	376	355	424
（2）在县外省内从业得到收入	33	135	177	222	265
（3）在省外国内从业得到收入	432	1013	1026	1232	1473
（二）家庭经营收入	3453	6536	7789	8908	8971
1. 第一产业收入	3324	6237	7206	8143	8390
（1）农业收入	2340	4775	5577	6350	6141
（2）林业收入	11	19	38	37	43
（3）牧业收入	625	736	800	857	854
（4）渔业收入	347	707	792	898	1352
2. 第二产业收入	48	49	120	156	59
3. 第三产业收入	82	250	462	609	522
（三）财产性收入	17	74	87	96	115
（四）转移性收入	80	276	341	367	803
#：农村亲友赠送收入	5	16	47	25	369
二、总支出	3785	6669	8451	10572	10343
（一）家庭经营费用支出	1188	2315	2870	3365	3014
1. 第一产业生产费用支出	1154	2217	2626	2980	2930
（1）农业生产费用支出	726	1564	1889	2123	1689
（2）林业生产费用支出	2	3	5	10	8
（3）牧业生产费用支出	285	391	391	445	411
（4）渔业生产费用支出	140	259	341	403	764
2. 第二产业生产费用支出	13	34	78	117	
3. 第三产业生产费用支出	21	63	166	268	84
（二）购置生产性固定资产支出	59	124	134	206	101
（三）建.造生产性固定资产雇工支出		4	4	2	5
（四）税费支出	21	25	40	35	
（五）生活消费支出	2422	3964	4995	6526	6621
（六）财产性支出	6	18	18	23	1
（七）转移性支出	90	219	389	416	601
三、全年纯收入	3108	6453	7664	8710	9909

7-12 全市农民纯收入构成

Composition of Rural People's Net Income

单位：元/人

指　标	2005 年	2010 年	2011 年	2012 年	2013 年
一、全年纯收入	3108	6453	7664	8710	9909
（一）工资性收入	819	2086	2531	2945	3522
1. 在非企业组织中劳动得到收入	59	105	98	99	119
2. 在本乡地域内劳动得到收入	285	561	850	1038	1241
（1）在企业中劳动得到收入	39	120	173	203	242
（2）在国家投资基建项目得到收入	14		2	4	5
（3）提供其他劳务收入	233	441	674	831	994
3. 外出从业得到收入	475	1420	1583	1808	2162
（1）在乡外县内从业得到收入	9	272	376	355	424
（2）在县外省内从业得到收入	33	135	177	222	265
（3）在省外国内从业得到收入	432	1013	1026	1232	1473
（二）家庭经营纯收入	2198	4032	4750	5308	5838
1. 第一产业纯收入	2108	3851	4439	4954	5371
（1）农业收入	1566	3062	3572	4046	4339
（2）林业收入	8	16	32	27	34
（3）牧业收入	331	328	389	391	418
（4）渔业收入	203	445	446	491	579
2. 非农产业纯收入	90	181	311	354	468
（1）第二产业纯收入	34	11	40	32	57
（2）第三产业纯收入	56	171	271	322	411
（三）财产性纯收入	17	74	87	96	115
（四）转移性纯收入	74	260	296	361	433
#：家庭非常住人口寄回和带回	18	56	7	15	
城市亲友赠送	1	8	4	13	4
各种补贴收入	34	140	195	209	252
二、全年现金纯收入	2509	5383	6591	7397	9246
三、全年实物纯收入	599	1070	1074	1313	663

7-13 全市农村住户现金总收入及总支出

Cash Income and Expenditures of Rural Households

单位：元/人

指　标	2005 年	2010 年	2011 年	2012 年	2013 年
一、期内现金收入	3707	7764	9549	10869	12676
（一）工资性收入	819	2064	2521	2942	3511
1. 在非企业组织中劳动得到收入	59	101	91	97	108
2. 在本乡地域内劳动得到收入	285	543	848	1036	1241
（1）在企业中劳动得到收入	39	102	172	203	242
（2）在国家投资基建项目得到收入	14		2	4	5
（3）提供其他劳务收入	233	441	674	830	994
3. 外出从业得到收入	475	1420	1582	1808	2162
（1）在乡外县内从业得到收入	9	272	376	355	424
（2）在县外省内从业得到收入	33	135	177	222	265
（3）在省外国内从业得到收入	432	1013	1026	1232	1473
（二）家庭经营现金收入	2800	5383	6623	7486	8248
1. 第一产业现金收入	2671	5084	6041	6722	7666
（1）农业现金收入	1834	3820	4592	5127	5563
（2）林业现金收入	11	19	49	40	43
（3）牧业现金收入	482	557	616	668	726
（4）渔业现金收入	344	689	784	886	1334
2. 第二产业现金收入	48	49	120	155	59
3. 第三产业现金收入	82	250	462	609	522
（三）财产性收入	8	42	65	77	115
（四）转移性收入	80	276	340	364	801
#：农村亲友赠送	5	16	47	24	369
三、期内现金支出	3114	5845	7669	9705	9513
（一）生产费用支出	1207	2387	2948	3540	3055
1. 家庭经营费用支出	1148	2259	2810	3332	2949
（1）第一产业生产费用支出	1114	2162	2566	2947	2865
①农业生产费用支出	724	1555	1864	2120	1672
②林业生产费用支出	2	3	5	10	8
③牧业生产费用支出	248	346	357	416	367
④渔业生产费用支出	140	258	341	402	761
（2）第二产业生产费用支出	13	34	78	117	
（3）第三产业生产费用支出	21	63	166	268	84
2. 购置生产性固定资产支出	59	124	134	206	101
3. 建造生产性固定资产雇工支出		4	4	2	5
（二）税费支出	21	25	40	35	
（三）生活消费支出	1790	3196	4275	5692	5855
（四）财产性支出	6	18	18	23	1
（五）转移性支出	90	219	387	416	601

7-14 全市农村住户生活消费支出

Per Capital Living Expenditures of Rural Households

单位：元/人

指　标	2005 年	2010 年	2011 年	2012 年	2013 年
一、生活消费总支出	2422	3964	4995	5826	6621
1、食品消费支出	1165	1788	2096	2336	2718
2、衣着消费支出	139	270	347	391	416
3、居住消费支出	302	650	791	1004	1188
4、家庭设备、用品消费支出	128	278	402	452	493
5、交通和通讯消费支出	231	337	463	591	694
6、文化教育、娱乐消费支出	267	270	343	395	435
7、医疗保健消费支出	101	215	351	457	524
8、其他商品和服务消费支出	88	157	201	199	154
二、生活消费现金支出	1790	3196	4275	4992	5855
1、食品消费支出	543	1027	1376	1501	2010
2、衣着消费支出	135	268	347	391	413
3、居住消费支出	297	645	791	1004	1134
4、家庭设备、用品及服务消费支出	127	276	402	452	493
5、交通和通讯消费支出	231	337	463	591	694
6、文化教育、娱乐用品及服务消费支出	267	270	343	395	435
7、医疗保健消费支出	101	215	351	457	524
8、其他商品和服务消费支出	88	157	201	199	153

7-15　全市农村住户食品消费量

Consumption of Major Food in Rural Households

单位：公斤/人

指　标	2005 年	2010 年	2011 年	2012 年	2013 年
一、粮食消费量	246.64	226.37	198.74	221.83	161.51
（一）谷物消费量	244.05	224.48	197.09	220.55	157.94
1. 小麦	7.16	7.18	10.72	7.39	3.34
2. 稻谷	234.68	215.23	184.23	212.28	154.39
（二）薯类消费量	0.18	0.30	0.08	0.03	0.28
（三）豆类消费量	2.40	1.59	1.58	1.24	3.29
二、油脂类消费量	11.26	11.66	12.35	14.43	11.99
1. 植物油	11.11	11.53	12.18	14.22	11.84
2. 动物油	0.15	0.13	0.17	0.22	0.15
三、蔬菜及菜制品消费量	153.82	100.80	100.71	139.58	147.67
四、瓜类	4.30	11.79	8.78	6.34	7.89
五、水果类	9.64	8.98	8.63	8.86	8.36
六、肉禽及其制品	22.96	24.07	25.18	24.72	22.20
#：猪肉	17.90	18.09	18.27	18.78	16.09
家禽	4.03	4.00	4.24	3.99	3.62
七、蛋类及蛋制品	3.49	3.72	4.51	5.01	4.19
八、水产品	11.79	13.60	15.04	15.1	15.09
九、酒	7.37	9.03	10.44	9.45	7.97
#：白酒	4.65	4.57	4.91	4.65	4.28
啤酒	2.71	4.43	5.52	4.78	3.68

7-16 县市区农民纯收入

Net Income of Rural Households by County

单位：元/人

地 区	2005 年	2010 年	2011 年	2012 年	2013 年
荆州市	3108	6453	7664	8710	9909
荆州区	3514	7187	8610	9791	11118
沙市区	3716	7253	8674	9881	11230
江陵县	3017	5672	6613	7505	8542
松滋市	3037	6470	7671	8775	9995
公安县	3090	6610	7851	8961	10193
石首市	3083	6516	7624	8643	9840
监利县	3006	6162	7334	8354	9521
洪湖市	3128	6430	7458	8440	9625

7-17 全国、全省及市州农民年人均纯收入

Net Income of Rural Households by Nation, Hubei and Region

单位：元/人

地 区	2005 年	2010 年	2011 年	2012 年	2013 年
全国	3255	5919	6977	7917	8896
湖北省	3099	5832	6898	7852	8867
武汉市	4341	8295	9814	11190	12713
黄石市	2810	5524	6487	7477	8492
十堰市	1990	3499	4044	4566	5226
荆州市	3108	6453	7664	8710	9909
宜昌市	3108	5980	7055	8046	9121
襄阳市	3191	6365	7549	8684	9785
鄂州市	3495	6645	7909	9072	10210
荆门市	3738	6951	8248	9387	10615
孝感市	3028	5943	7029	7988	9023
黄冈市	2644	4634	5438	6142	6966
咸宁市	2911	5606	6588	7505	8480
随州市	3223	6279	7427	8419	9490
恩施自治州	1643	3232	3939	4571	5235
仙桃市	3818	6807	8006	9076	10365
天门市	3273	6207	7684	8507	9608
潜江市	3398	6486	7407	8785	10017
神农架林区	2164	4083	4640	5110	5677

7-18 分县市区农村住户调查样本基本情况

Basic Statistics on Sampled Rural Households by County

指标名称	单位	荆州市	荆州区	沙市区	江陵县
一、调查户数	户	750	100	50	100
二、常住人口	人	2786.12	315.56	206.82	347.50
三、整半劳动力	人	2148.64	234.58	150.00	273.75
（一）按劳动力文化程度分类					
1. 不识字或识字很少	%	4.98	3.13	6.25	8.45
2. 小学程度	%	28.95	15.67	12.50	31.46
3. 初中程度	%	50.81	72.07	59.38	41.78
4. 高中（含中专）程度	%	11.27	7.57	9.38	15.49
5. 大专及以上	%	3.99	1.57	12.50	2.82
（二）按是否参加培训分类					
1. 受过专业培训的人数	%	29.25	36.93	33.79	27.89
2. 未受过专业培训的人数	%	70.75	63.07	66.21	72.11
（三）按劳动力就业行业分类					
1. 一产业就业劳动力	%	62.66	75.20	43.75	74.18
2. 非农产业就业劳动力	%	37.34	24.80	56.25	25.82
（四）按劳动力就业地点分类					
1. 乡内	%	64.57	69.06	74.14	68.29
2. 县内乡外	%	6.46	9.33	15.34	10.92
3. 省内县外	%	7.72	8.25	5.00	11.58
4、省外	%	21.25	13.36	5.52	9.21
四、人均经营耕地面积	亩	2.30	2.74	1.53	3.99
人均经营养殖水面面积	亩	0.54	0.26		0.15
五、人均生产性固定资产原值	元	1784	1827	3964	2276
六、人均住房面积	平方米	45.25	50.51	54.30	45.33
#：钢筋混凝土结构面积	平方米	38.78	39.97	49.00	31.75
砖木结构面积	平方米	6.36	10.54	5.30	13.58
七、人均住房价值	元	27059	35359	44162	25191

7-18 续表

指标名称	单位	松滋市	公安县	石首市	监利县	洪湖市
一、调查户数	户	100	100	100	100	100
二、常住人口	人	391.77	365.63	384.33	395.43	357.59
三、整半劳动力	人	307.32	288.89	296.00	292.68	277.22
（一）按劳动力文化程度分类						
1. 不识字或识字很少	%	2.81	4.37	7.83	3.35	3.86
2. 小学程度	%	31.33	29.13	23.04	32.22	32.37
3. 初中程度	%	50.20	52.91	54.38	52.30	45.41
4. 高中（含中专）程度	%	11.65	9.71	10.60	7.53	14.49
5. 大专及以上	%	4.02	3.88	4.15	4.60	3.86
（二）按是否参加培训分类						
1. 受过专业培训的人数	%	32.04	30.09	26.21	24.43	27.61
2. 未受过专业培训的人数	%	67.96	69.91	73.79	75.57	72.39
（三）按劳动力就业行业分类						
1. 一产业就业劳动力	%	59.84	63.11	61.75	51.05	67.15
2. 非农产业就业劳动力	%	40.16	36.89	38.25	48.95	32.85
（四）按劳动力就业地点分类						
1. 乡内	%	60.28	60.37	60.10	62.53	61.43
2. 县内乡外	%	7.09	8.21	5.52	5.25	6.33
3. 省内县外	%	5.09	3.32	7.83	5.33	11.96
4. 省外	%	27.54	28.10	26.55	26.89	20.28
四、人均经营耕地面积	亩	1.48	2.26	1.62	2.81	2.02
人均经营养殖水面面积	亩	0.01	0.12		0.16	2.94
五、人均生产性固定资产原值	元	1524	827	1521	2161	2175
六、人均住房面积	平方米	40.18	39.70	36.38	46.38	44.96
#：钢筋混凝土结构面积	平方米	33.25	33.64	33.49	38.78	41.96
砖木结构面积	平方米	6.29	6.06	2.88	7.60	3.00
七、人均住房价值	元	24178	26943	22127	33021	31825

7-19 分县市区农村住户每百户耐用消费品拥有量

Number of Major Durable Consumer Goods Per 100 Rural Households Owned by County

指标名称	单位	荆州市	荆州区	沙市区	江陵县	松滋市
洗衣机	台	72	82	92	81	64
电冰箱	台	89	97	91	84	89
空调机	台	55	44	82	51	43
微波炉	台	14	16	18	10	3
热水器	台	59	65	100	58	38
自行车	辆	32	27	55	40	25
摩托车	辆	79	69	127	75	82
汽车（生活用）	台	5	9	9	8	2
固定电话机	部	21	20	9	15	34
移动电话	部	213	200	282	175	206
彩色电视机	台	123	114	145	139	111
摄像机	台	1		7		
影碟机	台					
照相机	架	3	3	18		2
家用计算机	台	22	24	38	21	6

指标名称	单位	公安县	石首市	监利县	洪湖市
洗衣机	台	65	61	66	66
电冰箱	台	90	85	84	84
空调机	台	53	68	52	58
微波炉	台	14	9	6	21
热水器	台	60	71	55	65
自行车	辆	6	55	49	41
摩托车	辆	86	96	52	81
汽车（生活用）	台	4	3	9	2
固定电话机	部	15	8	17	35
移动电话	部	206	260	199	233
彩色电视机	台	126	120	115	130
摄像机	台	1			
影碟机	台				
照相机	架	1		4	6
家用计算机	台	10	24	17	34

7-20 分县市区农村住户总收入、总支出及纯收入

Income, Expenditures and Net Income of Rural Households by County

单位：元/人

指标名称	荆州市	荆州区	沙市区	江陵县
一、总收入	13412	14540	16394	13197
（一）工资性收入	3522	3754	4156	2945
1. 在非企业组织中劳动得到收入	119	240	157	109
2. 在本乡地域内劳动得到收入	1241	2115	1199	442
（1）在企业中劳动得到收入	242	490	571	221
（2）在国家投资基建项目得到收入	5		50	
（3）提供其他劳务收入	994	1625	578	221
3. 外出从业得到收入	2162	1398	2800	2394
（1）在乡外县内从业得到收入	424	211	2013	1123
（2）在县外省内从业得到收入	265	55	370	328
（3）在省外国内从业得到收入	1473	1132	418	943
（二）家庭经营收入	8971	9967	11576	9256
1. 第一产业收入	8390	8492	9653	8745
（1）农业收入	6141	7485	5801	8132
（2）林业收入	43	5	1	70
（3）牧业收入	854	823	3851	185
（4）渔业收入	1352	180		358
2. 第二产业收入	59	66	290	50
3. 第三产业收入	522	1408	1633	461
（三）财产性收入	115	148	205	177
（四）转移性收入	803	671	457	819
#：农村亲友赠送收入	369	96	137	421
二、总支出	10343	11742	12834	11203
（一）家庭经营费用支出	3014	3203	4763	4082
1. 第一产业生产费用支出	2930	2981	4539	4035
（1）农业生产费用支出	1689	2639	1061	3454
（2）林业生产费用支出	8	4	1	66
（3）牧业生产费用支出	411	292	3468	144
（4）渔业生产费用支出	764	19		169
2. 第二产业生产费用支出	0		7	
3. 第三产业生产费用支出	84	222	217	48
（二）购置生产性固定资产支出	101	123	84	175
（三）建.造生产性固定资产雇工支出	5			
（四）税费支出				
（五）生活消费支出	6621	7197	7273	6327
（六）财产性支出	1			
（七）转移性支出	601	1219	714	619
三、全年纯收入	9909	11118	11230	8542

7-20 续表 单位：元/人

指标名称	松滋市	公安县	石首市	监利县	洪湖市
一、总收入	12615	13461	12971	11495	16539
（一）工资性收入	4276	3287	3634	3354	3217
1. 在非企业组织中劳动得到收入	72	26	49	78	244
2. 在本乡地域内劳动得到收入	1498	1359	1595	836	998
（1）在企业中劳动得到收入	161		377	9	315
（2）在国家投资基建项目得到收入					12
（3）提供其他劳务收入	1336	1359	1218	827	671
3. 外出从业得到收入	2706	1903	1991	2440	1976
（1）在乡外县内从业得到收入	252	12	533	8	99
（2）在县外省内从业得到收入	438	35	436	9	506
（3）在省外国内从业得到收入	2016	1856	1021	2424	1370
（二）家庭经营收入	6964	9238	8331	7391	12737
1. 第一产业收入	6803	8716	7383	6389	12250
（1）农业收入	5316	7430	5860	5300	5593
（2）林业收入	70	25	4	101	1
（3）牧业收入	1281	506	1362	565	209
（4）渔业收入	136	755	157	423	6446
2. 第二产业收入			376		65
3. 第三产业收入	161	523	572	1002	422
（三）财产性收入	76	91	121	112	59
（四）转移性收入	1299	844	885	638	525
#：农村亲友赠送收入	805	367	462	236	179
二、总支出	8712	10298	10637	8409	14356
（一）家庭经营费用支出	1713	2847	2568	1595	6590
1. 第一产业生产费用支出	1617	2772	2448	1535	6552
（1）农业生产费用支出	930	2120	1295	1256	1988
（2）林业生产费用支出	5	8		1	11
（3）牧业生产费用支出	679	272	1148	131	37
（4）渔业生产费用支出	3	372		110	4305
2. 第二产业生产费用支出					
3. 第三产业生产费用支出	96	74	120	60	38
（二）购置生产性固定资产支出	61	120	90	7	256
（三）建.造生产性固定资产雇工支出					31
（四）税费支出					
（五）生活消费支出	6651	6978	6902	6393	6515
（六）财产性支出	1	1		1	
（七）转移性支出	286	354	1078	414	963
三、全年纯收入	9995	10193	9840	9521	9625

7-21 分县市区农民纯收入构成

Composition of Rural People's Net Income by County

单位：元/人

指标名称	荆州市	荆州区	沙市区	江陵县
一、全年纯收入	9909	11118	11230	8542
（一）工资性收入	3522	3754	4156	2945
1. 在非企业组织中劳动得到收入	119	240	157	109
2. 在本乡地域内劳动得到收入	1241	2115	1199	442
（1）在企业中劳动得到收入	242	490	571	221
（2）在国家投资基建项目得到收入	5		50	
（3）提供其他劳务收入	994	1625	578	221
3. 外出从业得到收入	2162	1398	2800	2394
（1）在乡外县内从业得到收入	424	211	2013	1123
（2）在县外省内从业得到收入	265	55	370	328
（3）在省外国内从业得到收入	1473	1132	418	943
（二）家庭经营纯收入	5838	6642	6548	5022
1. 第一产业纯收入	5371	5419	4974	4585
（1）农业收入	4339	4726	4666	4378
（2）林业收入	34	1	1	–7
（3）牧业收入	418	531	308	39
（4）渔业收入	579	161		175
2. 非农产业纯收入	468	1223	1574	436
（1）第二产业纯收入	57	66	283	50
（2）第三产业纯收入	411	1157	1291	387
（三）财产性纯收入	115	148	205	177
（四）转移性纯收入	433	575	321	397
#：家庭非常住人口寄回和带回				
城市亲友赠送	4			
各种补贴收入	252	364	287	414
二、全年现金纯收入	9246	10337	10382	7615
三、全年实物纯收入	663	781	849	926

7-21 续表 单位：元/人

指标名称	松滋市	公安县	石首市	监利县	洪湖市
一、全年纯收入	9995	10193	9840	9521	9625
（一）工资性收入	4276	3287	3634	3354	3217
1. 在非企业组织中劳动得到收入	72	26	49	78	244
2. 在本乡地域内劳动得到收入	1498	1359	1595	836	998
（1）在企业中劳动得到收入	161		377	9	315
（2）在国家投资基建项目得到收入					12
（3）提供其他劳务收入	1336	1359	1218	827	671
3. 外出从业得到收入	2706	1903	1991	2440	1976
（1）在乡外县内从业得到收入	252	12	533	8	99
（2）在县外省内从业得到收入	438	35	436	9	506
（3）在省外国内从业得到收入	2016	1856	1021	2424	1370
（二）家庭经营纯收入	5149	6337	5662	5653	6002
1. 第一产业纯收入	5100	5892	4918	4742	5579
（1）农业收入	4357	5291	4543	3927	3323
（2）林业收入	66	17	4	100	−10
（3）牧业收入	545	206	214	408	160
（4）渔业收入	133	379	157	306	2106
2. 非农产业纯收入	49	445	744	911	422
（1）第二产业纯收入	−4		372		58
（2）第三产业纯收入	53	445	372	911	364
（三）财产性纯收入	76	91	121	112	59
（四）转移性纯收入	494	477	424	402	347
#：家庭非常住人口寄回和带回					
城市亲友赠送			4		21
各种补贴收入	224	308	90	252	205
二、全年现金纯收入	9068	9357	9592	8798	9472
三、全年实物纯收入	927	835	249	723	153

7-22 分县市区农村住户现金总收入及总支出

Cash Income and Expenditures of Rural Households by County

单位：元/人

指标名称	荆州市	荆州区	沙市区	江陵县
一、期内现金收入	12676	13634	15531	12247
（一）工资性收入	3511	3676	3951	2940
1. 在非企业组织中劳动得到收入	108	162	157	105
2. 在本乡地域内劳动得到收入	1241	2115	1199	442
（1）在企业中劳动得到收入	242	490	571	221
（2）在国家投资基建项目得到收入	5		50	
（3）提供其他劳务收入	994	1625	578	221
3. 外出从业得到收入	2162	1398	2595	2394
（1）在乡外县内从业得到收入	424	211	1808	1123
（2）在县外省内从业得到收入	265	55	370	328
（3）在省外国内从业得到收入	1473	1132	418	943
（二）家庭经营现金收入	8248	9155	10921	8311
1. 第一产业现金收入	7666	7680	8998	7800
（1）农业现金收入	5563	7205	5170	7223
（2）林业现金收入	43	5		70
（3）牧业现金收入	726	351	3828	154
（4）渔业现金收入	1334	120		353
2. 第二产业现金收入	59	66	290	50
3. 第三产业现金收入	522	1408	1633	461
（三）财产性收入	115	148	205	177
（四）转移性收入	801	656	454	818
#：农村亲友赠送	369	96	137	421
三、期内现金支出	9513	10265	12000	10649
（一）生产费用支出	3055	3203	4841	4244
1. 家庭经营费用支出	2949	3080	4757	4069
（1）第一产业生产费用支出	2865	2858	4533	4021
①农业生产费用支出	1672	2523	1054	3440
②林业生产费用支出	8	4	1	66
③牧业生产费用支出	367	289	3468	144
④渔业生产费用支出	761	19		169
（2）第二产业生产费用支出	0		7	
（3）第三产业生产费用支出	84	222	217	48
2. 购置生产性固定资产支出	101	123	84	175
3. 建造生产性固定资产雇工支出	5			
（二）税费支出				
（三）生活消费支出	5855	5842	6445	5786
（四）财产性支出	1			
（五）转移性支出	601	1219	714	619

7-22 续表

单位：元/人

指标名称	松滋市	公安县	石首市	监利县	洪湖市
一、期内现金收入	11527	12546	12714	10707	16358
（一）工资性收入	4276	3287	3634	3350	3216
1. 在非企业组织中劳动得到收入	72	26	49	75	243
2. 在本乡地域内劳动得到收入	1498	1359	1595	836	998
（1）在企业中劳动得到收入	161		377	9	315
（2）在国家投资基建项目得到收入					12
（3）提供其他劳务收入	1336	1359	1218	827	671
3. 外出从业得到收入	2706	1903	1991	2440	1976
（1）在乡外县内从业得到收入	252	12	533	8	99
（2）在县外省内从业得到收入	438	35	436	9	506
（3）在省外国内从业得到收入	2016	1856	1021	2424	1370
（二）家庭经营现金收入	5876	8325	8074	6607	12558
1. 第一产业现金收入	5715	7802	7126	5605	12071
（1）农业现金收入	4500	6715	5657	4532	5536
（2）林业现金收入	71	25	4	101	1
（3）牧业现金收入	1012	310	1307	549	166
（4）渔业现金收入	131	752	157	423	6367
2. 第二产业现金收入			376		65
3. 第三产业现金收入	161	523	572	1002	422
（三）财产性收入	76	91	121	112	59
（四）转移性收入	1299	843	885	637	525
#：农村亲友赠送	805	367	462	236	179
三、期内现金支出	7675	9346	10268	7765	13440
（一）生产费用支出	1621	2890	2644	1558	6850
1. 家庭经营费用支出	1559	2771	2554	1552	6563
（1）第一产业生产费用支出	1463	2696	2434	1492	6524
①农业生产费用支出	918	2117	1291	1240	1977
②林业生产费用支出	5	8		1	11
③牧业生产费用支出	537	209	1137	104	29
④渔业生产费用支出	3	363		110	4297
（2）第二产业生产费用支出					
（3）第三产业生产费用支出	96	74	120	60	38
2. 购置生产性固定资产支出	61	120	90	7	256
3. 建造生产性固定资产雇工支出					31
（二）税费支出					
（三）生活消费支出	5768	6101	6547	5792	5627
（四）财产性支出	1	1		1	
（五）转移性支出	286	354	1078	414	963

7–23 分县市区农村住户生活消费

Living Expenditures of Rural Households by County

单位：元/人

指标名称	荆州市	荆州区	沙市区	江陵县
一、生活消费总支出	6621	7197	7273	6327
其中：服务性支出	2131	3864	3649	1884
1. 食品消费支出	2718	3192	3241	2564
2. 衣着消费支出	416	502	554	485
3. 居住消费支出	1188	966	845	822
4. 家庭设备、用品消费支出	493	557	507	597
5. 交通和通讯消费支出	694	527	845	564
6. 文化教育、娱乐消费支出	435	567	561	472
7. 医疗保健消费支出	524	627	630	568
8. 其他商品和服务消费支出	154	260	90	254
二、生活消费现金支出	5855	5842	6445	5786
其中：服务性支出	2131	3864	3649	1884
1. 食品消费支出	2010	1998	2425	2039
2. 衣着消费支出	413	491	550	479
3. 居住消费支出	1134	829	838	811
4. 家庭设备、用品及服务消费支出	493	549	507	597
5. 交通和通讯消费支出	694	527	845	564
6. 文化教育、娱乐用品及服务消费支出	435	567	561	472
7. 医疗保健消费支出	524	627	630	568
8. 其他商品和服务消费支出	153	254	90	254

7-23　续表　单位：元/人

指标名称	松滋市	公安县	石首市	监利县	洪湖市
一、生活消费总支出	6651	6978	6902	6393	6515
其中：服务性支出	1792	1860	2586	1764	2326
1. 食品消费支出	2626	2681	2337	2699	2643
2. 衣着消费支出	353	348	510	317	435
3. 居住消费支出	1244	1959	2004	1479	1157
4. 家庭设备、用品消费支出	521	464	552	393	556
5. 交通和通讯消费支出	869	632	618	542	684
6. 文化教育、娱乐消费支出	188	433	316	377	499
7. 医疗保健消费支出	527	339	512	446	390
8. 其他商品和服务消费支出	324	121	53	139	151
二、生活消费现金支出	5768	6101	6547	5792	5627
其中：服务性支出	1792	1860	2586	1764	2326
1. 食品消费支出	1749	1806	2066	2134	2036
2. 衣着消费支出	353	346	498	316	433
3. 居住消费支出	1238	1959	1932	1444	1078
4. 家庭设备、用品及服务消费支出	521	464	552	393	356
5. 交通和通讯消费支出	869	632	618	542	684
6. 文化教育、娱乐用品及服务消费支出	388	433	316	377	499
7. 医疗保健消费支出	527	339	512	446	390
8. 其他商品和服务消费支出	124	121	53	139	151

7-24 分县市区农村住户食品消费量

Major Food Consumption of Rural Households by County

单位：公斤/人

指标名称	荆州市	荆州区	沙市区	江陵县
一、粮食消费量	161.51	151.47	163.98	169.78
（一）谷物消费量	157.94	147.32	152.50	166.49
1. 小麦	3.34	3.77	2.91	15.43
2. 稻谷	154.39	143.20	149.58	151.00
（二）薯类消费量	0.28	1.50	2.31	0.10
（三）豆类消费量	3.29	2.65	9.16	3.19
二、油脂类消费量	11.99	15.32	11.17	13.55
1. 植物油	11.84	15.21	11.14	13.43
2. 动物油	0.15	0.11	0.03	0.12
三、蔬菜及菜制品消费量	147.67	138.27	145.21	140.77
四、瓜类	7.89	14.46	14.90	12.55
五、水果类	8.36	15.03	5.43	12.87
六、肉禽及其制品	22.20	31.08	24.92	20.02
#：猪肉	16.09	22.13	19.31	13.93
家禽	3.62	6.74	3.35	4.74
七、蛋类及蛋制品	4.19	8.55	3.44	3.63
八、水产品	15.09	13.94	15.07	23.13
九、酒	7.97	11.86	8.07	6.13
#：白酒	4.28	7.86	1.97	3.52
啤酒	3.68	4.01	6.10	2.61

指标名称	松滋市	公安县	石首市	监利县	洪湖市
一、粮食消费量	202.77	180.16	154.23	154.53	150.00
（一）谷物消费量	200.57	177.61	151.74	150.20	145.51
1. 小麦	2.12	0.90	0.70	0.66	8.55
2. 稻谷	198.01	176.65	151.03	149.25	136.83
（二）薯类消费量	0.34	0.02		0.01	0.47
（三）豆类消费量	1.86	2.53	2.49	4.33	4.02
二、油脂类消费量	11.49	10.83	11.87	13.09	13.91
1. 植物油	11.45	10.64	11.63	12.86	13.85
2. 动物油	0.04	0.18	0.24	0.23	0.06
三、蔬菜及菜制品消费量	165.55	150.70	158.06	155.63	150.03
四、瓜类	5.53	6.39	4.16	5.00	10.62
五、水果类	5.60	12.70	4.26	4.92	10.74
六、肉禽及其制品	23.92	24.90	20.51	18.21	17.71
#：猪肉	20.96	17.92	17.56	10.58	10.81
家禽	1.78	4.24	2.19	3.24	4.82
七、蛋类及蛋制品	2.59	4.36	1.89	4.01	6.03
八、水产品	6.13	9.52	15.16	16.38	26.26
九、酒	8.96	11.08	11.99	5.43	4.21
#：白酒	4.13	5.13	6.26	3.53	2.62
啤酒	4.81	5.94	5.73	1.90	1.56

指 标 解 释

Explanatory Notes on Statistical Indicators

【家庭总收入】 指调查户中生活在一起的所有家庭成员在调查期得到的工薪收入、经营净收入、财产性收入、转移性收入的总和，不包括出售财物和借贷收入。收入的统计标准以实际发生的数额为准，无论收入是补发还是预发，只要是调查期得到的都应如实计算，不作分摊。

【可支配收入】 指调查户可用于最终消费支出和其他非义务性支出以及储蓄的总和，即居民家庭可以用来自由支配的收入。它是家庭总收入扣除交纳的所得税、个人交纳的社会保障费以及调查户的记账补贴后的收入。计算公式为：

可支配收入 = 家庭总收入 – 交纳所得税 – 个人交纳的社会保障支出 – 记账补贴

【工薪收入】 指就业人员通过各种途径得到的全部劳动报酬，包括所从事的主要职业的工资以及从事第二职业、其他兼职和零星劳动得到的其他劳动收入。

【经营净收入】 指家庭成员从事生产经营活动所获得的净收入。是全部生产经营收入中扣除生产成本和税金后所得的收入。如当期收入小于生产费用的开支，其差额记入”其他借贷支出”中。

【财产性收入】 指家庭拥有的动产（如银行存款、有价证券）、不动产（如房屋、车辆、土地、收藏品等）所获得的收入。包括出让财产使用权所得的利息、租金、专利收入；财产营运所获得的红利收入、财产增值收益等。

【转移性收入】 指国家、单位、社会团体对居民家庭的各种转移支付和居民家庭间的收入转移。包括政府对个人收入转移的离退休金、失业救济金、赔偿等；单位对个人收入转移的辞退金、保险索赔、住房公积金、家庭间的赠送和赡养等。

【出售财物收入】 指调查户出售家庭财物所得到的收入。由于出售财物是家庭财产从实物形态转为货币形态，家庭财产总量不变，因此不计入可支配收入中。

【家庭总支出】 指家庭除借贷支出以外的全部实际支出。包括消费支出、购房建房支出、转移性支出、财产性支出、社会保障支出。支出统计是以实际购得的商品或服务的总价值填报，不论其付款方式是一次付清、分期付款、还是赊购，只要商品或服务已被消费就要按其总价值计算。如果采用分期付款或赊购形式，则要在借贷收入类相应的项目填入实付款与总的应付款的差额。

【消费支出】 指调查户用于本家庭日常生活的全部支出，包括食品、衣着、家庭设备用品及服务、医疗保健、交通和通信、娱乐教育文化服务、居住、杂项商品和服务八大类等。包括用于赠送的商品或服务的支出。消费支出按商品（服务）的用途分类。

【服务性消费支出】 指调查户用于本家庭支付社会提供的各种文化和生活方面的非商品性服务费用。不包括为别人付款的服务。

【购房与建房支出】 指包括居民家庭购买住房、建房时的全部支出。

【转移性支出】 指居民家庭对国家、单位、住户、个人的转移支付。包括交纳的税款、捐赠和赡养支出等。

【财产性支出】 指家庭购买或维护财产所支付的利息等有关费用。

【社会保障支出】 指调查户成员参加国家法律、法规规定的社会保障项目中由个人交纳的保障支出。不包括职工所在单位交纳的那部分社会保障金。

【平均每一就业者负担系数】 是由家庭人口数与退休人口数之差，再除以就业人口数计算得到的。计算公式为：

平均每一就业者负担系数 =（家庭人口数 – 退休人口数）/ 就业人口数

【农村居民家庭生活消费支出】 指农村住户用于物质生活和精神生活方面的支出。包括食品、衣着、居住、家庭设备用品及服务、医疗保健、交通和通讯、文化教育娱乐用品及服务、其他商品和服务等消费支出。

【农民人均总收入】 是指调查期内每个农村住户成员从各种来源渠道得到的收入总和。按收入的性质划分为工资性收入、家庭经营收入、财产性收入和转移性收入。

【农民人均现金收入】 是指每个农村住户成员在调查期内得到以现金形态表现的收入。按来源分成工资性收入、家庭经营现金收入、财产性收入、转移性收入。

【农民人均纯收入】 是指农村住户当年从各个来源得到的总收入相应地扣除所发生的费用后的收入总和。纯收入主要用于再生产投入和当年生活消费支出，也可用于储蓄和各种非义务性支出。计算公式：

农民人均纯收入 = 农民人均总收入 – 家庭经营费用支出 – 税费支出 – 生产性固定资产折旧 – 赠送农村内部亲友。

八、城市概况与环境保护

General Information of the City and Environmental Protection

资料整理：汤　奕

贺武辉

8-1 城区城市建设基本情况

Basic Statistics on Municipal Infra-Structure in City Proper

指　标	单位	2005 年	2010 年	2011 年	2012 年	2013 年
城市供水						
综合生产能力	万吨/日	73.50	71.5	73.50	57.00	55.00
供水总量	万吨	8841	7493	7622	7592	7812
#生活用水	万吨	4687	3034	3219	3408	3436
人均日常生活用水量	升	214	170	170	170	182
城市公共交通						
公共汽车营运车辆	辆	499	1103	1185	729	763
公共汽车营运线路长度	里	199	252	3268	3268	981
公共汽车客运总量	万人次	8044	14000	19037	13042	14875
出租汽车数	辆	1588	1588	1588	1588	1588
轮渡营运船数	艘	3	7	6		4
城市市政工程						
道路总长度	公里	770	774	775	802	814
道路总面积	万平方米	748	755	760	856	890
排水管道长度	公里	370	385	394	433	465
防洪堤长度	公里	224	224	224	224	224
路灯盏数	盏	25800	50383	50423	50527	51898
城市园林绿化						
绿化覆盖面积	公顷	1967	2618	2649	2747	2803
园林绿地面积	公顷	1549	2147	2340	2431	2487
建城区绿化覆盖率	%	27.6	39.4	39.1	38.4	39.1
公园个数	个	20	21	21	24	24
公园面积	公顷	318	316	677	734	760
城市供气						
天然气供应总量	万立方米	1550	6803	8061	8505	12631
天然气用气人数	万人	7.70	33.00	36.00	43.00	45.90
液化气供气总量	吨	13800	8200	7960	7758	5034
液化用气人口	万人	38.20	31.8	30.55	28.38	24.00
用气普及率	%	42.0	91	91.5	94.2	96.0
城市清洁卫生						
清运面积	万平方米	710	500	920	974	974
垃圾清运量	万吨	28.10	30	57.37	19.35	22.38
公共厕所	座	236	249	241	238	238
环卫机械数	台	62	95	156	160	147

8-2　城市建设基本情况

Basic Statistics on Municipal Infra-Structure

指　标	单　位	荆州市	市直	江陵县	松滋市	公安县	石首市	监利县	洪湖市
城市建成区面积	平方公里	208.53	71.77	12.46	15.39	19.56	22.53	27.30	39.52
城市建设用地面积	平方公里	198.25	71.77	12.16	14.56	19.56	19.23	26.96	34.01
#城市居住用地面积	平方公里	59.06	18.96	4.24	5.50	5.64	6.00	7.80	10.92
城市公共设施用地面积	平方公里	17.78	8.44	0.91	1.87	0.66	1.01	4.25	0.64
城市工业用地面积	平方公里	44.03	19.85	4.03	2.62	6.73	1.50	2.00	7.30
城市供水									
综合生产能力	万吨/日	102.00	55.00	2.00	5.00	7.50	10.00	6.50	16.00
用水人口	万人	165.70	70.55	4.80	13.17	17.25	14.63	14.30	31.00
售水量	万吨	11515	6248	300	660	829	991	1060	1427
供水总量	万吨	15150	7812	420	1044	1306	1550	1290	1728
#生活用水	万吨	6740	3436	224	558	570	467	615	870
城市市政工程									
道路总长度	公里	1796	814	58.4	137	88	120	126	452
道路总面积	千平方米	2426	890	102	235	170	239	286	503
排水管道长度	公里	1458	465	131	225	83	163	93	298
路灯盏数	盏	71322	51898	1722	4687	2285	3500	2945	4285
城市园林绿化									
园林绿地面积	公顷	7038	2487	247	536	503	818	658	1789
#公园绿地面积	公顷	1926	760	89	149	157	171	186	414
建成区绿化覆盖面积	公顷	8161	2803	281	613	569	930	640	2325
建城区绿化覆盖率	%	39.14	39.05	22.55	39.83	29.09	41.28	23.44	58.83
公园个数	个	45	24	4	2	4	2	3	6
公园面积	公顷	1247	760	54	50	141	157	55	30
城市维护建设资金支出	万元	144122	45920	12104	19683	5800	3125	25550	31940
城市供气									

8-2 续表

指 标	单 位	荆州市	市直	江陵县	松滋市	公安县	石首市	监利县	洪湖市
天然气供气总量	万立方米	14355	12631	36	886	253	157	107	286
#生活用	万立方米	3898	2996	1	389	170	12	93	238
天然气用气人口	万人	73.94	45.85	0.12	5.24	4.00	0.52	4.20	14.01
液化气供气总量	万立方米	21967	5034	920	2502	2175	3858	4550	2928
#生活用	万立方米	20900	5034	740	2500	2165	3593	3940	2928
液化气用气人口	万人	84.9	24.0	4.1	7.7	8.2	13.5	8.6	18.78
用气普及率	%	92.3	96.0	80.5	93.8	67.8	96.0	88.0	98.77
城市清洁卫生									
清扫面积	万平方米	2061	974	88	140	140	138	201	380
污水排放量	万吨	13507	6602	500	762	1850	1238	1185	1370
污水处理量	万吨	11725	5953	417	572	1458	1152	1003	1170
生活垃圾清运量	万吨	73.25	22.38	4.92	5.48	5.30	6.38	10.80	18
生活垃圾处理量	万吨	72.57	22.38	4.92	5.48	4.93	6.38	10.50	18
公共厕所	座	585	238	36	32	13	50	34	182
环卫机械数	台	375	147	80	22	25	16	22	63
污水处理厂数	座	10	3	1	1	1	2	1	1
垃圾处理站数	个	6	1	1	1	0	1	1	1
生活污水处理率	%	86.81	90.17	83.4	75.07	78.81	93.05	84.64	85.4
生活垃圾无害化处理率	%	37.28	100	0	0	93.02	0	0	0
城市公共交通									
公共汽车营运车辆	辆	1245	763	50	48	90	107	76	111
公共汽车营运线路长度	里	1732	981	220	36	71	185	135	104
公共汽车客运总量	万人次	21772	14875	190	462	1300	1257	1900	1788
出租汽车数	辆	2930	1588	80	203	260	228	321	250
轮渡营运船数	艘	4				2		2	

8-3 “三废”排放和处理综合利用情况

“Three Wastes” Discharge and Treatment Utilization Situation

指 标	单 位	2013 年
废水排放总量	万吨	26454
工业废水排放总量	万吨	10387
废气排放总量	亿立方米	788.33
二氧化硫排放量	吨	50023
烟（粉）尘排放量	吨	17502
工业烟（粉）尘产生量	万吨	508710
工业烟（粉）尘去除量	万吨	495010
工业烟（粉）尘排放量	吨	13700
工业固定废物产生量	万吨	284.59
工业固体废物综合利用量	吨	98.59
工业固定废物贮存量	吨	186
锅炉总数	个	313
锅炉蒸吨数	蒸吨	3239
工业炉窑	个	135

8-4 工业企业废水处理设施情况

Statistics on Industrial Waste Water Treatment Facilites

指 标	单 位	2013 年
汇总企事业单位数	个	482
治理设施数量	套	106
实际处理废水量	万吨	4794
运行费用	万元	10963
六价铬化合物（排放量）	吨	300
石油类排放量	吨	64
COD排放量	吨	24878

8-5 分县市区生活污染排放情况

Domestic Pollution Emissions by Country

地　区	生活污水排放量（万吨）	生活污水 COD 排放量（吨）	生活二氧化硫排放量（吨）	生活烟尘排放量（吨）
荆州区	3286.91	7607	853	381
沙市区	3775.08	6827	765	342
开发区	147.56	1367	153	69
江陵县	557.48	2730	306	137
松滋市	721.74	6434	721	322
公安县	3308.92	7413	831	371
石首市	1536.75	4878	547	244
监利县	1123.74	9755	1093	488
洪湖市	1601.82	6826	765	342

8-6 分县市区“三废”排放和处理综合利用

“Three Wastes” Dischargeand Treatment Utilization Situation by Country

指　标	总计	荆州区	沙市区	开发区	江陵县
汇总工业企业个数（个）	482	68	44	97	40
工业废水排放总量（万吨）	10387	1466	1702	2196	626
废水治理设施数（套）	106	7	18	36	2
废气治理设施数（套）	342	51	62	15	2
工业废气排放总量（亿立方米）	788.33	33.09	183.82	203.12	16.92
工业烟（粉）尘排放量（吨）	13700	493	3558	1001	1961
工业烟（粉）尘去除量（吨）	495010	7558	4704	101531	342
工业固体废物产生量（万吨）	284.59	8.90	4.61	22.07	1.88
工业固体废物综合利用量（万吨）	98.59	8.90	4.61	22.07	1.88
主要污染物总量减排完成率（%）	100	100	100	100	100
城镇集中式饮用水源地水质达标率（%）	100	100	100	100	100

指　标	松滋市	公安县	石首市	监利县	洪湖市
汇总工业企业个数（个）	62	43	49	28	51
工业废水排放总量（万吨）	608	905	849	1318	717
废水治理设施数（套）	13	8	13	3	6
废气治理设施数（套）	74	35	49	28	26
工业废气排放总量（亿立方米）	76.13	49.78	144.53	51.62	29.33
工业烟（粉）尘排放量（吨）	2060	2040	1120	1149	317
工业烟（粉）尘去除量（吨）	312112	27775	24081	14674	2234
工业固体废物产生量（万吨）	213.50	6.17	11.67	7.71	8.10
工业固体废物综合利用量（万吨）	27.50	6.17	11.67	7.71	8.10
主要污染物总量减排完成率（%）	100	100	100	100	100
城镇集中式饮用水源地水质达标率（%）	100	100	100	100	100

指 标 解 释

Explanatory Notes on Statistical Indicators

【自来水生产能力】 指按供水设施取水、净化、送水、出厂输水干管等环节实际测定计算的综合生产能力。不包括供水高峰阶段，超负荷增加的生产能力。计算时，以四个环节中最薄弱的环节为主确定能力。

【自来水管道长度】 指供水设施的取水管道和供水管道长度之和。取水管道长度指水源地至地表水水厂净化设施（或地下水水厂清水池）之间所有管道的长度，包括水源井之间的井群联络管道长度。供水管道长度指从送水泵至用户水表之间所有管道的长度。不包括新安装尚未使用的管道。

【生产运营用水】 指在城市范围内生产、运营的农、林、牧、渔业、工业、建筑业、交通运输业等单位在生产、运营过程中的用水。

【公共服务用水】 指为城市社会公共生活服务的用水。包括行政事业单位、部队营区和公共设施服务、社会服务业、批发零售贸易业、旅馆饮食业以及社会服务业等单位的用水。

【居民家庭用水】 指城市范围内所有居民家庭的日常生活用水。包括城市居民、农民家庭、公共供水站用水。

【年末营运车数】 指公交企业（单位）用于运营业务的全部车辆数。

【运营线路总长度】 指全部运营线路长度之和。计算公式：

运营线路长度 = Σ各条运营线路长度 = Σ（上行起点至终点里程 + 下行起点至终点里程 + 上下行终点掉头里程）

【道路长度】 指道路长度和与道路相通的桥梁、隧道的长度，按车行道中心线计算。城市道路由车行道和人行道两部分组成。在统计时只统计路面宽度在 3. 5 米（含 3. 5 米）以上的各种铺装道路，包括开放型工业区和住宅区道路在内。

【公共绿地】 指向公众开放的市级、区级、居住区级各类公园、街旁游园，包括其范围内的水域。其中居住区级公园应不小于 1 万平方米，街旁游园的宽度不小于 8 米，面积不小于 400 平方米。

【绿化覆盖率】 指报告期末区域内绿化覆盖面积与区域面积的比率。计算公式：

$$\text{绿化覆率}=\frac{\text{区域内绿化覆盖面积}}{\text{区域面积}}\times 100\%$$

【下水道长度】 指所有排水总管、干管、支管、检查井及连接井进出口等长度之和。计算时应按单管计算，即在同一条街道上如有两条或两条以上并排的排水管道时，应按每条排水管道的长度相加计算。

【污水日处理能力】 指污水处理厂（或处理装置）每昼夜处理污水量的设计能力。

按污水处理的程度，一般可分为一级处理、二级处理和三级处理。

一级处理是以沉淀为主体的处理工艺。指去除污水中的漂浮物和悬浮物的净化过程，主要为沉淀。

二级处理是以生物处理为主体的处理工艺。指污水经一级处理后，用生物处理方法继续除去污水中胶体和溶解性有机物的净化过程。

三级处理也称高级处理或深度处理。指进一步去除二级处理不能完全去除的污水中的污染物的处理工艺。

【垃圾无害化处理能力】 指垃圾无害化处理场(厂)按工艺设计每天所能处理生活垃圾的数量。垃圾无害化处理场（厂）必须是按照有关技术、环境、卫生标准和规范进行设计、建设、运行、维护和管理的各种生活垃圾处理设施，主要包括卫生填埋场、堆肥厂和焚烧厂等。

九、农　　业

Agriculture

资料整理：张宗山
陈　风

9-1　分年农村主要经济指标

Main Economy Indicators of Rural Area by Year

指　标	单位	2005 年	2010 年	2011 年	2012 年	2013 年
一、农业总产值（当年价）	亿元	207.81	423.79	484.20	534.97	578.34
1. 农业	亿元	109.00	197.13	220.17	241.22	253.10
2. 林业	亿元	2.21	3.38	5.03	5.81	6.48
3. 牧业	亿元	44.56	95.26	121.51	131.02	138.58
4. 渔业	亿元	48.94	123.05	132.03	150.61	173.20
5. 服务业	亿元	3.09	4.97	5.46	6.31	6.98
二、农业增加值（当年价）	亿元	118.43	231.07	265.15	292.76	319.09
三、农作物种植情况						
总播种面积	千公顷	912.06	1032.52	1043.22	1067.28	1078.54
1. 粮食作物面积	千公顷	450.25	539.45	547.05	574.75	583.99
# 小麦	千公顷	73.23	108.29	113.38	119.83	120.75
早稻	千公顷	51.63	71.06	72.08	80.59	86.40
中稻	千公顷	201.17	239.34	240.45	245.70	244.23
双晚	千公顷	61.56	81.49	80.56	87.59	93.12
豆类	千公顷	18.56	17.44	17.57	17.36	16.61
2. 棉花	千公顷	92.34	108.18	112.12	104.81	99.61
3. 油料作物	千公顷	210.35	251.21	255.06	259.06	262.74
# 油菜籽	千公顷	204.38	243.02	247.52	251.60	255.78
4. 麻类	千公顷	0.96	0.07	0.05	0.04	0.04
# 黄红麻	千公顷	0.84	0.07	0.05	0.04	0.04
5. 糖料	千公顷	0.70	1.54	1.45	1.35	1.21
6. 蔬菜	千公顷	82.01	78.06	76.92	80.44	83.23
四、园林水果面积	千公顷	15.23	21.23	21.66	23.20	23.72
五、造林面积	千公顷	14.72	18.89	15.72	17.18	17.31
# 育苗	千公顷	1.14	0.82	0.78	1.52	1.55
六、养殖水面	千公顷	94.10	146.62	150.71	156.86	159.34
# 湖泊	千公顷	31.55	37.24	37.71	38.15	37.82
池塘	千公顷	51.44	97.26	101.49	107.75	110.28
水库	千公顷	3.41	4.58	4.71	3.46	3.40
河沟	千公顷	1.94	5.14	4.34	4.40	4.61
七、农作物产量						
1. 粮食总产量	万吨	292.77	337.94	363.05	371.06	386.06

注：2005年、2010年数据按农业普查进行了衔接，与当年年报数据不一致。

9-1 续表

指　标	单位	2005 年	2010 年	2011 年	2012 年	2013 年
#小麦	万吨	14.74	28.68	36.15	37.87	42.43
早稻	万吨	33.61	47.38	49.66	54.00	58.97
中稻	万吨	178.69	182.84	199.22	197.66	199.82
双晚	万吨	43.30	58.45	61.39	64.58	68.86
豆类	万吨	4.50	5.20	5.54	5.43	4.76
2. 棉花	万吨	12.37	13.76	14.86	15.36	13.88
3. 油料作物	万吨	41.98	54.78	55.82	57.55	62.75
#油菜籽	万吨	40.77	53.07	54.07	55.71	61.02
4. 麻类	万吨	0.36	0.03	0.03	0.02	0.01
#黄红麻	万吨	0.27	0.03	0.03	0.02	0.01
5. 糖料	万吨	1.40	6.04	5.70	5.01	4.31
6. 蔬菜	万吨	206.21	226.14	235.27	246.90	259.12
八、畜牧业生产						
1. 大牲畜存栏	万头	22.54	16.00	13.25	12.09	8.77
# 牛	万头	20.10	15.82	13.13	12.04	8.69
2. 牲猪						
出栏	万头	310.37	437.28	451.27	474.40	499.15
存栏	万头	204.28	305.76	325.34	364.82	376.52
3. 肉类产量	万吨	26.58	45.05	46.00	48.46	50.99
4. 禽蛋产量	万吨	11.81	15.79	17.40	17.64	18.62
九、水产品产量	万吨	59.54	104.30	108.05	115.69	122.40
十、水果产量（含果用瓜）	万吨	64.41	101.52	97.55	103.21	108.55
十一、农业生产条件						
1. 农业机械总动力	万千瓦	240.31	445.69	475.87	511.63	556.84
2. 有效灌溉面积	千公顷	352.80	405.51	411.03	414.93	416.46
3. 农村用电量	万千瓦时	70640	121780	131176	138373	148723
4. 化肥施用量（按折纯法计算）	万吨	31.67	37.37	38.13	35.80	36.00
①氮肥	万吨	16.37	17.70	18.20	16.21	16.04
②磷肥	万吨	7.06	7.07	7.11	6.59	6.51
③钾肥	万吨	3.05	4.55	4.47	4.46	4.52
④复合肥	万吨	5.19	8.05	8.35	8.54	8.93

注：2005年、2010年数据按农业普查进行了衔接，与当年年报数据不一致。

9–2 农村基层组织基本情况

Basic Conditions of Rural Grassroots Units and Agriculture

指 标	单位	荆州市	荆州区	沙市区	荆州开发区	江陵县
一、农村基层组织情况						
1. 乡镇政府个数	个	102	7	5	1	9
（1）乡政府	个	13		1	1	2
（2）镇政府	个	89	7	4		7
2. 办事处	个	13	3	6		
3. 村民委员会	个	2454	122	79	3	199
4. 村民小组	个	20464	886	555	12	1551
二、农村社会基础设施						
自来水受益村数	个	2012	122	79	3	175
通汽车村数	个	2447	122	79	3	199
通电话村数	个	2454	122	79	3	199
三、乡村户数	万户	107.24	6.92	2.88	0.56	6.43
四、乡村人口数	万人	430.94	25.25	11.63	2.08	28.62
（1）男	万人	226.77	13.12	5.98	1.12	15.15
（2）女	万人	204.17	12.13	5.65	0.96	13.47
五、乡村从业人员数	万人	235.37	13.65	5.84	1.11	16.04
（1）男	万人	122.82	7.15	3.12	0.59	8.49
（2）女	万人	112.55	6.5	2.72	0.52	7.55
# 农林牧渔业从业人员	万人	101.16	6.47	2.48	0.25	9.23
六、国营农林牧渔场从业人员	万人	14.21	2.65	0.07	0.97	1.95
1.农业从业人员	万人	9.25	2.00	0.06	0.40	0.77
2.非农业从业人员	万人	4.96	0.65	0.01	0.57	1.18

9–2 续表

指 标	单位	松滋市	公安县	石首市	监利县	洪湖市
一、农村基层组织情况						
1. 乡镇政府个数	个	16	16	12	21	15
（1）乡政府	个	2	2	1	3	1
（2）镇政府	个	14	14	11	18	14
2. 办事处	个			2		2
3. 村民委员会	个	234	328	272	768	449
4. 村民小组	个	2502	3342	2637	6077	2902
二、农村社会基础设施						
自来水受益村数	个	180	262	228	542	421
通汽车村数	个	234	328	272	768	442
通电话村数	个	234	328	272	768	449
三、乡村户数	万户	17.96	18.53	11.94	25.52	16.50
四、乡村人口数	万人	65.85	73.79	47.19	109.65	66.88
（1）男	万人	34.45	38.47	24.61	58.84	35.03
（2）女	万人	31.4	35.32	22.58	50.81	31.85
五、乡村从业人员数	万人	36.69	42.19	25.18	57.89	36.78
（1）男	万人	19.42	21.55	13.27	28.85	20.38
（2）女	万人	17.27	20.64	11.91	29.04	16.40
# 农林牧渔业从业人员	万人	14.44	20.83	8.88	20.54	18.04
六、国营农林牧渔场从业人员	万人	0.36		0.55	3.46	4.20
1.农业从业人员	万人	0.36		0.41	2.11	3.14
2.非农业从业人员	万人			0.14	1.35	1.06

9-3 农村劳动力转移情况

Rural Labor Transfer Situation

指　标	单位	荆州市	荆州区	沙市区	荆州开发区	江陵县
一、基本情况						
农村人口	万人	458.82	29.91	11.76	3.61	32.42
#男	万人	236.32	15.02	5.96	1.90	16.74
农村劳动力资源	万人	268.58	17.93	6.23	2.32	19.94
农村从业人数	万人	249.58	16.3	5.91	2.08	17.99
二、农村劳动力转移情况						
（一）在本乡镇内从业人员	万人	139.75	10.36	3.00	1.49	12.34
1.从事农林牧渔业人员	万人	103.69	8.04	1.85	0.65	9.85
2.从事二、三产业人员	万人	36.06	2.32	1.15	0.84	2.49
（二）外出从业情况						
1.外出从业人员	万人	109.83	5.94	2.91	0.59	5.65
#男	万人	61.94	3.33	1.71	0.37	2.90
①文化程度						
小学及以下	万人	12.94	0.25	0.34	0.04	0.72
初中	万人	63.74	3.23	0.97	0.36	3.21
高中及以上	万人	33.15	2.46	1.60	0.19	1.72
②按年龄状况分						
20岁以下	万人	17.95	0.62	0.81	0.05	1.27
21岁—49岁	万人	77.17	4.72	1.70	0.49	4.04
50岁以上	万人	14.71	0.60	0.40	0.05	0.34
2.外出渠道						
①自发	万人	86.18	4.43	2.02	0.47	4.92
②政府有关部门组织	万人	6.92	0.27	0.09	0.04	0.35
③中介组织介绍	万人	6.56	0.31	0.12	0.01	0.16
④企业招收	万人	10.17	0.93	0.68	0.07	0.22
3.外出时间						
1个月—3个月	万人	6.88	0.47	0.30	0.03	0.38
3个月—6个月	万人	16.81	1.47	0.86	0.09	0.86
6个月以上	万人	86.14	4.00	1.75	0.47	4.41
4.外出地点						
①县内乡外	万人	12.85	1.10	0.71	0.37	0.45
②省内县外	万人	22.43	1.80	0.57	0.12	1.24
③省外	万人	74.4	3.04	1.63	0.10	3.95
④港、澳、台	万人	0.11				
⑤境外	万人	0.04				0.01
5.从事行业						

9-3 续表1

指　标	单位	荆州市	荆州区	沙市区	荆州开发区	江陵县
①第一产业	万人	6.72	0.43	0.69		0.15
②第二产业	万人	57.28	3.11	1.58	0.44	3.72
③第三产业	万人	45.83	2.40	0.64	0.15	1.78
6.外出从业形式						
①务工	万人	80.01	4.63	2.05	0.49	4.58
②经商	万人	20.03	0.91	0.45	0.07	0.94
③其他	万人	9.79	0.40	0.41	0.03	0.13
7.外出从业人员职业技能培训情况						
①参加过职业技能培训	万人	23.24	1.75	0.35	0.11	0.73
#参加过政府举办技能培训	万人	11.37	0.89	0.11	0.02	0.49
②持有职业技术资格证书	万人	12.10	0.73	0.43	0.04	0.57
8.劳务总收入（年）	亿元	252.40	16.80	5.89	1.45	17.47
#月收入500元以下	万人	1.65		0.01		
501—1000元	万人	9.52	0.27	0.31	0.07	
1001—2000元	万人	37.57	2.34	0.90	0.15	1.56
2001—3000元	万人	41.62	1.92	1.21	0.22	3.52
3000元以上	万人	19.47	1.41	0.48	0.15	0.57
9.从业环境						
①雇主拖欠工资人数	万人	1.24				0.11
②从事高危、有害工作人数	万人	1.60	0.01			0.13
③致伤致残人数	万人	0.15				0.01
④享受劳保补贴人数	万人	7.62	0.32	0.04	0.02	0.44
10、社会保障						
与雇主签定劳动合同	万人	41.10	2.63	0.64	0.27	4.07
参与养老保险人数	万人	36.56	2.45	0.63	0.25	1.01
参与医疗保险人数	万人	55.24	2.13	1.71	0.29	3.43
参与失业保险人数	万人	4.27	0.16	0.32	0.03	0.26
参与生育保险人数	万人	2.58	0.09	0.30	0.02	0.09
参与工伤保险人数	万人	15.67	1.47	0.55	0.07	1.45
三、返乡情况						
1、全年外出返乡人员	万人	12.85	1.74	0.48	0.17	0.14
2、返乡人员再就业						
本地务农	万人	6.53	0.94	0.04	0.02	0.05
在本地从事二、三产业	万人	2.00	0.22	0.20	0.08	0.06
再次外出	万人	4.32	0.58	0.24	0.07	0.03

9-3 续表2

指 标	单位	松滋市	公安县	石首市	监利县	洪湖市
一、基本情况						
农村人口	万人	66.41	73.79	48.10	116.89	75.93
#男	万人	34.25	37.45	24.71	60.95	39.34
农村劳动力资源	万人	39.06	44.21	27.63	67.08	44.18
农村从业人数	万人	37.05	42.19	25.73	61.35	40.98
二、农村劳动力转移情况						
（一）在本乡镇内从业人员	万人	17.51	24.21	14.01	29.98	26.85
1.从事农林牧渔业人员	万人	14.36	20.27	8.79	19.19	20.69
2.从事二、三产业人员	万人	3.15	3.94	5.22	10.79	6.16
（二）外出从业情况						
1.外出从业人员	万人	19.54	17.98	11.72	31.37	14.13
#男	万人	10.71	9.88	6.68	18.40	7.96
①文化程度						
小学及以下	万人	1.59	1.90	1.11	5.32	1.67
初中	万人	10.78	10.54	7.10	18.48	9.07
高中及以上	万人	7.17	5.54	3.51	7.57	3.39
②按年龄状况分						
20岁以下	万人	2.59	3.53	1.39	5.92	1.77
21岁—49岁	万人	15.04	12.22	8.65	19.72	10.59
50岁以上	万人	1.91	2.23	1.68	5.73	1.77
2.外出渠道						
①自发	万人	15.17	15.56	7.93	23.44	12.24
②政府有关部门组织	万人	0.97	0.88	1.31	2.81	0.20
③中介组织介绍	万人	1.63	0.61	0.72	2.59	0.41
④企业招收	万人	1.77	0.93	1.76	2.53	1.28
3.外出时间						
1个月—3个月	万人	1.11	1.10	1.13	1.98	0.38
3个月—6个月	万人	2.58	2.36	1.56	5.52	1.51
6个月以上	万人	15.85	14.52	9.03	23.87	12.24
4.外出地点						
①县内乡外	万人	2.31	2.57	1.38	2.99	0.97
②省内县外	万人	3.24	3.59	2.00	6.52	3.35
③省外	万人	13.98	11.73	8.33	21.84	9.80
④港、澳、台	万人	0.01	0.07	0.01	0.01	0.01
⑤境外	万人		0.02		0.01	
5.从事行业						

9-3 续表3

指　标	单位	松滋市	公安县	石首市	监利县	洪湖市
①第一产业	万人	0.44	0.56	0.50	3.46	0.49
②第二产业	万人	11.45	9.88	7.38	11.30	8.42
③第三产业	万人	7.65	7.54	3.84	16.61	5.22
6.外出从业形式						
①务工	万人	16.69	14.38	9.04	18.29	9.86
②经商	万人	2.73	1.91	1.73	8.69	2.60
③其他	万人	0.12	1.69	0.95	4.39	1.67
7.外出从业人员职业技能培训情况						
①参加过职业技能培训	万人	7.27	4.58	2.29	4.42	1.74
#参加过政府举办技能培训	万人	3.24	1.31	1.36	2.92	1.03
②持有职业技术资格证书	万人	3.43	1.82	1.69	2.11	1.28
8.劳务总收入（年）	亿元	61.47	29.98	29.65	59.93	29.76
#月收入500元以下	万人		0.15	0.13	1.31	0.05
501—1000元	万人	0.40	1.80	0.64	5.37	0.66
1001—2000元	万人	7.42	6.66	2.96	10.79	4.79
2001—3000元	万人	8.41	7.02	4.94	8.54	5.84
3000元以上	万人	3.31	2.35	3.05	5.36	2.79
9.从业环境						
①雇主拖欠工资人数	万人	0.11	0.07	0.11	0.42	0.42
②从事高危、有害工作人数	万人	0.24	0.41	0.24	0.35	0.22
③致伤致残人数	万人	0.02	0.01	0.01	0.07	0.03
④享受劳保补贴人数	万人	3.31	0.80	0.47	1.82	0.40
10、社会保障						
与雇主签定劳动合同	万人	11.76	7.96	5.65	5.10	3.02
参与养老保险人数	万人	4.73	8.50	4.72	8.97	5.30
参与医疗保险人数	万人	3.03	9.14	4.71	23.69	7.11
参与失业保险人数	万人	0.98	0.31	1.65	0.54	0.02
参与生育保险人数	万人	0.05	0.18	1.47	0.36	0.02
参与工伤保险人数	万人	4.65	1.90	2.81	2.27	0.50
三、返乡情况						
1、全年外出返乡人员	万人	0.84	1.21	1.23	5.59	1.45
2、返乡人员再就业						
本地务农	万人	0.13	0.31	0.27	3.76	1.01
在本地从事二、三产业	万人	0.18	0.20	0.17	0.82	0.07
再次外出	万人	0.53	0.70	0.79	1.01	0.37

9-4 农业生产条件

Basic Statistics on Agriculture Production

指　标	单位	荆州市	荆州区	沙市区	荆州开发区	江陵县
一、常用耕地面积	千公顷	468.71	34.98	12.16	0.75	37.99
1.水田	千公顷	335.90	20.72	9.59	0.26	28.78
2.旱地	千公顷	132.81	14.26	2.57	0.49	9.21
二、农村主要能源及物资消耗						
1.农村用电量	万千瓦时	148723	13825	10136	2449	11538
2.农用化肥施用量（按折纯计算）	吨	360010	34940	10917	936	35278
（1）氮 肥	吨	160385	14042	2607	326	17797
（2）磷 肥	吨	65091	5536	2107	162	6966
（3）钾 肥	吨	45234	5480	2236	158	3677
（4）复合肥	吨	89300	9882	3967	290	6838
3.农用塑料薄膜使用量	吨	2578	314	138	16	121
#地膜使用量	吨	1644	199	37	14	85
地膜覆盖面积	千公顷	52.73	5.85	2.07	0.40	3.24
4.农用柴油使用量	吨	63122	4752	475	131	6846
5.农药使用量	吨	28362	1601	1298	62	2956
三、农田水利建设情况						
有效灌溉面积	千公顷	416.46	32.07	12.11	0.65	33.27
旱涝保收面积	千公顷	374.76	30.15	11.61	0.61	27.21
机电排灌面积	千公顷	357.77	25.63	11.61	0.45	29.10

9-4 续表

指　标	单位	松滋市	公安县	石首市	监利县	洪湖市
一、常用耕地面积	千公顷	59.63	80.38	40.92	137.70	64.20
1.水田	千公顷	33.59	50.82	26.23	116.05	49.86
2.旱地	千公顷	26.04	29.56	14.69	21.65	14.34
二、农村主要能源及物资消耗						
1.农村用电量	万千瓦时	23311	26391	11029	29786	20258
2.农用化肥施用量（按折纯计算）	吨	47301	69162	27629	81701	52146
（1）氮 肥	吨	20789	32241	9771	36594	26218
（2）磷 肥	吨	5324	13282	5050	16634	10030
（3）钾 肥	吨	5398	8498	3752	10861	5174
（4）复合肥	吨	15790	15141	9056	17612	10724
3.农用塑料薄膜使用量	吨	400	319	236	726	308
#地膜使用量	吨	179	231	163	521	215
地膜覆盖面积	千公顷	4.70	6.41	5.48	17.82	6.76
4.农用柴油使用量	吨	5823	11753	3587	20059	9696
5.农药使用量	吨	2725	6620	2472	6166	4462
三、农田水利建设情况						
有效灌溉面积	千公顷	47.75	78.14	37.34	111.18	63.95
旱涝保收面积	千公顷	38.20	69.57	35.90	97.56	63.95
机电排灌面积	千公顷	30.99	67.82	35.43	92.79	63.95

9–5　主要农作物面积及产量

Total Sown Areas and Yield of Major Farm Crops

指　标	单位	荆州市	荆州区	沙市区	荆州开发区	江陵县
农作物总播种面积	千公顷	1078.54	86.58	27.56	1.76	81.26
一、粮食作物面积	千公顷	583.99	44.01	15.56	0.34	46.23
总产量（包括谷物.大豆和薯类）	吨	3860600	218600	72300	1900	271000
（一）夏收粮食面积	千公顷	136.05	15.46	6.81	0.13	14.80
总产量	吨	476100	55300	22100	400	55700
1. 小麦面积	千公顷	120.75	13.01	6.70	0.08	14.25
总产量	吨	424309	42788	21678	243	53403
2. 蚕豌豆面积	千公顷	7.41	0.13			0.17
总产量	吨	18416	614		14	675
3. 杂粮面积	千公顷	4.09	0.23	0.11	0.05	0.30
总产量	吨	15050	1027	422	143	1119
4. 马铃薯面积	千公顷	3.80	2.09			0.08
总产量（五折一计算）	吨	18325	10871			503
（二）秋收粮食面积	千公顷	447.94	28.55	8.75	0.21	31.43
总产量	吨	3384500	163300	50200	1500	215300
1. 稻谷面积	千公顷	423.75	23.02	8.69	0.20	30.13
总产量	吨	3276548	132929	49605	1406	210232
（1）早稻面积	千公顷	86.40	2.16			1.03
总产量	吨	589703	12415			6394
（2）中稻（含一季晚）面积	千公顷	244.23	18.09	8.69	0.20	28.07
总产量	吨	1998241	104519	49605	1392	197859
（3）双季晚稻面积	千公顷	93.12	2.77			1.03
总产量	吨	688604	15995		14	5979
2. 玉米面积	千公顷	10.71	2.05	0.06	0.01	0.14
总产量	吨	55838	12554	595	94	1075
3. 大豆面积	千公顷	8.51	0.81			1.10
总产量	吨	27405	3489			3687
4. 薯类面积	千公顷	4.28	2.40			0.06

9-5 续表1

指 标	单位	荆州市	荆州区	沙市区	荆州开发区	江陵县
总产量（五折一计算）	吨	22883	13295			306
二、棉花面积	千公顷	99.61	9.37	3.07	0.18	7.40
总产量（皮棉）	吨	138766	14549	4320	274	10382
三、油料作物面积	千公顷	262.74	18.28	3.46	0.32	22.92
总产量	吨	627489	58643	8519	940	73667
#油菜籽面积	千公顷	255.78	17.17	3.46	0.30	22.02
总产量	吨	610223	54626	8519	888	69882
四、麻类面积	千公顷	0.04				0.01
总产量	吨	136				58
五、糖料合计面积	千公顷	1.21	0.12			0.11
总产量	吨	43121	5094			5021
六、药材类播种面积	千公顷	0.23	0.04			0.01
七、蔬菜面积（含食用菌）	千公顷	83.23	11.25	4.90	0.79	3.38
总产量	吨	2591221	602430	243816	31631	130150
八、果用瓜面积	千公顷	16.16	2.82	0.56	0.12	1.15
产量	吨	636691	156433	28765	5564	67047
#西瓜面积	千公顷	13.13	1.64	0.34	0.08	1.04
产量	吨	519827	93497	19162	4347	61842
甜瓜面积	千公顷	2.89	1.17	0.14	0.03	0.11
产量	吨	113444	62810	7403	1017	5072
草莓面积	千公顷	0.14	0.01	0.08	0.01	
产量	吨	3420	126	2200	200	133
九、花卉种植面积	千公顷	2.43	0.55			
十、其他作物播种面积	千公顷	28.90	0.14	0.01	0.01	0.05
1.青饲料面积	千公顷	12.55	0.11		0.01	0.02
2.绿肥面积	千公顷	11.76	0.01			0.03
3.其他作物面积	千公顷	4.59	0.02	0.01		

9-5 续表2

指　标	单位	松滋市	公安县	石首市	监利县	洪湖市
农作物总播种面积	千公顷	138.86	181.53	94.02	313.28	153.69
一、粮食作物面积	千公顷	69.71	95.14	40.38	182.54	90.08
总产量（包括谷物.大豆和薯类）	吨	342000	642000	218000	1405000	689800
（一）夏收粮食面积	千公顷	17.27	26.53	5.22	24.57	25.26
总产量	吨	49100	91100	15700	82300	104400
1. 小麦面积	千公顷	14.01	24.47	4.26	20.17	23.8
总产量	吨	40130	82271	12804	69898	101094
2. 蚕豌豆面积	千公顷	0.85	0.76	0.56	3.64	1.30
总产量	吨	1670	2004	1461	9152	2826
3. 杂粮面积	千公顷	1.81	0.99	0.34	0.26	
总产量	吨	4976	5391	1101	871	
4. 马铃薯面积	千公顷	0.60	0.31	0.06	0.50	0.16
总产量（五折一计算）	吨	2324	1434	334	2379	480
（二）秋收粮食面积	千公顷	52.44	68.61	35.16	157.97	64.82
总产量	吨	292900	550900	202300	1322700	585400
1. 稻谷面积	千公顷	44.59	66.92	34.24	154.77	61.19
总产量	吨	258733	542885	198897	1310612	571249
（1）早稻面积	千公顷	11.00	17.35	8.36	37.12	9.38
总产量	吨	56743	114521	47170	277870	74590
（2）中稻（含一季晚）面积	千公顷	21.64	30.57	17.19	77.93	41.85
总产量	吨	135631	280202	101464	714145	413424
（3）双季晚稻面积	千公顷	11.95	19.00	8.69	39.72	9.96
总产量	吨	66359	148162	50263	318597	83235
2. 玉米面积	千公顷	5.85	0.26	0.20	0.78	1.36
总产量	吨	26936	1598	1206	4512	7268
3. 大豆面积	千公顷	0.65	0.85	0.62	2.32	2.16
总产量	吨	1799	3394	1740	7077	6219
4. 薯类面积	千公顷	1.10	0.45	0.07	0.10	0.10

9-5 续表3

指　标	单位	松滋市	公安县	石首市	监利县	洪湖市
总产量（五折一计算）	吨	5029	2719	422	499	613
二、棉花面积	千公顷	13.34	28.48	12.40	18.22	7.15
总产量（皮棉）	吨	15581	40273	18426	25004	9957
三、油料作物面积	千公顷	36.22	40.07	29.82	78.27	33.38
总产量	吨	76204	126670	70539	126277	86030
# 油菜籽面积	千公顷	35.49	39.82	29.64	76.76	31.12
总产量	吨	74857	125799	70129	123136	82387
四、麻类面积	千公顷			0.01	0.01	0.01
总产量	吨			8	30	40
五、糖料合计面积	千公顷	0.15	0.27	0.25	0.18	0.13
总产量	吨	4794	10849	7435	5650	4278
六、药材类播种面积	千公顷	0.01	0.17			
七、蔬菜面积（含食用菌）	千公顷	12.43	10.77	8.22	19.78	11.71
总产量	吨	212137	370599	305600	407262	287596
八、果用瓜面积	千公顷	4.73	1.41	1.89	1.75	1.73
产量	吨	176435	61957	44764	54717	41009
# 西瓜面积	千公顷	4.52	1.10	1.34	1.50	1.57
产量	吨	172021	49817	34046	47308	37787
甜瓜面积	千公顷	0.21	0.30	0.52	0.25	0.16
产量	吨	4414	12118	9979	7409	3222
草莓面积	千公顷		0.01	0.03		
产量	吨		22	739		
九、花卉种植面积	千公顷	1.55	0.24	0.03		0.06
十、其他作物播种面积	千公顷	0.72	4.98	1.02	12.53	9.44
1.青饲料面积	千公顷	0.50	1.89	0.29	3.34	6.39
2.绿肥面积	千公顷	0.22	2.55	0.66	7.75	0.54
3.其他作物面积	千公顷		0.54	0.07	1.44	2.51

9-6 茶叶、水果产量及面积

Total Output and Total Sown Areas of Tea and Fruit

指　标	单位	荆州市	荆州区	沙市区	荆州开发区	江陵县
一、茶叶产量	吨	59				
二、园林水果产量	吨	448834	53391	889	223	1968
#苹　果	吨	113				
柑　桔	吨	280841	37870	126	33	1063
梨　子	吨	10535	3207	12		79
其它园林水果	吨	157345	12314	751	190	826
#桃	吨	7857	3864	1		322
葡萄	吨	148688	8359	750	190	271
三、年末实有茶园面积	公顷	468				
#本年采摘面积	公顷	459				
四、年末果园面积	公顷	23724	1728	32	7	191
#苹果园	公顷	8				
柑桔园	公顷	18083	1080	6	2	110
梨　园	公顷	669	102	6		12
葡萄园	公顷	3969	388	20	5	15
桃　园	公顷	797	123			35

9-6 续表

指 标	单位	松滋市	公安县	石首市	监利县	洪湖市
一、茶叶产量	吨	8	10	41		
二、园林水果产量	吨	156930	206714	22210	5233	1276
#苹 果	吨				113	
柑 桔	吨	146309	78132	14116	2381	811
梨 子	吨	2784	713	1167	2424	149
其它园林水果	吨	7837	127869	6927	315	316
#桃	吨	560	1032	1613	290	175
葡萄	吨	7253	126756	4945	23	141
三、年末实有茶园面积	公顷	31	36	401		
#本年采摘面积	公顷	27	33	399		
四、年末果园面积	公顷	14421	5540	1398	336	71
#苹果园	公顷				8	
柑桔园	公顷	13654	2202	838	143	48
梨 园	公顷	332	55	44	106	12
葡萄园	公顷	251	3022	260	2	6
桃 园	公顷	139	247	171	77	5

9-7 林业产量及面积
Output and Sown Areas of Major Forest Products

指 标	单位	荆州市	荆州区	沙市区	江陵县
一、荒山荒（沙）地造林面积	公顷	17306	816	647	1311
用材林	公顷	13706	493	514	1172
#速生丰产林	公顷	7207			1172
经济林	公顷	2104	5		
防护林	公顷	1496	318	133	139
二、有林地造林面积	公顷	1415			
三、更新造林面积	公顷	1908	88		
四、低产低效林改造面积	公顷	1217	44	100	
五、四旁（零星）植树	万株	1510.18	71.80	6.29	83.76
六、幼林抚育作业面积	公顷	16495	767	533	1311
七、幼林抚育实际面积	公顷	11909	1297	533	1311
八、成林抚育面积	公顷	21004	1147	1333	3319
九、育苗面积	公顷	1553	647	33	100
#本年新增育苗面积	公顷	366	98		
十、年末实有母树林面积	公顷	307			
十一、年末实有种子园面积	公顷	1414			1411
十二、主要林产品产量					
油桐籽	吨	41			
油茶籽	吨	80			
乌桕籽	吨	25			
松 脂	吨	57			
竹笋干	吨	41			
板 栗	吨	126			
花 椒	吨	11			
十三、竹木采伐					
1.木材	立方米	381264	9191	25800	38533
2.竹材	万根	50.00	7.30		
①楠竹	万根	39.30			
②杂竹	万根	10.70	7.30		

9-7 续表

指 标	单位	松滋市	公安县	石首市	监利县	洪湖市
一、荒山荒（沙）地造林面积	公顷	4050	1343	2014	3705	3420
用材林	公顷	3456	1160	955	3506	2450
#速生丰产林	公顷	3456		134	647	1798
经济林	公顷	327		742	60	970
防护林	公顷	267	183	317	139	
二、有林地造林面积	公顷			1236		179
三、更新造林面积	公顷			757	792	271
四、低产低效林改造面积	公顷	367	333	347	15	11
五、四旁（零星）植树	万株	274.00	100.00	97.40	668.80	208.13
六、幼林抚育作业面积	公顷	6940	2000	272	1007	3665
七、幼林抚育实际面积	公顷	3470	2000	789	825	1684
八、成林抚育面积	公顷	5005	3333	1668	1914	3285
九、育苗面积	公顷	234	183	37	220	99
#本年新增育苗面积	公顷	100	39	9	48	72
十、年末实有母树林面积	公顷					307
十一、年末实有种子园面积	公顷			3		
十二、主要林产品产量						
油桐籽	吨	41				
油茶籽	吨	70		10		
乌桕籽	吨	25				
松 脂	吨	57				
竹笋干	吨	41				
板 粟	吨	106		20		
花 椒	吨	11				
十三、竹木采伐						
1.木材	立方米	39225	65340	118052	30028	55095
2.竹材	万根	5	1.2	16.5	20	
①楠竹	万根	1.6	1.2	16.5	20	
②杂竹	万根	3.4				

9-8 畜牧业生产情况

Statistics on Livestock

指　标	单位	荆州市	荆州区	沙市区	荆州开发区	江陵县
一、畜禽当年出栏（笼）数						
牛	头	64628	4374	524		3472
猪	万头	499.15	36.89	10.64	0.95	34.67
羊	只	167169	7939	677	164	8314
家禽	万只	7718.88	2083.63	189.80	34.00	699.83
二、畜禽期末存栏（笼）数						
牛	头	86933	2751	572		5318
猪	万头	376.52	24.85	5.42	1.05	27.83
#能繁殖的母猪	万头	33.59	2.38	0.71	0.09	2.74
羊	只	137863	6844	439		6217
家禽	万只	6864.11	706.33	218.50	62.00	613.30
三、畜禽肉产量	吨	509866	60531	11078	1238	37655
#牛	吨	9695	656	79		521
猪	吨	381853	28224	8143	726	26519
羊	吨	2173	103	9	2	108
家禽	吨	115772	31242	2847	510	10497
四、禽蛋产量	吨	186187	20363	6633	3051	18506
鸡蛋	吨	137117	17217	6540	2948	12293
鸭蛋	吨	48353	2921	93	103	6202
鹅蛋	吨	681	225			11
五、其他动物及产品						
蜂蜜产量	吨	8219	435	500		316

9-8　续表

指　标	单位	松滋市	公安县	石首市	监利县	洪湖市
一、畜禽当年出栏（笼）数						
牛	头	13805	7107	16730	11662	6954
猪	万头	125.70	85.91	60.01	104.30	40.08
羊	只	116149	21481	7881	2430	2134
家禽	万只	810.28	630.44	757.00	2000.10	513.80
二、畜禽期末存栏（笼）数						
牛	头	16857	2488	13566	31025	14356
猪	万头	83.28	70.44	38.47	79.17	46.01
# 能繁殖的母猪	万头	8.82	4.06	2.32	8.60	3.87
羊	只	86344	18014	14562	4150	1293
家禽	万只	526.66	987.94	939.27	1650.00	1160.11
三、畜禽肉产量	吨	111904	76521	59884	111615	39440
# 牛	吨	2071	1066	2510	1749	1043
猪	吨	96163	65718	45908	79790	30662
羊	吨	1510	279	102	32	28
家禽	吨	12154	9458	11355	30002	7707
四、禽蛋产量	吨	15238	35353	31981	32448	22614
鸡蛋	吨	13132	22986	27831	23301	10869
鸭蛋	吨	1968	12130	4105	9137	11694
鹅蛋	吨	138	237	45	10	15
五、其他动物及产品						
蜂蜜产量	吨	2647	1607	1166	895	653

9-9 水产品产量及面积

Output of Aquatic Products and Water Aquiculture Area

指　标	单位	荆州市	荆州区	沙市区	荆州开发区	江陵县
水产品产量	吨	1224016	125575	57439	1432	31905
（一）淡水捕捞产量	吨	63886	8973	3870	193	1227
1. 鱼 类	吨	43111	6783	2773	193	989
2. 甲壳类（虾蟹）	吨	14317	1070	735		215
3. 贝 类	吨	4132	341	362		2
4. 其他类	吨	2326	779			21
（二）淡水养殖产量	吨	1160130	116602	53569	1239	30678
1. 鱼 类	吨	876823	104872	46486	1232	28488
2. 甲壳类（虾蟹）	吨	254203	8064	4482	4	1758
#螃蟹	吨	97891	390	664		44
小龙虾	吨	153071	6392	2985	4	1651
3. 贝 类	吨	2593			3	
4.其他类	吨	26511	3666	2601		432
#龟鳖类	吨	26213	3666	2601		428
珍 珠	吨	92				
淡水养殖面积	公顷	159338	10001	3801	116	4256
1. 池塘养殖	公顷	110282	6625	2318	116	4221
2. 湖泊养殖	公顷	37818	1214	1483		
3. 河沟养殖	公顷	4612	80			35
4. 水库养殖	公顷	3401	1997			
5. 其他养殖	公顷	3225	85			
附报：稻田养殖面积	公顷	74861	2530	1142		1155

9-9 续表

指 标	单位	松滋市	公安县	石首市	监利县	洪湖市
水产品产量	吨	31679	140005	129304	279008	427669
（一）淡水捕捞产量	吨	1986	13995	12197	8327	13118
1. 鱼 类	吨	1564	9188	9716	4041	7864
2. 甲壳类（虾蟹）	吨	375	2702	2323	3137	3760
3. 贝 类	吨		1314	1	944	1168
4. 其他类	吨	47	791	157	205	326
（二）淡水养殖产量	吨	29693	126010	117107	270681	414551
1. 鱼 类	吨	26369	102437	96509	164548	305882
2. 甲壳类（虾蟹）	吨	2924	15254	19775	100057	101885
#螃蟹	吨	200	3206	1149	41511	50727
小龙虾	吨	2724	12048	17563	58546	51158
3. 贝 类	吨		1125	108	1321	36
4.其他类	吨	400	7194	715	4755	6748
#龟鳖类	吨	400	7112	690	4568	6748
珍 珠	吨		82	10		
淡水养殖面积	公顷	9950	19757	15580	38984	56893
1. 池塘养殖	公顷	6707	11746	6476	28018	44055
2. 湖泊养殖	公顷	1602	6844	8533	6289	11853
3. 河沟养殖	公顷	781	773	31	1927	985
4. 水库养殖	公顷	860	353	191		
5. 其他养殖	公顷		41	349	2750	
附报：稻田养殖面积	公顷	3730	4415	6202	33317	22370

9–10 农林牧渔业总产值及增加值

Output Value and Value-Added of Farming, Forestry, Animal Husbandry and Fishery

指　标	单位	荆州市	荆州区	沙市区	荆州开发区	江陵县
农林牧渔业总产值（按当年现行价格计算）	万元	5783426	608686	223122	17102	327914
农业产值	万元	2530991	295165	93167	9542	175017
林业产值	万元	64827	2198	3559		5885
牧业产值	万元	1385752	150897	32874	5676	104990
渔业产值	万元	1732033	154855	85718	1404	36477
农林牧渔服务业产值	万元	69823	5571	7804	480	5545
农林牧渔业增加值（按当年现行价格计算）	万元	3190859	316665	136378	12464	189520
农业增加值	万元	1488137	168355	56356	7548	104585
林业增加值	万元	47117	1226	2806		4714
牧业增加值	万元	699206	67183	18039	3448	57246
渔业增加值	万元	920090	77004	55119	1218	20092
农林牧渔服务业增加值	万元	36309	2897	4058	250	2883

指　标	单位	松滋市	公安县	石首市	监利县	洪湖市
农林牧渔业总产值（按当年现行价格计算）	万元	611873	967681	545648	1473130	1008270
农业产值	万元	250868	513144	216847	646285	330956
林业产值	万元	8866	8674	16834	8869	9942
牧业产值	万元	308576	219857	160938	294411	107533
渔业产值	万元	36754	214996	144297	509789	547743
农林牧渔服务业产值	万元	6809	11010	6732	13776	12096
农林牧渔业增加值（按当年现行价格计算）	万元	366976	545269	295937	807180	520470
农业增加值	万元	154626	290444	131267	396135	178821
林业增加值	万元	5927	6617	14593	4354	6880
牧业增加值	万元	184115	106995	76585	134453	51142
渔业增加值	万元	18767	135488	69991	265074	277337
农林牧渔服务业增加值	万元	3541	5725	3501	7164	6290

9-11 农业机械化基本情况

Basic Statistics on Agricultural Mechanization

指　标	单位	荆州市	荆州区	沙市区	荆州开发区	江陵县
农业机械总动力合计	千瓦	5568439	335413	252005	97270	485131
柴油发动机动力	千瓦	4160320	258416	182892	90884	395068
汽油发动机动力	千瓦	188986	16936	7886	2231	22471
电动机动力	千瓦	1219134	60061	61227	4155	67593
一、耕作机械						
大中型拖拉机	台	19412	1612	629	717	1943
动　力	千瓦	938985	77603	32656	35151	94143
小型拖拉机（包括手扶拖拉机）	台	104512	11776	7563	2570	16736
动　力	千瓦	815478	96242	58946	20801	122977
大中型拖拉机配套农具	台	37729	2008	1916	985	5604
小型拖拉机配套农具	台	207492	20993	16884	3280	44918
二、农用排灌机械						
柴油机	台	56119	203	141	64	1947
动　力	千瓦	505071	1827	1269	576	17523
电动机	台	69845	2375	4167	72	3646
动　力	千瓦	838140	28500	50004	864	43752
农用水泵	台	128290	9978	4557	1486	3737
节水喷灌机械	套	1409	495	362	2	5
三、收获机械						
联合收割机	台	13264	811	281	24	1465
动　力	千瓦	604780	34228	14111	1228	64801
机动脱粒机	台	4139	442	5		
四、运输机械						
农用载重汽车	辆	9382	365	1250	484	1182
动　力	千瓦	284141	11532	48685	14178	28066
农用运输车	辆	971	81	31	36	97
动　力	千瓦	94061	10598	6807	2313	15062
五、其它农业机械						
推土机	台	1253	125	65	34	299
动　力	千瓦	75102	7346	3888	1768	15692
六、农业机械化项目水平						
当年机耕地面积	千公顷	785.53	58.08	19.25	5.70	64.76
当年机械播种面积	千公顷	277.60	18.53	6.20	0.31	20.58
当年机械收获面积	千公顷	616.76	40.30	16.47	5.14	54.32

9-11 续表

指 标	单位	松滋市	公安县	石首市	监利县	洪湖市
农业机械总动力合计	千瓦	595581	782970	469526	1478458	1072057
柴油发动机动力	千瓦	391141	517158	390696	1208641	725423
汽油发动机动力	千瓦	30123	44566	23823	24899	16030
电动机动力	千瓦	174317	221246	55007	244918	330604
一、耕作机械						
大中型拖拉机	台	1904	2650	1669	5191	3097
动 力	千瓦	76426	108797	83252	283503	147454
小型拖拉机（包括手扶拖拉机）	台	14489	8294	2465	14823	25796
动 力	千瓦	114438	61766	18331	132637	189340
大中型拖拉机配套农具	台	2965	6301	2926	10057	4967
小型拖拉机配套农具	台	12263	18616	5495	36247	48796
二、农用排灌机械						
柴油机	台	2829	7932	2690	19666	20647
动 力	千瓦	25461	71388	24210	176994	185823
电动机	台	10068	14595	2857	12616	19449
动 力	千瓦	120816	175140	34284	151392	233388
农用水泵	台	17827	13591	10205	27142	39767
节水喷灌机械	套	5	5	198	32	305
三、收获机械						
联合收割机	台	1368	2240	1551	4327	1197
动 力	千瓦	59350	84893	73554	216540	56075
机动脱粒机	台	15	1185	756	334	1402
四、运输机械						
农用载重汽车	辆	1851	646	1448	1375	781
动 力	千瓦	55373	22345	37389	43178	23395
农用运输车	辆	95	133	83	260	155
动 力	千瓦	13040	7465	2219	13341	23216
五、其它农业机械						
推土机	台	76	150	205	191	108
动 力	千瓦	5931	7758	11495	15115	6108
六、农业机械化项目水平						
当年机耕地面积	千公顷	100.23	132.07	72.84	226.97	105.63
当年机械播种面积	千公顷	27.39	49.53	16.05	91.77	46.84
当年机械收获面积	千公顷	70.24	100.51	47.31	193.48	88.79

指 标 解 释

Explanatory Notes on Statistical Indicators

【农林牧渔业总产值】 是以货币表现的农林牧渔业的全部产品总量和对农林牧渔业生产活动进行的各种支持性服务活动的价值。

【农林牧渔业总产值的统计范围】 是辖区内各种经济组织类型、各个系统的全部农林牧渔业生产单位和非农行业单位附属的农林牧渔业生产活动单位。军委系统的农林牧渔业生产（除军马饲养外）也应包括在内，但不包括农业科学试验机构进行的农业生产。

【农林牧渔业总产值的核算方法】 根据农业生产特点，农林牧渔业总产值的核算采用"产品法"计算，即用产品产量乘以价格求出各种产品的产值，按产品产值类别分别汇总，计算出农林牧渔各业的产值，各业相加求出农林牧渔业总产值。

（1）农业：包括谷物和其他作物；蔬菜及园艺作物；水果、坚果、饮料、香料；中药材。

（2）林业：包括林木的培育和种植；木材、竹材采运；林产品的采集。

（3）牧业：包括除渔业养殖以外的一切动物饲养和放牧以及野生动物的捕猎和饲养。

（4）渔业：包括水生动物和海藻类植物的养殖和捕捞。

（5）服务业：产值等于农林牧渔服务业营业收入。

【年末耕地总资源】 指能够种植农作物的田地。包括当年实际耕种的熟地；新开荒且已种植的田地；"沿海"、"沿湖"地区已围垦利用三年以上的"海涂"、"湖田"；弃耕、休闲不满三年，随时可以复耕的地；因灾害或其他因素，虽然当年内未种植农作物但仍可复耕的田地；以种植农作物为主，附带种植桑树、果树和其他林的地；年年进行耕耘种草的地；南方小于1米、北方小于2米宽的沟、渠、路、田埂。不包括：因灾害或其他因素，已不能复耕的田地；弃耕、休闲满三年的地或者虽不满三年，但已经成为荒地的土地；不进行耕耘，种植牧草已成为永久性草地的土地；专业性的桑园、茶园、果园、果木苗圃地、芦苇地、天然草场等；以混凝土等铺设的温室、玻璃室，导致栽培的植物体与地面隔绝的基地。

【农作物播种面积】 指实际播种或移植有农作物的面积。凡是实际种植有农作物的面积，不论种植在耕地上还是种植在非耕地上，均包括在农作物播种面积中。在播种季节基本结束后，因遭灾而重新改种和补种的农作物面积，也包括在内。

【有效灌溉面积】 指具有一定的水源，地块比较平整，灌溉工程或设备已经配套，在一般年景下当年能够进行正常灌溉的耕地面积。

【设施农业】 指利用人造设施改变气候条件、改良生物特色，使生物在一般情况下不能生产的地域或季节，能够正常生产的农业。设施农业主要指种植业。

【农业机械总动力】 指主要用于农、林、牧、渔业的各种动力机械的动力总和。包括耕作机械、排灌机械、收获机械、农用运输机械、植物保护机械、牧业机械、渔业机械和其他农用机械内燃机按引擎马力折成瓦（特）计算，电动机按功率折成瓦（特）计算。不包括专门用于乡、镇、村、组办工业、基本建设、非农业运输、科学实验和教学等非农业生产方面用的动力机械与作业机械。

【乡村从业人员】 指全部乡镇及行政村人口中16岁以上实际参加生产经营活动并取得实物或货币收入的人员，既包括劳动年龄内经常参加劳动的人员，也包括超过劳动年龄但经常参加劳动的人员。但不包括户口在家的在外学生、现役军人和丧失劳动能力的人，也不包括待业人员和家务劳动者。从业人员年龄为16岁以上。从业人员按从事主业时间最长（时间相同按收入）分为农业从业人员、工业从业人员、建筑业从业人员、交运仓储及邮电通讯业从业人员、批零贸易及餐饮业从业人员、其它从业人员。

十、工　　业

Industry

资料整理：安　宇
李晓东
张　帅

10-1 规模以上工业企业主要经济指标

Main Economy Indicators of Industrial Enterprises above Designed Size

单位：万元

指标（地区）	企业单位数（个）	亏损企业	工业总产值（当年价格）	工业销售产值（当年价格）	出口交货值
总　　计	999	52	18966637	18212564	749089
一、按登记注册类型分组：					
内资企业	957	44	17556699	16843608	522018
国有企业	7		489233	499519	165236
集体企业	3		70121	67556	
股份合作企业	2		11804	11465	
有限责任公司	361	28	5772132	5471641	99524
股份有限公司	61	1	3264604	3169583	197459
私营企业	515	14	7699415	7377572	59798
其他企业	8	1	249390	246272	1
港、澳、台商投资企业	24	6	692545	662506	53746
外商投资企业	18	2	717393	706450	173325
二、在总计中：亏损企业	52	52	448402	443396	70221
在总计中：国有控股企业	14		1444523	1454688	205797
在总计中：农村工业	9		370039	356594	207
在总计中：轻工业	488	26	10388384	9987911	239690
重工业	511	26	8578253	8224653	509399
在总计中：大型企业	12		4276624	4138531	342932
中型企业	107	6	5481366	5261582	286737
小型企业	880	46	9208647	8812451	119420
三、总计中：市　直	135	30	2767439	2736587	324858
#开发区	126	28	2487880	2471031	308543
荆州区	146	2	2939467	2714057	31993
沙市区	108	1	1782268	1673766	143031
江陵县	51	2	629627	623737	7774
松滋市	126	2	2468640	2412725	36532
公安县	126		2523667	2407397	2295
石首市	116	3	1939082	1907210	87016
监利县	86	2	2006261	1899038	33701
洪湖市	105	10	1910186	1838047	81889
四、按工业行业大类分					
采矿业	9		55754	55283	
煤炭开采和洗选业	6		34753	34753	
黑色金属矿采选业	1		7125	7125	
非金属矿采选业	1		6274	5803	

10-1 续表1

单位：万元

指标（地区）	企业单位数（个）	亏损企业	工业总产值（当年价格）	工业销售产值（当年价格）	出口交货值
其他采矿业	1		7602	7602	
制造业	979	51	18706835	17953403	749089
农副食品加工业	205	4	5415696	5214394	89624
食品制造业	25		269152	259375	116
酒、饮料和精制茶制造业	16		746400	727581	
纺织业	95	11	1303760	1250349	37719
纺织服装、服饰业	39	1	363722	355694	20456
皮革、毛皮、羽毛及其制品和制鞋业	5	2	28270	28530	5502
木材加工和木、竹、藤、棕、草制品业	20	1	375436	357719	
家具制造业	7		57651	51856	2500
造纸和纸制品业	21	1	823921	755933	1900
印刷和记录媒介复制业	4	1	49874	49596	
文教、工美、体育和娱乐用品制造业	5		28959	26280	
石油加工、炼焦和核燃料加工业	1		132310	119777	
化学原料和化学制品制造业	73	4	2170326	2139662	341016
医药制造业	20		339606	310076	10275
橡胶和塑料制品业	53	2	840421	828872	91
非金属矿物制品业	67	4	793051	761013	11803
黑色金属冶炼和压延加工业	15		341431	322832	13922
有色金属冶炼和压延加工业	8		169773	164115	
金属制品业	74	3	984910	901664	67937
通用设备制造业	38	3	391751	376582	19427
专用设备制造业	52	1	868864	810265	30393
汽车制造业	80	5	1263983	1200458	69822
铁路、船舶、航空航天和其他运输设备制造业	4	1	22982	21872	
电气机械和器材制造业	34	5	794062	796132	24486
计算机、通信和其他电子设备制造业	5	1	50067	48883	
仪器仪表制造业	4		37963	35997	
其他制造业	5	1	18696	18615	2100
废弃资源综合利用业	3		17798	15081	
金属制品、机械和设备修理业	1		6000	4200	
电力、燃气及水的生产和供应业	11	1	204048	203878	
电力、热力生产和供应业	7		182231	182231	
燃气生产和供应业	1		2117	2117	
水的生产和供应业	3	1	19700	19530	

10-1 续表2 单位：万元

指标（地区）	年初存货	产成品	资产总计	流动资产合计	应收账款
总　　计	1481858	631159	11490297	5712630	1479203
一、按登记注册类型分组：					
内资企业	1353846	557618	10404776	5039591	1265884
国有企业	50572	23544	369436	142384	23154
集体企业	3625	1779	38101	12301	2366
股份合作企业	2121	2003	11296	6157	2315
有限责任公司	434860	183353	3749917	1918008	540343
股份有限公司	385493	138644	3107364	1403167	311776
私营企业	446623	185555	3042882	1504426	378472
其他企业	30552	22740	85780	53148	7458
港、澳、台商投资企业	75803	40061	482184	305495	84378
外商投资企业	52209	33480	603337	367544	128941
二、在总计中：亏损企业	96931	42864	511647	266869	55639
在总计中：国有控股企业	202513	75416	1390760	669087	146084
在总计中：农村工业	31276	20099	175644	114045	39786
在总计中：轻工业	734842	284580	5583298	2649132	557191
重工业	747016	346579	5906999	3063498	922012
在总计中：大型企业	410926	126174	3004034	1381944	288490
中型企业	444986	263962	3760513	1956235	482493
小型企业	625946	241023	4725750	2374451	708220
三、总计中：市　直	338186	164045	2899228	1487545	435105
#开发区	309923	147178	2540093	1270280	373193
荆州区	108338	61189	1023861	428770	161400
沙市区	72401	29256	861260	344325	80003
江陵县	46031	19333	300086	163514	43287
松滋市	152731	53600	1613806	949572	190380
公安县	327898	135616	1574080	984658	196798
石首市	126020	61632	724211	356533	99105
监利县	111464	26298	753066	359538	59469
洪湖市	198789	80190	1740699	638175	213656
四、按工业行业大类分					
采矿业	1021	215	13380	5674	812
煤炭开采和洗选业	989	183	9036	4192	308
黑色金属矿采选业	32	32	479	299	
非金属矿采选业			1210	692	452

10-1 续表3 单位：万元

指标（地区）	年初存货	产成品	资产总计	流动资产合计	应收账款
其他采矿业			2655	491	52
制造业	1469967	630944	11016330	5618200	1452825
农副食品加工业	346936	139395	2381142	862309	102672
食品制造业	18774	10233	112286	57402	8351
酒、饮料和精制茶制造业	84080	11626	894412	641124	105665
纺织业	137140	66338	745378	363865	62074
纺织服装、服饰业	10794	4604	160361	82493	40348
皮革、毛皮、羽毛及其制品和制鞋业	4732	1466	36382	26356	6819
木材加工和木、竹、藤、棕、草制品业	33218	7060	218970	95748	9932
家具制造业	1667	1292	24312	9796	3015
造纸和纸制品业	40821	18045	247242	109637	21314
印刷和记录媒介复制业	460	124	27270	7631	2147
文教、工美、体育和娱乐用品制造业	1271	631	21185	10426	650
石油加工、炼焦和核燃料加工业	16976	10423	40373	26719	4495
化学原料和化学制品制造业	158507	77083	1319240	638832	174247
医药制造业	31292	13840	293843	118523	34965
橡胶和塑料制品业	152191	51013	692082	464062	103933
非金属矿物制品业	35840	18177	496016	195640	38592
黑色金属冶炼和压延加工业	10628	6273	110532	46482	16253
有色金属冶炼和压延加工业	9169	1192	78378	43410	14874
金属制品业	87010	37760	670729	384777	161859
通用设备制造业	61930	26624	398941	211683	57840
专用设备制造业	43271	32628	402587	210475	104381
汽车制造业	116906	68590	1021289	642007	205733
铁路、船舶、航空航天和其他运输设备制造业	4638	4435	19951	13242	1008
电气机械和器材制造业	54011	18004	514462	306054	161422
计算机、通信和其他电子设备制造业	2705	1059	35321	21402	2974
仪器仪表制造业	793	455	10449	3811	1362
其他制造业	1482	628	12234	6062	1966
废弃资源综合利用业	2467	1746	22772	12585	506
金属制品、机械和设备修理业	258	200	8191	5647	3428
电力、燃气及水的生产和供应业	10870		460587	88756	25566
电力、热力生产和供应业	10765		354179	59269	21479
燃气生产和供应业			9172	5720	139
水的生产和供应业	105		97236	23767	3948

10-1　续表4　　　　单位：万元

指标（地区）	资产总计				
	流动资产合计			固定资产合计	固定资产原价
	存　货				
		产成品	在产品		
总　　计	1771345	832126	101486	4652338	23657415
一、按登记注册类型分组：					
内资企业	1631291	752546	95307	4347645	21552794
国有企业	41846	17533	6680	146567	706154
集体企业	3272	2083	959	13209	97188
股份合作企业	1958	1631		5139	14390
有限责任公司	520855	257015	36412	1480450	5853491
股份有限公司	402812	139286	9619	1427199	3895271
私营企业	630960	313415	40702	1244824	10949456
其他企业	29588	21583	935	30257	36844
港、澳、台商投资企业	88906	52635	2841	106965	1017585
外商投资企业	51148	26945	3338	197728	1087036
二、在总计中：亏损企业	101981	51974	8042	171288	879809
在总计中：国有控股企业	206275	69867	9725	599477	1528900
在总计中：农村工业	33476	25309	71	58780	785472
在总计中：轻工业	950543	422035	49723	2304009	14224144
重工业	820802	410091	51763	2348329	9433271
在总计中：大型企业	414204	110663	16572	1264357	7329165
中型企业	575866	347235	40872	1462544	7069575
小型企业	781275	374228	44042	1925437	9258675
三、总计中：市　直	358296	181738	26345	1049456	4173650
#开发区	320234	156252	22916	945580	4007387
荆州区	148067	99419	1147	570903	6968789
沙市区	78153	29834	4242	454501	1940358
江陵县	61303	31047	3561	116173	176404
松滋市	236336	99137	12568	579991	625639
公安县	363219	155965	17008	480457	621169
石首市	122850	52187	24250	281940	924090
监利县	166039	45986	5954	251717	4540588
洪湖市	237082	136813	6411	867200	3686728
四、按工业行业大类分					
采矿业	1712	1540		5541	7004
煤炭开采和洗选业	1448	1377		4096	5039
黑色金属矿采选业	32	32		180	300
非金属矿采选业	232	131		500	800

指标（地区）	资产总计				
	流动资产合计			固定资产合计	固定资产原价
	存　货				
		产成品	在产品		
其他采矿业				765	865
制造业	1750341	828172	101486	4316788	23243947
农副食品加工业	458982	214402	11797	1105224	8746716
食品制造业	21022	14771	799	47552	134675
酒、饮料和精制茶制造业	123814	26085	4515	234696	239699
纺织业	154389	77387	22586	330959	1685656
纺织服装、服饰业	18895	12374	1881	62115	160276
皮革、毛皮、羽毛及其制品和制鞋业	7446	1828	1048	3768	16725
木材加工和木、竹、藤、棕、草制品业	38779	10684	1681	84309	427991
家具制造业	5309	4850	254	12012	112876
造纸和纸制品业	48428	24208	46	122097	1371212
印刷和记录媒介复制业	1718	1102	4	16667	29625
文教、工美、体育和娱乐用品制造业	1815	747	323	9035	15116
石油加工、炼焦和核燃料加工业	14856	11530		7402	8963
化学原料和化学制品制造业	158669	77591	18743	572004	2177178
医药制造业	37645	17428	2143	142553	268112
橡胶和塑料制品业	158427	49542	1175	185693	409932
非金属矿物制品业	45578	28644	931	257483	734110
黑色金属冶炼和压延加工业	16311	9732	987	48707	352397
有色金属冶炼和压延加工业	9866	2249	202	29203	114262
金属制品业	94662	51954	5062	259578	1952027
通用设备制造业	70565	36966	5625	112294	422689
专用设备制造业	57519	41210	4310	175328	1545418
汽车制造业	143975	90341	11940	278960	981901
铁路、船舶、航空航天和其他运输设备制造业	6457	3955	10	5701	31376
电气机械和器材制造业	46124	14405	5263	179343	1194850
计算机、通信和其他电子设备制造业	3818	1569	5	13468	19947
仪器仪表制造业	659	525		5793	60605
其他制造业	2340	805	68	4334	15907
废弃资源综合利用业	2036	1155	51	9676	11469
金属制品、机械和设备修理业	237	133	37	834	2237
电力、燃气及水的生产和供应业	19292	2414		330009	406464
电力、热力生产和供应业	18470	1769		278157	347360
燃气生产和供应业	54			3360	3708
水的生产和供应业	768	645		48492	55396

10-1 续表6 单位：万元

指标（地区）	资产总计			负债合计	
	累计折旧	本年折旧	在建工程		流动负债合计
总　　计	19351163	2322749	408955	5970677	4596835
一、按登记注册类型分组：					
内资企业	17544069	2091076	385310	5403226	4064306
国有企业	559587	83879	24064	209102	148876
集体企业	84482	5689		4350	3328
股份合作企业	9377	1772		7704	7402
有限责任公司	4491851	671699	148791	1851560	1511896
股份有限公司	2579929	336177	106638	1891074	1235147
私营企业	9805838	986772	101684	1402188	1120496
其他企业	13005	5088	4133	37248	37161
港、澳、台商投资企业	913232	115853	7074	239954	232040
外商投资企业	893862	115820	16571	327497	300489
二、在总计中：亏损企业	726003	112149	21312	397135	342243
在总计中：国有控股企业	952065	167758	29026	873705	600081
在总计中：农村工业	735773	85301	3097	75381	64008
在总计中：轻工业	12135807	1368319	264969	2929479	2116286
重工业	7215356	954430	143986	3041198	2480549
在总计中：大型企业	6172327	636296	132350	1699310	1171216
中型企业	5723511	754863	138272	1976789	1557935
小型企业	7455325	931590	138333	2294578	1867684
三、总计中：市　直	3155778	497481	125033	1736371	1396434
#开发区	3088854	488766	111893	1551746	1232560
荆州区	6399095	692275	3584	411811	349495
沙市区	1519844	196786	7858	293861	195829
江陵县	74442	27197	7361	170147	143366
松滋市	187923	60333	97744	1034595	897873
公安县	186505	47336	51615	728187	624416
石首市	645105	98125	15811	353382	266306
监利县	4309070	361648	46429	391457	324799
洪湖市	2873401	341568	53520	850866	398317
四、按工业行业大类分					
采矿业	2334	687	779	7245	7157
煤炭开采和洗选业	1814	379	779	6614	6551
黑色金属矿采选业	120	30		88	63
非金属矿采选业	300	200		470	470

10-1 续表7

单位：万元

指标（地区）	资产总计			负债合计	
	累计折旧	本年折旧	在建工程		流动负债合计
其他采矿业	100	78		73	73
制造业	19267546	2306243	388806	5656664	4448500
农副食品加工业	7711558	789702	87240	1165160	604798
食品制造业	90301	14421	4718	40845	26742
酒、饮料和精制茶制造业	108135	18055	81947	591115	567185
纺织业	1370937	164081	44651	412113	324279
纺织服装、服饰业	104221	15904	4746	80686	68058
皮革、毛皮、羽毛及其制品和制鞋业	12956	3008	5117	31231	30731
木材加工和木、竹、藤、棕、草制品业	338588	43773	12108	89821	60410
家具制造业	101094	12350	231	9965	8511
造纸和纸制品业	1250101	154824	3303	98260	84553
印刷和记录媒介复制业	12959	1853	2302	16298	7198
文教、工美、体育和娱乐用品制造业	6114	322	1233	12192	8026
石油加工、炼焦和核燃料加工业	1561	885	2333	35065	35065
化学原料和化学制品制造业	1644711	277212	37156	850613	689286
医药制造业	133721	26014	12825	150959	83056
橡胶和塑料制品业	230065	37009	14908	304711	268967
非金属矿物制品业	499658	81843	9941	234447	192156
黑色金属冶炼和压延加工业	303699	32107	881	39270	32170
有色金属冶炼和压延加工业	90276	18393	1090	32731	30199
金属制品业	1714458	129543	17976	253753	219972
通用设备制造业	313485	50832	8148	222649	191443
专用设备制造业	1372474	173774	1925	182926	174453
汽车制造业	733128	103402	22955	499079	469228
铁路、船舶、航空航天和其他运输设备制造业	25753	3793	78	15002	13771
电气机械和器材制造业	1017907	134913	9246	242105	217603
计算机、通信和其他电子设备制造业	7236	5937	757	19542	19372
仪器仪表制造业	55194	6980	21	7098	6541
其他制造业	12575	2782	2	5810	5398
废弃资源综合利用业	3278	1597	70	10555	7337
金属制品、机械和设备修理业	1403	934	898	2663	1992
电力、燃气及水的生产和供应业	81283	15819	19370	306768	141178
电力、热力生产和供应业	69202	13088	7057	256737	111248
燃气生产和供应业	715	215	219	7244	5906
水的生产和供应业	11366	2516	12094	42787	24024

10-1 续表8

单位：万元

指标（地区）	应付账款	非流动负债合计	所有者权益合计	实收资本	国家资本
总　　计	1180441	649715	5469025	2691317	144105
一、按登记注册类型分组：					
内资企业	937508	631502	4952325	2297070	121930
国有企业	21912	31628	160334	73354	24802
集体企业	1441	1000	33750	29096	3080
股份合作企业	436	30	3593	780	
有限责任公司	510204	212518	1885561	929924	27916
股份有限公司	158918	255446	1206324	464392	60040
私营企业	240440	130880	1614230	781670	6092
其他企业	4157		48533	17854	
港、澳、台商投资企业	111526	4655	240860	114401	
外商投资企业	131407	13558	275840	279846	22175
二、在总计中：亏损企业	61283	39410	114232	227793	
在总计中：国有控股企业	152831	245026	517055	259245	104979
在总计中：农村工业	16708	100	100263	27220	
在总计中：轻工业	442715	239339	2632739	1304656	43652
重工业	737726	410376	2836286	1386661	100453
在总计中：大型企业	150532	168215	1304724	429073	26306
中型企业	552337	325812	1760369	807894	97111
小型企业	477572	155688	2403932	1454350	20688
三、总计中：市　直	417642	288537	1161845	745243	91392
#开发区	339381	268803	987337	655068	69217
荆州区	38271	7447	609688	175968	1367
沙市区	99807	10628	564728	232031	3280
江陵县	45364	4966	129283	68852	1049
松滋市	202068	105118	576734	422626	22825
公安县	217731	84863	838390	384453	12332
石首市	49028	32140	362222	197336	3380
监利县	48082	54609	354945	123568	712
洪湖市	62448	61407	871190	341240	7768
四、按工业行业大类分					
采矿业	669	87	6125	3674	
煤炭开采和洗选业	413	61	2412	2043	
黑色金属矿采选业		26	391	391	
非金属矿采选业	250		740	740	

指标（地区）	应付账款	非流动负债合计	所有者权益合计	实收资本	国家资本
其他采矿业	6		2582	500	
制造业	1150275	487039	5309080	2559783	76810
农副食品加工业	99856	83886	1214303	399503	20397
食品制造业	4780	1679	71134	30621	
酒、饮料和精制茶制造业	101256	20602	303297	213828	
纺织业	51760	50828	329589	136620	367
纺织服装、服饰业	13352	6444	79160	41002	712
皮革、毛皮、羽毛及其制品和制鞋业	1675	500	5151	5893	
木材加工和木、竹、藤、棕、草制品业	12372	20438	129069	60473	
家具制造业	1297	1193	14347	3854	
造纸和纸制品业	26485	5781	148716	44325	
印刷和记录媒介复制业	2456	1333	10973	7078	
文教、工美、体育和娱乐用品制造业	479	771	8993	4741	
石油加工、炼焦和核燃料加工业	34010		5308	7876	
化学原料和化学制品制造业	198801	118033	467562	340518	12386
医药制造业	27219	54050	132938	43137	
橡胶和塑料制品业	44398	27167	380732	162687	12232
非金属矿物制品业	37267	26130	260740	142276	23825
黑色金属冶炼和压延加工业	16709	3642	71262	58041	
有色金属冶炼和压延加工业	21484	2532	45647	13079	
金属制品业	24814	6012	398835	248464	5180
通用设备制造业	67031	26935	175097	71747	
专用设备制造业	31616	3635	217827	71636	
汽车制造业	220328	17118	518244	222649	
铁路、船舶、航空航天和其他运输设备制造业	2197	200	4949	2768	
电气机械和器材制造业	100191	4556	271906	198219	
计算机、通信和其他电子设备制造业	3646	169	15780	12923	
仪器仪表制造业	72		3351	4216	
其他制造业	789	412	6424	4370	
废弃资源综合利用业	3250	2323	12217	5739	1711
金属制品、机械和设备修理业	685	670	5529	1500	
电力、燃气及水的生产和供应业	29497	162589	153820	127860	67295
电力、热力生产和供应业	26911	142488	97443	78440	45120
燃气生产和供应业	912	1338	1928	1600	
水的生产和供应业	1674	18763	54449	47820	22175

10-1 续表10 单位：万元

指标（地区）	集体资本	法人资本	个人资本	港澳台资本	外商资本
总　　计	128507	720010	1363439	7539	315437
一、按登记注册类型分组：					
内资企业	102357	679832	1327246		53423
国有企业		1495	24056		23001
集体企业	24426	1590			
股份合作企业	230		550		
有限责任公司	24780	387656	460031		29540
股份有限公司	14428	52801	336242		882
私营企业	38493	231301	493503		
其他企业		4989	12864		
港、澳、台商投资企业	21250	15466	18868	7539	51279
外商投资企业	4900	24712	17325		210735
二、在总计中：亏损企业	5501	65213	30777	1520	124782
在总计中：国有控股企业	1028	43526	82235		27478
在总计中：农村工业		7914	19306		
在总计中：轻工业	80504	299820	675199	5164	198136
重工业	48003	420190	688240	2375	117301
在总计中：大型企业	10970	102223	266573		23001
中型企业	99181	182313	265044	3250	160995
小型企业	18356	435474	831822	4289	131441
三、总计中：市　直	16900	237296	148674	857	250124
#开发区	15982	225455	131874	856	211684
荆州区	14360	83502	70932	1330	4477
沙市区	24426	16935	185826		1565
江陵县	5900	19836	42067		
松滋市	1000	87743	282742		28316
公安县	38988	82113	221683	518	28820
石首市	5380	83773	103367		1435
监利县	915	12164	109077		700
洪湖市	20638	96648	199071	4834	
四、按工业行业大类分					
采矿业		1140	2534		
煤炭开采和洗选业		400	1643		
黑色金属矿采选业			391		
非金属矿采选业		740			

指标（地区）	集体资本	法人资本	个人资本	港澳台资本	外商资本
其他采矿业			500		
制造业	128507	691655	1344472	7539	298520
农副食品加工业	39961	84285	223830	31	28821
食品制造业		4650	25971		
酒、饮料和精制茶制造业		9000	204828		
纺织业	17061	42863	71259	5070	
纺织服装、服饰业	2000	9373	28852	64	
皮革、毛皮、羽毛及其制品和制鞋业		5483	410		
木材加工和木、竹、藤、棕、草制品业		43849	15189		1435
家具制造业			3854		
造纸和纸制品业	14360	9668	20297		
印刷和记录媒介复制业		5200	1878		
文教、工美、体育和娱乐用品制造业		60	4681		
石油加工、炼焦和核燃料加工业			7876		
化学原料和化学制品制造业		80116	101311		146705
医药制造业	5112	7993	30032		
橡胶和塑料制品业	6539	30933	102883		
非金属矿物制品业	2980	30370	85101		
黑色金属冶炼和压延加工业	25344	21001	10814		882
有色金属冶炼和压延加工业	900	1100	11079		
金属制品业	200	62174	180010	56	845
通用设备制造业		21248	49698	800	
专用设备制造业	230	18358	48053	518	4477
汽车制造业	6620	72389	66980	1000	75659
铁路、船舶、航空航天和其他运输设备制造业		1248	800		720
电气机械和器材制造业	7200	115771	36272		38976
计算机、通信和其他电子设备制造业		11823	1100		
仪器仪表制造业		200	4016		
其他制造业		1000	3370		
废弃资源综合利用业			4028		
金属制品、机械和设备修理业		1500			
电力、燃气及水的生产和供应业		27215	16433		16917
电力、热力生产和供应业		23100	10220		
燃气生产和供应业		1600			
水的生产和供应业		2515	6213		16917

10–1 续表12 单位：万元

指标（地区）	营业收入	主营业务收入	营业成本	主营业务成本	营业税金及附加
总 计	17818693	17690698	15359448	15232123	110530
一、按登记注册类型分组：					
内资企业	16452945	16362632	14232601	14142272	106359
国有企业	449312	430493	365294	351889	1382
集体企业	64820	64820	56109	56109	322
股份合作企业	11297	11297	7430	7430	204
有限责任公司	5262524	5231799	4583279	4544444	24986
股份有限公司	3110188	3085745	2532277	2517232	35014
私营企业	7311483	7295156	6482090	6459046	44260
其他企业	243321	243322	206122	206122	191
港、澳、台商投资企业	652575	632222	565372	546584	1379
外商投资企业	713173	695844	561475	543267	2792
二、在总计中：亏损企业	422135	416602	362226	357638	720
在总计中：国有控股企业	1380356	1351811	1159156	1120083	8332
在总计中：农村工业	337556	337510	309671	306132	1046
在总计中：轻工业	9660992	9633851	8448120	8414872	59604
重工业	8157701	8056847	6911328	6817251	50926
在总计中：大型企业	3995763	3954721	3407459	3379410	33184
中型企业	5196280	5130469	4448232	4382435	23187
小型企业	8626650	8605508	7503757	7470278	54159
三、总计中：市 直	2525109	2448151	2066982	2009234	10071
#开发区	2251391	2175939	1852378	1795163	8743
荆州区	2637713	2631850	2413895	2393213	13929
沙市区	1700596	1700593	1491006	1491006	4677
江陵县	621765	619333	563452	557413	628
松滋市	2300990	2298061	1802478	1798147	33106
公安县	2396502	2390272	2046661	2041135	13651
石首市	1945805	1921010	1630175	1612403	21107
监利县	1887214	1880529	1741597	1734935	9632
洪湖市	1802999	1800899	1603202	1594637	3729
四、按工业行业大类分					
采矿业	55057	55057	39192	38820	728
煤炭开采和洗选业	34056	34056	25827	25455	200
黑色金属矿采选业	7125	7125	4275	4275	37
非金属矿采选业	6274	6274	4529	4529	452

单位：万元

指标（地区）	营业收入	主营业务收入	营业成本	主营业务成本	营业税金及附加
其他采矿业	7602	7602	4561	4561	39
制造业	17561737	17437824	15158334	15033215	108847
农副食品加工业	5127708	5113498	4692038	4678405	13670
食品制造业	261516	261486	223050	223050	468
酒、饮料和精制茶制造业	669161	669161	347216	346273	28365
纺织业	1235110	1232493	1111033	1105054	8856
纺织服装、服饰业	351055	350912	313854	313775	1371
皮革、毛皮、羽毛及其制品和制鞋业	27448	27448	24424	24075	44
木材加工和木、竹、藤、棕、草制品业	344638	343130	299419	299419	1854
家具制造业	51832	51832	43354	43354	706
造纸和纸制品业	720520	720162	682890	682470	747
印刷和记录媒介复制业	45028	44938	35523	35523	157
文教、工美、体育和娱乐用品制造业	26855	26855	24446	23976	142
石油加工、炼焦和核燃料加工业	132705	131796	116451	115317	56
化学原料和化学制品制造业	2147035	2104602	1787994	1761069	13291
医药制造业	304738	302904	244820	241370	1614
橡胶和塑料制品业	809853	808535	696895	694160	5915
非金属矿物制品业	755142	754276	623448	623077	6666
黑色金属冶炼和压延加工业	322868	322835	279636	277250	1495
有色金属冶炼和压延加工业	166915	166442	149741	149547	383
金属制品业	871427	871304	740984	732517	4730
通用设备制造业	357714	353551	296877	292547	1448
专用设备制造业	794279	793794	707751	691135	6469
汽车制造业	1192357	1155304	983782	953195	5266
铁路、船舶、航空航天和其他运输设备制造业	22269	21311	19594	18741	107
电气机械和器材制造业	693323	679022	600825	595630	4132
计算机、通信和其他电子设备制造业	50447	50447	43119	43119	526
仪器仪表制造业	35997	35997	33457	33457	138
其他制造业	18827	18827	16887	16887	42
废弃资源综合利用业	20862	20854	16764	16761	126
金属制品、机械和设备修理业	4108	4108	2062	2062	63
电力、燃气及水的生产和供应业	201899	197817	161922	160088	955
电力、热力生产和供应业	179261	176158	145233	143531	798
燃气生产和供应业	2117	2117	1438	1438	28
水的生产和供应业	20521	19542	15251	15119	129

10-1　续表14　　单位：万元

指标（地区）	主营业务税金及附加	其他业务收入	其他业务利润	销售费用	管理费用
总　　计	110055	127995	29742	572686	707775
一、按登记注册类型分组：					
内资企业	105886	90313	17617	493073	633399
国有企业	1382	18819	353	13149	18012
集体企业	322			1041	1221
股份合作企业	204			1685	1591
有限责任公司	24902	30725	7604	141538	190603
股份有限公司	35012	24443	7833	166072	189660
私营企业	43873	16326	1827	168256	230109
其他企业	191			1332	2203
港、澳、台商投资企业	1379	20354	834	16942	18743
外商投资企业	2790	17328	11291	62671	55633
二、在总计中：亏损企业	720	5533	616	59139	30831
在总计中：国有控股企业	8332	28546	5055	40768	54574
在总计中：农村工业	1046	46	46	6052	7087
在总计中：轻工业	59279	27141	5695	339015	390700
重工业	50776	100854	24047	233671	317075
在总计中：大型企业	33184	41042	6189	177159	178844
中型企业	23187	65810	19471	133267	225752
小型企业	53684	21143	4082	262260	303179
三、总计中：市　直	10055	76959	20589	114929	138765
#开发区	8726	75453	18333	106072	109818
荆州区	13925	5862	8	52277	58502
沙市区	4677	3	3	42515	45489
江陵县	627	2432	640	6529	16938
松滋市	32895	2929	2684	168277	266816
公安县	13639	6230	1198	54301	51323
石首市	21030	24795	3540	36190	45361
监利县	9492	6685	285	45480	31985
洪湖市	3715	2100	795	52188	52596
四、按工业行业大类分					
采矿业	728			1387	3580
煤炭开采和洗选业	200			989	1640
黑色金属矿采选业	37			3	31
非金属矿采选业	452			192	361

 单位：万元

指标（地区）	主营业务税金及附加	其他业务收入	其他业务利润	销售费用	管理费用
其他采矿业	39			203	1548
制造业	108372	123914	26919	569405	696091
农副食品加工业	13459	14212	2378	91567	102783
食品制造业	468	30		6433	11369
酒、饮料和精制茶制造业	28365			131649	111699
纺织业	8791	2617	159	17212	38777
纺织服装、服饰业	1333	143		4673	25799
皮革、毛皮、羽毛及其制品和制鞋业	44			424	2032
木材加工和木、竹、藤、棕、草制品业	1854	1507		9839	9502
家具制造业	706			1756	1830
造纸和纸制品业	747	358		9507	8153
印刷和记录媒介复制业	157	90		1423	16085
文教、工美、体育和娱乐用品制造业	142			1041	640
石油加工、炼焦和核燃料加工业	56	908		1537	993
化学原料和化学制品制造业	13211	42433	9317	108436	92927
医药制造业	1606	1834	37	9990	19463
橡胶和塑料制品业	5913	1318	63	20791	19176
非金属矿物制品业	6662	867	673	23060	38970
黑色金属冶炼和压延加工业	1495	33	4	7339	9393
有色金属冶炼和压延加工业	383	473	473	1744	3625
金属制品业	4722	123	123	35280	36811
通用设备制造业	1437	4163	129	12781	20561
专用设备制造业	6469	485	463	20414	30760
汽车制造业	5263	37053	1488	39771	62774
铁路、船舶、航空航天和其他运输设备制造业	107	958	105	598	1047
电气机械和器材制造业	4087	14301	11502	9283	26368
计算机、通信和其他电子设备制造业	526			855	1881
仪器仪表制造业	138			557	458
其他制造业	42			436	372
废弃资源综合利用业	126	8	5	333	1030
金属制品、机械和设备修理业	63			676	813
电力、燃气及水的生产和供应业	955	4081	2823	1894	8104
电力、热力生产和供应业	798	3103	1985	1318	2937
燃气生产和供应业	28			87	189
水的生产和供应业	129	978	838	489	4978

10-1 续表16 单位：万元

指标（地区）	税 金	财务费用	利息收入	利息支出	营业利润
总 计	154611	199617	6142	140304	1180659
一、按登记注册类型分组：					
内资企业	152852	193661	4743	136694	1101778
国有企业	1581	7585	403	6033	32717
集体企业		436		400	5691
股份合作企业	24	2	1		384
有限责任公司	15467	65414	2881	42753	341515
股份有限公司	76678	38304	668	33297	271549
私营企业	59029	80423	790	52905	437269
其他企业	73	1497		1306	12653
港、澳、台商投资企业	714	3023	980	2395	39046
外商投资企业	1045	2933	419	1215	39835
二、在总计中：亏损企业	551	10157	351	8061	-37057
在总计中：国有控股企业	1878	26514	651	24399	99155
在总计中：农村工业	698	1798	20	786	15399
在总计中：轻工业	136709	85868	3075	63202	630506
重工业	17902	113749	3067	77102	550153
在总计中：大型企业	77622	30829	1371	27298	267986
中型企业	26626	62677	3636	53630	380431
小型企业	50363	106111	1135	59376	532242
三、总计中：市 直	4763	44182	3237	38181	132100
#开发区	3898	42587	3171	36469	109920
荆州区	2294	21245	14	11111	85958
沙市区	1018	22338	58	3728	103807
江陵县	244	5225	203	4456	38315
松滋市	134891	23018	639	15174	210894
公安县	1976	21198	1512	18685	205759
石首市	6889	24168	84	16853	200247
监利县	1119	19469	338	14951	101282
洪湖市	1417	18774	57	17165	102297
四、按工业行业大类分					
采矿业	1283	852	1	166	1847
煤炭开采和洗选业	37	627		135	1166
黑色金属矿采选业		3			14
非金属矿采选业	89	192			652

10–1　续表17　　　　　　　　　　　　　　　　　　　　　单位：万元

指标（地区）	税　金	财务费用	利息收入	利息支出	营业利润
其他采矿业	1157	30	1	31	15
制造业	152440	185395	6110	129051	1158742
农副食品加工业	32188	38908	752	29785	295179
食品制造业	3319	2867	5	1733	22738
酒、饮料和精制茶制造业	66568	6646	870	4287	138752
纺织业	11370	16393	390	13868	59039
纺织服装、服饰业	11630	3419	38	1755	21152
皮革、毛皮、羽毛及其制品和制鞋业	109	765	5	601	334
木材加工和木、竹、藤、棕、草制品业	872	4410	16	3534	18078
家具制造业	55	1183		562	1736
造纸和纸制品业	108	2362	134	2275	28617
印刷和记录媒介复制业	5801	549	2	429	1434
文教、工美、体育和娱乐用品制造业		400		207	1431
石油加工、炼焦和核燃料加工业	449	356		347	5394
化学原料和化学制品制造业	5777	32774	723	22558	119662
医药制造业	617	5918	412	4056	29925
橡胶和塑料制品业	337	7075	113	5125	64784
非金属矿物制品业	6131	13034	40	8797	57722
黑色金属冶炼和压延加工业	532	3515	5	2168	23730
有色金属冶炼和压延加工业	19	1065	1	443	10543
金属制品业	1310	11520	17	6805	56704
通用设备制造业	448	7060	434	4882	18371
专用设备制造业	1524	9177	36	4847	42568
汽车制造业	1660	10558	1430	6411	91657
铁路、船舶、航空航天和其他运输设备制造业	39	267		89	609
电气机械和器材制造业	1480	3096	683	2587	48096
计算机、通信和其他电子设备制造业	8	395		278	3971
仪器仪表制造业	12	397		244	919
其他制造业	69	350		289	740
废弃资源综合利用业	8	839	4		–5540
金属制品、机械和设备修理业		97		89	397
电力、燃气及水的生产和供应业	888	13370	31	11087	20070
电力、热力生产和供应业	161	12644	30	10517	17067
燃气生产和供应业		147			228
水的生产和供应业	727	579	1	570	2775

10-1　续表18　　　　　　　　　　　　　　　　　　　　　　　　　　　单位：万元

指标（地区）	资产减值损失	投资收益	营业外收入	补贴收入
总　　计	35186	54347	78129	27179
一、按登记注册类型分组：				
内资企业	6369	44889	66033	26656
国有企业		596	12641	
集体企业				
股份合作企业			102	
有限责任公司	3871	2689	27492	16123
股份有限公司	304	19770	8099	1379
私营企业	2194	21499	17700	9154
其他企业		335	-1	
港、澳、台商投资企业	26795	1345	3555	356
外商投资企业	2022	8113	8541	167
二、在总计中：亏损企业	16	12	7061	268
在总计中：国有控股企业	626	596	17509	2802
在总计中：农村工业			1	
在总计中：轻工业	5180	30525	25291	12202
重工业	30006	23822	52838	14977
在总计中：大型企业		18330	21485	7037
中型企业	33271	32202	43822	15553
小型企业	1915	3815	12822	4589
三、总计中：市　直	28489	10592	42673	10805
#开发区	28490	8790	42120	10700
荆州区	657	-366	691	258
沙市区		4035	1236	1087
江陵县	3	245	2130	1334
松滋市	845	3537	7065	4649
公安县	4125	-11	1938	277
石首市	1096	15831	3598	1243
监利县	-29	108	13171	5682
洪湖市		20376	5627	1844
四、按工业行业大类分				
采矿业		233		
煤炭开采和洗选业		233		
黑色金属矿采选业				
非金属矿采选业				

10–1　续表19　　　　单位：万元

指标（地区）	资产减值损失	投资收益	营业外收入	补贴收入
其他采矿业				
制造业	35164	52364	78251	27121
农副食品加工业	3255	22589	13492	7527
食品制造业	13		13	10
酒、饮料和精制茶制造业		3300	166	156
纺织业	333	1025	1072	94
纺织服装、服饰业		13	224	182
皮革、毛皮、羽毛及其制品和制鞋业				
木材加工和木、竹、藤、棕、草制品业		447	4729	617
家具制造业				
造纸和纸制品业		2	9	
印刷和记录媒介复制业				
文教、工美、体育和娱乐用品制造业				
石油加工、炼焦和核燃料加工业				
化学原料和化学制品制造业	227	14905	23426	5036
医药制造业	29	1	5702	1435
橡胶和塑料制品业	930		345	201
非金属矿物制品业	102	20	2842	1840
黑色金属冶炼和压延加工业		2	84	
有色金属冶炼和压延加工业			1430	1422
金属制品业			296	
通用设备制造业	14	101	3966	153
专用设备制造业	596	1	514	92
汽车制造业	27602	1496	4637	95
铁路、船舶、航空航天和其他运输设备制造业	–3		4	
电气机械和器材制造业	984	8462	7991	1167
计算机、通信和其他电子设备制造业			74	
仪器仪表制造业				
其他制造业				
废弃资源综合利用业	1082		7053	6912
金属制品、机械和设备修理业			182	182
电力、燃气及水的生产和供应业	22	1750	–122	58
电力、热力生产和供应业	22		–165	30
燃气生产和供应业				
水的生产和供应业		1750	43	28

10-1　续表20　　　　　　　　　　　　　　　　　　　　　　　　　　　　单位：万元

指标（地区）	营业外支出	利润总额	应交所得税	亏损企业亏损总额	利税总额
总　　计	76418	1181939	114361	30811	1792653
一、按登记注册类型分组：					
内资企业	75795	1091585	100474	13838	1660376
国有企业	77	45281	11516		53244
集体企业		5691	128		6841
股份合作企业	284	203	9		914
有限责任公司	27730	340844	24224	11120	480210
股份有限公司	10748	268899	43600	235	430769
私营企业	36956	418014	20989	2463	669557
其他企业		12653	8	20	18841
港、澳、台商投资企业	205	42396	6624	897	59611
外商投资企业	418	47958	7263	16076	72666
二、在总计中：亏损企业	815	–30811	119	30811	–21729
在总计中：国有控股企业	476	116187	23300		163282
在总计中：农村工业	10	14447	2365		19983
在总计中：轻工业	64796	591004	51886	23094	894177
重工业	11622	590935	62475	7717	898476
在总计中：大型企业	1871	287600	51810		432136
中型企业	22204	401109	31447	3711	578236
小型企业	52343	493230	31104	27100	782281
三、总计中：市　直	2196	172577	33105	27583	251515
#开发区	2111	149930	29894	26662	215672
荆州区	452	86197	5224	650	131456
沙市区	144	104898	1865	263	149985
江陵县	902	39543	826	152	104774
松滋市	491	217466	32545	236	363884
公安县	482	207731	19124		280704
石首市	3048	200797	10876	355	307302
监利县	67672	46782	342	249	75731
洪湖市	1031	105948	10454	1323	127302
四、按工业行业大类分					
采矿业		1847	33		4186
煤炭开采和洗选业		1166	33		2790
黑色金属矿采选业		14			85
非金属矿采选业		652			1193

10-1　续表21　　　单位：万元

指标（地区）	营业外支出	利润总额	应交所得税	亏损企业亏损总额	利税总额
其他采矿业		15			118
制造业	76168	1160393	114065	30288	1757443
农副食品加工业	33041	275627	8650	1005	389351
食品制造业	30	22725	166		31425
酒、饮料和精制茶制造业	7401	131517	29521		199693
纺织业	3171	56941	4192	4157	94195
纺织服装、服饰业	4872	16504	571	152	26786
皮革、毛皮、羽毛及其制品和制鞋业		334	40	870	1626
木材加工和木、竹、藤、棕、草制品业	476	22330	1884	443	40771
家具制造业		1736	100		3862
造纸和纸制品业	9260	19366	107	72	31559
印刷和记录媒介复制业		1434	105		2965
文教、工美、体育和娱乐用品制造业		1431	94		1924
石油加工、炼焦和核燃料加工业		5394			10647
化学原料和化学制品制造业	1917	141171	19935	18293	219871
医药制造业	6343	29284	1759		46148
橡胶和塑料制品业	345	64782	11008	738	96633
非金属矿物制品业	1015	59547	6797	163	91151
黑色金属冶炼和压延加工业		23814	1300		39017
有色金属冶炼和压延加工业	5	11968	161		23870
金属制品业	284	55774	5696	595	79510
通用设备制造业	148	22189	1552	1945	32515
专用设备制造业	576	42506	1608	22	70395
汽车制造业	626	96181	10543	740	136282
铁路、船舶、航空航天和其他运输设备制造业	5	609	202	322	1111
电气机械和器材制造业	6649	49438	7090	418	72657
计算机、通信和其他电子设备制造业		4045	515	319	5252
仪器仪表制造业		919	56		2530
其他制造业	4	736	49	34	1455
废弃资源综合利用业		1513	334		3215
金属制品、机械和设备修理业		578	30		1027
电力、燃气及水的生产和供应业	250	19699	263	523	31024
电力、热力生产和供应业	90	16812	50		26619
燃气生产和供应业		228			393
水的生产和供应业	160	2659	213	523	4012

10-1 续表22 单位：万元

指标（地区）	应交税金及附加	本年应付职工薪酬	本年应交增值税	从业人员平均人数（人）
总 计	879686	741275	500185	177830
一、按登记注册类型分组：				
内资企业	822116	679459	462431	166050
国有企业	21060	20824	6581	3826
集体企业	1277	2890	827	689
股份合作企业	743	1666	507	439
有限责任公司	179056	257722	114380	62277
股份有限公司	282148	131445	126856	29323
私营企业	331561	259816	207283	68399
其他企业	6271	5096	5997	1097
港、澳、台商投资企业	24553	19922	15837	5548
外商投资企业	33017	41894	21917	6232
二、在总计中：亏损企业	9752	26226	8362	8885
在总计中：国有控股企业	72273	56157	38764	9849
在总计中：农村工业	8599	9473	4491	1710
在总计中：轻工业	491768	359041	243570	95025
重工业	387918	382234	256615	82805
在总计中：大型企业	273968	125966	111352	28678
中型企业	235200	232140	153940	55215
小型企业	370518	383169	234893	93937
三、总计中：市 直	116806	145792	68865	34388
#开发区	99533	128469	56999	30448
荆州区	52777	81987	31331	19980
沙市区	47970	121596	40410	21966
江陵县	66301	27473	64603	8579
松滋市	313855	117106	113312	25267
公安县	94073	61033	59323	17450
石首市	124271	90384	85398	17662
监利县	30409	47395	19318	16136
洪湖市	33224	48509	17625	16402
四、按工业行业大类分				
采矿业	3655	4950	1612	1231
煤炭开采和洗选业	1694	3836	1424	817
黑色金属矿采选业	72	300	35	124
非金属矿采选业	630	458	90	126

单位：万元

指标（地区）	应交税金及附加	本年应付职工薪酬	本年应交增值税	从业人员平均人数（人）
其他采矿业	1259	356	63	164
制造业	863554	719586	488201	174249
农副食品加工业	154561	116471	100048	28704
食品制造业	12185	12733	8232	3205
酒、饮料和精制茶制造业	164265	23321	39811	6685
纺织业	52816	73887	28399	23483
纺织服装、服饰业	22483	35628	8911	9432
皮革、毛皮、羽毛及其制品和制鞋业	1441	3241	1248	1106
木材加工和木、竹、藤、棕、草制品业	21197	13714	16587	3867
家具制造业	2280	4280	1419	1058
造纸和纸制品业	12408	13177	11446	4915
印刷和记录媒介复制业	7438	2621	1375	816
文教、工美、体育和娱乐用品制造业	587	1926	351	547
石油加工、炼焦和核燃料加工业	5702	365	5198	100
化学原料和化学制品制造业	104412	88570	65409	15357
医药制造业	19240	22296	15250	5120
橡胶和塑料制品业	43196	27573	25937	6851
非金属矿物制品业	44533	44377	24939	9927
黑色金属冶炼和压延加工业	17034	13646	13708	3010
有色金属冶炼和压延加工业	12082	6754	11519	1860
金属制品业	30742	39002	19006	9277
通用设备制造业	12326	29539	8878	7061
专用设备制造业	31020	35325	21419	6597
汽车制造业	52305	60060	34835	14170
铁路、船舶、航空航天和其他运输设备制造业	744	2850	395	522
电气机械和器材制造业	31789	41575	19087	8795
计算机、通信和其他电子设备制造业	1730	2192	681	675
仪器仪表制造业	1679	1341	1473	348
其他制造业	837	1021	678	304
废弃资源综合利用业	2044	1623	1577	364
金属制品、机械和设备修理业	478	478	385	93
电力、燃气及水的生产和供应业	12477	16739	10372	2350
电力、热力生产和供应业	10018	12365	9009	1342
燃气生产和供应业	165	395	138	65
水的生产和供应业	2294	3979	1225	943

10-2 规模以上工业企业主要工业产品生产量

Output of Major Industrial Products of Industrial Enterprises above Designed Size

指　标	单位	2013 年
铁矿石原矿	吨	356264
小麦粉	吨	76839
大米	吨	3411812
饲料	吨	1687468
其中：配合饲料	吨	818234
混合饲料	吨	511243
精制食用植物油	吨	1282275
冷冻水产品	吨	22698
罐头	吨	7920
饮料酒	千升	161699
其中：白酒（折65度，商品量）	千升	161352
葡萄酒	千升	347
软饮料	吨	464297
包装饮用水类	吨	125582
精制茶	吨	451
纱	吨	246993
棉纱	吨	226373
棉混纺纱	吨	13364
化学纤维纱	吨	7256
布	万米	73662
其中：棉布	万米	70565
棉混纺布	万米	3097
印染布	万米	5012
绒线（俗称毛线）	吨	914
服装	万件	4644
梭织服装	万件	3207
其中：羽绒服	万件	37
西服套装	万件	275
衬衫	万件	605
针织服装	万件	1438
皮革鞋靴	万双	210
人造板	立方米	1390826
其中：胶合板	立方米	693810
纤维板	立方米	348068
复合木地板	平方米	1511353
家具	件	21018
其中：木质家具	件	21018
机制纸及纸板（外购原纸加工除外）	吨	598529
其中：未涂布印刷书写用纸	吨	474698
卫生用纸原纸	吨	13628
箱纸板	吨	43262
单色印刷品	令	360493
多色印刷品	对开色令	108472
硫酸（折100%）	吨	346323
盐酸（氯化氢，含量31%）	吨	50945
烧碱（折100%）	吨	131439
农用氮、磷、钾化学肥料总计（折纯）	吨	28258
磷肥（折五氧化二磷100%）	吨	28258
磷酸一铵（实物量）	吨	239631
磷酸二铵（实物量）	吨	729671
化学农药原药（折有效成分100%）	吨	62477
其中：杀虫剂原药	吨	36551
除草剂原药	吨	25511
初级形态的塑料	吨	4958
化学试剂	吨	3599

指　标	单位	2013 年
合成洗涤剂	吨	82327
化学药品原药	吨	74292
中成药	吨	1645
塑料制品	吨	344371
其中：塑料薄膜	吨	2434
其中：农用薄膜	吨	2434
日用塑料制品	吨	15338
硅酸盐水泥熟料	吨	897779
水泥	吨	2983566
其中：强度等级42.5水泥（含R型）	吨	592160
商品混凝土	立方米	822349
水泥混凝土电杆	根	78491
砖	万块	183864
天然大理石建筑板材	平方米	2029750
沥青和改性沥青防水卷材	平方米	18077249
平板玻璃	重量箱	18657942
纤维增强塑料制品	吨	1248
耐火材料制品	吨	2905
生铁	吨	13230
粗钢	吨	26770
铸铁件	吨	12579
铸钢件	吨	19983
钢材	吨	359218
钢筋	吨	191282
热轧薄板	吨	17750
冷轧薄板	吨	65800
其它钢材	吨	84386
铁合金	吨	7144
钢丝绳	吨	666
粉末冶金零件	吨	16530
输送机械（输送机和提升机）	吨	29726
泵	台	350
气体压缩机	台	3728393
其中：制冷设备用压缩机	台	3728393
阀门	吨	7372
电动手提式工具	台	111761
减速机	台	1221
矿山专用设备	吨	20453
炼油、化工生产专用设备	吨	4594
农产品初加工机械	台	724683
小型拖拉机	台	15544
收获后处理机械	台	11321
通信及电子网络用电缆	对千米	87299
电力电缆	千米	28634
光缆	芯千米	9374859
家用电冰箱	台	2260666
家用冷柜（家用冷冻箱）	台	326042
家用洗衣机	台	1376181
电光源	万只	20643
荧光灯	万只	1410
电子元件	万只	198736
发电量	万千瓦小时	393687
其中：火力发电量	万千瓦小时	393687
自来水生产量	万立方米	6248

10-3 规模以上工业企业主要产品生产能力

Production Capacity of Major Products of Industry above Designated Size

指 标	单位	年末生产能力
原煤	吨	460000
棉纺锭 / 纺纱量	锭	1494100
气流纺锭 / 纺纱量	头	67200
棉布织机 / 布	台	19800
烧碱（折100%）	吨	135000
农用氮、磷、钾化学肥料总计（折纯）	吨	57000
初级形态塑料	吨	9000
硅酸盐水泥熟料	吨	900000
水泥	吨	4018000
平板玻璃	重量箱	27240000
生铁	吨	20000
钢材	吨	506600
铁合金	吨	8100
原铝（电解铝）	吨	20000
家用电冰箱	台	4800000
发电设备容量总计	万千瓦	71
其中：火电设备容量	万千瓦	71

10-4　工业企业高新技术产业情况

Main Statistics on New and High Technology Industrial Enterprises

指　标	单位	2012 年	2013 年
企业总数	个	87	103
从业人员	人	31909	34956
总产值	万元	3067659	39964184
高新制造业增减幅度	%	19.2	15.8
增加值	万元	818834	1076290
电子信息	万元	12721	18583
先进制造	万元	359533	355974
新材料	万元	164438	269963
生物医药与医疗机械	万元	21194	15049
产品出口交货值	万元	285914	4335359
产品销售收入	万元	2839887	40117628
利税总额	万元	210254	3842205

注：高新制造业增减幅度按增加值可比价计算，其他指标均按现价计算。

指 标 解 释

Explanatory Notes on Statistical Indicators

【工业】 指从事自然资源的开采，对采掘品和农产品进行加工和再加工的物质生产部门。具体包括：（1）对自然资源的开采，如采矿、晒盐、森林采伐等（但不包括禽兽捕猎和水产捕捞）；（2）对农副产品的加工、再加工，如粮油加工、食品加工、扎花、纺织、制革等；（3）对采掘品的加工、再加工，如炼铁、炼钢、化工生产、石油加工、机器制造、木材加工等，以及电力、自来水、煤气的生产和供应等；（4）对工业品的修理、翻新，如机器设备的修理、交通运输工具（包括小卧车）的修理等。1984 年以前农村的村及村以下办工业归属农业，1984 年以后划归工业。

【轻工业】 指主要提供生活消费品和制作手工工具的工业。按其所使用的原料不同，可分为两大类：（1）以农业为原料的轻工业，是指直接或间接以农产品为基本原料的轻工业。主要包括食品制造、饮料制造、烟草加工、纺织、缝纫、皮革和毛皮制作、造纸以及印刷等工业；（2）以非农产品为原料的轻工业，是指以工业品为原料的轻工业。主要包括文教体育用品、化学药品制造、合成纤维制造、日用化学制品、日用玻璃制品、日用金属制品、手工工具制造、医疗器械制造、文化和办公用机械制造等工业。

【重工业】 是指为国民经济各部门提供物质技术基础的主要生产资料的工业。按其生产性质和产品用途，可以分为下列三类：（1）采掘（伐）工业，是指对自然资源的开采，包括石油开采、煤炭开采、金属矿开采、非金属矿开采和木材采伐等工业；（2）原材料工业，指向国民经济各部门提供基本材料、动力和燃料的工业。包括金属冶炼及加工、炼焦及焦炭化学、化工原料、水泥、人造板以及电力、石油和煤炭加工等工业；（3）加工工业，是指对工业原材料进行再加工制造的工业。包括装备国民经济各部门的机械设备制造工业、金属结构、水泥制品等工业，以及为农业提供的生产资料如化肥、农药等工业。根据上述划分原则，修理业中以重工业产品为修理作业对象的划为重工业，反之划为轻工业。

【工业总产值】 是以货币表现的工业在一定时期内生产的已出售或可供出售工业产品总量，它反映一定时期内工业生产的总规模和总水平。它包括：在本企业内不再进行加工，经检验、包装入库（规定不需包装的产品除外）的成品价值，工业性作业价值，自制半成品、在产品期末初差额价值。工业总产值采用“工厂法”计算，即以工业作为一个整体，按企业生产活动的最终成果来计算，企业内部不允许重复计算，不能把企业内部各个车间（分厂）生产的成果相加。但在企业之间、行业之间、地区之间存在着重复计算。轻重工业总产值的划分也是按“工厂法”计算的，即一个工业企业在正常情况下生产的主要产品的性质属于轻工业，则该企业的全部总产值作为轻工业总产值；一个工业企业生产的主要产品的性质属于重工业，则该企业的全部总产值作为重工业总产值。

【工业增加值】 是指工业行业在报告期内以货币表现的工业生产活动的最终成果。

【工业销售产值】 是以货币表现的工业企业在一定时期内销售的本企业生产的工业产品产量。包括已销售的成品、半成品价值，对外提供的工业性作业价值和对本单位基本建设部门、生活福利部门等提供的产品和工业性作业及自制设备的价值。已销售的成品、半成品不论是本期生产的、还是上期生产的，只要是本期销售出去的均包括在内。对外提供的工业性作业是指企业按合同对外提供的工业性劳务。企业为本单位基本建设部门、生活福利部门等提供的产品和工业性作业及自制设备也应视同销售，这部分也应作为销售统计。工业销售产值的计算范围、计算价格和计算方法与工业总产值一致，但两者计算的基础不同，工业销售产值计算的基础是产品销售总量，工业总产值计算的基础是工业产品生产总量。

【国有及国有控股】 国有即企业登记注册类型为国有的企业。国有控股是指在企业的全部资本中，国家资本（股本）占较多比例，并且由国家实际控制的企业。分为“国有绝对控股企业”和“国有相对控股企业（含协议控制）”。国有绝对控股：是指国家资本所占比例大于 50%（含 50%）的企业。国有相对控股企业（含协议控制）：是指国家资本比例不足 50%，但相对大于企业中的其他经济成分所占比例的企业（相对控股），或者虽不大于其他经济成分、但根据协议规定由国家拥有实际控制权的企业（协议控制）。

【资产合计】 指企业拥有或控制的全部资产。包括流动资产、长期投资、固定资产、无形及递延资产、其他长期资产、递延税项等，即为企业资产负债表的资产总计项。（1）流动资产指企业可以在一年内或者超过一年的一个生产周期内变现或耗用的资产合计。包括现金及各种存款、短期投资、应收及预付款项、存货等。（2）固定资产指企业固定资产净值、固定资产清理、在建工程、待处理固定资产损失所占用的资金合计。

【负债合计】 指企业承担并需要偿还的全部债务。包括流动负债和长期负债、递延税项等，即为企业资产负债表的负债合计项。（1）流动负债指企业在一年内或者超过一年的营业周期内需要偿还的债务合计，其中包括短期借款、应付及预收款项、应付工资、应交税金和应交利润等。（2）长期负债指企业在一年以上或者超过一年的生产周期以上需要偿还的债务合计，其中包括长期借款、应付债务、长期应付款项等。

【固定资产原价】 指企业在建造、购置、安装、改建、扩建、技术改造某项固定资产时所支出的全部货币总额。它一般包括买价、包装费、运杂费和安装费。

【固定资产净值】 是指固定资产原价减去历年已提折旧额后的净值。

【所有者权益】 指企业投资人对企业净资产的所有权。企业净资产等于企业全部资产减去全部负债后余额，其中包括投资者对企业的最初投入，以及资本公积金、盈余公积金和未分配利润，对股份制企业即为股东权益。

【实收资本】 指企业实际收到的投资人投入的资本总额。

【产品销售收入】 指企业销售产品的销售收入和提供劳务等主要经营业务取得的业务总额。

【产品销售成本】 指企业销售产品和提供劳务等主要经营业务的实际成本。

【产品销售税金及附加】 指企业销售产品和提供工业性劳务等主要经营业务应负担的城市维护建设税、消费税、资源税和教育费附加。

【产品销售利润】 指企业销售产品和提供工业性劳务等主要经营业务收入扣除其成本、费用、税金后的利润。

【利润总额】 指企业实现的全部利润。反映企业最终的财务成果。

【本年应交增值税】 指当期销项税额抵扣当期进项税额后的余额。

【工业工业产品销售率】 指报告期工业销售产值与同期全部工业总产值之比。计算公式：

$$工业产品销售率(\%)=\frac{报告期现价工业销售产值}{报告期现价工业总产值}\times 100\%$$

【工业增加值率】 指报告期工业增加值占工业总产值的比重，反映降低中间消耗的经济效益。计算公式：

$$工业增加率（\%）=\frac{报告期现价工业增加值}{报告期现价工业总产值}\times 100\%$$

【工业成本费用利润率】 指在一定时期内实现的利润与成本费用之比，是反映工业生产成本及费用投入的经济效益指标，同时也是反映降低成本的经济效益的指标。计算公式：

$$工业成本费用利润率(\%)=\frac{利润总额}{成本费用总额}\times 100\%$$

【工业全员劳动生产率】 指根据产品的价值量指标计算的平均每一个职工在单位时间内创造的工业生产最终成果。是考核企业经济活动的重要指标，是企业生产技术水平、经济管理水平、职工技术熟练程度和劳动积极性的综合表现。目前我国的全员劳动生产率是将工业企业的工业增加值除以同一时期全部职工的平均人数来计算的。计算公式：

$$工业全员劳动生产率（元/人）=\frac{工业增加值（现价）}{全部职工平均人数}$$

【流动资产周转次数】 指在一定时期内流动资产完成的周转次数，反映流动资产的周转速度。计算公式：

$$流动资产周转次数（次）=\frac{产品销售收入}{流动资产平均余额}$$

【流动比率】 是反映企业每百元流动负债中，有多少元流动资产作后盾。计算公式：

$$流动比率（倍）=\frac{流动资产总额}{流动负债总额}$$

【速动比率】 是衡量企业流动资产中可以立即用于偿付流动负债的能力。计算公式：

$$速动比率（倍）=\frac{流动资产总额-存货}{流动负债总额}$$

【资产负债率】 反映在企业资产总额中有多少资产是通过借债而得的，也可以用于衡量企业利用债权人提供资金进行经营活动的能力以及企业在清算时保护债权人利益的程度。计算公式：

$$资产负债率=\frac{负债总额}{资产总额}\times 100\%$$

【总资产贡献率】 反映企业全部资产的获利能力，是企业经营业绩和管理水平的集中体现，是评价和考核企业盈利能力的核心指标。计算公式为：

总资产贡献率 =（利润总额 + 税金总额 + 利息支出）÷ 平均资产总额 ×100%

其中：税金总额为产品销售税金及附加与应交增值税之和；平均资产总额为期初期末资产总计的算术平均值。

【资本保值增值率】 反映企业净资产的变动状况，是企业发展能力的集中体现。计算公式为：

资本保值增值率 = 报告期期末所有者权益 / 上年同期期末所有者权益 ×100%。

十一、能　　源

Energy

资料整理：王　静

11-1 县市区全社会能源消费总量

Total Consumption of Energy by County

单位：万吨标准煤、吨/万元

地　区	2013 年 总能耗	2013 年 单位 GDP 能耗	单耗降低率 ±%
总　计	876.57	0.7529	-3.92
荆州区	75.33	0.4075	-4.58
沙市区	97.25	0.9374	-3.75
开发区	102.20	0.8047	-3.93
江陵县	27.77	0.5689	-3.81
松滋市	126.93	0.8998	-4.62
公安县	95.23	0.6364	-3.54
石首市	72.22	0.6567	-4.02
监利县	95.94	0.5776	-4.02
洪湖市	94.88	0.6688	-3.51

11–2　全社会GDP能耗结构表

Total Consumption of Energy by Jingzhou City

单位：万吨标准煤

指　标	2013年	增长（%）	能耗构成（%）
能源消费总量	876.57	6.03	100.00
第一产业能源消费	17.95	1.19	2.05
第二产业能源消费	570.41	4.82	65.07
工业能源消费	564.29	4.51	64.38
规上	385.65	3.35	44.00
规下	178.64	7.12	20.38
建筑业能源消费	6.12	44.15	0.70
第三产业能源消费	144.84	8.96	16.52
交通运输业能源消费	43.59	9.06	4.97
居民生活用能	143.37	8.69	16.36
城市居民生活用能	67.94	7.79	7.75
农村居民生活用能	75.43	9.51	8.61
GDP（2010年可比价）（亿元）	1164.26	10.36	–
单位GDP能耗（吨/万元）	0.75	–3.92	–

11-3 全社会分品种能源消费量及构成

Total Consumption of Energy and Its Composition

指　标	煤合计（万吨）	原煤（万吨）	无烟煤（万吨）	一般烟煤（万吨）	褐煤（万吨）	煤制品（万吨）	煤矸石（万吨）	焦炭（万吨）	石油合计（万吨）	原油（万吨）	气油（万吨）
终端消费量	434.91	369.28	23.42	344.41	1.36	65.63	46.74	1.05	91.63	0.57	33.87
一、第一产业									4.55		1.49
#农.林.牧.渔业									4.55		1.49
二、第二产业	369.28	369.28	23.42	344.41	1.36		46.74	1.05	20.45	0.57	1.86
工　业	369.28	369.28	23.42	344.41	1.36		46.74	1.05	19.27	0.57	1.55
#用作原料.材料	3.25	3.25		2.83	0.01			0.95			
建筑业									1.18		0.31
三、第三产业	29.54					29.54			53.73		24.47
交通运输.仓储和邮政业	0.15					0.15			28.80		13.03
批发、零售业和住宿、餐饮业	27.62					27.62			24.06		10.82
其他	1.77					1.77			0.87		0.62
四、生活消费	36.10					36.10			12.90		6.05
城　镇	14.85					14.85			6.72		3.89
乡　村	21.25					21.25			6.18		2.16

指　标	煤油（万吨）	柴油（万吨）	燃料油（万吨）	溶剂油（万吨）	石油焦（万吨）	液化石油气（万吨）	天然气（亿立方米）	秸秆（万吨）	薪柴（万吨）	热力（万百万千焦）	电力（亿千瓦时）
终端消费量	0.08	38.93	0.07	0.16	14.94	3.01	1.23	96.46	11.14	401.89	96.11
一、第一产业		3.03						1.83	2.52		3.75
#农.林.牧.渔业		3.03						1.83	2.52		3.75
二、第二产业	0.08	2.71	0.07	0.16	14.94	0.09	0.18	89.61	4.38	401.89	57.55
工　业	0.08	1.84	0.07	0.16	14.94	0.09	0.18	89.61	4.38	401.89	55.90
#用作原料.材料											
建筑业		0.87									1.65
三、第三产业		28.02				1.24	0.76				11.33
交通运输.仓储和邮政业		15.77					0.57				1.11
批发、零售业和住宿、餐饮业		12.00				1.24	0.19				5.80
其他		0.25									4.42
四、生活消费		5.17				1.68	0.29				23.48
城　镇		1.36				1.47	0.28				12.67
乡　村		3.81				0.21	0.01				10.81

11-4　规模以上工业企业能源购进、消费与库存

Resource's Purchase, Consumption and Stoch of Industrial Enterprises above Designed Size

能源名称	计量单位	企业单位数（个）	年初库存量	购进量		年末库存量
				实物量	金额（万元）	
原煤	吨	161	219042	3590378	215048	266633
#无烟煤	吨	13	20689	235397	19538	21639
一般烟煤	吨	148	193197	3343255	194952	242623
褐煤	吨	2	5156	10800	479	2372
焦炭	吨	6	442	10199	1406	147
天然气（气态）	万立方米	19		2198	6442	
原油	吨	2	5672	14	11	
汽油	吨	82	32	3574	2877	5
煤油	吨	10	30	818	565	40
柴油	吨	64	218	6797	5173	286
燃料油	吨	4	157	686	513	184
液化石油气	吨	3	22	844	584	8
溶剂油	吨	6	82	1571	1393	39
石油焦	吨	1	18216	149832	15882	18660
热力	百万千焦	9		4018890	23591	
电力	万千瓦时	855		484258	368785	
煤矸石用于燃料	吨	3		467217	3270	
城市垃圾用于燃料	吨	1		216000		
生物质废料用于燃料	吨	12		939897	39040	
其他燃料	吨标准煤	14	35	22413	1387	
能源合计	吨标准煤	855				139

能源名称	计量单位	消费量				
		合　计	工　业生产消费	用于原材料	非工业生产消费	运输工具消费
原煤	吨	3540273	3539521	32484	752	
#无烟煤	吨	234188	234188	4080		
一般烟煤	吨	3291575	3290823	28272	752	
褐煤	吨	13584	13584	132		
焦炭	吨	10494	10494	9480		
天然气（气态）	万立方米	2198	2197	24	1	
原油	吨	5697	5672		25	
汽油	吨	3645	1917	6	1728	734
煤油	吨	813	813	411		
柴油	吨	6734	5243	450	1492	1362
燃料油	吨	659	659	402		
液化石油气	吨	858	858			
溶剂油	吨	1572	1572	30		
石油焦	吨	149388	149388			
热力	百万千焦	4018890	4018890			
电力	万千瓦时	536564	535104		1459	430
煤矸石用于燃料	吨	467413	467413			
城市垃圾用于燃料	吨	216000	216000			
生物质废料用于燃料	吨	939897	939897			
其他燃料	吨标准煤	22978	22940	1100	38	
能源合计	吨标准煤	4089511	4082354		7156	

11-5　规模以上工业企业分品种分行业能源消费量

Consumptoion of Major Resources by Industrial Sector and Industrial Enterprises above Designed Size

单位：万立方米、吨

指　标	原煤	无烟煤	一般烟煤	褐煤	焦炭	天然气	原油
总计	3540273	234188	3291575	13584	10494	2198	5697
一、采矿业							
煤炭开采和洗选业							
黑色金属矿采选业							
非金属矿采选业							
其他采矿业							
二、制造业	1879689	234188	1630991	13584	10494	2198	5697
农副食品加工业	327206	3428	323255	132		1420	
食品制造业	12201		12201				
酒、饮料和精制茶制造业	65326	390	64936				
纺织业	22881	4962	17919			86	
纺织服装、服饰业	136		136			4	
皮革、毛皮、羽毛及其制品和制鞋业	263		263				
木材加工和木、竹、藤、棕、草制品业	6060		6060				
家具制造业							
造纸和纸制品业	76455		76455				
印刷和记录媒介复制业							
文教、工美、体育和娱乐用品制造业	535						
石油加工、炼焦和核燃料加工业	6530		6530				
化学原料和化学制品制造业	677649	156	677493			59	
医药制造业	383405	218661	151292	13452		43	
橡胶和塑料制品业	3086		3086				
非金属矿物制品业	213372	6482	206890				5672
黑色金属冶炼和压延加工业	55122		55122		8741		
有色金属冶炼和压延加工业							
金属制品业	1735		1735				
通用设备制造业	942		942		43	53	
专用设备制造业	812		812		650	20	
汽车制造业	25973	109	25864		1060	30	25
铁路、船舶、航空航天和其他运输设备制造业						50	
电气机械和器材制造业						433	
计算机、通信和其他电子设备制造业							
仪器仪表制造业							
其他制造业							
废弃资源综合利用业							
三、电力、热力、燃气及水生产和供应业	1660584		1660584				
电力、热力生产和供应业	1660584		1660584				
水的生产和供应业							

11-5　续表1　　单位：万立方米、吨

指　标	汽油	煤油	柴油	燃料油	液化石油气	溶剂油
总计	3645	813	6734	659	858	1572
一、采矿业						
煤炭开采和洗选业						
黑色金属矿采选业						
非金属矿采选业						
其他采矿业						
二、制造业	3564	813	6709	494	858	1572
农副食品加工业	881	30	1150			1302
食品制造业	59		49			270
酒、饮料和精制茶制造业	62		54			
纺织业	32		31			
纺织服装、服饰业	25		38			
皮革、毛皮、羽毛及其制品和制鞋业	72					
木材加工和木、竹、藤、棕、草制品业	10		485			
家具制造业						
造纸和纸制品业	45		24			
印刷和记录媒介复制业						
文教、工美、体育和娱乐用品制造业						
石油加工、炼焦和核燃料加工业						
化学原料和化学制品制造业	214	396	1478	402		
医药制造业	18		6			
橡胶和塑料制品业	72		78			
非金属矿物制品业	15	1	1856		102	
黑色金属冶炼和压延加工业	354		510			
有色金属冶炼和压延加工业	20		8			
金属制品业	334		52			
通用设备制造业	515	2	120			
专用设备制造业	609		633	89		
汽车制造业	142	384	67	3		
铁路、船舶、航空航天和其他运输设备制造业						
电气机械和器材制造业	47		52		756	
计算机、通信和其他电子设备制造业	26		18			
仪器仪表制造业						
其他制造业	12					
废弃资源综合利用业						
三、电力、热力、燃气及水生产和供应业	81		25	165		
电力、热力生产和供应业			25	165		
水的生产和供应业	81		0			

11-5 续表2　　　　单位：吨、百万千焦、吨标准煤、万千瓦时

指　标	石油焦	其　他 石油制品	热力	电力	煤矸石	生物质 废料	其他燃料
总计	149388	93	4018890	536564	467413	939897	22978
一、采矿业				1727			
煤炭开采和洗选业				984			
黑色金属矿采选业				213			
非金属矿采选业				301			
其他采矿业				229			
二、制造业	149388	93	4018890	507422	5696	510495	22978
农副食品加工业				67813		416978	13058
食品制造业				4918			
酒、饮料和精制茶制造业				7216			
纺织业			254913	71726			600
纺织服装、服饰业				4162			
皮革、毛皮、羽毛及其制品和制鞋业			4800	1194			
木材加工和木、竹、藤、棕、草制品业		93		25317		85998	
家具制造业				1003			
造纸和纸制品业			3661290	26697		7219	5965
印刷和记录媒介复制业				535			
文教、工美、体育和娱乐用品制造业				111			
石油加工、炼焦和核燃料加工业				1124			
化学原料和化学制品制造业			97887	75007			
医药制造业				32050			
橡胶和塑料制品业				28335			99
非金属矿物制品业	149388			45187	5500	300	2500
黑色金属冶炼和压延加工业				35197			
有色金属冶炼和压延加工业				1646			
金属制品业				16189			
通用设备制造业				9012			
专用设备制造业				10441	196		
汽车制造业				24859			590
铁路、船舶、航空航天和其他运输设备制造业				841			
电气机械和器材制造业				14661			
计算机、通信和其他电子设备制造业				844			
仪器仪表制造业				422			167
其他制造业				601			
废弃资源综合利用业				118			
三、电力、热力、燃气及水生产和供应业				27415	461717	429402	
电力、热力生产和供应业				24814	461717	429402	
水的生产和供应业				2601			

11-6 规模以上工业企业取水量

Quantity of Water Consumption in Use of Industrial Enterprises above Designed Size

单位：万立方米

指 标	工业企业取水总量	地表水	自来水	地下水	重复用水	外供水量
合计	19006	15499	2780	549	5988	11370
一、采矿业	5	1	4			
煤炭开采和洗选业	4	1	3			
二、制造业	7463	3979	2756	549	5935	
农副食品加工业	583	14	299	269	29	
食品制造业	29	5	22	1	1	
饮料制造业	290	31	224	25	22	
烟草制品业	1	1				
纺织业	652	240	272	87	174	
纺织服装、鞋、帽制造业	39	1	32	6	1	
皮革、毛皮、羽毛（绒）等	7		7		1	
木材加工及木、竹、藤等	61		26	35	191	
家具制造业	2		2			
造纸及纸制品业	2328	2156	39	53	217	
印刷业和记录媒介的复制	3		3			
文教、工美、体育和娱乐用品制造业	1					
化学原料及化学制品制造业	2109	1040	1047	10	5134	
医药制造业	541	455	81	4	3	
橡胶和塑料制品业	90	35	31	4	52	
非金属矿物制品业	177	1	145	32	67	
黑色金属冶炼和压延	84		80	3	20	
有色金属冶炼和压延	4		4			
金属制品业	84		79	5	2	
通用设备制造业	59		48	10	3	
专用设备制造业	53		53		2	
汽车制造业	117		112	5		
铁路、船舶、航空航天和其他运输设备制造业	7		7			
电气机械及器材制造业	117		116	1	16	
通信设备、计算机及其他	20		20			
仪器仪表制造业	1		1			
其他制造业	4		4			
三、电力、热力、燃气及水生产和供应业	11537	11518	19		53	11370
电力、热力生产和供应业	167	148	19		53	
水的生产和供应业	11370	11370				11370

11-7 分年全社会用电量

Electricity Consumption by Year

单位：万千瓦时

指　标	2009 年	2010 年	2011 年	2012 年	2013 年
全社会用电总计	647648	740878	800447	855087	961139
农、林、牧、渔业	36381	41049	35654	32077	37463
工业	393205	459774	494347	505507	559028
建筑业	3617	4275	7274	10241	16472
交通运输、仓储、邮政业	1979	3968	5909	8613	11108
信息传输、计算机服务和软件业	1044	1281	2157	2576	3186
商业、住宿和餐饮业	34567	39734	46718	53674	58032
金融、房地产、商务及居民服务业	2806	2818	3483	4231	4786
公共事业及管理组织	17928	25565	29779	33002	36277
城乡居民生活用电合计	156120	162413	175126	205167	234788
其中：乡村居民用电	61903	65563	77710	111483	126663
城镇居民用电	94217	96850	97416	93684	108125

指 标 解 释

Explanatory Notes on Statistical Indicators

【能源生产总量】 指一定时期内国家或地区一次能源生产量的总和，是能源生产水平、规模、构成和发展速度的总量指标。一次能源生产量包括原煤，原油，天然气，水电、核能及其他动力能（如风能、地热能等）发电量，不包括低热值燃料生产量、生物质能、太阳能等的利用和由一次能源加工转换而成的二次能源产量。

【能源消费总量】 指一定时期内国家或地区物质生产部门、非物质生产部门和生活消费的各种能源的总和，是观察能源消费水平、构成和增长速度的总量指标。能源消费总量包括原煤和原油及其制品、天然气、电力，不包括低热值燃料、生物质能和太阳能等的利用。能源消费总量分为终端能源消费量、能源加工转换损失量和损失量三部分。

（1）终端能源消费量：指一定时期内国家或地区生产和生活消费的各种能源在扣除了用于加工转换二次能源消费量和损失量以后的数量。

（2）能源加工转换损失量：指一定时期内国家或地区投入加工转换的各种能源数量之和与产出各种能源产品之和的差额，是观察能源在加工转换过程中损失量变化的指标。

（3）能源损失量：指一定时期内能源在输送、分配、储存过程中发生的损失和由客观原因造成的各种损失量，不包括各种气体能源放空、放散量。

【单位国内生产总值能耗】 指一定时期内，一个国家或地区每生产一个单位的国内生产总值所消耗的能源。计算公式为：

【取水总量】 指工业企业从各种水源取的，并用于工业生产活动的水量总和，包括地表水、地下水、自来水、由管道供应的未经达标处理的水、经城市汙水处理厂处理后回用的中水、海水，以及企业从市场购得的其他水或水的产品（如纯净水、矿泉水、蒸汽、热水、地热水等）。取水总量包括主要工业生产用水、辅助生产（包括机修、运输、空压站等）用水和附属生产（包括厂内绿化、职工食堂、非营业的浴室及保健站、厕所等）用水；不包括非工业生产单位的用水，如厂内居民家庭用水和企业附属幼儿园、学校、对外营业的浴室、游泳池等的用水量。

中国邮政储蓄银行荆州市分行

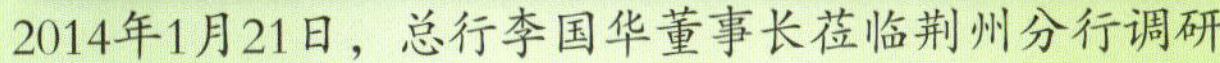

2014年1月21日，总行李国华董事长莅临荆州分行调研

2013年8月20日，荆州市政府部门与农村青年致富带头人“面对面”活动在我行举办

中国邮政储蓄银行荆州市分行现有员工736人，内设13个职能部室，辖县市支行6家，邮政储蓄网点159个。2013年，在市委、市政府及金融监管部门的关怀和支持下，邮储银行荆州市分行借着“壮腰工程”的东风，不断增强服务荆州城乡社会的主动性和执行力，为全市经济社会发展贡献出应尽的力量。

普惠金融、服务城乡。全年累计投放贷款33.5亿，净增13.15亿，增幅67.5%。其中零售贷款净增10亿，公司贷款净增3.15亿。“金融全覆盖”工作，全年布放商易通388部，累计达到1143部，覆盖全市316个行政村。

业务创新、全力推进。结合当地实际，荆州分行将小额贷款业务做为强行之本，不断加大创新力度。以产品要素创新、商业模式创新和担保方式创新为抓手，2013年荆州分行创新小额产品4个，其中水产富民贷被荆州市人民银行授予2012-2013年荆州市金融创新产品。

全国邮政系统
先进集体
中国邮政集团公司
中国邮政集团工会
2014年4月

网点升级、提升品牌。积极深入开展标杆网点建设，2013年江津中路支行成功入选全省首批3家标杆试点支行之一，为全市标杆网点建设后续推广奠定了基础。同时加大硬件设施投入，2013年完成自助服务区建设16个，新增ATM、CRS共计36台，带动柜面交易替代率显著提升。

合规文化、深入人心。日常经营管理过程中，严格贯彻落实省行制定的员工违规和轻度违规行为管理办法，健全现代企业管理制度。认真开展全行“合规大讨论”活动、“风险管理转型提升年”活动，推动风险管理工作切实落地，促使合规文化深入人心。

近年来，中国邮政储蓄银行荆州市分行荣获了中国邮政集团总公司“全国邮政先进集体”、中国银行业“文明规范服务千家示范网点”、全国邮政系统“职工素质建设工程优秀组织单位”，及市级“金融工作先进单位”、“市级文明单位”等荣誉称号。

2013年5月4日，市分行喻亚清行长出席“青春梦卡”首发启动仪式

2013年9月29日，荆州分行“金融知识进万家”宣传小组走进万达工地开展宣传

荆州市公安县支行信贷客户经理在埠河镇葡萄种殖园进行贷前调查

中国工商银行荆州分行

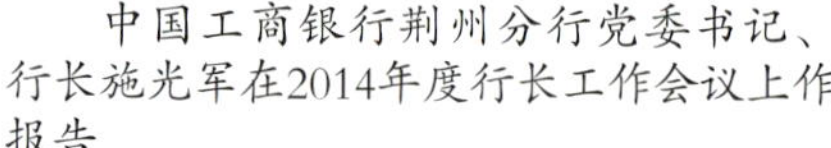
中国工商银行荆州分行党委书记、行长施光军在2014年度行长工作会议上作报告

中国工商银行荆州分行党委书记、行长施光军参加金融支持荆州市“产业升级、提质增效”推进会签约仪式

中国工商银行荆州分行党委书记、行长施光军出席松滋支行教育实践活动座谈会

近年来，工商银行荆州分行紧紧围绕市委、市政府“实施壮腰工程、加快荆州振兴”的战略部署，在政府金融办及人民银行、银监分局的大力支持和帮扶指导下，全力提升金融服务能级，全面支持地方经济发展，在打造区域强行和塑造特色品牌的道路上往前迈出了坚实的一大步。2013年，全行贷款总额94.93亿元，比年初净增15.77亿元，同比增长19.92%，增幅高于全省平均水平6.39个百分点；存贷比46.88%，继续在四大国有银行中居首位。

一、发挥信贷牵引效应，提供全方位融资支持。一是重点项目重点支持。加大对先进制造业、现代服务业、节能环保业、高科技产业的营销拓展，有效形成了“大项目、找工行”的良好口碑。二是小微企业链式服务。加大对已获批供应链的批量营销，积极批复新建供应链。三是表外融资创新发展。把握表外融资业务的特点，组织分、支行两级营销团队，重点拓展资产管理业务。四是个人贷款积极推进。个人消费贷款业务实行“个贷+分期”批量拓展，个人经营贷款集中营销一批优质个体经营户和私营业主。

二、增强资金筹措能力，狠抓基础性负债业务。一是树立经营客户理念。突出客户市场拓展、客户营销维护、客户关系管理三大重点，构建以客户为主导、以服务和产品为支撑、以存款增长为效果显现的有效模式。二是全力抢抓增存源头。重点拓展“八类市场”，大力营销招商引资项目验资资金、利税大户资金，全力扩大财政存款市场份额。三是强化业务经营联动。发挥理财资金的蓄水池作用，促进公司个金业务协调发展，加强贷款各个环节的封闭运行和资金监控。

三、贴近客户市场需求，拓宽全产品服务领域。一是大力发展信用卡业务。加大对公务卡的营销推广力度，大力发展分期付款业务，加大对高授信、高消费类存量客户的分期产品营销力度。二是大力推进国际业务。加大对重点目标客户的营销力度，大力推广跨境人民币结算业务，增强网点业务功能。三是大力营销电子银行业务。将电子银行业务作为经营发展和市场拓展的先锋和骨干，充分发挥电子银行在产品销售、上门服务、银企互联等方面的强大功能。

四、强化金融普惠职能，构建广覆盖服务网络。一是提供更优服务。提高产品与市场、与客户的适配度，有效满足农户资金需求，打好“游击战”；提升网点服务质量，树立服务品牌形象，打好“阵地战”。二是完善更优机制。采取市分行、县市行二级联动、产品捆绑营销模式强力挖掘优质客户、拓展潜在市场。三是推介更优产品。积极布设助农取款和转账终端，免费开通网上银行和手机银行，大力发放福农灵通卡，集中营销借贷合一信用卡。四是打造更优渠道。科学规划离行式自助银行布放方案，扩大金融服务辐射半径。截至2013年底，全行离行式自助银行达到57个，比上年增加30个，是全行物理网点总数的76%。

中国工商银行荆州分行领导班子在春季职工趣味运动上合影

中国农业银行荆州分行

总行党委副书记、监事长车迎新同志（右）到荆州检查指导工作

行领导深入欣帝置业有限公司考察

荆州农行在荆州地区是一个规模大行、份额高行，在全省农行系统是一个效益好行、贡献大行。全市辖12个一级支行（综合支行8个，单点支行4个），83个营业网点（荆州市区24个，县城24个，乡镇网点35个）。全行在岗员工1593人。2013年，全行总存款363.6亿元，贷款余额114.7亿元，实现中间业务收入3.4亿元，拨备后利润6.9亿元，四大主体业务排名均居全省前列，综合绩效考核连续14个季度在全省排名第一。在同业比较中，存款存量、增量、日均增量份额分别为41.36%、38%、44.56%，贷款余额份额、增量份额分别为35.7%、34.73%，中间业务收入和拨备后利润份额分别为45.1%和46.02%，在四行中遥遥领先。此外，国际业务、电子银行、代理保险、票据业务等也全部领先同业。

全国金融五一劳动奖状

中国金融工会全国委员会

二〇一二年四月

荆州分行荣获全国金融五一劳动奖状

文艺演出

交通银行股份有限公司荆州分行

行长　贺国庆

荆州分行领导班子
（中贺国庆行长、左张黄雄副行长、右倪伟行长助理）

交通银行荆州分行成立于2013年8月，开业以来，荆州分行积极融入“壮腰工程”战略、着力推进“四化同步”发展、助力打造湖北经济增长“第四极”，为荆州地方经济发展注入了新的活力。截止2014年6月30日，荆州分行各项存款余额86198万元，较年初净增55127万元。各项贷款余额51319万元，较年初净增47294万元。

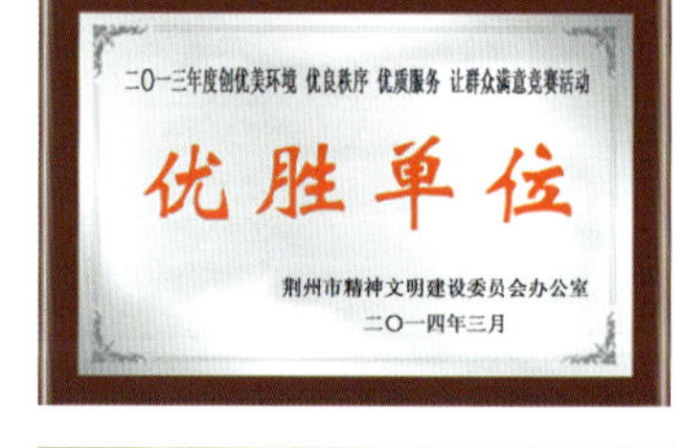

交通银行荆州分行确立了打造区域最具影响力财富管理银行的发展定位，市场口碑和形象稳步树立，先后荣获荆州市“三优一满意”竞赛活动优胜单位、荆州市金融行业最佳优质服务窗口等荣誉称号。面对瞬息万变的市场信息和客户多层次、多元化的需求，交通银行荆州分行将主动适应经济和社会发展的新趋势和新变化，以创新的金融产品和多元化的金融服务方式，支持经济发展、助力壮腰工程、履行社会责任。

汉口银行，用“思想”服务“壮腰”

武汉市人民政府副市长邢早忠、中共荆州市委书记李新华、荆州市人民政府市长李建明、汉口银行董事长陈新民等领导共同出席汉口银行荆州分行开业启动仪式

2013 年 10 月 31 日，汉口银行荣耀登陆荆州。

秉承“思想为您服务”的核心价值理念，坚持“服务地方、服务中小、服务市民”的市场定位，强化“规模加特色”的跨越发展路径，开业一年来，汉口银行荆州分行快速融入壮腰洪流，积极加快转型发展，努力实现逆势突围。

深耕荆州振兴，助力壮腰工程。国家级荆州高新技术开发区、华中农业高新技术区、沙北新区、荆北新区、荆州海子湖新区，在每一块投资热土上，汉口银行荆州分行充分利用技术、信息、服务网络、资金和信用优势，为客户提供专业化、个性化、产品化的资产管理服务和解决方案，满足客户不同的金融服务，烙下了汉口银行耕耘的脚印。先后与华中农高投、市城投、纪南投资、能特科技、恒隆集团、楚源集团等一批重点项目和重点企业建立了全方位金融合作。

倾斜小微实体，服务科技金融。开业以来，汉口银行荆州分行依托“九通旺业”小微金融特色服务品牌，在服务质量、审批流程、创新抵押方面向小微企业、涉农企业等实体经济倾斜，通过分层营销，配套开展个人无抵押信用贷款、租金贷、“1+1”信用贷款、担保公司保证贷款等小额中短期个人综合消费贷款营销工作，积极落实“两个不低于”等监管要求。截止 10 月 31 日，分行各项存款突破 8 亿元，各项贷款余额 4.8 亿元，其中小微贷款余额近 2 亿元。依托“投融通”为核心竞争的科技金融服务品牌，积极为荆州科技型企业建立风险投资机制，通过“专利贷”、“商标贷”等创新产品，为消除科技创新的“孤岛现象”作出积极贡献。

服务民生金融，彰显企业责任。牢固树立“以客户为中心”的服务理念，把“客户”改成“客人”，颠覆传统服务理念，让客人受到尊重、得到尊享，为“客人至上”赋予更立体、更丰富、更人性化的内涵。积极探索“邻里金融”，大力推行“双基双赢合作贷款”社区金融模式，努力树立特色、亲民、贴近社区的百姓银行。创新抵押模式，支持城区出租车更新换代，为“迎接省运会、展示新形象、建设新荆州”贡献汉口银行力量。

始于稳健，成于创新，达于责任。为地方发展融资融智，为市民提供规范服务，为社会践行企业责任，是汉口银行荆州分行矢志不移的追求。

汉口银行荆州分行行长邹立宏与市侨商会会长张俊签署战略协议

银企座谈

与社区居民面对面

金融服务进市场、进商铺、进企业

坚持人本管理建设企业文化

湖北银行

一诺至诚，一心至臻。湖北银行荆州分行浸润荆楚文化而成长，扎根荆州，服务大众，服务中小企业，在支持地方经济社会发展中完美诠释了荆州金融脊梁的责任和担当。

近两年，湖北银行荆州分行发展势头迅猛。到 2014 年 6 月末，全行存款总额 167 亿元，较年初新增 24.47 亿元，在荆州新增市场份额占比排名第三。贷款总额 93 亿元，小微贷款 30 亿元，向小微企业新增投放 10.5 亿元，充分体现了地方银行扎根地方、回报社会、服务小微、支持实体经济健康发展的理念。分行不断刷新发展速度，先后荣获"全国实施用户满意工程先进单位"、"全国十佳小企业金融服务先进单位"，"融易贷"产品获"全国服务小企业及三农双十佳特优金融产品"，为荆州经济发展作出了卓越贡献。

为民利民惠民致力百姓"钱袋子"增值

2011 年 6 月 28 日，走过 14 年风雨历程的荆州市商业银行完成华丽转身，正式更名为湖北银行荆州分行。当金融领域的竞争日趋激烈，不少银行纷纷瞄准高端客户时，湖北银行坚持扛起"服务大众、贴近中小企业"的旗帜。

2012 年 6 月，利率市场化大门"开闸"，央行允许金融机构将存款利率浮动上限调整为基准利率的 10%。新规出台后，湖北银行是全市金融机构中第一家将一年期、两年期存款利率一浮到顶的银行，年利率分别上浮到 3.3%、4.125%，受到荆州市民的欢迎。

从日常的存取款业务到金融特色产品，湖北银行荆州分行想客户之所想，致力百姓"钱袋子"增值，着力提高大众获得金融服务的便利性。既为客户提供种类齐全的储蓄产品，也组织开发功能强大的、满足各层级客户需求的理财业务等金融服务。"大众客户作为数量庞大的客户群体，蕴藏着各种各样的金融需求，这些金融需求正是银行未来发展的基础和保证。"湖北银行荆州分行行长杨涛表示，之所以坚持以"服务大众"的特色立行，旨在通过各种金融产品和金融服务来帮助广大客户更快、更好地实现财富增值，使银行、客户、社会之间能够在相互支持和依存之下取得共赢，同时也使得经济规律、社会责任有机地统一起来。

每一种产品、每一个网点、每一项服务都成了社会认识湖北银行荆州分行的崭新窗口。到 2014 年 6 月末，湖北银行荆州分行新增发卡 167,596 张，全行累计布设自助设备 74 台，在便民惠民领域交上了一份出色的成绩单。

专心专业专注"贷动"小微企业发展

小微企业的成长关系着地方经济的发展，也关系着金融机构的未来。在"服务小微企业"的市场定位和发展战略上，湖北银行荆州分

荆州分行

行进行了有益的探索和尝试：在省内首家推出“微小贷款”；开发了“1+1+1 赢动力”、“融易贷——现金流”、“微贷款”、“易捷贷”等系列信贷产品，为各类小微企业提供资金扶持；构建专业营销的小企业专业金融服务体系，担当起服务小微企业的社会责任。

2013 年，湖北银行荆州分行在服务小微企业领域又迈出了坚实一步。8 月，湖北银行松滋小微企业支行、石首小微企业支行相继开业。这是湖北银行在全辖内率先设立的两家县市专营支行，在县、市、区形成良好的品牌效应。

目前，湖北银行荆州分行已成立微贷机构 10 家，业务范围实现了荆州城区及县市全覆盖。小微贷款余额近 30 亿元，小微客户 4000 余户，其中，微贷款业务发展迅猛，贷款额度从原来的 100 万元提升至 200 万元，微贷余额突破 10 亿元。

支持成长性良好、科技含量高、有市场潜力的民营企业发展；支持区域产业集群中绩效突出或市场定位明确、专业化经营有特色的小企业客户发展。该行创新开展中小企业信贷客户培植工程，将 576 户中小企业纳入模范守信培植企业，并专门建立了小微企业项目储备库，创造性地推出了行业营销服务。受培育的 228 户企业获得分行新增贷款授信 5.21 亿元。

诚心善心爱心一枝一叶总关情

深入社区，让银行“接地气”，让金融服务成为社区服务的一部分，打造一流、有品牌的社区银行！这不是一句口号，而是湖北银行荆州分行向零售银行转型发展的重要战略举措。

2013 年 9 月，湖北银行杯荆州市第二届“十佳小巷总理”评选活动启动，受到广泛关注。作为本次活动的独家冠名单位，湖北银行荆州分行把支持“小巷总理”评选，作为履行企业社会责任、构建社会和谐的重要行动。

近两年来，荆州涌现出一大批奔走在社区大街小巷，热心为社区群众服务，甘为“孺子牛”的社区居委会主任，正是这些“小巷总理”默默无闻的奉献，才筑实了全市和谐社区建设的基石。这与湖北银行荆州分行“服务大众”的理念不谋而合，自成立以来该行坚持扎根社区，持续提升优质服务水平，满足社区居民实实在在的金融需求。

“一诺至诚，一心至臻”是湖北银行在成立之初给社会的服务承诺。正是这种承诺促使湖北银行在经历改革重组后实现跨越式发展，同时不忘饮水思源，将承担社会责任作为自身最基本的价值体现，积极支持公益事业，以拳拳爱心和实际行动回报社会。

2013 年 5 月，湖北银行荆州分行结合自身实际，走进社区开展形式多样的金融知识普及活动，引导消费者熟练运用银行金融工具，提升生活品质；6 月，湖北银行荆州分行与市房管局就“十二五”期间我市旧城改造、保障房建设、房产交易平台建设等相关项目签订全面合作协议，该行将在 5 年内新增不低于 10 亿信贷支持保障房建设，充分发挥了地方金融机构支持地方经济民生的表率作用……

创新让每一位客户在湖北银行都能找到一种与众不同的感受。严格高效的管理、优质卓越的服务，让湖北银行荆州分行赢得了社会各界的一致认同！

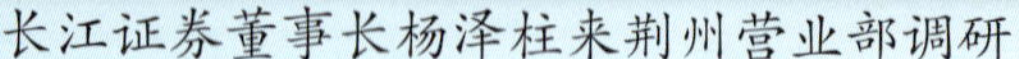
长江证券董事长杨泽柱来荆州营业部调研

长江证券荆州营业部接待大厅

长江证券股份有限公司是一家资产质量优良、牌照齐全、品牌知名的全国性上市证券公司，公司注册资本23.71亿元，2013年底总资产、净资产和净资本分别达到313亿元、121亿元和99亿元。

长江证券荆州江津西路营业部遵循客户至上的经营理念，一以贯之地围绕客户需求，不断创新服务手段，提升服务质量，以专心的态度和专业的素质赢得客户的认同和信赖。曾荣获“中国最具市场开拓力证券营业部”、“蓝筹市场创新业务宣传先进营业部”、“荆州市金融工作先进单位”等荣誉称号。

长江证券荆州江津西路营业部始终坚持“客户导向”的经营策略，为客户提供专业优质的理财服务，倾心打造各项业务平台，为客户提供无风险以及低、中、高风险等投资品种，满足客户不同层次的收益需求。我们还为各类企业提供投融资服务，利用新三板、定向理财产品、股份质押贷款等为企业提供一揽子的融资方案，为解决中小企业融资难开辟了一条新通道。

荆州市城市建设投资开发有限公司

荆州中学鸟瞰效果图

沙市中学鸟瞰效果图

荆州市城投公司1999年成立，为隶属荆州市政府管理的国有独资公司。截至2013年底，注册资本7.3亿元,总资产179.69亿元，总负债83.15亿元，净资产96.54亿元，资产负债率46.27%。

奥体效果图

公司内设“一室五部”，即综合办公室、计划财务部、融资服务部、投资发展部、土地收购储备部、拆迁事务部；有5家全资子公司，即荆州市城投地产有限责任公司、荆州市城投资产管理有限公司、荆州市城通线网管道投资有限公司、荆州市城嘉建筑材料有限公司、湖北荆房投资开发有限公司；4家参股公司，即湖北银行荆州分行、荆州水务集团有限公司、楚天置业公司(负责荆北新区土地一级开发）、沙北新区投资开发公司（负责沙北新区土地一级开发）；2家授权经营公司，即公交公司和红光污水处理厂。

公司中心职能：一是依托政府资源开展对外融资，融资方式主要是银行贷款、发行企业债券、融资租赁等；二是投资建设城市非经营性基础设施。政府非经营性投资项目实行投、建、管、用四分离，公司主要履行投资人职责；三是投资片区土地一级开发。积极推进“兴城壮腰”，实施荆州开发区商务新区、荆北新区、沙北新区以及城南新区等区域的土地一级开发。

体育中心鸟瞰图

沃4G国

冠军品质 不负

荆州市地方

局领导的合影

荆（门）沙（市）铁路起点为焦柳线荆门南站，终点为沙市南站，正线全长90公里，总铺轨里程130公里。荆沙铁路于1989年5月简易通车运营。目前开通的运营车站有：团林、十里铺、荆州北、沙市、沙市南、沙市东6个车站，沙市南站有专用线进入盐卡港区、旺港码头、国电配煤中心，可办理铁水联运。管内另有7条专用线直接进入厂区，承接企业铁路运输工作。另设十里铺、荆州北、沙市和沙市南四处大中型货场，可办理整车货物直通到发业务。1989年5月至1994年7月，荆沙铁路由铁路承建单位铁道部第三工程局临管。1994年8月1日，荆州市地方铁路管理局对荆沙铁路行使行政管理和运营职能。2004年10月21日，荆州市地方铁路管理局更名为荆州市地方铁路有限公司，保留地方铁路管理局的牌子，实行一个机构，两块牌子。

荆沙铁路办理整车货物直通到发业务。主要运输粮食、煤炭、钢材、农资、建材、日用副杂等20多个品类。

20年来，荆州市地方铁路管理局自力更生，艰苦建路，在没有向市财政要一分钱的情况下，依靠600多名职工，4次提高列车运行速度，实现了动力设备由蒸汽机车到内燃机车的换型，替市政府偿还

现在的机车动力——DF4型内燃机车

环境幽美的局机关

铁路管理局

沙市南至煤炭储配中心铁路专用线开通运营

了5000多万元的历史债务，企业负债率大幅下降，国有资产净值近5亿元，职工收入有较大幅度提高，企业积累增加，取得了较好的经济效益。近几年来，企业效益稳步增长，2011年，完成历史最高运量170万吨，获得“全国地方铁路运输先进企业”荣誉称号，2012年被评为荆州市文明单位。在抓效益的同时，企业的安全生产持续稳定，截止2013年底，实现安全生产7092天。

新建的职工宿舍楼

2014年9月，荆沙铁路克服重重困难，建成沙市南站至国电集团煤炭储配中心和旺港煤炭码头的铁路专用线。该专用线的建成并开通运营标志着荆沙铁路依据设计文件完成了最后一公里的铁路建设工程，并彻底打通了铁水联运通道，实现了煤炭、建材以及化工原材料等大宗物资的铁水联运，将大幅度提高荆沙铁路的运量和效益，充分发挥荆沙线的功能和作用。

雄伟壮观的庙湖铁路特大桥

不断发展壮大的中国

省公司总经理陈成敏（左一）2014年8月在荆州石油调研

省公司党委书记张华（右一）夜间视察公司柳林洲油库

中国石化荆州石油分公司是名列世界500强第三位的中国石化的下属企业，于1952年成立，下辖沙市、古城、仙桃、公安、潜江、监利、松滋、石首、洪湖、江陵10个县市分公司，现有“标识统一、品牌知名、覆盖城乡、功能齐备、服务优良”的水陆加油（气）站227座，“易捷”便利店227个，拥有总库容量达10.65万立方米的油库4座。

该公司机关办公大楼雄居荆州市繁华的江津中路，集办公、培训、会务等功能于一体，建有设备先进、功能完善的电教中心，是湖北省石油系统的培训基地，是荆州市科协的相关培训基地，具有“湖北省三级安全生产培训”资格。

该公司年销售成品油达52万多吨，连续多年当选为全市纳税大户，经营管理综合排名在全省系统名列前茅。

员工3.15宣誓：每一滴油都是承诺

荆州石油加油站员工每天互整妆容，以饱满的精神和亲切的微笑驾起与顾客沟通的桥梁　徐波澜摄影

石化荆州石油分公司

公司2014年9月在松滋加油站开业的中式快餐厅

为做到“每一滴油都是承诺”，荆州石油严把油库油品质量验收关，严格化验。徐波澜摄影

2013年度，该公司被中石化销售系统评为“发展进步能力”排前50强单位；被湖北省总工会授予“省级模范职工之家”称号；被湖北省政府授予“安全生产先进单位”，被荆州市委评为企业党组织“红旗单位”。

该公司主营成品油、润滑油、燃料油的零售、直销和批发，是荆州地区最大的成品油经营企业。为方便广大车友购物，自2008年以来该公司在加油站陆续开设了“易捷”便利店，主营日用百货、燃油宝、饮料、烟酒副食、以及汽服商品，同时兼营话费充值、彩票销售、洗车、快餐等业务，竭力将加油站打造成“汽车生活驿站”。

每一滴油都是承诺。该公司拥有A级油品质检化验室，凡入库油品都要经过专职化验员的严格检验，定期化验，定期清洗油罐，确保质量合格。运输时，分品种做到专车专罐，每车配有合法的罐车容积检定表和GPS定位系统，确保在运输途中油品数质量万无一失。

该公司始终坚持企业的经济责任、政治责任和社会责任的有机统一，在不断加快发展的同时，认真履行企业社会责任，积极推进企业与社会的和谐发展。在扶贫帮困，防汛抗灾、“三夏”农业用油和维护全市经济稳定中，全力以赴保供应，特别是在油源紧张的时候，充分发挥主渠道作用，为全市成品油市场稳定供应做出了积极贡献。

公司经理：张亮平　　**党委书记：叶　辉**

地　　址：湖北省荆州市江津路251号　　**邮　　编：434000**

电　　话：0716-8278095　　**传　　真：0716-8278095**

荆州港务

口岸联检大楼

盐卡港区集装箱作业现场

盐卡港区码头前沿平台

荆州港务集团公司属于国有企业，是荆州市最大的港口经营企业。荆州港是全国内河28个主要港口之一，长江中游重要港口和交通枢纽。

集团下辖五大港区，即：盐卡港区、柳林港区、松滋车阳河港区、涉外旅游港区和江陵化工港区（在建）。具备五大功能，即：集装箱、外贸货物装卸储运、查验通关等口岸功能；外贸集装箱理货功能；件杂货、散货装卸、仓储、中转功能；水

集 团 公 司

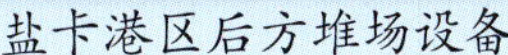
盐卡港区后方堆场设备

车阳河港区作业现场

公铁多式联运和集装箱运输代理、货物及船舶代理等现代物流服务功能；涉外旅游功能。

集团秉承“以人为本、实干兴港、服务社会、共赢发展”的经营理念，在市委市政府的坚强领导和大力帮助下，瞄准“构筑内河一流经济强港”的战略目标，牢牢把握湖北长江经济带新一轮开放开发机遇，紧密依托“黄金水道”，借势借力“壮腰工程”，谋篇布局“百里港区”，推进经营转型升级，着力壮大港口经济，企业发展取得长足进步。2013年集团货物吞吐量达800万吨、集装箱吞吐量达10万标箱、营业总收入达1.1亿元,分别是十年前的8倍、16倍，多项经济指标排名在全省港口中位居前列。

柳林港区作业现场

涉外旅游港区接待游客

荆 州 市 公 共

湖北省城市公共交通协会2013年年会在荆州召开

荆州市公共交通规划评审会

市公交总公司组织管理人员进行“六五”普法教育学习活动

101路驾驶员叶洪宙成为全国文明的“金鱼哥”，正在打扫驾驶室

2013年，是荆州公交科学发展取得显著成效的一年，是深化改革、执行绩效考核取得重要进展的一年，是全体干部职工团结一致、攻坚克难、奋力前行的一年。在市委市政府和国资委、交通局的领导下，我们全面贯彻落实党的十八大精神，全力以赴提升公交服务，提升企业绩效，实现了可持续的全面发展。

全年营运收入1.244亿元，比上年同期增长13%，客流量1.486亿人次，比上年增长11.7%。圆满完成了政府指令性任务和国资委下达的各项经济指标。总公司先后荣获全国敬老文明号单位、市委红旗党组织、市文明单位、省五一劳动奖状、市五一劳动奖状等荣誉称号。

一、“四靓”并行提升服务形象

怎样用公交优良服务来使政府重视，市民满意，提高城市公交吸引力，从而进一步推进“公交优先”的实现，我们从2012年以来，开展了“四靓”服务活动。

1、仪容靓丽。2、车厢靓丽。3、环境靓丽。4、文明服务更靓丽。

二、“四个促进”服务城市经济发展

城市公交作为城市基础设施，方便市民出行是本职，促进城市社会经济发展是本能，我们通过公交线网的不断延伸优化，在荆州经济发展过程中呈

市公交总公司组织员工进行消防演练活动

公交员工参加市总组织的“荆江之秋”职工趣味运动会

交通总公司

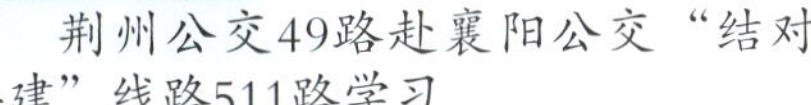

荆州公交49路赴襄阳公交“结对共建”线路511路学习

市公交总公司积极响应政府号召，为我市中心城区残疾人办理免费乘车卡

荆枣线公交化改造顺利实施，20路崭新的空调公交车上路运营

现出四个促进：

1、促进了新区经济发展。2、促进了开发区满园率提升。3、促进了商圈经济繁荣。4、促进了新楼盘小区入住率增加。

三、城乡公交一体化稳步推进。

在政府及相关部门大力支持下，10月10日，荆州公交遵循“三民”方针对荆枣线顺利实施公交化改造，即：1、发展为民，斥资1000余万元购置25辆新空调公交车投入运营；2、票价惠民，实行1—2元的城市公交经济票价，并实行成人卡9折、学生卡6折优惠，老年人、残疾人免费凭证免费乘车。初步预计一年800万市民出行受惠，让利522多万元；3、延时便民，逐步延长营运时间，方便市民夜间出行。

10路驾驶员郑端被评为市劳模

四、公共交通引导城市绿色健康发展

荆州公交的优化发展较好地提高了城市的运行效率，有效降低了空气污染，减少了能源消耗，使城市生活更加美好。

1、推动了市民出行环保低碳。2、缓解了城市道路交通拥堵3、实现了城市公共交通良性发展。荆州公交决心以建立公交都市为目标，努力把公共交通事业做得更好，让荆州这座城市更加宜居宜业，让市民群众出行更加便捷更加满意，与全市人民一道共同实现荆州振兴梦想。

国家电网荆

市委书记李新华、市长李建明除夕慰问公司全体干部员工

公司党委中心组专题学习党的十八届三中全会精神

公司驰援恩施抗冰抢险保供电

2013年是荆州办电一百周年，也是公司管理大提升、实力上台阶的发力之年。面对繁重复杂的改革发展任务，我们在省公司和供区党委政府的正确领导下，以确保“三个稳定”为基础，抢抓供区发展提速机遇，团结拼搏，克难奋进，各方面工作取得显著成效，主要运营指标实现突破性进展，振兴“大荆州”迈出坚实步伐。

市场增长更加迅猛，最大负荷和最大日电量分别突破300万千瓦、6000万千瓦时，在全省地市级电网中稳居第二；市场增速领跑优势明显，售电量完成139.49亿千瓦时，同比增长14.99%。公司地位更加突出，同业对标取得历史最好成绩，首次荣膺省公司综合管理标杆，蝉联管理对标标杆，物资管理、营销管理成为省公司专业标杆；松滋公司进入全省县供电企业对标排序前十，石首公司、公安公司、洪湖公司跻身进位前十。发展气场更加强

州供电公司

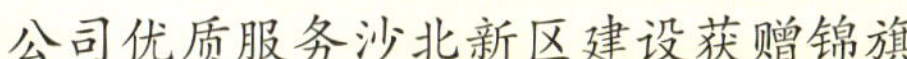
公司优质服务沙北新区建设获赠锦旗

公司举行变电专业技能竞赛

劲，“大荆州”精神激发广泛共鸣，振兴“大荆州”成为普遍共识，开放进取、人和企兴的发展氛围加快形成。公司连续两年被评为省公司创建“四好”领导班子先进集体，接连荣获湖北省和省公司“最佳文明单位”称号。

2014年是全面深化改革的开局之年，也是公司加快发展、筑牢“大荆州”振兴基础的关键一年，做好全年工作意义重大。2014年公司总体工作思路是：深入学习党的十八届三中全会精神，扎实开展党的群众路线教育实践活动，坚决贯彻国网公司、省公司各项决策部署，紧紧围绕“改革创新、崇俭尚实、提质增效”的总要求，以基层站所建设为支点，以弘扬“大荆州”精神为保证，巩固“三个稳定”基础，加快电网协调发展，推动公司发展提速晋级，为建设“一强三优”现代公司、服务供区经济社会发展作出新的更大贡献。

公司举办金凤皇冠杯2013年城区职工羽毛球友谊赛

蓝特集团有限公司

以人为本创天下　以智为本

董事长　杨忠洲

杨忠洲，全国工商联执委、中国光彩事业促进会理事、中国侨联委员、中国物流与采购联合会理事、湖北光彩事业促进会副会长、荆州市侨联副主席、湖北省政协委员、荆州市人大常委、荆州市侨联副主席、荆州市工商联副主席、荆州市专家人才联谊会副会长、沙市区总商会会长、蓝特集团有限公司、两湖绿谷物流股份有限公司董事长。

先后荣获全国五一劳动奖章、全国归侨侨眷先进个人、全国创业之星、2011中国物流十大年度人物、湖北省劳动模范、湖北省十大经济风云人物、湖北省优秀中国特色社会主义事业建设者、广州军区爱国拥军民营企业家、湖北省最佳慈善先生、沙市区拔尖人才等殊荣。

2013年11月20日，省十大杰出民营企业家颁奖

蓝特集团有限公司是一家以农产品和建材家居产品市场交易、物流配送、电子商务、现代会展为主导产业的大型商贸企业。公司总资产38亿元。控股两湖绿谷物流股份有限公司、中盛国际投资公司、蓝特投资咨询公司。所属两湖绿谷农产品交易物流中心是商务部双百市场工程、农业部定点市场、中国物流示范基地，蓝特商贸城是全国重点商品市场。

蓝特集团坚持以履行社会责任为己任，捐款5000万元，在荆州市设立“蓝特扶助特困职工基金”，用于98’抗洪、汶川震灾、三万活动和扶贫济困、助学助残、慈善和光彩事业。

公司先后荣获全国文明单位、全国就业先进企业、全国精神文明建设工作先进单位、全国模范劳动关系和谐企业、国家农业产业化重点龙头企业、全国军民共建精神文明先进单位、全国守信用重合同企业、全国模范职工之家、档案规范管理AAA级企业、省农业产业化优秀龙头企业、省百佳纳税人、省地税行业纳税龙头、省十大企业文化品牌、省思想政治工作十佳单位、省先进基层党组织等荣誉。

两湖绿谷物流股份有限公司

先天下　以搏为本富天下

两湖绿谷农产品交易物流中心

两湖绿谷农产品交易物流中心2008年投入运营，分设蔬菜、水果、干货、粮油、副食、香蕉、冷冻食品等七大市场和电子商务、检验检测、分拣加工、物流配送、冷链仓储、电子结算、现代会展、综合服务等八大功能区，常驻农产品交易商户5000多家，安置创业和就业3万余人。市场运营以来，始终遵循“让天下农民笑起来”的发展理念和“聚集两湖、给养中国、通汇天下”的经营宗旨以及“绿色、环保、安全”的市场准则，创出了一条以国家政策和市场需求引导产业发展、以产销对接提升交易效率、以电子商务创新交易方式的农产品现代流通路子。2013年，农产品销售范围覆盖全国28个省市区的400多个县（市），交易量突破552万吨、交易额达到340亿元，被评为全国十强农产品批发市场、全国诚信示范市场。

中国淡水产品交易中心　华中农资农机大市场

中国淡水产品交易中心和华中农资农机大市场为国家重点项目、湖北省重点工程。位于湖北省荆州市华中农业高新技术产业开发区，总投资25亿元，用地总面积1526亩，建筑总面积106万平方米。建设内容包括国家级淡水产品交易中心、冷库冷链交易中心、会展中心及渔博馆、专用码头、仓储物流交易中心、华中农资农机大市场等六大核心功能区。

项目建成运营后，淡水产品年交易量200万吨、年交易额300亿元，年利税5亿元，提供就业岗位1万个以上。将成为中国淡水产品物流集散中心、价格形成中心、信息传播中心、会展贸易中心、科技交流中心和渔业文化旅游中心，引领全国现代渔业发展。

中国　通汇天下

中国淡水产品交易中心鸟瞰图

荆州市晶崴机动车

荆州市晶崴机动车驾驶员考训有限公司属荆州市人民政府招商引资项目，是经荆州市公安局、荆州市公安交通管理局批准，由浙江晶崴集团投资1.2亿元建设的全封闭式培训与考试基地。是目前全省考训规模最大、科目最全的标准化的机动车驾驶人考试和训练服务基地。

公司法定代表人、总经理　陆天振

公司位于荆州市荆州城南开发区学堂洲金江路99号，2011年5月开工建设至今，已建成机动车驾驶人科目一、科目二、科目三和中大客考场、驾驶员训练场及综合配套服务设施。公司考场总占地面积300亩，其中A区考场占地27850平方米，B区考场占地26850平方米，道路占地19350平方米，模拟高速路占地16800平方米，桩考区占地10200平方米，办公楼建筑面积6000平方米，综合服务大楼7800平方米。

公司考场严格按公安部123号令及《机动车驾驶人考试场地及其设施设置规范》要求建设，是经省公安厅交通管理局验收确定的全省大中型客货车中心考场之一，承担着江汉平原及鄂西（宜昌、恩施、荆门、仙桃、潜江、天门）片区的大中型客货车驾驶人的考试任务。考场设备先进，配备有电子路考仪、高科技的监控系统、智能收费系统、指纹门禁系统、网上自主预约系统，配备C1C2型考试车80辆、B1B2型考试车12辆、A1A2型考试车5辆，所有考试车辆都安装无线视频传输、无线电台、速度检测器、档位检测器和测边距等设备，使整个考试过程在监控室就能一目了然，并能实现与考试车辆的实时通讯管理。

公司按照市场运作机制，严格实行“社会化投资、多元化经营、专业化运作、规范化管理”的

市纪委杜常委（中）在陆总陪同下参观考察

省交管局魏局长（中）听取陆总汇报驾考工作

驾驶员考训有限公司

现代化企业管理体制。依照现代企业管理规范要求建立健全各项规章制度以及OA办公系统。公司正式营运以来，始终坚持“一个宗旨、两个服务”，“一个宗旨”即：为荆州及社会培养合格的高素质的机动车驾驶人，“两个服务”即：为交警配套管理服务，为驾校和学员服务。不断规范考试流程，提高学员考试质量，打造阳光考试。截止2012年12月，累计安排各科目学员考试和训练近40万人次；先后接待全省交管部门现场会和省交管部门领导2000多人次；考场建设规模、现代化考试设备及规范化管理水平已得到了省、市公安交管部门的充分肯定，中央电视台新闻频道在2012年5月份对公司的建设发展情况进行了宣传报道。

随着公安部123号、124号新部令的颁布实施，在市交管局的正确引导下，公司已在江南、江北依照“晶崴模式”加快分考场建设，推进“一主两翼”的发展布局，其中江北考场已经通过湖北省交警总队验收，并于2013年11月25日开业。公司依托中心城区所辖的吉祥、安家岔、公安远大、洪湖鑫隆四所成员驾校，将通过控股、兼并、收购等多种合作方式，抢滩布点，进一步扩充市场占有率，为荆州市考生提供一站式服务，创行业标杆。公司正在按照可持续发展战略，投资建设“3个1”，即：建设一个警用考试设备研发基地、建设一个中小学生安全文明教育活动基地、建设一个全国一流的考训基地，通过“以训促考”实现“晶崴”优良资产整体上市目标。

东风雪铁龙荆州市华金汽

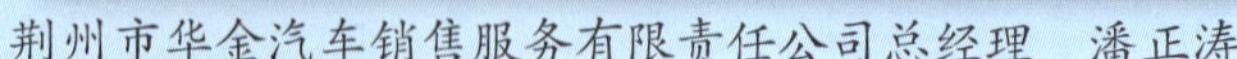
荆州市华金汽车销售服务有限责任公司总经理　潘正涛

接待台

东风雪铁龙荆州华金4s店建立于2008年，是荆州地区第一家按照神龙汽车公司标准建立的汽车4s样板店。荆州华金4S店是荆州建立最早的4s店，是集整车销售、售后服务、零部件供应、信息反馈于一体的全方位汽车服务企业。荆州华金4s店一直致力于给客户最舒适的展厅环境、最优秀的销售售后服务、最贴心的人文关怀，以客户的需求为企业发展导向，努力成为荆州地区汽车行业的楷模典范。荆州华金4s店于2011年、2012年连续两年被神龙公司授予优秀服务商、大区优秀经销商、优秀服务质量团队等称号，2013年荆州华金4s店，成功完成2013年全年销售任务，以1300台整车销量成为东风雪铁龙鄂西地区销售冠军。

精益求精　力求完美

2010年以来，荆州华金4s店屡创佳绩，在东风雪铁龙全国范围网点内，公司率先推行精益化管理制度，针对公司的硬件和管理实行5s管理标准，通过反复的理论结合实践，制订了一系列科学化的管理方针。销售与售后接待是企业的形象窗口，公司制订了销售和售后接待的23项标准流程。客户进入展厅到离开的短短十分钟里，从接待礼仪、到产品介绍，到离开后的客户回访，都进行了严格的流程规定，将简单的工作细节化，精益求精，力求完美。“重视每一位客户”是潘正涛总经理对每一位员工的基本要求。他要求每位员工尊重、理解他人，耐心倾听客户的诉求，出现问题先从自身思考原因，找到解决问题的方法，力求让客户高兴而来，满意而归。以客户的需求来做服务，以市场

展厅正面

车销售服务有限责任公司

展厅右侧面

展厅整体

的需求为导向，是荆州华金4s店总经理潘正涛先生引领企业发展的基本理念。今年，考虑到荆州市出租车维修点维修技术参差不齐，配件质量保证，严重影响驾乘行车安全的现状，荆州华金4s店组织建立了荆州市华金出租车专业维修站。针对出租行业这个特殊的群体，实行了配件最低折扣供给，工时优惠等政策。该举措实施后，出租车维修不仅大大缩短了等待时间，维修技术及质量也有了良好的保障，获得了业界的一致赞誉。

关爱社会　责任华金

比尔·盖茨说，在人的本性中，蕴含着两个巨大的力量，一是自立，一个是关爱他人。某种程度上，我们打造一个企业的品牌，打造一个企业的个性，是在将企业视作一个人来塑造。那么，这样一个活生生的企业，也蕴含着两个巨大的力量，一是自立，一是关爱社会。先自立，然后关爱社会，一个企业，应该秉承一个社会大理想。荆州华金4s店除了做好自身外，寻找能为企业和社会创造共享价值的机会。公司积极发动和组织车友参与了高考橙丝带爱心送考活动，为祖国的明日栋梁助行。除此之外，为树立文明行风，构建和谐社会，公司联合荆州市电视台共同举办了荆州市十大的士之星评选活动，努力宣扬积极向上的生活态度、吃苦耐劳的职业品格，和谐友爱的社会风尚，以及诚实与信赖的基本道德。特别是2103年11月，在得知的士之星吴越南因脑梗塞病重在床，经济困难，无钱医治后，公司领导立即组织全公司员工伸出援手，并派员工到医院看望慰问。

多元发展　服务荆州

今后东风雪铁龙荆州华金4s店，将以在汽车业界丰富的业务资源，及多年的服务经验，以优异的服务为广大东风雪铁龙客户创造最大价值，提供最为便捷、最经济的服务。除东风雪铁龙品牌外，公司在公安及监利地区新建立了东风风神4s店，荆州华金公司将在今后凭借雄厚的实力及团队力量，多元化发展，服务广大荆州人民!

销售洽谈区

售后接待区

九老仙都景区

历史的 荆州的 世界的

在一体多元的中华文化中，荆楚文化自春秋战国时期起，便放射出璀璨夺目的光芒。九老仙都景区把博大精深的、历史渊源可以堪比古希腊文化的荆楚八大文化聚集在这里，还原、展示给世界人民，九老仙都景区填补了旅游市场上展示荆楚文化的空白，必将成为世界级的历史名胜旅游景区，吸引全国各地乃至世界各地的游客。

10亿打造国家级历史名胜景区

九老仙都景区位于荆州古城的中心区域，东起屈原路，西至人民路，南起荆北路，北至古城墙的内环道，占地面积约340亩，由中核盛华(荆州)置业有限公司总投资10亿元倾力打造。整个项目共分三期建设，预计用五年时间建成。其中第一期工程占地面积180亩，投资约5亿元，计划2014年建成。

一观 一苑 八大景　楚歌 楚韵 舞升平

九老仙都景区是荆楚文化发扬地，是一个综合了荆楚八大文化精华的聚集地，景区内有松甲山、远安门广场、桃花岛演绎闻名世界的荆楚秦汉三国文化；有距今一千四百年的南北朝著名私家园林湘东苑演绎古代"苑"系荆楚园林文化；有中国唯一保存最完整的，跨越时代最多的，具有双城门设计的古城墙及护城河来演绎荆楚古城文化和荆楚码头文化，并有一段保存至今完好的，世界罕有的糯米灰城墙所围建的古城墙博物馆；有八仙园、千年道观玄妙观演绎荆楚名观文化；有非物质文化遗产园区及长生街演绎荆楚非遗文化和荆楚民俗文化；还有荆楚影视文化基地。

九老仙都 八大景点

长生街——中国首个荆楚文化商业街！

八仙园、松甲山——仙气缭绕的八仙园入口，是三国时期松甲山遗址，传说关羽检查军情时曾在此小憩。

湘东苑——全国首个呈现南北朝历史的景区，是梁元帝萧绎未称帝当湘东王时所建的私家园林。

非遗园——作为第一个荆楚非物质文化遗产展示园，非遗园包罗万象。

玄妙观——千年皇家道观玄妙观又名九老仙都宫。玄妙观元代住持唐洞云被元顺帝封为第九仙，赐其修道之所为"九老仙都宫"。景区也是因此得名，继八仙之后，得九仙之名，故命名为"九老仙都"。

桃花岛——重现刘备、关羽、张飞桃园三结义的著名三国历史。

古城墙——传说荆州古城墙为关羽所建，城墙防御体系完备，历来易守难攻，有"铁打荆州"之说。

远安门广场——演绎4D影视，再现三国历史场景。

CHANGSHENG STREET

中国首个荆楚文化特色商业街

长生街

中国首个荆楚文化商业街

长生街，位于荆州古城中唯一的大型历史古迹名胜旅景区九老仙都景区的中心区域。

是占地面积将近两万平米的荆楚民居风情建筑群落，不仅是景区几百万游客吃、住、游、购、娱的配套场所，也同时将是九老仙都景区中呈现荆楚民俗文化不可分割的精彩景点之一。

九老仙都景区即将全面开放

九老仙都一期景区预计在2014年底陆续完工，2015年春节前，将在荆州形成一个接待能力在100万人次以上的国家级特色旅游景区，相信到那时，荆州九老仙都景区将和南京夫子庙、成都宽窄巷子等景区一样，跻身为全国著名景区，形成立足于荆楚本土文化的高品位、国际化旅游资源平台，从而推动荆州旅游全面升级！

开发商公司简介

中核盛华（荆州）置业有限公司成立于2006年，2006年政府通过招商引资，引进“中国核工业第二二建设有限公司”来荆，对荆州区玄妙观景点进行恢复与旧城片区改造，并于2006年元月成立了“中核盛华（荆州）置业有限公司”，公司位于荆州市荆州区荆北路38号，注册资金3000万元，现有员工50余人，公司经营范围为房地产综合开发、自有房屋租赁、装饰装潢、钢结构制作及安装、物业管理、水暖安装、建筑装饰材料、五金交电、化工原料、建筑设备及配件、金属材料及产品批零等等。

自公司成立以来主要开发建设了荆州区南门大街托塔坊旧城改造项目，以及“九老仙都”景区项目。

我公司本着“信誉第一，服务至上，开拓进取，回报社会”的经营理念，在荆州市取得了很好的品牌效应和经济效应。公司的全体员工本着“厚德载物，守正于坚”的企业理念，愿和荆州人民携手共创美好明天。

公司地址：荆州区荆北路38号　　电话：0716-8432188　8433633

荆州市粮

仓房区局部

荆州市粮食储备库是荆州市粮食局直管的国有独资粮食储备企业。粮库于2010年11月建成，总占地面积98607平方米（约合148亩），总投资9265万元。建有现代化的高大平房仓8栋16间，总仓容量6.5万吨；油脂储备罐9个，总容量2万吨；日产150吨精米加工厂1座；1栋综合服务大楼及粮油检测化验中心、安全电子监控、结算中心等配套设施。

粮库库区环境整洁，仓房条件好，配备设施完善，仓储功能齐全，所有仓库均配备粮食环流熏蒸、机械通风、粮情电子检测系统。具有与粮食出入库要求相适应的称重、输送、清理等设施设备40多台套。粮库已具备“四散化”物流的能力。

粮库重视粮油质量管理，严格执行国家粮油管理制度和标准。建有粮油质量检化验室及国家挂牌区域性粮油食品质量检验机构——荆州市粮油食品质量监测站。实验室面积600

2万吨油罐区　　日产150吨精米生产线

多平方米，配备有进口及国产高端检化验设备60多台套，仪器设备总价值500多万元。

粮库建有业务管理系统、粮情检测系统、安全监控系统、办公自动化系统集成的信息化平台，全部业务流程可实行网络浏览。

该库是国家粮食局认定的具有中央储备粮（油）代储资格的粮（油）库。各项管理制度健全，管理规范。2013年被国家粮食局、教育部授予第二批全国中小学“爱粮节粮”教育社会实践基地，全省粮食仓储规范化管理“示范粮库”和“省卫生先进单位”等称号。

中国水务 CHINA WATER 荆州水务集团有限公司 JINGZHOU WATER AFFAIRS GROUP LIMITED

上善若水 情奔万家

民以食为天，食以水为先。作为城市基础设施的公共服务企业，供水工作的重要性不言而喻。“上善若水，情奔万家”是荆州水务集团倾力打造的供水服务品牌，荆州水务集团一直把提高对外服务水平放在供水工作的首位，将优质服务和用户满意作为供水工作的出发点与落脚点。

为促进企业经济建设的发展，更好的为民服务，公司通过市场化运作，逐渐构筑了以水为主，多元并存的发展格局。旗下全资子公司——鼎鑫源工程公司负责给排水及市政工程、二次供水项目、消防工程、平板太阳能的开发建设；水之道给排水技术服务公司承接表后给排水维修及相关市场化业务；隆锦置业有限公司致力于房地产开发；水生木园林绿化工程公司从事园林绿化的规划设计和项目开发建设。

多年以来，荆州水务集团不断尝试、不断创新，以优质服务评比创建活动为抓手，深入开展便民举措，充分加强与外界交流，严格兑现服务考核，解决重难点问题，服务质量得到有效提升。近年来，公司接连荣获3届“全国文明单位”，蝉联9届“湖北省最佳文明单位”，18年连续斩获“湖北省消费者满意单位”，数次获得“全国实施用户满意工程先进单位”、“全国实施卓越绩效管理模式先进企业”。

涌动若水的善、汇聚万家的情，荆州水务集团经营管理团队紧密团结，带领全体员工凝心聚力、锐意进取，努力践行制度创新，管理创新、技术创新、服务创新，外树形象，内强素质，生产经营有条不紊，专项重点如火如荼，企业发展朝气蓬勃，荆州水务集团正朝着打造不断进取的最佳服务型企业奋力迈进。

自主设计、自主施工的柳林水厂技改工程

水厂开放日

引江济汉施工现场

员工内部交流会

心系用户 排忧解难

优秀员工庐山行

中国电信荆州分公司

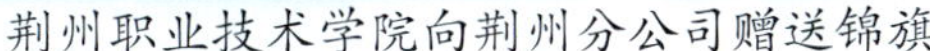
荆州职业技术学院向荆州分公司赠送锦旗

荆州分公司狠抓全业务客户服务标准出成效

2013年，荆州分公司坚持以科学发展观为指导，以党的群众路线教育实践活动为载体，积极践行“一去两化新三者”的转型战略，认真贯彻“坚持创新和服务双领先，提高运营和管理有效性，推动规模和效益双提升”的工作主线，通过外部“差异化”树品牌，内部“市场化”激活力，创新服务提品质，渠道拓展加速度，有效驱动移动、宽带、增值转型、流量业务的快速增长，各项工作稳步推进。

iPhone5S首发式

荆州分公司在“光网城市·智慧荆州”信息化战略合作协议引领下，大力推进智慧政务、智慧民生、智慧产业三大工程，积极拓展社会网格化、电子政务、平安城市等项目，全力打造“一县一品”的营销模式，“魅力洪湖”、“百湖公安”、“乐乡田园”等项目成功签约，信息化创新应用助力荆州“壮腰工程”。同时基于3G应用，在全市积极推广司法e通、税务e通、工商e通、警务e通、计生e通、烟草e通、翼加油、翼机通、销售管家、旺铺助手、外勤助手等项目，服务荆州信息化发展，充分发挥了信息化在城市经济和社会发展中的积极作用。

2013年，荆州分公司荣获“省级最佳文明单位”、“荆州市五一劳动奖状”、“e 线民生工作回复问题先进单位”等荣誉称号。

湖北大明水产科技有限公司

HU BEI DA MING AQUATIC SCIENCE AND TECHNOLOGY CO.,LTD.

湖北大明水产精深加工园

湖北大明生物产业园

湖北大明水产科技园

湖北大明水产科技有限公司，隶属于北京“富程投资控股（集团）有限公司”，位于“中国淡水渔业第一市”——湖北荆州，占地面积700亩，公司注册资金一亿元，是一家以淡水鱼精深加工为龙头，苗种规模繁育、健康高效养殖、微生态制剂、功能生物饲料、淡水鱼精深加工、技术咨询服务于一体的综合性、多元化农业产业化重点龙头企业。公司以实现“绿色健康水产品高效养殖与精深加工产业化”为己任，争做中国淡水鱼行业综合开发领航者、淡水鱼精深加工品牌开创者。

湖北大明水产传承荆楚食鱼食鲜的饮食文化精髓，吸纳荆楚大地深厚浓郁的人文风情，始终坚持“健康、美味、鲜活”的品牌核心价值！与中国烹饪协会达成长期战略合作，立志为消费者打造从基地到餐桌的全程健康、鲜活体验！公司秉承“全鱼开发”的理念，坚持选用新鲜活鱼入料，不断引进国际化生产线，严格标准化操作，让鲜活的价值在每一个环节完美传递。目前，公司已累计投资超过13亿元，先后建成5500亩国内最大、最现代化的“淡水鱼苗种中试繁育基地”，700亩的“淡水产品精深加工园区”、120亩生态饲料、调水产品及循环经济“生物科技园”。同时，作为洪湖整体生态保护性开发综合运营商，大明水产正在全力推进洪湖生态经济区“一极”、“三区”的规划建设，把洪湖湿地建设成为“面向世界、布局合理、设施完备、运营灵活、管理高效、功能突出、特色鲜明的生态园、文化园、产业园。

大明水产与国内华中农业大学、上海海洋大学、江南大学等众多知名大学达成战略合作关系，聘请多位国家级学科带头人担任研发技术专家，五年来，大明水产累计投入近亿元研发费用，潜心研发出众多优势特色产品，涵盖常温品和冻品两大领域，包括佐餐、风味休闲、分割调理菜式等6大系列50多个单品。

未来，大明水产将通过湖北大明水产精深加工园、湖北大明水产科技园及湖北大明生物产业园三大项目的建设，力争“十三五”期末实现产值50亿元、利税5亿元，2030年实现产值突破100亿元、利税10亿元的产业规模，成为国内领先的具有可持续发展能力的科技型百亿“水产航母”！

全产业链　全程领“鲜”

中华人民共和国农业部
国家级水产良种场

授予：湖北大明水产科技有限公司
湖北省农业产业化
重点龙头企业
湖北省农业产业化经营领导小组
二〇一一年九月

授予：湖北大明水产科技有限公司
湖北省水产行业
五强龙头企业
中共湖北省委
湖北省人民政府
二〇一一年十月

国家大宗淡水鱼加工技术研发分中心（武汉）
National R&D Branch Center For Conventional Freshwater Fish Processing(Wuhan)
中华人民共和国农业部
二〇〇九年十一月

电话/Tel: 400-995-9170　传真/Fax:0716-8351227
地址：湖北省荆州市高新技术产业开发区共建路9号

荆州沙北新区投资开发有限公司

为加快荆州城市建设的发展，提升城市整体功能，2010年12月26日，荆州市政府与北京锐创控股集团有限公司签订了项目合作协议，决定由市城投公司、湖北江汉明珠实业有限公司与北京锐创控股集团有限公司共同出资成立荆州沙北新区投资开发有限公司，联合开发沙北新区土地一级开发项目。

沙北新区土地一级开发项目位于荆州市沙市区北部，规划范围东起红星路，南至荆沙大道，西到荆襄高速，北抵翠环路（荆岳铁路线），占地面积约6.97平方公里。

根据总体规划，沙北新区将是市级行政文化中心所在地，项目将集中整合原有范围内的行政用地，在中心区域建设大型公共设施，使其在未来具备完善的行政办公、金融商贸、医疗教育、文化娱乐、生活居住等综合功能，成为市级行政中心、商贸金融中心、体育文化中心及城市生活居住为主要功能的城市新区。

随着项目的有序推进，体育场馆如期完成、知名商家陆续落户，各条主干道相继完工，图书馆、档案馆、沙市中学、各安置点的施工热火朝天。鳞次栉比的高楼巍峨矗立，宽阔的道路尽情延伸，新区面貌焕然一新。

沙北新区，一个日新月异，活力四射的开放胜地，一个海纳百川、客商心动的投资高地，正呈现出勃勃的生机和活力，奏响沙北时代发展的强劲乐章，掀起历史澎湃的浪潮，创造一个又一个辉煌。

荆州市视信网络有限公司

董事长李建明与公司中层以上干部集体学习公司业务知识

董事长李建明到“三万”驻扎村看望村中部分贫困党员，并给困难群众送去慰问金

高标准数字电视前端机房

荆州市视信网络有限公司主要负责我市有线电视安全高质传输及中心城区有线电视的经营管理和维护工作，为全市用户提供标清和高清数字电视节目、互动点播、宽带上网、智能家庭及安防监控等多种业务。2013年度公司被省消委授予“消费者满意单位”、“消费者满意商品”称号；被市消委评为“荆州市十佳消费者满意服务窗口”和“荆州市消费者满意服务窗口”单位；被市人力资源和社会保障局评为“劳动保障守法诚信单位”。

有线数字电视信号中断，现场进行光纤熔接

2013年，公司根据用户需求对全市数字电视节目进行了较大调整，新增了《CCTV-9记录频道》、《家庭理财》等9套标清节目和4套高清电视节目，节目总套数达到146套，极大地满足了全市数字电视用户多样化、多层次的需求。另外，公司还完成了BOSS（运营支撑系统）系统的更新升级，能更好地支持新开展的短信点播付费业务。

2013年，公司继续实行有线电视网络的双向化升级改造工程，先后改造小区26个，新增小区37个，增加光缆总长248公里，增加互动数字电视用户19800户等。在视频安防监控和有线宽带上网等增值业务上也取得了新的进展和突破。

深入社区，为用户答疑解难

◀垄上行监控项目——安装太阳能立杆摄像机

公司董事长李建明与北京歌华有线公司探讨客服呼叫系统及全业务营运支撑系统

中央储备粮荆州直属库

中储粮总公司总经理吕军到荆州直属库调研

中储粮荆州直属库粮食收购现场

荆州直属库位于荆州城东门外岳山新村，1996年底上收为原国家粮食储备局直属库，2000年划转为中储粮总公司直属库，由中储粮湖北分公司直接管理。库区占地面积25万平方米，在册员工150人，在岗党员52人。现有平房仓57栋，总仓容25万吨（其中本库23.25万吨，白马粮源基地0.75万吨，公安分库1.0万吨）；铁路专用线1条，总长1602米；钢混结构铁路罩棚6900㎡，机械罩棚2个，面积4200㎡；备品库2个、药品库1个；大米生产线2条，日生产能力195吨；各类粮仓机械设备500多台套；固定资产原值1.41亿元,净值0.84亿元，资产总额42.88亿元。

荆州直属库主要负责本库和荆州片区8家代储库的中央储备粮及6个县（市、区）所有国家政策性粮油的统贷统还和收购、销售、调运、加工、轮换、储存及监督管理工作。近年来，在中储粮总公司、分公司的正确领导下，在地方党委政府和有关部门的大力支持下，深入贯彻落实科学发展观，自觉践行“三个维护”企业宗旨，始终坚持“三个严格”、“两个确保”根本要求，认真落实国家调控政策，切实强化储粮管理，努力服务地方经济，始终做到执行政策不走样、规范管理不打折、防控风险不松懈、提升素质不止步，较好地履行了企业的政治、社会和经济责任。连续3届被湖北省委、省政府授予“省级最佳文明单位”称号。多次被中储粮湖北分公司系统内评为先进直属库。近年还荣获了“全国粮油仓储规范化管理先进企业”、“全国粮食协会优秀团体会员”、中储粮湖北分公司成立十年来“先进集体”、湖北省“全省社会治安综合治理先进单位”、荆州市国资系统“先进基层党组织”等多项荣誉称号。直属库档案管理达到国家科技事业AAA级，“荆江”牌珍珠米还夺得2010年全国农产品加工业贸易洽谈会金奖。

荆州市港航海事船检局

荆州市港航管理局、荆州市地方海事局、荆州市船舶检验局是全市水路交通行业管理机构，实行一门三牌。主要负责全市港口、海事（内河水上交通安全）、航运、船闸、内河航道、船舶及船用产品检验、水路规费征稽等行政执法和行业管理，在全市8个县市区及洪湖湿地自然保护区设有港航海事处（局）。

2013年是实施“十二五”规划承前启后的关键之年，也是全市水运行业应对挑战、攻坚克难、成效显著的一年。一年来，在省港航海事局和市交通运输局的正确领导下，荆州市港航海事船检系统干部职工以高度的政治责任感和使命感，全力保发展、保重点、保民生、保安全，实现了行业发展稳中有进、稳中向好。2013年，全市港航建设投资完成9.29亿元，同比增长8%，创历史新高，开工项目数和投资完成数稳居全省地市州前列。《荆州港总体规划》（优化）环境影响评价通过评审待批。全年完成水路货运量2502万吨，同比增长13.73%；周转量264亿吨公里，同比增长18.34%；港口吞吐量2618万吨，同比增长13.62%；集装箱吞吐量9.36万标箱，超计划33%，同比增长7.75%，呈现出强劲增长态势。盐卡三期、车阳河综合码头等14个项目按计划稳步推进；17个项目的前期工作进展顺利。水运建设市场信用体系建设和“攻坚杯”劳动竞赛活动有序开展，工程交工验收合格率达100%，全年未发生工程质量安全事故。2013年，全年无一起水上交通安全上报事故，我市水上交通安全连续八年实现了“零事故”目标。

党的十八届三中全会吹响了新一轮改革的号角，开启了新一轮改革的伟大征程。新的时代赋予了新的历史使命，荆州市港航海事船检局局长骆春征、党委书记陈义宏向社会各界郑重承诺，荆州市港航海事船检系统将在省港航海事局和市交通运输局的领导下，强化进取意识、机遇意识、责任意识，借力“长江黄金水道”建设，助推区域经济社会发展，落实“打造荆州组合港”和“建设全国内河航运发展示范区”战略部署，以新的作风大胆探索、锐意进取、攻坚克难，为荆州水运发展再立新功。

湖北人信房地产开发有限公司

16年 深耕荆楚 人信地产筑梦万家

湖北人信房地产开发有限公司创立于1998年，是一家以城市综合体、高品质住宅开发为主，同步涉足商业经营管理和物业管理等领域的大型房地产集团公司。多年来，人信地产坚持将其国家房地产开发一级资质的标准渗透到每一个项目之中，打造深受荆楚精英盛赞的高端住宅和顶级商业综合体，连续多年被评为“武汉房企10强”单位。2012年10月，人信地产还作为湖北省唯一受邀单位正式加入“中国城市房地产开发联盟”，进入全国知名房企阵营。

历时16年发展，人信地产实现了扎根武汉、辐射湖北跨区域的发展，已经完成奥林花园、奥林苑、阳光青年城、太子湾等高端住宅的完美售罄。2014年，人信地产旗下荆州人信城、黄陂人信城“两城开疆”，荆州人信汇、汉阳人信汇“汇”泽荆楚，人信·千年美丽独揽后宫湖胜景……高端大盘一经面世，便广受热捧，抢购盛况足以证明人信地产16年沉淀的超凡品质!

从武汉本土到跨区域开发，从单纯的住宅开发到商业地产与住宅地产两翼齐飞，伴随着企业的发展和壮大，获得了社会各界的一致好评，铸就了人信地产良好的市场口碑以及独一无二“诚信”品牌。

福泽荆楚　领冠未来

2014年，由人信地产参与投资兴建的百亿级荆州重点文化旅游项目——关公文化园一期工程正式破土动工，与荆沙村合作的荆沙人信城项目太岳园正火热施工中，明年江津园即将面世，沙印项目也将逐步推出……

未来，人信地产将继续坚持“缔造全新商业文明，创造美好生活体验”的企业使命，进一步提升企业综合实力，为湖北房地产的健康发展和人居水平、消费水平的提升作出更大的贡献。

荆州新貌　人信巨制

2007年人信地产成功开发全荆州明星楼盘——人信·阳光青年城。作为荆州2007-2011年度累计总销量第一的楼盘，1700余户家庭的一致认可，充分诠释着人信地产的魅力。如今，一个大境醇熟、极致香醇的南法原境品质社区，已开始在阳光、自由的生活场景里为业主制造浪漫记忆。

2012年人信地产布局北京中路核心商业圈，推出荆州首席都市综合体——荆州人信汇。作为荆州政府重点支持，“壮腰工程”下的助力荆州经济腾飞的重要商业项目，必将以荆州城市中心新地标的姿态，开创荆州商业发展的新格局。2014年，荆州人信汇5万方商业即将耀世开业，高端住宅全面入住，携660万荆州人共迎繁华新中心。

2014年王者再献一座城！继荆州人信·阳光青年城、荆州人信汇之后，人信集团再次重磅出击，倾情打造一座属于荆州的百万方爱之城——荆沙人信城！为荆州呈现王者风采。2014年，让我们共同期待百万方巨著荆沙人信城震撼问世，开启一段荆楚传奇！

荆州市养老保险管理局

荆州市养老保险管理局于2013年5月由荆州市企业养老保险管理局、荆州市机关事业单位养老保险管理局和荆州市社会保险基金结算中心整合而成，同时挂荆州市社会保险基金结算中心牌子，主要行使为参保职工提供社会保险服务的职能，负责社会保险基金的核定、征集、记录、审核、支付和管理。

荆州市养老保险管理局在上级业务部门及市委、市政府和市人力资源和社会保障局的正确领导与大力支持下，围绕“推进城乡养老统筹，促进养老保险事业健康可持续发展”的主题，以“社保文化”为引领，熔理念于服务，寓服务于管理，开创了一条全新的养老保险改革与发展之路。基本养老保险制度现已覆盖全市城镇各类企业职工和城乡居民，退休人员养老金按时足额社会化发放，退休人员社会化管理网络已经形成。截至2013年底我市社会保险各险种参保375.67万人次，2013年征收社会保险费53.82亿元，发放养老金63.75亿元，保障了全市36.4万名城镇职工退休人员的基本生活，实现了养老金按时足额发放率和社会化发放率两个100%。截至2013年，全市城乡居民社会养老保险应参保231.37万人，已参保230.69万人，综合参保率达99.7%，为69.8万名城乡居民发放养老金4.87亿元。

机构整合以来，荆州市养老保险管理局致力于规范管理、优化服务，努力提升社会保险经办管理服务水平。进一步规范完善了社会保险经办大厅建设，将所有养老保险经办业务集中在二楼大厅，实现真正了“一站式”服务；同时，积极修订完善各项规章制度、明确岗位职责、梳理业务流程，提供优质服务。多次被省、市人力资源和社会保障部门授予“养老保险经办机构先进单位”光荣称号和“全省人力资源社会保障系统先进集体”荣誉称号，2013年获“荆州市五一劳动奖状”。

荆州区商务局

荆州区商务局是于2005年2月成立的主管全区商贸流通工作的政府工作部门，2010年8月，区政府办公室以荆区政办发（2010）67号文通知，将商务局内设机构调整为办公室、市场体系建设科、市场秩序管理科、对外贸易科、企业科、信访科6个科室。核定行政编制11人，定领导职数5人，下辖一个事业单位商务综合执法大队和19家国有商贸企业。主要职责是加强内外贸易的综合协调，搞好市场运行和商品供求状况监测，整顿和规范流通秩序，开展商务行政执法，深化流通体制改革，促进统一、开放、竞争、有序的现代市场体系的建立和完善。

多年来，在区委、区政府的正确领导下，在广大商务干部职工的共同努力下，荆州区商务局坚持以党的“十八大”精神为指导思想，牢固树立科学发展观，认真履行各项商务职能，发展内外贸易，强化协调服务，充分利用荆中路名品连锁专卖店的集聚优势和区位优势，通过政策引导和协调服务，更新经营理念，转变经营方式，将荆中路花台至天桥路段门店进行改造升级，打造成众多知名品牌连锁店、专卖店的聚集地，使荆州古城花台中心商务区的整体形象得到了有效提升。以荆州恒信汽车销售服务有限公司为龙头的汽车4S店一条街目前已初具规模，荆州市花卉苗木交易市场、荆州欣和鑫家具建材大市场一期工程基本完工，经济运行状况良好。依托沪蓉高铁荆州火车站的建成开通，致力招大商、大招商，通过多方努力，协调沟通，使绿地、百盟、万达广场、竹叶山汽车城等一批大型商贸企业成功签约并落户荆州，全区货运物流业和现代服务业发展迅速，浩然物流园、新家乡货运城、九洋物流等龙头物流企业发展势头强劲，新型现代化的火车站商圈已初显雏形。2013年全区实现社会消费品零售总额112.02亿元，同比增长15%，总量居全省第14位、全市第二位，其中全区限额以上法人单位零售额完成33.08亿元，可比增速26.7%，完成法人企业进限数30家，全区商贸限上企业总数达到147家。

继续坚持开放先导战略，加快转变区域外贸经济发展方式，致力发展外向型产业经济，积极为外贸出口企业申报办理外资准入证和出口资格证，不断优化本区域的投资环境，宣传国家产业政策，及时提供有关外贸出口政策和信息，引导企业加快调整产业结构，使我区外贸出口出现整体性快速增长的良好发展势头。全区现有15家外贸出口企业，与去年相比新增3家，骨干外贸出口企业有石油四机、四机赛瓦、宇祥畜禽、荆楚种业、福兴源纺织等，出口产品主要涉及石油机械、农副产品及种子、汽车零部件、轻工纺织等多个领域，多元化的产品出口格局已初步形成。2013年完成外贸出口总额7940万美元；全年实际利用外资1100万美元，同比增长57.14%。

在加快发展商贸经济的同时，不断加大国企改革力度，强化市场秩序监管，立足民生，全力开展商务执法，努力促进我区商贸经济健康快速发展。加强生猪定点屠宰管理、酒类流通、食品安全、再生资源回收等监管力度，2013年共出车50余台次200多人次，参与市、区两级政府多次组织的食品安全大检查，在全区发放酒类流通宣传资料300多份，基本确保了城区95%的酒类经营户持证经营，查处了一起违反酒类流通管理案件，对部分违规经营户进行了批评教育，责令整改，对全区屠宰市场进行了拉网式排查，对部分有问题零售网点和生猪屠宰点下达了整改通知书，并对弥市生猪定点屠宰的归并整合问题进行了现场督办落实，对城区及各镇办的集贸市场开展了禽流感疫情专项检查，确保市民吃上“放心肉”、喝上“放心酒”。加强我区集贸市场的升级改造，通过招商引资，引进外来企业投资集贸市场升级改造工程，使我区钟鼓楼市场、玄帝宫市场、小北门市场、东升市场、新风市场等集贸市场的经营环境和经营秩序得到很大改善。

个性定制
专业设计
Merrily&Baby
美灵宝
让世界简单喝好茶
400-9998-123
www.hubeihaoyun.com
湖北昊韵农业科技有限公司
商城：www.mlbyg.com
优质茶叶+个性茶杯
=品质+品味+品牌形象+广告效应
美灵宝方便茶
单层杯定制
双层杯定制
发笑杯定制
PICC
美灵宝方便茶结构图
专利号：201320092066.9
食用级白卡纸
食用级玉米膜
食用级植物纤维滤纸
精选优等茶叶
产品由PICC承保

十二、交通运输与邮电

Transport, Post and Telecommunication Services

资料整理：潘红星
祁宝谊

12-1 全社会交通运输量

Total Passenger and Freight Traffic

指　标	单位	2005 年	2010 年	2011 年	2012 年	2013 年
客运量	万人	3782	8228	8663	9360	10397
#公路运输	万人	3781	8228	8663	9360	10397
旅客周转量	万人万吨	317212	564575	624447	728683	835831
#公路运输	万人公里	317175	564575	624447	728683	835831
货运量	万吨	2968	4930	6099	6975	7883
#公路运输	万吨	1232	3526	4064	4635	5239
水上运输	万吨	1628	1268	1865	2200	2502
铁路运输	万吨	108	136	170	140	142
货物周转量	万吨公里	1061686	2049088	2483801	3120706	3679816
#公路运输	万吨公里	161039	637917	713369	882261	1032492
水上运输	万吨公里	892157	1400720	1770432	2227539	2636120
铁路运输	万吨公里	8490	10451	13434	10906	11204
货物吞吐量	万吨	1415	1909	2148	2304	2619
集装箱	万吨	25	72	83	109	128

12-2 公路里程

Length of Highways

指　标	单位	2005 年	2010 年	2011 年	2012 年	2013 年
公路通车里程	公里	6576	18685	19204	19658	20307
#：晴雨通车	公里	6524	17573	18280	18793	19570
行政等级分：县级公路	公里	1345	1834	1834	1867	1867
乡级公路	公里	3821	4819	4869	4869	4901
专用公路	公里	46	30	30	30	30
国道公路	公里	160	160	155	155	155
省级公路	公里	906	897	890	886	894
技术等级分：一级公路	公里	33	167	169	196	202
二级公路	公里	1163	1177	1197	1225	1230
三级公路	公里	1404	1184	1190	1158	1153
四级公路	公里	3678	15048	15739	16228	16998
可绿化里程	公里	4827	1109	18007	19545	20194
#：绿化里程	公里	4515	17317	9844	10182	10677
养护里程	公里	6274	9395	18089	18614	19442
境内铁路营业里程	公里	33	17280	33	33	33

12-3 分县市区公路里程

Length of Highways by County

指　标	单　位	荆州市	荆州区	沙市区	江陵县	松滋市
公路里程	公里	20307	1740	1164	1664	3060
等级公路里程	公里	19584	1704	1163	1499	3049
#：晴雨通车	公里	19570	1704	1163	1499	3049
行政等级分：县级公路	公里	1867	216	120	207	216
乡级公路	公里	4901	461	336	275	1061
专用公路	公里	30				30
国道公路	公里	155	43	31		
省级公路	公里	894	15	18	83	199
技术等级分：一级公路	公里	202	41	45	25	13
二级公路	公里	1230	77	51	100	220
三级公路	公里	1153	67	68	136	202
四级公路	公里	16998	1518	999	1238	2614
行政村公路通畅率	%	100	100	100	100	100
可绿化里程	公里	20194	1736	1159	1658	3051
#绿化里程	公里	10677	145	457	1274	2647
养护里程	公里	19442	1570	1163	1499	3048

指　标	单　位	公安县	石首市	监利县	洪湖市
公路里程	公里	2993	2273	4501	2913
等级公路里程	公里	2993	2269	4041	2867
#：晴雨通车	公里	2992	2269	4028	2867
行政等级分：县级公路	公里	265	283	297	262
乡级公路	公里	610	632	695	830
专用公路	公里				
国道公路	公里	81			
省级公路	公里	101	109	167	202
技术等级分：一级公路	公里	8		36	33
二级公路	公里	176	123	241	241
三级公路	公里	170	151	311	49
四级公路	公里	2638	1995	3453	2544
行政村公路通畅率	%	100	100	100	100
可绿化里程	公里	2981	2262	4466	2881
#绿化里程	公里	2136	1867	894	1256
养护里程	公里	2988	2266	4041	2867

12-4　港口运输量

Volume of Freight Handled in Ports by County

单位：万吨

指　标	荆州市	荆州港	江陵县	松滋市
货物吞吐情况	2618.82	1391.58	120.01	88.01
#集装箱	127.62	127.62		
出口量	501.42	328.57	2.05	76.20
进口量	2117.40	1063.01	117.96	11.81
货物分类：煤　炭	357.29	205.71	26.09	0.68
石油及制品	176.41	134.79		
建　材	1281.52	554.59	79.91	81.62
化肥农药	47.62	25.00	1.53	1.37
粮　食	64.86	17.93		
其　他	691.12	453.56	12.48	4.34

指　标	公安县	石首市	监利县	洪湖市
货物吞吐情况	133.86	388.88	364.92	131.56
#集装箱				
出口量	34.16	33.87	26.57	
进口量	99.70	355.01	338.35	131.56
货物分类：煤　炭		70.59	42.35	11.87
石油及制品	28.26	6.19		7.17
建　材	81.83	209.94	172.40	101.23
化肥农药		2.24	16.76	0.72
粮　食	21.57		25.20	0.16
其　他	2.2	99.92	108.21	10.41

12-5 邮电通信事业

Basic Conditions Post and Telecommunication Service by County

指　标	单　位	2012 年	2013 年
一、局所及通信网络			
营业网点	处	3049	985
邮政信筒信箱	个	604	745
邮路总长度	公里	3047	3047
农村投递线路总长度	公里	14883	15251
二、通信业务量			
邮电业务总量（2000年不变价）	万元	320533	355976
邮政业务总量	万元	32495	43600
电信业务总量	万元	288038	312376
函件	万件	674	674
快递	万件	36	0
订销报刊期发数	万份	56	19
订销报刊累计数	万份	4847	48
本地网内区间电话通话量	万次	139070	302763
本地网内区内电话通话量	万次	477274	778353
固定传统长途电话通话时长	万分钟	13266	1200
移动电话通话时长合计（含本地）	万分钟	1406336	1094643
IP电话通话时长	万分钟	3988	7792
移动短信业务量	亿条	12.77	7.40
移动电话年末用户	万户	371.30	393.30
其中：3G移动电话用户	万户	62.40	74.00
固定本地电话年末用户	万户	75.77	73.32
其中：公用电话用户	万户	3.95	3.81
城市电话用户	万户	41.45	33.12
其中：住宅电话用户	万户	27.74	26.12
农村电话用户	万户	34.31	32.10
其中：住宅电话用户	万户	33.31	29.10
互联网宽带接入用户	万户	64.61	75.51
三、电信主要通信能力			
光缆线路长度	公里	39620	53668
其中：长途光缆线路长度	公里	931	559
固定长途电话交换机容量	路端	11098	11098
局用电话交换机容量	万门	161	161
移动电话交换机容量	万户	654	544

12-6 民用车辆拥有量

Nomber of Civil Vehicles Owned

单位：辆

指　标	总　计	营运	非营运	进口	个人
合　计	709761	61485	646786	4734	666900
一、汽车	220388	52279	166619	4724	180115
1.载客汽车	159114	8733	148891	4701	131174
#大型	3887	2646	340	10	12
中型	3548	1949	1128	43	592
小型	148642	4132	144393	4643	127826
轿车	3037	6	3030	5	2744
2.载货汽车	52343	37105	15238	9	41613
#重型	8853	8451	402	0	3645
中型	5786	5627	159	0	4319
轻型	37490	22955	14535	8	33463
#普通载货	214	72	142	1	186
3.其他汽车	8931	6441	2490	14	7328
#三轮汽车	724	640	84	0	723
低速货车	6215	5544	671	0	5977
二、摩托车	486764	6665	480099	10	486248
1.普通	482780	6665	476115	9	482277
2.轻便	3984	0	3984	1	3971
三、拖拉机	14	0	0	0	14
四、挂车	2594	2527	67	0	522
五、其他类型车	1	0	1	0	1
补充资料：机动车驾驶员（人）	854820				
其中：汽车驾驶员（人）	543815				

指 标 解 释

Explanatory Notes on Statistical Indicators

【铁路营业里程】 又称营业长度，指办理客货运输业务的铁路正线总长度。凡是全线或部分建成双线及以上的线路，以第一线的实际长度计算；复线、站线、段管线、岔线和特殊用途线以及不计算运费的联络线都不计算营业里程。铁路营业里程是反映铁路运输业基础设施发展水平的重要指标，也是计算客货周转量、运输密度和机车车辆运用效率等指标的基础资料。

【货（客）运量】 指在一定时期内，各种运输工具实际运送的货物（旅客）数量。是反映运输业为国民经济和人民生活服务的数量指标，也是制定和检查运输生产计划，研究运输发展规模和速度的重要指标。货运按吨计算，客运按人计算。货物不论运输距离长短，货物类别，均按实际重量统计；旅客不论行程远近或票价多少，均按一人一次作为客运量统计。半价票、小孩票也按一人统计。

【货物（旅客）周转量】 指在一定时期内，由各种运输工具运送的货物（旅客）数量与其相应运输距离的乘积之总和，是反映运输业生产总成果的重要指标，也是编制和检查运输生产计划，计算运输效率、劳动生产率以及核算运输单位主要基础资料。计算货物周转量通常按发出站与到达站之间的最短距离，也就是计费距离计算。

【邮电业务总量】 是以货币形式表示的邮政电信企业为社会提供各类邮政通信服务的总数量。计算公式为：

邮电业务总量＝∑（各类邮政通信业务量＋不变单价）＋出租代维及其他业务收入

【固定电话用户】 指接入国家公众固定电话网的全部电话用户。

【住宅电话用户】 指私人付费或安装在居民住宅并按照私人或住宅电话用户登记注册和收费的各类电话用户。

【移动电话用户】 指通过移动电话交换机进入移动电话网，占用移动电话号码的各类电话用户。

【电话普及率】 指报告期行政区域常住人口中，平均每百人拥有的话机数(包括移动电话)。计算公式为:

电话普及率＝电话机总数（部）／行政区域常住人口数

【主线普及率】 指报告期行政区域常住人口中，平均每百人拥有的固定电话主线数。计算公式为：主线普及率＝电话主线数（本地电话用户）／行政区域常住人口数

【移动电话普及率】 指报告期行政区域常住人口中，平均每百人拥有的移动电话的用户数。计算公式为:移动电话普及率＝移动电话用户总数／行政区域常住人口数

【市话交换机容量】 指局用交换机容量与接入网设备容量（或局用交换机容量）之和。

【电话机拥有量】 指固定电话机总数与移动电话用户之和。

十三、国内外贸易与旅游

Trade and Tourism

资料整理：陈　格

陈发菊

13-1 社会消费品零售总额

Total Value of Retail Sales of Consumer Goods

单位：万元

指　标	2000 年	2005 年	2010 年	2011 年	2012 年	2013 年
合　计	1160922	1987521	4710826	5568000	6505411	7382647
荆州区	142792	255320	683034	811601	967663	1120179
沙市区	229120	454301	1038430	1275407	1450187	1656668
江陵县	53494	91287	171722	202142	240388	262507
松滋市	136474	212077	553118	619888	795515	887013
公安县	159818	268791	585969	730674	841370	955671
石首市	128144	198270	530085	620022	670848	757742
监利县	172837	282055	613954	698015	824202	928049
洪湖市	138244	225420	534514	610251	715238	814819

13-2 分行业社会消费品零售总额

Total Value of Retail Sales of Consumer Goods by Sector

单位：万元

指　标	2000 年	2005 年	2010 年	2011 年	2012 年	2013 年
社会消费品零售总额	1160922	1987521	4710826	5568000	6505411	7382647
按销售地区分						
城镇	844912	1452357	3770675	4505838	5379841	6116380
乡村	316010	535164	940151	1062162	1125570	1266267
按行业分						
批发和零售业	1049152	1779404	4227998	5001684	5832489	6609702
住宿和餐饮业	111770	208117	482828	566316	672922	772945

13-3 限额以上批发和零售业法人商品购进、销售和库存综合表

Main Statistics on Purchase, Total Sales and Stock of Enterprises above Designed Size

单位：万元、平方米

指　标	企业数（个）	年末从业人数（人）	商品购进额	商品销售额			期末商品库存额	年末零售营业面积
					批发	零售		
总　　计	528	19713	3500468	3553545	1718515	1835030	221738	1137494
一、批发业	108	6809	2240739	2306244	1690079	616166	97946	487016
1. 按批发行业小类分								
农、林、牧产品批发	22	971	141555	134047	132331	1716	34192	156599
种子批发	7	186	27342	25940	25940		13140	38125
饲料批发	2	14	8218	7960	7960		258	9220
棉、麻批发	10	695	94313	90738	90738		18226	93714
其他农牧产品批发	1	52	5231	4317	3458	859	1120	800
食品、饮料及烟草制品批发	23	2857	1202673	1283406	951734	331672	41513	59533
医药及医疗器材批发	11	662	75758	78353	78240	113	4138	10432
西药批发	4	213	38606	39816	39716	100	2702	1790
中药批发	6	398	29377	30782	30769	13	1416	8142
矿产品、建材及化工产品批发	29	2023	734474	726648	447012	279636	11983	236512
石油及制品批发	4	1473	638463	635201	360152	275049	3280	187800
建材批发	2	52	15544	14852	14852		2765	3000
化肥批发	6	109	21352	20268	19135	1134	2082	8305
其他批发业	3	34	10419	10714	10714		900	3050
再生物资回收与批发	1	12	2810	2810	2810		43	50
其他未列明批发业	2	22	7609	7904	7904		856	3000
2. 按登记注册类型分								
国有企业	1	1182	346026	432620	432620		28458	333
有限责任公司	43	1660	706536	692212	455421	236791	26845	58361
其他有限责任公司	43	1660	706536	692212	455421	236791	26845	58361
股份有限公司	5	1602	656527	652171	377122	275049	13618	218750
私营企业	58	2306	529650	526730	422505	104225	28906	208692
私营有限责任公司	57	2202	429435	426699	347678	79022	28708	205692
私营股份有限公司	1	104	100215	100031	74827	25204	198	3000
其他企业	1	59	2000	2513	2413	100	120	880
3. 按企业控股情况分								
国有控股	4	2661	978952	1063861	789455	274407	32327	182878
私人控股	98	3846	1125887	1109075	807433	301643	51562	252671
其他	5	152	35510	33017	33017		13957	50467
4. 按经营形式分								
独立门店	108	6809	2240739	2306244	1690079	616166	97946	487016
二、零售业	420	12904	1259729	1247301	28437	1218864	123792	650478
1. 按零售行业小类分								
综合零售	71	4476	263925	260880	239	260641	29798	214399
百货零售	25	955	87798	87083		87083	4027	52973
超级市场零售	36	3274	161566	160136	239	159896	24653	151358
食品、饮料及烟草制品专门零售	43	862	131098	128592	20011	108581	5145	30825
粮油零售	3	64	12917	12670		12670	531	990
纺织、服装及日用品专门零售	31	766	53272	50559	1414	49145	7997	30276
纺织品及针织品零售	6	98	16162	16986	3	16983	2447	9050
服装零售	20	490	32281	28589	1411	27178	4626	13239
鞋帽零售	2	73	2074	1799		1799	562	2750

13-3 续表 单位：万元、平方米

指标	企业数（个）	年末从业人数（人）	商品购进额	商品销售额	批发	零售	期末商品库存额	年末零售营业面积
文化、体育用品及器材专门零售	20	508	37659	37150	10	37140	4153	11647
图书、报刊零售	8	260	27880	27092	10	27082	1815	3020
医药及医疗器材专门零售	22	1188	85519	85396		85396	6788	55155
药品零售	21	1182	84905	84842		84842	6728	53655
汽车、摩托车、燃料及零配件专门零售	87	2148	419852	423894		423894	41575	126775
汽车零售	70	1862	394499	399836		399836	39337	115865
汽车零配件零售	9	189	14359	13857		13857	1279	3550
摩托车及零配件零售	8	97	10994	10201		10201	959	7360
家用电器及电子产品专门零售	73	1780	165440	156672	1186	155486	23365	88134
日用家电设备零售	47	1340	122538	114892	1186	113706	18238	76379
计算机、软件及辅助设备零售	16	269	17153	16723		16723	1394	4570
五金、家具及室内装饰材料专门零售	39	632	70092	69708	5576	64132	2958	29372
五金零售	12	102	13300	12856		12856	758	5166
家具零售	11	226	45110	44830	5576	39254	1292	16888
货摊、无店铺及其他零售业	34	544	32872	34450		34450	2014	63895
生活用燃料零售	20	355	19407	20991		20991	1189	47688
其他未列明零售业	14	189	13465	13459		13459	825	16207
2. 按登记注册类型分								
内资企业	418	12301	1217970	1206253	28437	1177816	111910	627215
国有企业	5	137	18129	18633		18633	1747	8585
有限责任公司	151	5120	610118	610577	27011	583566	48288	272020
其他有限责任公司	150	5008	603038	604412	27011	577400	47373	269020
股份有限公司	13	713	92461	93942		93942	8844	42181
私营企业	229	5515	448412	435109	1425	433684	46711	287404
私营独资企业	17	344	11974	11798		11798	1449	25743
私营合伙企业	1	40	562	524		524	38	230
私营有限责任公司	209	5107	427399	414492	1425	413067	45043	259431
私营股份有限公司	2	24	8476	8295		8295	181	2000
其他企业	20	816	48850	47992		47992	6320	17025
港、澳、台商投资企业	1	400	31555	31029		31029	526	18000
3. 按企业控股情况分								
国有控股	12	485	72843	72515	10	72505	7946	17285
集体控股	5	417	61438	63995		63995	4373	15000
私人控股	335	9184	852646	829632	8415	821217	85092	476481
港澳台商控股	1	400	31555	31029		31029	526	18000
其他	66	2215	231044	240111	20011	220100	14499	118449
4. 按零售业态分								
食杂店	1	10	2254	2171		2171	83	100
超市	56	3504	153906	150267	239	150028	29269	106426
大型超市	4	733	45481	47474		47474	2405	58000
百货店	26	877	106910	106770		106770	5753	56403
专业店	225	5637	645362	639925	2607	637318	59414	283956
专卖店	91	1761	256137	251682	20014	231668	25811	111353
家居建材商店	8	222	7486	7290		7290	489	9820

13-4 限额以上住宿餐饮法人企业经营情况综合表

Main Statistics on Hostel and Catering Services above Designed Size

单位：万元

指 标	企业数（个）	从业人员期末人数（人）	营业额	客房收入	餐费收入	商品销售收入	年末餐饮营业面积（平方米）
总 计	152	7288	95431	34019	56679	1536	303535
一、住宿业	49	2424	32146	19874	9810	175	108808
1. 按住宿业行业小类分							
旅游饭店	22	1831	22702	12656	8023	120	82465
一般旅馆	26	578	9238	7012	1787	55	26343
2. 按登记注册类型分							
国有企业	1	149	775	436	339		9500
股份合作企业	1		363	136	227		9000
有限责任公司	23	1379	15330	9108	4099	125	53465
其他有限责任公司	22	1350	15090	8924	4044	125	52965
私营企业	19	801	13060	8501	4219	50	28563
私营独资企业	1		198	158	40		60
私营有限责任公司	17	759	12195	7841	4023	50	27943
私营股份有限公司	1	42	667	502	156		560
其他企业	5	95	2618	1693	926		8280
3. 按控股情况分							
国有控股	3	621	5741	2418	1656		26500
私人控股	41	1676	24997	16490	7817	175	77128
其他	5	127	1407	966	337		5180
4. 按星级分							
五星	1	315	6822	3927	2815		10000
四星	4	744	6825	3034	1886	95	27825
三星	8	552	5298	3198	2064	25	26460
二星	3	71	1049	717	134		680
其他	31	721	11680	8561	2877	55	41943
二、餐饮业	103	4864	63285	14145	46870	1361	194727
内资企业	102	4819	63046	14077	46774	1317	193236
有限责任公司	28	1452	17037	4712	12037	48	59640
私营企业	56	2616	35378	7237	26573	998	100546
私营独资企业	8	196	3826	525	3282	19	7032
私营有限责任公司	44	2138	27899	5266	21158	963	88014
私营股份有限公司	4	282	3653	1446	2132	16	5500

13-5 限额以上批发零售法人企业财务状况综合表

Financial Indicators of Enterprises above Designed Size in Wholesale and Retail Sale Trades

单位：万元

指标名称	法人企业数（个）	年初存货	流动资产合计	应收账款	存货
总　　计	528	233231	1214968	215785	274967
一、批发业	108	128614	869070	150137	163561
1. 按批发行业小类分					
农、林、牧产品批发	22	36505	97224	13990	43863
种子批发	7	11124	41133	2674	13171
饲料批发	2	3597	9201	981	3144
棉、麻批发	10	15282	40016	7852	23616
其他农牧产品批发	1	5231	3514	1029	2485
食品、饮料及烟草制品批发	23	65339	688260	108631	95172
肉、禽、蛋、奶及水产品批发	3	292	4535	280	661
酒、饮料及茶叶批发	8	55687	568739	106877	67952
烟草制品批发	1	7237	108650		24755
医药及医疗器材批发	11	5122	27225	15648	4406
西药批发	4	2664	6773	1009	2437
中药批发	6	2432	13524	8121	1949
矿产品、建材及化工产品批发	29	16112	34605	6954	14607
石油及制品批发	4	4568	6912	401	4719
建材批发	2	2703	8452	180	2868
化肥批发	6	4373	4556	406	2417
其他批发业	3	1099	2328	896	1194
再生物资回收与批发	1	63	235	13	43
其他未列明批发业	2	1036	2093	883	1151
2. 按登记注册类型分					
内资企业	108	128614	869070	150137	163561
国有企业	1	7237	108650		24755
有限责任公司	43	77642	550094	98403	89679
股份有限公司	5	13399	44423	2524	15011
私营企业	58	30155	165349	49177	33936
私营有限责任公司	57	30075	164540	48494	33934
私营股份有限公司	1	80	809	683	2
其他企业	1	181	554	34	181
3. 按企业控股情况分					
国有控股	4	12155	116420	433	30676
私人控股	98	104244	663237	147257	118849
其他	5	12216	46886	2446	14037
二、零售业	420	104617	345898	65648	111405
1. 按零售行业小类分					
综合零售	71	24930	79152	4155	23992
百货零售	25	5961	38018	1993	9011
超级市场零售	36	18055	38335	1715	14154
食品、饮料及烟草制品专门零售	43	6403	50028	17081	4915
粮油零售	3	1365	1259	30	633
酒、饮料及茶叶零售	27	3717	46427	16323	3583

13-5 续表1 单位：万元

指标名称	法人企业数（个）	年初存货	流动资产合计	应收账款	存货
纺织、服装及日用品专门零售	31	5977	20491	6417	6805
纺织品及针织品零售	6	776	4436	906	2236
服装零售	20	4622	15050	5308	3897
鞋帽零售	2	388	773	188	460
文化、体育用品及器材专门零售	20	3084	15133	5064	3308
图书、报刊零售	8	1271	11043	4432	1146
医药及医疗器材专门零售	22	6750	27271	11469	8251
药品零售	21	6625	27217	11469	8219
汽车、摩托车、燃料及零配件专门零售	87	30115	94877	9123	39847
汽车零售	70	29182	88367	6076	37554
汽车零配件零售	9	301	4550	2976	1495
摩托车及零配件零售	8	632	1960	72	799
家用电器及电子产品专门零售	73	22753	38815	6946	20271
日用家电设备零售	47	17714	30928	5491	15701
计算机、软件及辅助设备零售	16	1698	3452	1090	1462
五金、家具及室内装饰材料专门零售	39	2403	13747	3369	2509
五金零售	12	614	5569	1721	812
家具零售	11	929	4036	1164	985
2. 按登记注册类型分					
内资企业	418	102599	344588	65648	110232
国有企业	5	1250	4746	1102	1443
有限责任公司	151	50033	189005	34635	49871
其他有限责任公司	150	49175	186838	34489	49871
股份有限公司	13	5552	28128	8266	8661
私营企业	229	37189	106755	19054	42103
私营独资企业	17	1244	2793	385	1342
私营有限责任公司	209	35787	103303	18562	40602
其他企业	20	8576	15954	2591	8154
港、澳、台商投资企业	1	770			
3. 按企业控股情况分					
国有控股	12	4240	19884	4113	5755
集体控股	5	3026	33516	1868	9009
私人控股	335	80182	214375	35426	82335
港澳台商控股	1	770			
其他	66	15151	76812	24240	13134
4. 按零售业态分					
有店铺零售	420	104617	345898	65648	111405
超市	56	19695	45436	3917	19762
大型超市	4	5768	3908	3	1942
百货店	26	5979	41156	2116	9356
专业店	225	53335	152991	32501	57500
专卖店	91	19110	95947	25662	21856
家居建材商店	8	211	4317	1108	363

13-5　续表2　　　　单位：万元

指标名称	固定资产原价	累计折旧	本年折旧	资产总计	流动负债合计
总　计	430240	108061	32138	1758133	1100226
一、批发业	283232	75079	22736	1218111	796945
1. 按批发行业小类分					
农、林、牧产品批发	32867	5371	1033	127745	68404
种子批发	6204	1908	366	46964	28344
饲料批发	1103	464	50	10004	3162
棉、麻批发	20389	2899	591	58422	29757
其他农牧产品批发	5030	38	15	8506	3692
食品、饮料及烟草制品批发	128585	33900	17318	872711	602744
肉、禽、蛋、奶及水产品批发	2972	203	65	7398	4610
酒、饮料及茶叶批发	86417	17633	14005	706754	543040
烟草制品批发	29600	15252	2549	142634	47092
医药及医疗器材批发	5467	1441	587	32216	21582
西药批发	4936	1170	517	11075	7504
中药批发	365	199	53	14119	11568
矿产品、建材及化工产品批发	102871	32897	3478	148661	85367
石油及制品批发	93002	30158	2751	111607	72375
建材批发	801	209	125	9043	3543
化肥批发	974	152	31	6310	1408
其他批发业	9937	320	53	11945	1510
再生物资回收与批发	300	200	25	335	93
其他未列明批发业	9637	120	28	11609	1417
2. 按登记注册类型分					
内资企业	283232	75079	22736	1218111	796945
国有企业	29600	15252	2549	142634	47092
有限责任公司	104515	21819	14798	706061	519031
股份有限公司	97589	31228	2784	153786	100274
私营企业	50829	6194	2184	214864	130295
私营有限责任公司	43886	5992	1983	207062	126493
私营股份有限公司	6943	201	201	7803	3802
其他企业	699	586	421	766	253
3. 按企业控股情况分					
国有控股	122681	45715	5446	255126	119965
私人控股	139557	27424	16844	853366	600763
其他	4903	1372	212	51568	30537
二、零售业	147008	32982	9402	540022	303281
1. 按零售行业小类分					
综合零售	59037	12532	3229	165068	102729
百货零售	29324	2839	1368	79169	48561
超级市场零售	27326	9490	1721	80760	51886
食品、饮料及烟草制品专门零售	10010	2426	801	58834	30862
粮油零售	2428	698	159	2990	1682
酒、饮料及茶叶零售	5138	1232	378	51295	27420
纺织、服装及日用品专门零售	9317	2096	807	32269	20072

单位：万元

指标名称	固定资产原价	累计折旧	本年折旧	资产总计	流动负债合计
纺织品及针织品零售	1621	139	46	6219	3831
服装零售	6638	1842	724	23588	15264
鞋帽零售	161	82	22	1127	562
文化、体育用品及器材专门零售	7095	1375	416	24602	5774
图书、报刊零售	5331	989	166	18641	3579
医药及医疗器材专门零售	9189	2246	509	36425	21704
药品零售	9034	2213	504	36169	21659
汽车、摩托车、燃料及零配件专门零售	24994	6453	1580	126682	79483
汽车零售	22510	5508	1403	116843	75375
汽车零配件零售	2037	877	160	7620	3557
摩托车及零配件零售	446	67	17	2220	550
家用电器及电子产品专门零售	12173	2993	863	56122	27001
日用家电设备零售	9256	2073	545	43340	21553
计算机、软件及辅助设备零售	1472	569	189	5271	2068
五金、家具及室内装饰材料专门零售	7694	1631	796	23506	9736
五金零售	1003	386	149	7433	3662
家具零售	2429	661	141	6265	2687
2. 按登记注册类型分					
内资企业	140920	29448	8890	530444	298450
国有企业	2544	211	20	7496	2626
有限责任公司	66001	13321	4262	280432	171727
其他有限责任公司	65615	13183	4236	278018	169692
股份有限公司	9096	2040	461	38824	20152
私营企业	55889	12016	3692	178419	94965
私营独资企业	4428	783	218	7210	2083
私营合伙企业	57	4	4	198	7
私营有限责任公司	51189	11184	3460	170172	92515
其他企业	7390	1859	455	25273	8981
港、澳、台商投资企业	4533	2427	306	7289	4399
3. 按企业控股情况分					
国有控股	6988	1234	236	28359	12291
集体控股	21647	1360	945	67220	44340
私人控股	92663	22661	6324	333270	193644
港澳台商控股	4533	2427	306	7289	4399
其他	19623	4193	1386	101596	48175
4. 按零售业态分					
有店铺零售	147008	32982	9402	540022	303281
超市	25172	6582	1552	76769	51248
大型超市	8395	3986	506	19919	13459
百货店	30444	3094	1430	84814	48081
专业店	56034	14004	4111	223363	121005
专卖店	21024	4354	1264	122323	64868
家居建材商店	4233	699	451	9034	3450

13-5 续表4　　单位：万元

指标名称	负债合计	所有者权益合计	实收资本	营业收入	营业成本	营业税金及附加
总　　计	1167304	596408	240303	3217977	2636523	64017
一、批发业	816616	401495	110208	2062492	1688553	48270
1. 按批发行业小类分						
农、林、牧产品批发	74617	53128	35823	130158	116488	572
种子批发	30461	16503	12355	25944	19894	124
饲料批发	3162	6842	3700	7686	6869	10
棉、麻批发	29839	28583	18568	87344	81914	136
其他农牧产品批发	7706	800	800	4111	3083	277
食品、饮料及烟草制品批发	603866	268845	20117	1119040	813512	44362
肉、禽、蛋、奶及水产品批发	5115	2283	800	12674	11845	52
酒、饮料及茶叶批发	543040	163714	12575	598770	393198	20985
烟草制品批发	47094	95540	3290	370479	278899	22506
医药及医疗器材批发	27046	5170	4256	71140	65164	352
西药批发	8527	2548	1805	34900	31493	243
中药批发	11617	2503	2351	28886	26913	81
矿产品、建材及化工产品批发	90796	57865	44068	666078	625535	2170
石油及制品批发	73327	38281	28451	579394	548487	866
建材批发	3543	5500	5500	14774	13598	19
化肥批发	1674	4636	3376	20167	18887	11
其他批发业	1510	10435	1150	9853	8561	279
再生物资回收与批发	93	243	150	2402	2236	1
其他未列明批发业	1417	10192	1000	7451	6325	278
2. 按登记注册类型分						
内资企业	816616	401495	110208	2062492	1688553	48270
国有企业	47094	95540	3290	370479	278899	22506
有限责任公司	529948	176113	34435	602022	418943	22041
股份有限公司	102567	51219	38836	595671	561477	729
私营企业	136755	78110	33448	491821	427978	2794
私营有限责任公司	132952	74110	32448	391804	331599	2123
私营股份有限公司	3802	4000	1000	100017	96379	672
其他企业	253	513	200	2500	1256	200
3. 按企业控股情况分						
国有控股	120405	134721	32526	946217	824337	22996
私人控股	618167	235199	60983	997713	769574	24596
其他	32363	19204	16200	32845	27527	112
二、零售业	350688	194913	130095	1155485	947970	15746
1. 按零售行业小类分						
综合零售	133623	37023	30404	239632	190905	2995
百货零售	72124	12368	11771	79836	62745	1354
超级市场零售	58932	22083	17155	147178	117752	1451
食品、饮料及烟草制品专门零售	31117	27717	7999	124962	85659	1812
粮油零售	1682	1307	1212	11692	10415	64
酒、饮料及茶叶零售	27574	23721	4689	101338	65741	1383
纺织、服装及日用品专门零售	21303	10966	7930	48385	37913	583

单位：万元

指标名称	负债合计	所有者权益合计	实收资本	营业收入	营业成本	营业税金及附加
纺织品及针织品零售	4304	1914	1349	16969	14481	89
服装零售	15971	7618	5678	26810	19958	404
鞋帽零售	562	565	553	1644	1181	40
文化、体育用品及器材专门零售	6510	18092	15974	34974	26625	719
图书、报刊零售	3785	14856	14455	25314	19142	314
医药及医疗器材专门零售	22920	13505	10334	79691	65209	1522
药品零售	22875	13294	10184	79158	64781	1517
汽车、摩托车、燃料及零配件专门零售	83841	42840	28047	379845	337283	4162
汽车零售	78872	37971	24811	356474	318945	3681
汽车零配件零售	4141	3479	2915	13656	9734	435
摩托车及零配件零售	829	1391	321	9715	8604	46
家用电器及电子产品专门零售	33013	23110	14968	146640	115863	2466
日用家电设备零售	27125	16214	10453	106152	83436	1789
计算机、软件及辅助设备零售	2388	2883	2640	15771	12300	344
五金、家具及室内装饰材料专门零售	12251	11255	7939	67725	60733	1019
五金零售	3996	3437	2292	12334	10455	309
家具零售	2841	3423	2452	43816	40856	462
2. 按登记注册类型分						
内资企业	344334	191688	128406	1119521	921077	15577
国有企业	3041	4454	3707	18171	14701	294
有限责任公司	203356	82654	50082	562826	451802	6856
其他有限责任公司	201321	82275	49882	557261	447170	6706
股份有限公司	21204	17621	16364	89409	75132	2594
私营企业	102404	76015	51918	405328	343738	5218
私营独资企业	2266	4944	3131	11412	9047	310
私营合伙企业	16	182	180	524	342	14
私营有限责任公司	99763	70409	48258	385844	327192	4874
其他企业	14329	10944	6335	43787	35705	615
港、澳、台商投资企业	5699	1590	1588	27098	20345	134
3. 按企业控股情况分						
国有控股	12870	15489	13629	66832	57184	501
集体控股	67640	4903	4557	56370	48308	853
私人控股	213879	119646	85678	764596	643940	10465
港澳台商控股	5699	1590	1588	27098	20345	134
其他	49946	51650	24542	231723	171644	3759
4. 按零售业态分						
有店铺零售	350688	194913	130095	1155485	947970	15746
超市	57327	25021	17362	140510	111481	2184
大型超市	14759	5160	5365	41520	31957	263
百货店	72035	12779	11475	98487	79382	1309
专业店	131342	92021	69272	589449	497560	7275
专卖店	68379	53944	22240	235402	181276	4311
家居建材商店	5572	3462	2935	7051	5415	191

单位：万元

指标名称	销售费用	管理费用	税金	财务费用	营业利润
总　　计	132835	91070	6872	14225	279672
一、批发业	70990	51173	2501	4587	199033
1. 按批发行业小类分					
农、林、牧产品批发	2708	4308	171	2265	3673
种子批发	1669	2306	47	996	957
饲料批发	217	290	1	22	277
棉、麻批发	555	1516	100	1170	1906
其他农牧产品批发	172	137	8	62	380
食品、饮料及烟草制品批发	51213	38316	1318	61	171835
肉、禽、蛋、奶及水产品批发	223	179		125	251
酒、饮料及茶叶批发	41880	9569	586	114	133023
烟草制品批发	5613	27418	466	-794	36924
医药及医疗器材批发	2031	1921	617	312	1359
西药批发	1332	693	245	172	966
中药批发	699	865	332	139	188
矿产品、建材及化工产品批发	12952	5558	319	1458	18405
石油及制品批发	10805	3484	240	416	15337
建材批发	291	296	6	197	374
化肥批发	130	509	26	113	518
其他批发业	209	174	18	79	551
再生物资回收与批发		17	0	4	145
其他未列明批发业	209	158	18	76	407
2. 按登记注册类型分					
内资企业	70990	51173	2501	4587	199033
国有企业	5613	27418	466	-794	36924
有限责任公司	34473	13150	861	1709	111549
股份有限公司	12159	5088	276	1040	15180
私营企业	18270	5089	684	2570	35301
私营有限责任公司	15906	4820	671	2472	35067
私营股份有限公司	2364	269	14	98	235
其他企业	475	428	214	63	79
3. 按企业控股情况分					
国有控股	16605	30940	704	-315	51742
私人控股	50131	18240	1727	4078	131117
其他	1496	1967	54	937	808
二、零售业	61846	39897	4371	9638	80640
1. 按零售行业小类分					
综合零售	23222	8897	853	3247	10358
百货零售	6094	3966	426	2274	3390
超级市场零售	16607	4664	382	804	5922
食品、饮料及烟草制品专门零售	8568	3235	328	514	25170
粮油零售	466	248	22	130	370
酒、饮料及茶叶零售	7540	2507	272	288	23880
纺织、服装及日用品专门零售	4981	2547	273	649	1738

13-5 续表7　　单位：万元

指标名称	销售费用	管理费用	税金	财务费用	营业利润
纺织品及针织品零售	1053	877	16	163	307
服装零售	3569	1391	228	449	1065
鞋帽零售	195	104	3	18	106
文化、体育用品及器材专门零售	2319	2265	316	126	2807
图书、报刊零售	1772	1801	257	43	2175
医药及医疗器材专门零售	3382	2664	385	565	6370
药品零售	3347	2652	383	563	6320
汽车、摩托车、燃料及零配件专门零售	9782	8695	532	3480	16769
汽车零售	9189	7651	460	3384	13950
汽车零配件零售	329	799	61	42	2317
摩托车及零配件零售	264	245	11	54	502
家用电器及电子产品专门零售	6866	7945	1218	661	12859
日用家电设备零售	4653	6913	944	499	8875
计算机、软件及辅助设备零售	888	520	183	89	1636
五金、家具及室内装饰材料专门零售	1605	1873	324	194	2301
五金零售	591	385	123	43	551
家具零售	544	917	141	78	959
2. 按登记注册类型分					
内资企业	56131	39579	4369	9512	77898
国有企业	1026	1206	179	65	874
有限责任公司	31199	18877	2056	5686	48383
其他有限责任公司	30919	18757	2011	5683	48002
股份有限公司	3299	2561	89	565	5222
私营企业	18509	13420	1793	2947	21794
私营独资企业	412	418	35	94	1124
私营合伙企业	23	25	14	25	82
私营有限责任公司	18000	12885	1738	2821	20389
其他企业	2099	3515	253	249	1625
港、澳、台商投资企业	3755	8	3	114	2740
3. 按企业控股情况分					
国有控股	3066	2570	253	419	3034
集体控股	2649	2021	218	1639	899
私人控股	37239	27487	2854	6012	39811
港澳台商控股	3755	8	3	114	2740
其他	13177	7500	1043	1443	34154
4. 按零售业态分					
有店铺零售	61846	39897	4371	9638	80640
超市	14357	5967	1201	862	5684
大型超市	4982	1235	24	124	2959
百货店	7205	4366	363	2585	3607
专业店	22771	19435	2219	3933	38740
专卖店	11794	7654	461	1936	28426
家居建材商店	281	618	51	50	496

13-5　续表8　　　　单位：万元

指标名称	利润总额	应交所得税	应付职工薪酬（本年贷方累计发生额）	应交增值税
总　　计	271372	55518	91466	89462
一、批发业	196402	43877	47231	68265
1. 按批发行业小类分				
农、林、牧产品批发	5839	678	3048	384
种子批发	1171	37	1047	
饲料批发	253	89	61	89
棉、麻批发	2318	145	1610	168
其他农牧产品批发	1945	389	196	82
食品、饮料及烟草制品批发	174429	40650	28402	61235
肉、禽、蛋、奶及水产品批发	251	29	235	81
酒、饮料及茶叶批发	135774	30155	7287	45345
烟草制品批发	36931	10252	19323	15619
医药及医疗器材批发	1100	190	2488	1016
西药批发	704	159	575	283
中药批发	191	27	1678	203
矿产品、建材及化工产品批发	12160	1516	12303	5072
石油及制品批发	9059	1121	9754	3674
建材批发	374	40	151	100
化肥批发	523	38	334	2
其他批发业	551	20	119	176
再生物资回收与批发	145	7	31	120
其他未列明批发业	407	12	89	56
2. 按登记注册类型分				
内资企业	196402	43877	47231	68265
国有企业	36931	10252	19323	15619
有限责任公司	114612	27669	7906	37182
股份有限公司	9292	1094	10426	3730
私营企业	35288	4809	9458	11722
私营有限责任公司	35077	4809	9249	11722
私营股份有限公司	211		209	
其他企业	279	53	118	12
3. 按企业控股情况分				
国有控股	45329	11177	29212	19196
私人控股	134534	28824	15655	43822
其他	1109	18	821	58
二、零售业	74970	11641	44235	21197
1. 按零售行业小类分				
综合零售	10231	1532	14248	5174
百货零售	3330	553	3250	2109
超级市场零售	5845	806	9960	2790
食品、饮料及烟草制品专门零售	25435	5725	3306	5620
粮油零售	370	71	205	185
酒、饮料及茶叶零售	24297	5552	2103	5100
纺织、服装及日用品专门零售	1873	204	2901	614

13-5　续表9　　单位：万元

指标名称	利润总额	应交所得税	应付职工薪酬（本年贷方累计发生额）	应交增值税
纺织品及针织品零售	307	28	630	69
服装零售	1200	154	1836	499
鞋帽零售	106	11	204	25
文化、体育用品及器材专门零售	2749	194	1948	367
图书、报刊零售	2126	89	1258	137
医药及医疗器材专门零售	2645	269	4557	954
药品零售	2595	263	4540	942
汽车、摩托车、燃料及零配件专门零售	16255	2095	7730	4369
汽车零售	13572	2047	6843	4154
汽车零配件零售	2202	31	588	161
摩托车及零配件零售	481	16	300	54
家用电器及电子产品专门零售	11452	1104	5731	2907
日用家电设备零售	9260	814	4352	2175
计算机、软件及辅助设备零售	1082	146	809	320
五金、家具及室内装饰材料专门零售	2125	328	2125	718
五金零售	418	136	477	91
家具零售	1106	155	634	535
2. 按登记注册类型分				
内资企业	72254	11098	42327	20385
国有企业	874	87	790	141
有限责任公司	46443	8675	17530	12562
其他有限责任公司	46062	8600	17202	11939
股份有限公司	1418	108	2459	754
私营企业	21699	2105	18989	6216
私营独资企业	1108	64	936	206
私营合伙企业	160	20	160	20
私营有限责任公司	20264	1987	17750	5893
其他企业	1819	123	2559	713
港、澳、台商投资企业	2715	543	1231	638
3. 按企业控股情况分				
国有控股	2938	245	2349	883
集体控股	608	158	1204	1047
私人控股	37725	4178	31704	11797
港澳台商控股	2715	543	1231	638
其他	30983	6517	7069	6658
4. 按零售业态分				
有店铺零售	74970	11641	44235	21197
超市	6146	739	11014	2455
大型超市	3141	561	2473	868
百货店	3416	568	3479	2366
专业店	33120	3911	20100	8142
专卖店	27800	5716	6025	6750
家居建材商店	495	36	694	63

13-6　限额以上住宿和餐饮业法人财务状况综合表

Financial Indicators of Enterprises above Designed Size in Hostel and Catering Services Area

单位：万元

指标名称	法人企业数（个）	年初存货	流动资产合　计	应收账款	存货
总　计	152	3651	89101	10030	4265
一、住宿业	49	1696	48172	5332	1558
1. 按住宿业行业小类分					
旅游饭店	22	1427	36873	1856	1309
一般旅馆	26	269	11070	3461	247
2. 按登记注册类型分					
内资企业	49	1696	48172	5332	1558
国有企业	1	103	161	37	101
股份合作企业	1	37	985	214	37
有限责任公司	23	1094	21767	2090	968
其他有限责任公司	22	1069	19795	2069	946
私营企业	19	414	24590	2864	425
私营独资企业	1		70	13	
私营有限责任公司	17	411	23684	2831	423
私营股份有限公司	1	3	837	20	3
其他企业	5	49	669	127	27
3. 按控股情况分					
国有控股	3	302	7113	871	311
私人控股	41	1355	40540	4345	1215
4. 按星级分					
五星	1	100	16615	149	90
四星	4	970	15769	1152	856
三星	8	279	2370	394	324
二星	3	10	4397	2331	22
其他	31	337	9006	1307	266
二、餐饮业	103	1954	40929	4698	2707
内资企业	102	1936	40801	4656	2688
有限责任公司	28	415	18867	1818	713
私营企业	56	1407	19415	1948	1524
私营独资企业	8	64	899	416	179
私营有限责任公司	44	1132	17959	1308	1090
私营股份有限公司	4	212	557	224	256
其他企业	12	34	1122	480	334

13-6 续表1 单位：万元

指标名称	固定资产原价	累计折旧	本年折旧	资产总计	流动负债合计
总计	202621	49332	15066	291251	114213
一、住宿业	120594	27339	6995	163332	62547
1. 按住宿业行业小类分					
旅游饭店	109183	24690	6324	138559	56093
一般旅馆	10806	2643	665	23943	6094
2. 按登记注册类型分					
内资企业	120594	27339	6995	163332	62547
国有企业	1685	718	38	1915	902
股份合作企业	10360	6475	421		1684
有限责任公司	71350	9808	3326	102568	42790
其他有限责任公司	70187	9582	3271	99633	42578
私营企业	36020	9695	2728	56456	16550
私营独资企业	107	25	9	152	65
私营有限责任公司	34285	8438	2284	54812	16031
私营股份有限公司	1628	1231	436	1493	455
其他企业	1179	643	482	2393	621
3. 按控股情况分					
国有控股	47051	11448	2145	42835	33897
私人控股	71372	15650	4741	117998	27920
4. 按星级分					
五星	22849	5333	1600	36990	12170
四星	69775	13727	3066	81406	38380
三星	11044	4705	1150	12188	3431
二星	1832	988	150	5651	1897
其他	14330	2441	982	26348	6669
二、餐饮业	82027	21994	8072	127919	51666
内资企业	80803	21630	7954	126932	51624
有限责任公司	31583	7065	2051	48487	34681
私营企业	38513	10704	3895	66033	13955
私营独资企业	2445	718	404	3386	875
私营有限责任公司	28858	7642	2763	56491	11757
私营股份有限公司	7210	2344	728	6155	1323
其他企业	4061	1149	789	5418	1044

13-6 续表2 单位：万元

指标名称	负债合计	所有者权益合计	实收资本	营业收入	营业成本
总　　计	145542	152372	99779	95627	54869
一、住宿业	89587	80408	42191	32215	19096
1. 按住宿业行业小类分					
旅游饭店	74225	70997	36181	22767	12865
一般旅馆	15003	8940	5960	9242	6067
2. 按登记注册类型分					
内资企业	89587	80408	42191	32215	19096
国有企业	940	975	662	775	624
股份合作企业	5211	1452	2000	363	211
有限责任公司	50744	51823	20166	15339	9339
其他有限责任公司	47985	51648	20026	15099	9197
私营企业	32071	24385	17857	13112	7436
私营独资企业	65	87	50	198	
私营有限责任公司	31552	23260	16807	12247	7087
私营股份有限公司	455	1038	1000	667	348
其他企业	621	1772	1507	2625	1487
3. 按控股情况分					
国有控股	37648	11850	15162	5741	3274
私人控股	51209	66789	25704	25062	14892
4. 按星级分					
五星	24290	12700	12700	6822	3412
四星	43190	44879	17000	6825	3689
三星	4469	7719	4803	5351	3429
二星	4472	1179	600	1049	650
其他	12677	13671	6898	11696	7610
二、餐饮业	55955	71964	57587	63412	35773
内资企业	55812	71120	56772	63173	35647
有限责任公司	37095	11392	6983	17060	9728
私营企业	15105	50928	42117	35480	20335
私营独资企业	923	2463	1750	3828	2261
私营有限责任公司	12859	43633	36225	27910	15977
私营股份有限公司	1323	4832	4142	3742	2098
其他企业	1266	4152	3293	5050	2683

13-6 续表3

单位：万元

指标名称	营业税金及附加	销售费用	管理费用	税金	财务费用
总　　计	7975	10066	9888	2451	2490
一、住宿业	1758	2998	3423	642	1705
1. 按住宿业行业小类分					
旅游饭店	1344	2626	2675	579	1554
一般旅馆	410	369	738	62	146
2. 按登记注册类型分					
内资企业	1758	2998	3423	642	1705
国有企业	40	32	56		15
股份合作企业	14	10	46	5	2
有限责任公司	762	1161	1693	183	839
其他有限责任公司	754	1144	1632	181	838
私营企业	704	1428	1242	261	779
私营独资企业	2	14	23	1	11
私营有限责任公司	669	1268	1081	240	767
私营股份有限公司	33	146	138	20	1
其他企业	239	367	387	194	71
3. 按控股情况分					
国有控股	314	527	867	73	637
私人控股	1371	2353	2402	524	1031
4. 按星级分					
五星	400	1041	682	224	519
四星	384	611	947	90	752
三星	328	641	684	146	126
二星	85	49	95	4	72
其他	550	644	998	177	209
二、餐饮业	6216	7068	6465	1808	784
内资企业	6203	7046	6425	1808	758
有限责任公司	1415	3064	2031	394	-60
私营企业	3512	3578	3508	888	747
私营独资企业	418	482	365	224	76
私营有限责任公司	2691	2517	2740	543	598
私营股份有限公司	403	580	403	121	73
其他企业	669	186	382	198	33

13-6　续表4　　　　　　　　　　　　　　　　　　　　　单位：万元

指标名称	营业利润	利润总额	应交所得税	应付职工薪酬（本年贷方累计发生额）
总　　计	10380	11818	1898	20215
一、住宿业	3139	3187	533	6540
1. 按住宿业行业小类分				
旅游饭店	1737	2134	352	4922
一般旅馆	1385	1036	181	1581
2. 按登记注册类型分				
内资企业	3139	3187	533	6540
国有企业	8	123	6	331
股份合作企业	69	69		45
有限责任公司	1547	1241	266	3633
其他有限责任公司	1535	1229	265	3571
私营企业	1409	1492	217	2209
私营独资企业	19	19	2	20
私营有限责任公司	1389	1468	213	2073
私营股份有限公司	2	5	3	116
其他企业	106	263	44	322
3. 按控股情况分				
国有控股	110	225	14	1724
私人控股	2931	2832	503	4526
4. 按星级分				
五星	767	845	169	1064
四星	430	430	90	2022
三星	174	395	50	1260
二星	98	98	15	169
其他	1573	1321	203	1977
二、餐饮业	7241	8630	1364	13675
内资企业	7229	8613	1364	13590
有限责任公司	883	1745	283	4073
私营企业	3933	4455	628	7117
私营独资企业	317	555	54	554
私营有限责任公司	3432	3716	569	5809
私营股份有限公司	184	184	5	754
其他企业	1097	1127	210	1128

13–7　限额以上零售业个体户商品销售表

The table of self-employed above Designated Size in Wholesale and retail trade

单位：万元

指标名称	单位数（个）	从业人员期末人数（人）	商品购进额	商品销售额	期末商品库存额	年末零售营业面积（平方米）
总　计	676	9810	1430316	1402024	40597	246106
1. 按零售行业小类分						
综合零售	109	3226	168395	160743	12248	101101
百货零售	23	882	38910	36793	2582	30675
超级市场零售	75	2229	109197	103987	8535	68570
其他综合零售	11	115	20288	19963	1131	1856
食品、饮料及烟草制品专门零售	92	861	267403	265019	3048	21197
粮油零售	14	75	32704	32172	532	2395
糕点、面包零售	2	52	3179	3176	86	760
果品、蔬菜零售	14	136	48246	48096	150	3253
肉、禽、蛋、奶及水产品零售	36	329	124282	124122	160	5239
酒、饮料及茶叶零售	8	37	19909	19756	153	1558
烟草制品零售	5	30	10443	10452	275	465
其他食品零售	13	202	28641	27244	1692	7527
纺织、服装及日用品专门零售	96	1527	163686	161364	4788	25383
纺织品及针织品零售	4	21	9053	9021	31	217
服装零售	65	988	108924	108050	3314	18312
鞋帽零售	9	279	15735	14954	807	3323
化妆品及卫生用品零售	6	67	10805	10646	159	1398
其他日用品零售	5	31	12419	12188	230	554
文化、体育用品及器材专门零售	26	247	36830	34556	2762	4996
文具用品零售	3	26	5383	5195	188	436
体育用品及器材零售	1	8	684	633	88	180
图书、报刊零售	1	3	1168	1153	15	100
医药及医疗器材专门零售	35	573	84953	83050	2605	10242
药品零售	35	573	84953	83050	2605	10242
汽车、摩托车、燃料及零配件专门零售	36	272	105948	102100	3898	7345
汽车零售	2	8	3111	2891	220	320
汽车零配件零售	10	78	18012	17493	519	1237
摩托车及零配件零售	24	186	84825	81717	3159	5788
家用电器及电子产品专门零售	80	765	108430	106188	3309	22731
日用家电设备零售	26	309	36230	34692	1830	13831
计算机、软件及辅助设备零售	4	42	3758	3737	166	860
通信设备零售	7	185	14509	14053	627	2790
五金、家具及室内装饰材料专门零售	196	2272	488919	483427	7615	51991
五金零售	32	413	78535	76668	1867	5436
家具零售	27	391	38744	39654	1146	14181
涂料零售	6	138	11647	11510	138	2566
其他室内装饰材料零售	69	726	208749	206892	1859	16367
货摊、无店铺及其他零售业	6	67	5753	5576	326	1120
2. 按零售业业态分						
有店铺零售	676	9810	1430316	1402024	40597	246106
食杂店	13	226	39682	39513	335	4922
便利店	4	46	3540	2981	559	550
超市	82	2414	124734	119280	9771	79728
大型超市	22	796	30027	28175	2003	23785
仓储会员店	1	2	3249	3243	6	18
百货店	20	315	44774	43150	1893	6993
专业店	373	3887	966968	955133	18234	83496
专卖店	152	1829	198377	192008	7373	41308
家居建材商店	6	81	16624	16374	250	3704
购物中心	3	214	2342	2168	174	1602

13-8 限额以上住宿和餐饮业个体户经营表

The table of self-employed above Designated Size in hotels and catering services

单位：万元

指标名称	单位数（个）	从业人员期末人数（人）	营业额	客房收入	餐费收入	商品销售额	年末餐饮营业面积（平方米）
总　　计	376	8508	271971	17576	252881	961	288034
一、住宿业	15	276	10210	7649	2511	1	5930
1. 按住宿行业小类分							
旅游饭店	2	65	2913	1859	1053		3400
一般旅馆	13	211	7297	5789	1457	1	2530
2. 按登记注册类型分							
个体经营	15	276	10210	7649	2511	1	5930
个体户	15	276	10210	7649	2511	1	5930
3. 按经营形式分							
独立门店	15	276	10210	7649	2511	1	5930
二、餐饮业	361	8232	261761	9927	250370	960	282104
1. 按餐饮行业小类分							
正餐服务	354	8152	257124	9927	245734	960	279953
快餐服务	5	64	3765		3765		1271
饮料及冷饮服务	2	16	872		872		880
茶馆服务	1	6	363		363		430
咖啡馆服务	1	10	509		509		450
2. 按登记注册类型分							
个体经营	361	8232	261761	9927	250370	960	282104
个体户	360	8206	260812	9927	249421	960	281304
个人合伙	1	26	950		950		800
3. 按经营形式分							
独立门店	361	8232	261761	9927	250370	960	282104

13–9　对外贸易出口总额

Total Value of Export by Year

单位：万美元

指　标	2005 年	2010 年	2011 年	2012 年	2013 年
合　计	23979	57424	76957	92219	112740
市　直	8800	10235	18255	21988	28948
荆州区	1380	8890	8159	11163	7940
沙市区	815	6090	9066	10763	10050
开发区	1098	10385	15983	20792	22148
江陵县		51	874	1397	1623
松滋市	544	2743	2903	3599	12312
公安县	1622	5858	8145	6943	7101
石首市	6981	8590	8326	10205	14891
监利县	535	2325	2801	3106	4777
洪湖市	2204	2257	2444	2263	2951

13–10　分部门对外贸易出口总额

Foreign Trade and Economic Cooperation

单位：万美元

指　标	货物进出口总额	进口额	出口额	外商直接投资额
荆州市	136598	23858	112740	10824
市　直	35497	6550	28948	
荆州区	15235	7295	7940	1091
沙市区	10406	356	10050	900
开发区	25306	3159	22148	3000
江陵县	1806	183	1623	320
松滋市	14276	1964	12312	1920
公安县	7804	704	7101	900
石首市	16080	1188	14891	910
监利县	6993	2216	4777	840
洪湖市	3194	243	2951	943

13-11 旅游事业

Basic Statistics on Tourism

指　标	单　位	2010 年	2011 年	2012 年	2013 年
入境旅游者人数	人次	36695	44993	55459	56050
#外国人	人次	24605	31383	38862	40102
港澳台同胞	人次	12090	13610	16597	15948
国际旅游外汇收入	万美元	865	1309	1628	1654
国内旅游人数	万人次	916.00	1205.34	1570.46	1901.15
国内旅游收入	亿元	51.80	69.80	91.00	111.26
星级饭店数	个	41	44	40	44
星级饭店客房总数	间	3769	4037	3692	3637
A级景区	个	10	11	13	13

指 标 解 释

Explanatory Notes on Statistical Indicators

【社会消费品零售总额】 指各种经济类型的批发业、零售业、住宿业、餐饮业对城乡居民、社会集团销售消费品的零售额。这个指标反映通过商品流通渠道向居民和社会集团供应的生活消费品总额，是研究人民生活、社会消费品购买力、货币流通等问题的重要指标。

【商品购进总额】 指从企业（单位）以外的单位和个人购进（包括从国外直接进口）作为转卖的商品金额。这个指标反映批发零售贸易企业从国内、国外市场上购进商品的总量。

【商品销售总额】 指对企业以外的单位和个人出售（包括对国（境）外直接出口）的商品金额（包括售给本单位消费的商品）。这个指标反映批发零售贸易企业在国内市场上销售商品以及出口商品的总量。

【批发零售贸易业期末库存】 指批发零售贸易企业已取得所有权的全部商品。这个指标反映批发零售贸易企业的商品库存情况及对市场商品供应的保证程度。

【批发和零售业、住宿和餐饮业统计限额标准】

行业类别	统计指标	限额标准
批发业：	年主营业务收入	2000 万元
零售业：	年主营业务收入	500 万元
住宿业：	年主营业务收入	200 万元
餐饮业：	年主营业务收入	200 万元

【进出口总额】 海关进出口总额指实际进、出我国关境并能引起我国境内物质资源增加或减少的进出口货物总金额。包括我国境内法人和其他组织以一般贸易、易货贸易、加工贸易、补偿贸易、寄售代销贸易等方式进出口的货物、租赁期一年及以上的租赁进出口货物、边境小额贸易货物、国际援助物资或捐赠品、保税区和保税仓库进出口货物等的金额合计。进出口总额用以观察一个国家在对外贸易方面的总规模。我国规定出口货物按离岸价格统计，进口货物按到岸价格统计。

【实际利用外资】 为批准的合同外资金额的实际执行数。

【入境旅游者】 指来华入境的海外游客中，在旅游住宿设施内至少停留一夜的外国人、港澳台同胞。海外旅游者不包括以下人员：（1）应邀来华访问的政府部长以上官员及其随行人员；（2）外国驻华使领馆官员、外交人员以及随行的家庭服务人员和受赡养者；（3）常住我国一年以上的外国专家、留学生、记者、商务机构人员等；（4）乘坐国际航班过境不需要通过护照检查进入我国口岸的中转旅客；（5）边境地区往来的边民；（6）回大陆定居的港澳台同胞；（7）已在我国定居的外国人和原已出境又返回在我国定居的外国侨民；（8）归国的我国出国人员。

【国际旅游（外汇）收入】 指海外旅游者在中国（大陆）境内旅行、游览过程中用于交通、参观游览、住宿、餐饮、购物、娱乐等全部花费。

十四、教　　育

Education

资料整理：王开虹

14-1 教育事业基本情况

Basic Statistics on Education

单位：所、人

指　标	2005 年	2010 年	2011 年	2012 年	2013 年
学校数（所）	1786	814	779	748	671
高等学校	9	9	8	8	8
中等专业学校	48	37	25	26	24
普通中学	313	259	257	256	247
小学	1116	509	489	458	392
教职工数（人）	59625	58712	57840	57092	57844
高等学校	6132	6929	6575	6632	6478
中等专业学校	3222	4096	3701	3235	2686
普通中学	27862	25415	26094	25383	25041
小学	19212	16490	14819	14444	15267
特殊教育	161	161	164	155	151
幼儿园	2656	5621	6487	7243	8221
专任教职工数（人）	50770	45725	44338	42532	42340
高等学校	3987	4937	4593	4653	4555
平均每个专任教师负担学生数	25	24	24	24	25
中等专业学校	2012	2625	2535	2223	1875
平均每个专任教师负担学生数	25	30	24	19	19
普通中学	24286	22698	23290	22236	21895
平均每个专任教师负担学生数	20	15	14	12	12
小学	17860	15465	13920	13420	14015
平均每个专任教师负担学生数	24	24	27	24	23

14-1　续表　　单位：人

指　标	2005 年	2010 年	2011 年	2012 年	2013 年
招生数（人）	293669	314875	312577	270236	266225
高等学校	30653	33251	34852	33618	32018
中等专业学校	29181	19808	14824	11180	11923
普通中学	148773	108055	102997	87025	84525
高中	54085	45466	42204	37866	37093
初中	94688	62589	60793	49159	47432
小学	55607	67951	68017	61318	59525
特殊教育	70	58	77	61	78
幼儿园	27008	85752	91810	77034	78156
在校学生数（人）	1123020	916849	882843	758880	723683
高等学校	98049	117840	111397	113638	113476
中等专业学校	55215	78018	60735	42817	36435
普通中学	482221	350102	328507	277256	255986
小学	425416	370889	382204	325169	317786
毕业生数（人）	307625	266319	251502	220060	191078
高等学校	27709	32677	34240	30720	29983
中等专业学校	6421	37146	33301	25277	16755
普通中学	152991	137971	126213	114518	96907
小学	97074	58525	57748	49545	47433

14–2 分县市区教育事业基本情况

Basic Statistics on Education by County

单位：所、个

指　标	荆州市	市　直	荆州区	沙市区	荆州开发区	江陵县	松滋市	公安县	石首市	监利县	洪湖市
学校数（所）	1121	30	120	65	2	61	157	167	89	303	127
普通中等专业学校	24	8	1	1		1	3	2	3	2	3
普通中学	247	14	19	18	2	17	29	28	22	54	44
特殊学校	7		1	1			1	1	1	1	1
小学	392	4	32	25		15	48	63	40	113	52
幼儿园	451	4	67	20		28	76	73	23	133	27
教职工数（人）	40459	1910	2953	2464	261	2706	4630	6557	4052	9328	5598
普通中学	25041	1656	1828	1345	261	1862	2895	4008	2412	5242	3532
小学	15267	254	1109	1091		844	1707	2533	1620	4069	2040
特殊学校	151		16	28			28	16	20	17	26
专任教职工数（人）	37923	2468	2943	2325	116	2100	4294	5952	3980	8894	4851
普通中等专业学校	1875	837	119	23		66	183	196	200	136	115
平均每个专任教师负担学生数	19.43	25.38	6.43	7.17		15.09	17.25	19.62	16.18	7.20	17.83
普通中学	21895	1399	1715	1233	116	1394	2507	3458	2198	4924	2951
平均每个专任教师负担学生数	108.69	13.29	11.73	12.57	2.34	10.90	12.01	11.11	11.35	12.08	11.31
特殊学校	138	0	16	28			28	14	15	17	20
平均每个专任教师负担学生数	4.69		4.69	3.81			4.11	4.64	7.00	5.24	4.8
小学	14015	232	1093	1041		640	1576	2284	1567	3817	1765
平均每个专任教师负担学生数	22.67	39.51	15.91	21.06		34.74	19.59	18.36	16.71	27.74	23.45
招生数（人）	156051	14235	10199	9123	233	11103	16195	20768	13315	42001	18879
普通中等专业学校	11923	6579	271	43		331	846	1445	1312	333	763
普通中学	84525	6172	6730	5186	79	5261	9717	12183	7914	21085	10198
高中	37093	3436	4005	1884		1801	5050	5590	3387	7472	4468
初中	47432	2736	2725	3302	79	3460	4667	6593	4527	13613	5730
特殊学校	78		14	14			7	14	7	10	12
小学	59525	1484	3184	3880	154	5511	5625	7126	4082	20573	7906
在校学生数（人）	749526	51761	50057	44676	1074	48101	81158	103217	67358	206074	96050
普通中等专业学校	36435	21242	765	165		996	3157	3845	3236	979	2050
普通中学	255986	18587	20110	15502	272	15190	30102	38427	24953	59460	33383
高中	110666	10236	12019	5543		5655	15367	17199	10792	20070	13785
初中	145320	8351	8091	9959	272	9535	14735	21228	14161	39390	19598
特殊学校	647	0	75	102	0	0	115	65	105	89	96
小学	317786	9167	17386	21921	802	22233	30880	41925	26187	105889	41396
在园儿童数	138672	2765	11721	6986		9682	16904	18955	12877	39657	19125
毕业生数（人）	161149	17059	12153	9737	289	9894	17071	22607	16600	37023	18716
普通中等专业学校	16755	9544	1196	492		136	1193	1244	1551	477	922
普通中学	96907	5890	7927	5589	164	6298	11099	14764	10381	22659	12136
特殊学校	54	0	4	13	0	0	9	1	7	11	9
小学	47433	1625	3026	3643	125	3460	4770	6598	4661	13876	5649

14-3 分县市区中小学校基本情况

Number of Primary School and Middle Schools by County

单位：所

指 标	荆州市	市 直	荆州区	沙市区	荆州开发区	江陵县
合 计	1090	22	118	63	2	60
九年一贯制	52	3	3	3	2	8
中学	195	11	16	15		9
普通高中	67	10	7	4		3
普通初中	128	1	9	11		6
小学	392	4	32	25		15
幼儿园数	451	4	67	20		28

指 标	松滋市	公安县	石首市	监利县	洪湖市
合 计	153	164	85	300	123
九年一贯制	4	4	0	11	14
中学	25	24	22	43	30
普通高中	7	8	6	13	9
普通初中	18	16	16	30	21
小学	48	63	40	113	52
幼儿园数	76	73	23	133	27

14–4 分县市区小学基本情况

Basic Conditions of Primary Schools by County

单位：所、个、人

指 标	荆州市	市 直	荆州区	沙市区	荆州开发区	江陵县
学校数	392	4	32	25		15
班数	7328	160	414	425	21	561
毕业生数	47433	1625	3026	3643	125	3460
招生数	59525	1484	3184	3880	154	5511
在校生数	317786	9167	17386	21921	802	22233
教职工	15267	254	1109	1091		844
#专任教师	14015	232	1093	1041		640

指 标	松滋市	公安县	石首市	监利县	洪湖市
学校数	48	63	40	113	52
班数	662	865	592	2594	1034
毕业生数	4770	6598	4661	13876	5649
招生数	5625	7126	4082	20573	7906
在校生数	30880	41925	26187	105889	41396
教职工	1707	2533	1620	4069	2040
#专任教师	1576	2284	1567	3817	1765

14–5　县市区普通中学基本情况

Basic Statistics on Regular Secondary Schools by County

单位：所、个、人

指　标	荆州市	市　直	荆州区	沙市区	荆州开发区	江陵县
学校数	247	14	19	18	2	17
#初中	180	4	12	14	2	14
高中	67	10	7	4		3
班数	4838	337	371	299	7	313
#初中	2944	151	171	194	7	211
高中	1894	186	200	105		102
毕业生数	96907	5890	7927	5589	164	6298
#初中	54610	2588	3217	3470	164	3728
高中	42297	3302	4710	2119		2570
招生数	84525	6172	6730	5186	79	5261
#初中	47432	2736	2725	3302	79	3460
高中	37093	3436	4005	1884		1801
在校生数	255986	18587	20110	15502	272	15190
#初中	145320	8351	8091	9959	272	9535
高中	110666	10236	12019	5543		5655

指　标	松滋市	公安县	石首市	监利县	洪湖市
学校数	29	28	22	54	44
#初中	22	20	16	41	35
高中	7	8	6	13	9
班数	549	648	460	1193	661
#初中	295	372	277	839	427
高中	254	276	183	354	234
毕业生数	11099	14764	10381	22659	12136
#初中	5871	8471	5772	14348	6981
高中	5228	6293	4609	8311	5155
招生数	9717	12183	7914	21085	10198
#初中	4667	6593	4527	13613	5730
高中	5050	5590	3387	7472	4468
在校生数	30102	38427	24953	59460	33383
#初中	14735	21228	14161	39390	19598
高中	15367	17199	10792	20070	13785

14-6 分县市初中、小学毕业生升学率及小学学龄儿童入学率

Percentage of Graduates of Primary Schools and Junior Secondary Schools Entering Higher Level Schools, Percentage of Primary School-Age Children Enrolled by County

单位：人、%

指 标	荆州市	市 直	荆州区	沙市区	荆州开发区	江陵县
九年义务教育完成率	99.61	100	100	100		99.9
初中毕业生升学率	88.8	381.9	132.9	51.5	0.0	57.2
初中毕业生数	54830	2588	3217	3740	164	3728
高中阶段学校招生数	48687	9883	4276	1927		2132
小学毕业生升学率	100.4	168.4	90.1	90.6	63.2	100.0
小学毕业生数	47233	1625	3026	3643	125	3460
初级中学学校招生数	47432	2736	2725	3302	79	3460
小学学龄儿童入学率	100		100	100		100
学龄儿童数	314253		23018	26057		22233
已入学学龄儿童数	314253		23018	26057		22233

指 标	松滋市	公安县	石首市	监利县	洪湖市
九年义务教育完成率	99.61	99.42	99.34	99.32	99.35
初中毕业生升学率	100.4	81.7	81.0	54.4	74.6
初中毕业生数	5871	8471	5722	14348	6981
高中阶段学校招生数	5896	6925	4634	7805	5209
小学毕业生升学率	97.8	99.9	101.5	98.1	101.4
小学毕业生数	4770	6598	4461	13876	5649
初级中学学校招生数	4667	6593	4527	13613	5730
小学学龄儿童入学率	100	100	100	100	100
学龄儿童数	30880	40876	26187	105158	39844
已入学学龄儿童数	30880	40876	26187	105158	39844

指 标 解 释

Explanatory Notes on Statistical Indicators

【普通高等学校】 指按国家规定的设置标准和审批程序批准举办的，通过全国普通高等教育统一招生考试，招收高中毕业生为主要培养对象，实施高等学历教育的全日制大学、独立设置的学院和高等专科学校、高等职业学校和其他机构。

【成人高等学校】 指按国家规定的设置标准和审批程序批准举办的，通过全国成人高等教育统一招生考试，招收具有高中毕业或同等学历的人员为主要培养对象，利用函授、业余、脱产的多种形式对其实施高等学历教育的学校。包括：职工高等学校、农民高等学校、管理干部学院、教育学院、独立函授学院、广播电视大学和其他机构。

【高等教育机构】 指经省、自治区、直辖市教育行政部门审批并颁发办学许可证，不具有颁发学历文凭资格的实施高等教育的单位。

【社会力量办即民办学校】 指经有关主管部门批准，公民个人、社会团体及其他社会组织等利用非国家财政性教育经费，面向社会举办的学校及其他教育机构。

【毕业生数】 指上学年，具有学籍的学生学完教学计划规定的全部课程，考试及格，取得毕业证书，实际毕业的学生数。

【招生数】 指通过国家统一招生考试，按照国家招生计划实际招收入学的新生数。包括春、秋两季招收的学生。

【在校学生数】 指本学年初，具有学籍的注册学生数。

【结业生数】 指具有学籍的学生学习期满，有一门以上主要课程（包括毕业论文或毕业设计）不及格或其他方面不合格，未予毕业而发给结业证书的学生数。不包括短训班和单科结业学生。

【教职工数】 指在学校（机构）工作并由学校（机构）支付工资的教职工人数。教职工数包括校本部教职工、科研机构人员、校办企业职工、其他附设机构人员。

【教师】 指专职从事教学工作的人员，包括临时调去帮助做其他工作的人员，不包括调离教学岗位担负行政领导工作的原教学人员。

【专任教师】 指具有教师资格，专门从事教学工作的人员。

【特殊教育学校】 指招收盲聋哑青少年进行初中等教育的学校。

十五、文化、体育、卫生与其他社会事业

Culture, Sport, Public Health and Social Activities

资料整理：仝　嘉　于　潇
姚　颖　饶立峰
韩文军　程　斌
李　脉

15-1　文化事业基本情况

Basic Statistics on Culture

指　标	单　位	荆州市	市　直	荆州区	沙市区	荆州开发区	江陵县	松滋市	公安县	石首市	监利县	洪湖市
文化事业机构	个	176	9	18	11	5	14	22	22	20	29	26
文化事业人员	人	1214	328	132	23	6	38	154	104	98	176	155
电影事业机构	个	8	1	1	0	0	1	1	1	1	1	1
电影事业人员	人	434	180	0	0	0	15	42	40	54	38	65
剧场、影剧院数	个	10	5	0	0	0	0	1	1	1	0	2
艺术事业机构	个	10	1	2	0	0	0	1	2	1	1	2
#艺术表演团体	个	6	2	1	0	0	0	0	1	1	1	0
艺术表演场所	个	4	0	1	0	0	0	1	1	0	0	1
艺术事业人员	人	313	96	73	0	0	0	18	32	11	34	49
公共图书馆机构	个	8	1	1	0	0	1	1	1	1	1	1
图书馆事业人员数	人	163	62	12	0	0	8	19	13	11	22	16
订销报刊杂志累计份数	千份	195.3	52	20	0	0	0.3	87	13	6	4	13
公共图书馆藏书量	千册	1148	575	99	0	0	26	181	95	50	56	66
图书流通人次	千人次	583	223	30	0	0	7	109	20	16	158	20
群众文化事业机构	个	134	1	13	10	4	11	17	17	16	24	21
文化馆	个	8	1	1	0	0	1	1	1	1	1	1
乡镇文化站	人	166	0	12	11	6	10	29	16	15	25	42
群众文化事业人员	人	373	27	34	11	6	16	76	35	40	77	51
其他文化事业机构	个	9	2	1	0	0	1	1	1	1	1	1
其他文化事业人员	人	123	34	2	0	0	6	15	10	17	19	20

15-2 卫生事业基本情况

Basic Statistics on Culture

单位：个、张、人

指 标	机构数	床位数		人员数	卫生技术人员数		
		实有	标准			执业医师	注册护士
总 计	3304	23447	25031	35439	25889	7868	9914
医院	48	15584	16793	16398	13871	4299	837
综合医院	33	11926	12759	12582	10752	3317	5382
中医医院	7	2477	2650	2857	2411	778	1111
专科医院	8	1181	1384	941	708	204	320
卫生院	118	5906	6178	7603	6266	1534	1741
#中心卫生院	26	1640	1671	2187	1831	429	508
乡卫生院	91	4166	4407	5363	4390	1096	1223
街道卫生院	1	100	100	53	45	9	10
社区卫生服务中心（站）	77	565	635	927	839	325	304
#社区卫生服务中心	21	543	605	639	567	211	199
社区卫生服务站	56	22	30	288	272	114	105
急救中心	1			13	5	3	2
采供血机构	3			147	111	14	58
妇幼保健院（所、站）	9	792	830	1316	1120	364	466
专科疾病防治院（所、站）	7	600	595	419	335	103	97
#专科疾病防治院	4	280	175	308	260	79	84
专科疾病防治所（站、中心）	3	320	420	111	75	24	13
#皮肤病与性病防治所	1			38	29	9	5
疾病预防控制中心（防疫站）	9			780	619	192	67
卫生监督局（所、中心）	7			281	240		
医学在职培训机构	3			426	171	18	8
其他卫生机构	3			32	19	2	1

15-3　各类卫生机构诊疗情况

Basic Statistics on Visits and Inpatients in Different Type of Health Institution

单位：人、人次、日

指　标	诊疗人次数		入院人数	出院人数		死亡率%
	总计	门、急诊人次数		总计	死亡	
总　　计	28755170	27530587	815481	821537	1672	0.20
医院	7589849	7555321	552435	548233	1534	0.28
#综合医院	6296157	6275791	425937	428278	1152	0.27
中医医院	1114319	1106303	113160	106707	379	0.36
专科医院	179373	173227	13338	13248	3	0.02
#胸科医院	21837	21837	4066	4081		
精神病医院	96106	96106	3985	3839	3	0.08
妇产科医院	6264	4697	513	513		
其他专科医院	55166	50587	4774	4815		
社区卫生服务中心（站）	1171428	826973	10852	12292	20	0.16
#社区卫生服务中心	502546	387303	10852	12292	20	0.16
社区卫生服务站	668882	439670				
卫生院	5133008	4889765	211810	220719	117	0.05
#中心卫生院	1576351	1549697	70340	73728	28	0.04
乡镇卫生院	3516362	3299773	137115	142979	85	0.06
街道卫生院	40295	40295	4355	4012	4	0.10
妇幼保健院（所、站）	947928	934267	7891	7838	1	0.01
专科疾病防治院（所、站）	92020	87890	32493	32455		0.00

15-4 县市区卫生事业基本情况

Basic Statistics of Health by County

指 标	单 位	荆州市	荆州区	沙市区	江陵县
卫生机构数	个	3304	188	448	115
#医院	个	48	9	18	3
卫生院	个	118	8	7	11
疾病预防控制中心（防疫站）	个	9	0	1	2
妇幼保健院（所站）	个	9	2	1	1
卫生机构床位数	张	23447	3775	6283	1190
#医院	张	15584	2742	5595	710
卫生院	张	5906	373	262	465
卫生机构人员数	人	35437	5284	7529	1548
#卫生技术人员	人	25889	4001	6303	1031
#执业（助理）医师	人	9692	1387	2322	420
注册护师、护士	人	9914	1793	2891	338
#卫生防疫人员	人	780	0	166	76
医院、卫生院技术人员	人	20137	3050	5001	892
#执业（助理）医师	人	6696	1057	1509	363
注册护士	人	8554	1471	2559	306
农村新型合作医疗参合率	%	100	100	100	100

指 标	单 位	松滋市	公安县	石首市	监利县	洪湖市
卫生机构数	个	379	466	332	787	589
#医院	个	4	4	2	4	4
卫生院	个	17	16	15	21	23
疾病预防控制中心（防疫站）	个	1	1	1	1	2
妇幼保健院（所站）	个	1	1	1	1	1
卫生机构床位数	张	2380	2990	1980	2600	2249
#医院	张	1477	1900	910	1213	1037
卫生院	张	700	892	885	1297	1032
卫生机构人员数	人	3810	4454	3322	4952	4538
#卫生技术人员	人	2752	3338	2344	3035	3085
#执业（助理）医师	人	1034	1167	890	1178	1294
注册护师、护士	人	996	1274	707	977	938
#卫生防疫人员	人	363	67	83	93	182
医院、卫生院技术人员	人	2079	2714	1790	2405	2206
#执业（助理）医师	人	660	866	617	832	792
注册护士	人	849	1136	601	874	758
农村新型合作医疗参合率	%	98.9	100	100	100	100

15-5 体育事业基本情况

Main Statistics on Sport

指　标	单　位	2012 年	2013 年
体育系统从业人员	人	160	146
#教练员	人	65	62
业余体校职工人数	人	58	40
# 专职教练员人数	人	46	29
体育场馆数	个	31	16
体育场馆职工人数	人	97	51
等级运动员	人	176	198
#田径	人	16	22
足球	人		
篮球	人	60	43
羽毛球	人	41	64
乒乓球	人	22	31
排球	人	5	12
健美操	人		1
武术	人		
跆拳道	人	32	25
社会体育指导员认证数	人	1324	2731
各级体育事业经费决算总额	万元	2088.1	1673.4
各级举办运动会次数	次	199	100
各级参加运动会人数	万人	17.13	20.01
学校运动班学生数	人	5170	2935
各级体育社会团体	个	83	121
群众体育活动次数	次	628	683
群众体育活动总人数	万人	153.60	182.92

15-6 民政事业基本情况

Basic Statistics on Civil Administration

指　标	单　位	荆州市	荆州区	沙市区	江陵县
革命伤残军人	人	3274	318	440	132
“三属”享受定期抚恤人数	人	6607	504	169	212
享受定期定补人数	人	54051	5203	6282	3222
优待烈军属户	户	21894	623	1191	663
优待总金额	万元	5721.2	772.8	714	395
民政部门管理离退休人员	人	503	3	14	8
农村低保人数	人	202079	12662	4596	13870
定救金额	万元				
居民最低生活保障已保人数	人				
城镇居民最低生活保障人数	人	134029	16440	21213	4718
城镇最低生活保障支出	万元	43266	5624	9038	2057
社会捐赠款金额	万元				
军干所	个	7			
殡葬事业单位	个	12			1
火化遗体数	具	27822			3298
本年实有社会团体机构	个	985	60	34	41
社会福利收养性单位数	个	153	12	3	13
社会福利收养性单位床位数	张	20778	924	174	978
社会福利院	个	10	1		1
年末床位数	张	2482	150		148
年末在院人员数	人	1845	120		94
社区活动项目数	个				
结婚对数	对	63438	4564	5094	4161
离婚对数	对	13088	1293	1470	1072
民政经费	万元	118574	11315	12283	7158
福利企业职工人数	人	1691	181	557	447
福利企业残疾职工人数	人	666	84	245	103

15-6 续表

指 标	单 位	松滋市	公安县	石首市	监利县	洪湖市
革命伤残军人	人	475	613	337	489	381
“三属”享受定期抚恤人数	人	416	588	390	2010	2302
享受定期定补人数	人	7145	8443	5237	11597	5876
优待烈军属户	户	5874	4150	1650	943	6800
优待总金额	万元	998	858	510	744	729.4
民政部门管理离退休人员	人	87	46	115	30	59
农村低保人数	人	27330	35060	21447	52210	33230
定救金额	万元					
居民最低生活保障已保人数	人					
城镇居民最低生活保障人数	人	10377	17383	17664	18086	18716
城镇最低生活保障支出	万元	3866	4640	4130	5721	5077
社会捐赠款金额	万元					
军干所	个	1	1	1	1	1
殡葬事业单位	个	1	2	1	3	3
火化遗体数	具	2237	3624	3550	3408	5368
本年实有社会团体机构	个	253	112	79	91	121
社会福利收养性单位数	个	21	19	20	26	35
社会福利收养性单位床位数	张	3629	3977	4149	2607	2940
社会福利院	个	1	1	1	1	2
年末床位数	张	178	355	420	221	360
年末在院人员数	人	178	255	150	221	352
社区活动项目数	个					
结婚对数	对	7151	10242	6098	16325	9803
离婚对数	对	1776	2182	1313	2371	1611
民政经费	万元	14052	16352	12193	22388	15078
福利企业职工人数	人	202	8	40	183	73
福利企业残疾职工人数	人	88	8	36	68	34

15-7 分县市区社会治安基本情况

Basic Statistics on Public Security by County

指 标	单 位	荆州市	荆州区	沙市区	荆州开发区	江陵县
火灾事故发生数	起	559	170	144	25	22
火灾死亡人数	人	2	0	0	0	0
火灾损失金额	万元	1338.40	67.60	844.30	15.60	18.10
交通事故发生数	起	224	27	39		19
交通事故死亡人数	人	177	27	39		10
交通事故损失额	万元	76.42	5.4	6.97		14.05
刑事案件立案数	件	14972	2849	3773	697	772
治安案件查处数	件	13603	1548	3229	808	614
犯罪人数	人	2899	319	732	98	212
#青少年人数（年龄16-25周岁）	人	481	63	199	24	14
青少年刑事案犯占全部刑事案犯的比重	%	16.6	2.17	6.86	0.82	0.48
破获强奸案件数	起	450	38	152	11	10

指 标	单 位	松滋市	公安县	石首市	监利县	洪湖市
火灾事故发生数	起	46	32	30	51	39
火灾死亡人数	人	0	2	0	0	0
火灾损失金额	万元	40.70	205.40	17.60	74.80	54.30
交通事故发生数	起	32	46	11	32	18
交通事故死亡人数	人	30	24	9	20	18
交通事故损失额	万元	3.35	10.88	2.1	26.8	6.87
刑事案件立案数	件	1684	1367	983	1467	1380
治安案件查处数	件	2047	1152	956	1373	1876
犯罪人数	人	215	355	233	487	248
#青少年人数（年龄16-25周岁）	人	34	29	21	47	50
青少年刑事案犯占全部刑事案犯的比重	%	1.17	1	0.72	1.62	1.72
破获强奸案件数	起	32	41	31	92	43

15–8 平均气温、降水量、日照时数与相对湿度

Montyly Average Temperature, Volume of Precipitation, Sunshine Hours and Relative Humidity

月份	平均气温（℃）	平均气温		极端气温			
		最高	最低	最高	日期	最低	日期
一月	4.1	9.1	0.6	16.7	29	–4.8	5
二月	5.8	9.2	3.1	16.8	27	–2.5	8
三月	13.3	18.4	9.3	29	8	4.1	4
四月	17.2	22.7	12.5	30.4	28	4.7	20
五月	22.9	27.7	19.3	34.6	24	13	1
六月	26.9	31.1	23.3	37.8	19	16.6	11
七月	30.4	34.3	27.1	36.9	13	24.3	6
八月	30	34.7	26.4	38.1	11	23.1	25
九月	22.6	27.1	19.5	34.2	17	12.8	25
十月	18.9	24.4	15.1	31.5	12	9	26
十一月	12.5	17.2	9.3	22.4	16	1.5	29
十二月	6.5	12.4	2.4	19.9	3	–3.4	28
全年情况							
全年平均	17.6	22.4	14.0	29.0		8.2	

月份	降水量（mm）			日照时数（小时）		相对湿度%（最低）	月平均相对湿度（%）
	总量	日最大	日期	合计	百分数		
一月	8.7	3.2	30	116.2	36%	30	80
二月	35.9	10	19	54.5	18%	33	88
三月	53.5	14.5	25	156.7	42%	19	74
四月	100.5	57.2	29	166	43%	28	74
五月	244.6	67.5	7	150.3	36%	27	79
六月	119.5	60.3	6	206.8	49%	32	77
七月	113.1	49.9	6	281.8	66%	43	77
八月	83.4	38.4	24	259.4	63%	37	74
九月	272.6	140.1	24	132.1	36%	38	83
十月	10.8	9.5	30	159.8	45%	25	71
十一月	29.1	7.9	12	138	43%	19	77
十二月	2.7	2.6	9	155.4	49%	17	69
全年情况	1074.4			1977	45%		
全年平均						29	77

15-9　主要气象站点基本情况

Basic Conditions of Main Meteorological Stations

指　标	单　位	合　计	城　区	松滋市	公安县	石首市	监利县	洪湖市
气象观测人员总数	人	26	6	3	3	3	6	5
雷达观测	人	3	3					
气象台站总数	个	6	1	1	1	1	1	1
气象台	个	6	1	1	1	1	1	1
气象站	个	132	29	26	17	18	23	19
独立农试站	个	1	1					
卫星支图接收站点数	个	6	1	1	1	1	1	1
同步卫星	个							
接收卫星云图图片数	张/天	72	72	72	72	72	72	72
使用云图单位数	张/天	72	72	72	72	72	72	72
拥有计算机数	台	91	46	8	9	8	10	10
微型机	台	91	46	8	9	8	10	10
拥有雷达数	部	1	1					

15-10 计划生育基本情况

Basic Conditions of Family Planning

指 标	单 位	荆州市	荆州区	沙市区	荆州开发区	江陵县
年内出生人数	人	66299	5246	3503	1489	3619
#男性	人	35441	2634	1770	741	1830
女性	人	30858	2612	1733	748	1789
#一孩人数	人	46168	4272	2878	1225	2503
二孩人数	人	18720	892	585	235	1056
多孩人数	人	1411	82	40	29	60
死亡人口	人	23691	1529	1274	534	1565
出生率	‰	9.92	8.72	6.44	13.13	8.50
计划内出生人数	人	62042	5108	3408	1475	3501
计划生育率	%	93.58	97.37	97.29	99.06	96.74
已婚育龄妇女人数	万人	152.82	16.28	11.84	3.45	8.49
期末选择各种避孕方法人数	万人	129.99	12.74	10.36	3.45	7.16
#男性绝育	人	2471	264	98	65	55
女性绝育	万人	39.15	1.21	1.09	0.40	2.00
独生子女领证率	%	6.37	8.50	12.33	15.46	4.22
符合政策生育率	%	93.58	97.37	97.29	99.06	96.74
出生人口性别比	/	114.85	100.84	102.14	99.06	102.29

指 标	单 位	松滋市	公安县	石首市	监利县	洪湖市
年内出生人数	人	7616	9064	5862	19411	10489
#男性	人	3844	4632	2990	11135	5865
女性	人	3772	4432	2872	8276	4624
#一孩人数	人	5716	6624	3999	11939	7012
二孩人数	人	1745	2218	1742	6960	3287
多孩人数	人	155	222	121	512	190
死亡人口	人	2471	3976	3028	5836	3478
出生率	‰	8.84	8.44	9.01	13.27	11.06
计划内出生人数	人	7434	8841	5694	17100	9481
计划生育率	%	97.61	97.54	97.13	88.09	90.39
已婚育龄妇女人数	万人	20.49	23.39	15.44	32.37	20.75
期末选择各种避孕方法人数	万人	16.13	20.12	13.50	29.41	17.11
#男性绝育	人	100	90	357	1045	397
女性绝育	万人	2.01	5.31	5.35	13.76	8.02
独生子女领证率	%	5.20	4.23	5.43	7.02	3.79
符合政策生育率	%	97.61	97.54	97.13	88.09	90.39
出生人口性别比	/	101.91	104.51	104.11	134.55	126.84

15-11 分年计划生育基本情况

Main Statistics on Family Planning by Year

指 标	单 位	2010 年	2011 年	2012 年	2013 年
年内出生人数	人	63031	64975	69314	66299
#男性	人	34228	35101	37426	35441
女性	人	28803	29874	31888	30858
#一孩人数	人	47184	47475	49358	46168
二孩人数	人	14917	16360	18533	18720
多孩人数	人	930	1140	1423	1411
出生率	‰	9.59	9.85	10.41	9.92
计划内出生人数	人	60299	61538	65216	62042
计划生育率	%	95.67	94.71	94.09	93.58
已婚育龄妇女人数	万人	142.49	147.62	148.98	152.82
期末选择各种避孕方法人数	万人	127.88	130.10	130.07	129.99
#男性绝育	万人	0.32	0.30	0.26	0.25
女性绝育	万人	42.28	42.30	40.56	39.15
独生子女领证率	%	8.66	7.59	7.21	6.37

指 标 解 释

Explanatory Notes on Statistical lndicators

【艺术剧团】 指从事戏曲、音乐、舞蹈、杂技等专业艺术表演，有独立帐户、实行独立核算的团体。不包括半工半艺和民间职业剧团。

【艺术表演观众人数（人次)】 指售票、包场演出或民族地区免费演出的艺术表演观众人次数。不包括彩排审查和内部观摩演出的观众人次数。

【卫生机构】 指从卫生行政部门取得《医疗机构执业许可证》，或从民政、工商行政、机构编制管理部门取得法人单位登记证书，为社会提供医疗保健、疾病控制、卫生监督服务或从事医学科研和教育等工作的单位。

【卫生技术人员】 指由卫生机构支付工资的全部固定职工和合同制职工中现任职务为卫生技术工作的专业人员，不包括从事管理工作的人员。

【执业医师和注册护士】 指领取医师执业证书和注册护士证书的人员，不包括从事管理工作的医师和护士。与2002年以前年鉴中的医生和护（师）士口径基本相同。

【死亡率（死因死亡率)】 是指某种原因（如疾病）所致的死亡人数占户籍人口比重。

计算公式为：死因死亡率=同年内某种原因死亡人数/某年户籍平均人口数*100000 / 10万

【等级运动员人数】 指经考核正式批准授予等级运动员称号的人数。运动员等级分为国际级运动健将、国家级运动健将、一级运动员、二级运动员、三级运动员、少年级运动员。

【等级裁判员人数】 指经考核正式批准授予等级裁判员称号的人数。裁判员等级分为国际级裁判、国家级裁判、一级裁判、二级裁判、三级裁判。

【优抚对象】 依照法律和政策的规定，享受国家、社会和群众抚恤优待的人员，包括中国人民解放军（包括中国人民武装警察部队）现役军人、革命伤残人员、复员退伍军人、革命烈士家属、因公牺牲军人家属、病故军人家属、现役军人家属。

【城镇居民最低生活保障人数】 指在开展居民最低生活保障制度的地区，领取最低生活保障费的城镇居民人数。包括“三无”对象、失业人员和在职、下岗、退休人员等。

【农村居民最低生活保障人数】 指报告期末在建立农村最低生活保障制度的地区，得到当地政府或集体给予最低生活保障的农业人口。

【保险福利费用】 指企业、事业、机关单位在工作以外实际支付给职工和离休、退休、退职人员个人以及用于集体的劳动保险和福利费用。

十六、乡镇经济

Economy of Villages and Towns

资料整理：张宗山

陈　风

16-1 乡 镇 经 济

Main Statistics on Economy of Villages and Towns

指 标	单 位	荆州区						
		纪南镇	川店镇	马山镇	八岭山镇	李埠镇	弥市镇	郢城镇
一、基本情况								
居民委员会	个	1	1	1	1	2	1	2
村民委员会	个	23	22	14	13	12	25	13
常住人口	人	54227	37028	24688	30846	22958	59677	57916
户籍人口	人	66956	36500	32569	39160	33157	83907	41423
行政区划面积	公顷	15731	17813	12886	12636	9289	16600	4235
常用耕地面积	公顷	4273	4497	3617	3825	2475	9127	700
淡水养殖面积	公顷	2297	1427	2559	1009	592	617	331
农村用电量	万千瓦.时	3206	1724	1042	1307	1570	2245	760
农用化肥施用量（实物量）	吨	12638	29984	16368	9983	13995	38312	3578
二、主要农产品产量								
粮食	吨	28419	42147	33195	29022	17398	35832	4822
棉花	吨	189	757	354	383	802	8295	
油料	吨	10699	7686	7997	8884	2487	15971	2168
蔬菜	吨	25511	21461	26358	31118	359725	70237	30884
生猪出栏	头	34552	34016	38300	33996	19056	137890	31163
年末能繁母猪存栏	头	1830	6012	3940	909	714	7664	287
家禽出笼	万只	350.31	710.00	412.49	248.00	103.40	91.30	73.13
肉产量	吨	7907	13293	9469	6333	3110	12042	3804
水产品产量	吨	40980	10019	21121	15018	7260	9942	4280
三、现代农业发展情况								
农民合作社个数	个	10	47	38	19	34	39	10
农民合作社成员数	人	985	2147	820	3103	6135	1654	458
耕地流转面积	公顷	513	500	398	421	19	1237	53
四、综合								
农林牧渔业总产值	万元	88762	73868	73005	65468	110294	108909	24815
农林牧渔业增加值	万元	44723	36792	37037	33994	61216	57143	12553
规模以上工业总产值	万元	774190	117000	30800	32031	105798	76323	168900
农民人均纯收入	元	11136	11106	11124	11145	11202	11119	11128
地方公共财政收入	万元	5160	939	177	460	834	1991	3779
居民储蓄存款余额	万元	77300	42310	4456	26984	29000	89327	85500
五、社会发展								
新型农村社会养老保险参保人数	人	19866	12520	31917	17853	8710	24127	6176
新型农村合作医疗参保人数	人	52532	30700	32243	30696	20885	66229	22434
城镇建成区面积	公顷	100	296	54	61	341	350	300

16-1　续表1

指　标	单　位	沙市区					荆州开发区
		立新乡	关沮镇	锣场镇	观音垱镇	岑河镇	联合街道办
一、基本情况							
居民委员会	个	10		1	2	1	19
村民委员会	个	2	8	8	29	26	3
常住人口	人	47502	20675	7746	47013	57937	87994
户籍人口	人	15532	16078	12835	45724	54592	70179
行政区划面积	公顷	743	2892	3133	17456	15514	2971
常用耕地面积	公顷	47	237	293	5113	5440	305
淡水养殖面积	公顷	59	332	525	1233	715	86
农村用电量	万千瓦.时	948	1320	438	3000	3003	2286
农用化肥施用量（实物量）	吨	223	1012	1698	12666	24074	1354
二、主要农产品产量							
粮食	吨	85	635	1676	33059	33554	803
棉花	吨			86	724	2880	63
油料	吨		293	718	4479	1904	403
蔬菜	吨	2656	15200	7448	101728	96050	17742
生猪出栏	头	31946	4612	4025	14750	20058	8252
年末能繁母猪存栏	头	754	320	180	1727	1400	872
家禽出笼	万只	4.00	17.80	13.50	62.50	82.00	4.00
肉产量	吨	2786	690	611	1851	2760	698
水产品产量	吨	827	5651	8457	20192	10630	1061
三、现代农业发展情况							
农民合作社个数	个	1	1	9	23	30	
农民合作社成员数	人	18	86	78	440	750	
耕地流转面积	公顷					33	
四、综合							
农林牧渔业总产值	万元	8574	19061	19577	76277	67669	8185
农林牧渔业增加值	万元	4848	11902	12359	46994	40818	6117
规模以上工业总产值	万元	123855	372774	622559	68695	118665	21375
农民人均纯收入	元	13729	13646	11099	9652	10462	6000
地方公共财政收入	万元	6635	6928	12016	3425	4591	2000
居民储蓄存款余额	万元	35579	38000	43124	5050	22000	8512
五、社会发展							
新型农村社会养老保险参保人数	人	4482	5353	3856	15554	21460	3654
新型农村合作医疗参保人数	人	7615	14325	9159	39173	35992	17270
城镇建成区面积	公顷	743	2745	1800	180	320	500

16-1　续表2

指　标	单　位	江陵县						
		资市镇	马家寨乡	滩桥镇	熊河镇	白马镇	沙岗镇	秦市乡
一、基本情况								
居民委员会	个	2	1	2	1	1	1	1
村民委员会	个	15	25	17	31	32	27	20
常住人口	人	19927	35523	21932	39468	48883	41313	22848
户籍人口	人	25646	45981	33759	51373	52674	56510	29041
行政区划面积	公顷	8857	13084	6312	13966	14943	14708	5569
常用耕地面积	公顷	3324	3500	2271	4609	5853	4922	2133
淡水养殖面积	公顷	425	306	121	704	384	126	695
农村用电量	万千瓦.时	512	697	418	1561	2445	1460	546
农用化肥施用量（实物量）	吨	11799	14257	12353	19731	24341	19554	9253
二、主要农产品产量								
粮食	吨	23147	17666	8557	33925	44627	45069	12708
棉花	吨	1072	980	984	1091	429	934	455
油料	吨	6116	10801	6374	10363	10655	10745	4883
蔬菜	吨	24766	11516	18106	22959	8421	10433	1677
生猪出栏	头	6980	8448	5682	50354	15279	13659	2572
年末能繁母猪存栏	头	771	1796	850	4895	1633	972	1611
家禽出笼	万只	17.33	19.67	17.85	29.86	16.77	9.61	527.27
肉产量	吨	823	970	711	4375	1444	1214	8133
水产品产量	吨	3029	2575	628	5112	2975	659	5405
三、现代农业发展情况								
农民合作社个数	个	5	14	11	12	12	10	9
农民合作社成员数	人	45	90	55	1158	286	2120	286
耕地流转面积	公顷	215	226	147	318	379	318	138
四、综合								
农林牧渔业总产值	万元	26294	27253	18059	43632	29323	28588	34949
农林牧渔业增加值	万元	15391	16037	10587	25249	17214	16996	19536
规模以上工业总产值	万元		2138	42061	21807		3250	
农民人均纯收入	元	9302	7962	8894	9035	8264	9159	7964
地方公共财政收入	万元	362	342	2199	344	489	256	186
居民储蓄存款余额	万元	9863	7038	49000	25216	13522	33400	3768
五、社会发展								
新型农村社会养老保险参保人数	人	10545	22936	15206	22778	23319	23181	11289
新型农村合作医疗参保人数	人	23111	35461	20062	40860	40008	42204	25850
城镇建成区面积	公顷	200	135	810	450	160	800	63

16-1 续表3

指 标	单 位	江陵县		松滋市				
		普济镇	郝穴镇	南海镇	八宝镇	涴市镇	老城镇	陈店镇
一、基本情况								
居民委员会	个	1	7	1	3	1	1	1
村民委员会	个	26	6	21	17	17	17	11
常住人口	人	31862	44782	57532	69416	48865	44454	34483
户籍人口	人	40510	41205	65001	77579	57886	50184	38929
行政区划面积	公顷	7815	3696	17589	16014	13467	11403	15267
常用耕地面积	公顷	2543	540	5224	7827	6136	5089	3706
淡水养殖面积	公顷	316	469	938	685	828	426	486
农村用电量	万千瓦.时	395	214	2610	2255	2752	1083	2925
农用化肥施用量（实物量）	吨	10769	1893	17759	27867	13518	12027	11797
二、主要农产品产量								
粮食	吨	18969	3439	28901	22976	18531	19604	28855
棉花	吨	131	94	1104	4801	3675	2832	33
油料	吨	4641	1610	6849	5337	7045	4220	5324
蔬菜	吨	10934	10685	20376	34153	23715	22443	8435
生猪出栏	头	31536	10893	72416	134384	68526	90410	114145
年末能繁母猪存栏	头	957	1140	4941	6950	6000	12991	8052
家禽出笼	万只	14.44	38.13	79.00	73.56	24.00	55.50	20.70
肉产量	吨	2770	1680	6859	11373	5757	7995	9254
水产品产量	吨	3036	3403	3322	2522	3325	1968	1713
三、现代农业发展情况								
农民合作社个数	个	8	3	39	49	17	33	30
农民合作社成员数	人	58	35	1100	32456	970	382	2816
耕地流转面积	公顷	165	35	827	1045	533	494	765
四、综合								
农林牧渔业总产值	万元	23331	15356	44632	84763	45435	41715	49505
农林牧渔业增加值	万元	13402	8800	26478	50443	26841	26254	29973
规模以上工业总产值	万元		75813	83491	446762	24722	33084	373449
农民人均纯收入	元	8571	11712	10746	11070	10033	10210	11256
地方公共财政收入	万元	142	7478	209	34293	1578	119	2889
居民储蓄存款余额	万元	38416	8253	40700	191156	40178	26120	35913
五、社会发展								
新型农村社会养老保险参保人数	人	14440	10241	30047	29383	34030	23133	18349
新型农村合作医疗参保人数	人	29616	14603	53297	68211	44321	45236	30794
城镇建成区面积	公顷	205	850	118	723	160	98	77

16-1 续表4

指 标	单 位	松滋市						
		王家桥镇	斯家场镇	杨林市镇	纸厂河镇	街河市镇	万家乡	卸甲坪乡
一、基本情况								
居民委员会	个	2	1	1	1	1	1	1
村民委员会	个	21	13	13	12	14	8	8
常住人口	人	44982	26925	41683	35159	36546	23541	13110
户籍人口	人	50031	29751	46901	39921	41001	25592	14821
行政区划面积	公顷	15408	9512	12173	10642	8107	6467	10315
常用耕地面积	公顷	4458	1738	3553	3022	2443	2020	772
淡水养殖面积	公顷	529	228	358	693	462	267	1
农村用电量	万千瓦.时	1330	732	920	950	1753	482	237
农用化肥施用量（实物量）	吨	11918	6006	11253	7104	8780	8640	1726
二、主要农产品产量								
粮食	吨	40291	13662	28851	16610	18432	17698	4938
棉花	吨	60	19	115	650	55	157	
油料	吨	7454	3001	5335	4610	4604	2730	1222
蔬菜	吨	14650	4918	9365	6795	9133	3000	1904
生猪出栏	头	116004	38151	51574	54817	156467	38404	13585
年末能繁母猪存栏	头	4580	2435	3150	2048	16199	1250	680
家禽出笼	万只	73.45	40.00	63.75	28.00	46.12	35.00	2.38
肉产量	吨	10102	3754	5081	4622	12498	3577	1618
水产品产量	吨	1023	332	1405	3372	844	671	6
三、现代农业发展情况								
农民合作社个数	个	37	22	4	5	26	13	8
农民合作社成员数	人	3363	1020	6587	1230	857	1421	49
耕地流转面积	公顷	545	567	288	168	411	252	129
四、综合								
农林牧渔业总产值	万元	45271	18144	29160	27989	38136	19964	7109
农林牧渔业增加值	万元	28526	10982	18144	16794	21969	12031	4332
规模以上工业总产值	万元	99048	42891	24526	72593	62197	103186	29038
农民人均纯收入	元	10876	10200	8853	9271	11223	10100	4800
地方公共财政收入	万元	330	230	258	178	246	268	218
居民储蓄存款余额	万元	42850	28256	63107	26890	63498	21920	5846
五、社会发展								
新型农村社会养老保险参保人数	人	23409	15550	19712	16895	18243	10375	6382
新型农村合作医疗参保人数	人	42750	26617	38227	33447	33323	22117	12536
城镇建成区面积	公顷	201	132	447	42	170	50	38

16-1　续表5

指　标	单　位	松滋市				公安县		
		涴水镇	新江口镇	刘家场镇	沙道观镇	埠河镇	斗湖堤镇	夹竹园镇
一、基本情况								
居民委员会	个	4	13	5	2	3	14	2
村民委员会	个	25	10	21	6	45	12	19
常住人口	人	66189	121336	58084	32771	82189	139156	45626
户籍人口	人	84599	120821	66263	39137	99281	140616	58760
行政区划面积	公顷	29004	10099	25272	6954	22912	9381	13221
常用耕地面积	公顷	4799	2373	2256	3216	8305	3398	4945
淡水养殖面积	公顷	814	518	20	720	469	595	1101
农村用电量	万千瓦.时	1487	1537	465	1576	3123	3334	2122
农用化肥施用量（实物量）	吨	11554	7678	6787	8890	22934	12526	19151
二、主要农产品产量								
粮食	吨	36916	17621	13618	10324	36514	22285	36796
棉花	吨	32			1760	7292	1635	2492
油料	吨	7967	2836	2969	4147	1072	4135	7050
蔬菜	吨	12340	19637	9139	11609	26338	36943	25960
生猪出栏	头	100076	49578	92980	56699	99488	30101	61859
年末能繁母猪存栏	头	4584	2981	5248	4986	3462	1962	1601
家禽出笼	万只	93.40	53.45	96.00	24.45	28.93	14.92	30.00
肉产量	吨	9308	4651	9802	4960	8050	2572	5237
水产品产量	吨	1635	1740	53	4208	5408	6054	12630
三、现代农业发展情况								
农民合作社个数	个	38	31	38	25	63	21	24
农民合作社成员数	人	5533	2671	1492	2071	4800	1720	2160
耕地流转面积	公顷	583	189	89	348	575	477	940
四、综合								
农林牧渔业总产值	万元	47625	29714	30908	40525	139741	37120	62219
农林牧渔业增加值	万元	28722	17953	18953	22137	77972	21104	35062
规模以上工业总产值	万元	95995	669704	163293	100395	42244	1204601	76679
农民人均纯收入	元	9838	12439	11510	10005	11075	10500	10255
地方公共财政收入	万元	994	40030	2780	380	1668	20857	796
居民储蓄存款余额	万元	121472	638346	134700	68000	90926	657554	41007
五、社会发展								
新型农村社会养老保险参保人数	人	34147	25674	28265	12988	36572	15689	15866
新型农村合作医疗参保人数	人	65370	39126	47007	27921	80266	42903	47578
城镇建成区面积	公顷	250	2600	690	385	480	7500	533

16-1 续表6

指 标	单 位	公安县						
		闸口镇	杨家厂镇	麻豪口镇	藕池镇	黄山头镇	甘家厂乡	孟家溪镇
一、基本情况								
居民委员会	个	2	3	4	4	3	3	3
村民委员会	个	13	18	23	13	14	14	18
常住人口	人	46365	44540	55402	39323	41182	35304	40628
户籍人口	人	52132	56793	65598	51095	40962	44496	51106
行政区划面积	公顷	13155	13770	18210	10287	11880	9791	12271
常用耕地面积	公顷	4112	4987	5466	2960	3471	4038	3855
淡水养殖面积	公顷	1272	233	1348	514	1758	1050	923
农村用电量	万千瓦.时	942	1017	876	835	632	1658	1124
农用化肥施用量（实物量）	吨	24670	17698	16263	8042	11221	10103	11613
二、主要农产品产量								
粮食	吨	34651	24159	42797	27120	32023	47522	49638
棉花	吨	1552	4824	2843	708	1116	400	640
油料	吨	5764	9563	10500	6764	7583	7847	6678
蔬菜	吨	23566	15397	20846	28573	14785	17385	24517
生猪出栏	头	37052	66300	64200	36660	26034	34709	77273
年末能繁母猪存栏	头	1360	3120	2789	1125	1932	1424	3608
家禽出笼	万只	43.78	60.36	63.60	41.35	24.22	27.10	65.40
肉产量	吨	3520	6295	6102	3535	2523	3174	6899
水产品产量	吨	11881	3642	10588	6008	9425	7055	7500
三、现代农业发展情况								
农民合作社个数	个	19	21	27	12	18	21	16
农民合作社成员数	人	1600	1380	2420	930	1580	1520	1400
耕地流转面积	公顷	988	961	893	994	792	724	574
四、综合								
农林牧渔业总产值	万元	54775	50667	64823	40205	48901	42649	63409
农林牧渔业增加值	万元	31698	27635	36231	22578	28443	24037	35354
规模以上工业总产值	万元	29095	152143	233967	119305	6849	52236	56794
农民人均纯收入	元	10005	10657	9947	10174	9611	8341	10021
地方公共财政收入	万元	2013	11966	5460	6458	585	584	886
居民储蓄存款余额	万元	55651	47900	56934	73728	56429	49072	29512
五、社会发展								
新型农村社会养老保险参保人数	人	15791	15376	25324	13055	13919	11465	15179
新型农村合作医疗参保人数	人	38769	41850	54775	32747	31586	35342	40474
城镇建成区面积	公顷	793	820	450	1200	511	75	300

16-1　续表7

指　标	单　位	公安县					
		章田寺乡	南平镇	章庄铺镇	狮子口镇	斑竹垱镇	毛家港镇
一、基本情况							
居民委员会	个	2	4	3	6	2	2
村民委员会	个	16	15	25	21	29	33
常住人口	人	44707	47316	57563	52715	65645	61558
户籍人口	人	49912	54175	71751	69109	72466	75829
行政区划面积	公顷	11889	8706	18260	16707	15920	19331
常用耕地面积	公顷	4451	3532	5797	5580	7090	7520
淡水养殖面积	公顷	820	467	812	994	1059	1940
农村用电量	万千瓦.时	2038	884	1673	2007	1915	1411
农用化肥施用量（实物量）	吨	12689	9106	19942	21276	26736	25961
二、主要农产品产量							
粮食	吨	60156	16782	65113	47515	43524	49710
棉花	吨	170	2825	1599	3081	5013	3918
油料	吨	6213	8088	12173	9127	12425	9676
蔬菜	吨	19113	15749	22077	15063	29873	22894
生猪出栏	头	37023	40352	42975	47436	82742	66005
年末能繁母猪存栏	头	2518	2327	2204	1581	4144	4555
家禽出笼	万只	29.15	42.20	41.57	24.07	56.96	26.31
肉产量	吨	3259	3922	3919	3993	7232	5454
水产品产量	吨	4909	6030	5918	11000	9824	13840
三、现代农业发展情况							
农民合作社个数	个	18	27	18	28	31	38
农民合作社成员数	人	1800	2041	1480	2140	2800	3178
耕地流转面积	公顷	924	778	1502	88	1333	214
四、综合							
农林牧渔业总产值	万元	42898	39555	58102	56551	73824	70954
农林牧渔业增加值	万元	23900	22001	32512	32175	41098	40559
规模以上工业总产值	万元	48597	354639	125520	6285	23843	29737
农民人均纯收入	元	9684	10765	10583	10361	10155	10050
地方公共财政收入	万元	536	18873	2388	996	936	899
居民储蓄存款余额	万元	57095	155939	80550	70716	59855	47994
五、社会发展							
新型农村社会养老保险参保人数	人	12056	15820	22967	23171	26568	22511
新型农村合作医疗参保人数	人	38728	35361	56023	55349	57104	61054
城镇建成区面积	公顷	48	850	358	240	440	540

16-1 续表8

指标	单位	石首市						
		绣林街道办事处	笔架山街道办事处	新厂镇	横沟市镇	大垸镇	小河口镇	桃花山镇
一、基本情况								
居民委员会	个	9	9	1	1	2	1	1
村民委员会	个	1	10	19	18	32	20	17
常住人口	人	75647	83728	36961	34797	46207	25939	20550
户籍人口	人	86965	88198	47026	39551	57289	33327	25422
行政区划面积	公顷	3452	6026	9540	6554	17114	13800	9710
常用耕地面积	公顷	678	1320	3332	3291	4284	3325	1487
淡水养殖面积	公顷	160	57	168	454	266	920	1193
农村用电量	万千瓦.时	424	532	652	960	842	453	348
农用化肥施用量（实物量）	吨	2295	2190	11970	8960	14876	5479	2993
二、主要农产品产量								
粮食	吨	2415	4933	9245	15622	11495	10393	12926
棉花	吨	185	564	2494	1385	3079	2668	65
油料	吨	1031	2054	6947	4931	7724	6318	915
蔬菜	吨	61090	21050	29208	8058	11472	9654	3100
生猪出栏	头	24400	21800	39900	48501	37779	13850	49850
年末能繁母猪存栏	头	1063	513	2510	2494	1003	1327	1476
家禽出笼	万只	36.80	78.00	50.00	78.00	26.00	27.20	68.00
肉产量	吨	3385	2917	3842	5081	3309	1584	4901
水产品产量	吨	2650	1065	2527	5261	3600	5679	10980
三、现代农业发展情况								
农民合作社个数	个	6	38	19	11	28	13	9
农民合作社成员数	人	32	500	680	123	2018	320	357
耕地流转面积	公顷	123	152	966	1107	1483	670	588
四、综合								
农林牧渔业总产值	万元	28307	20093	35156	30420	33179	28398	31814
农林牧渔业增加值	万元	15653	10883	19823	16162	18680	16246	16102
规模以上工业总产值	万元	141197	186904	108760	87549	14376	31358	42197
农民人均纯收入	元	11158	10887	9685	9688	9475	9426	8309
地方公共财政收入	万元	2188	4010	2310	995	860	1230	1826
居民储蓄存款余额	万元	75337	90000	61200	27123	42000	17660	7698
五、社会发展								
新型农村社会养老保险参保人数	人	11746	7200	20186	20315	34204	24630	11670
新型农村合作医疗参保人数	人	21929	25238	33262	32085	48100	27100	20992
城镇建成区面积	公顷	2000	1700	371	400	200	90	150

16-1 续表9

指标	单位	石首市						
		调关镇	东升镇	高基庙镇	南口镇	高陵镇	团山寺镇	久合垸乡
一、基本情况								
居民委员会	个	2	3	1	1	2	1	1
村民委员会	个	21	33	22	17	21	18	17
常住人口	人	36639	50789	30292	25306	28100	27202	22239
户籍人口	人	46592	62248	42024	31151	35766	30865	26442
行政区划面积	公顷	13304	18238	8593	9092	7685	6686	6144
常用耕地面积	公顷	3059	5130	3058	2427	2551	2285	2217
淡水养殖面积	公顷	235	1665	492	191	402	1446	287
农村用电量	万千瓦.时	507	1187	849	1271	1555	501	594
农用化肥施用量（实物量）	吨	7426	11284	8086	6919	8495	6731	5720
二、主要农产品产量								
粮食	吨	21224	34326	37250	8448	13804	15442	14478
棉花	吨	106	1970	185	1518	1147	900	504
油料	吨	2598	8468	2685	6344	7598	4650	5115
蔬菜	吨	3831	72740	1985	30410	9350	2700	39939
生猪出栏	头	50500	108600	51500	25600	26800	31173	26700
年末能繁母猪存栏	头	1670	3558	1177	713	927	1727	2480
家禽出笼	万只	57.00	51.00	79.00	43.00	53.00	63.00	41.00
肉产量	吨	4766	9416	5131	2808	3068	3378	2756
水产品产量	吨	17839	19558	7553	4940	6429	12360	2879
三、现代农业发展情况								
农民合作社个数	个	31	19	19	18	27	19	10
农民合作社成员数	人	1500	15810	320	420	995	503	680
耕地流转面积	公顷	1390	788	1681	1040	962	589	1069
四、综合								
农林牧渔业总产值	万元	48239	82505	36051	30270	32620	33583	29538
农林牧渔业增加值	万元	24706	44771	19254	17276	17900	17923	16769
规模以上工业总产值	万元	22965	78803	46696	19537	73768	49555	19703
农民人均纯收入	元	9105	9721	10125	9698	9989	10112	8971
地方公共财政收入	万元	1389	1870	1420	940	2000	1200	802
居民储蓄存款余额	万元	35618	61000	54368	12700	34000	35500	15600
五、社会发展								
新型农村社会养老保险参保人数	人	16894	29561	15315	13655	21298	12389	13615
新型农村合作医疗参保人数	人	37845	53604	35616	25981	30359	25933	20904
城镇建成区面积	公顷	394	508	220	200	500	210	13

16-1 续表10

指 标	单 位	监利县						
		容城镇	朱河镇	新沟镇	龚场镇	周老嘴镇	黄歇口镇	汪桥镇
一、基本情况								
居民委员会	个	3	5	5	3	6	2	2
村民委员会	个	24	50	45	23	40	40	38
常住人口	人	136395	71068	69520	30659	49874	49424	51483
户籍人口	人	137475	98927	95287	56201	75163	65416	80676
行政区划面积	公顷	11026	11968	16102	10754	15081	15184	15632
常用耕地面积	公顷	2051	6907	8467	3720	6726	7790	6794
淡水养殖面积	公顷	173	1360	1400	667	1067	1575	1553
农村用电量	万千瓦.时	564	2113	3530	320	1484	700	1520
农用化肥施用量（实物量）	吨	8690	22126	28739	8577	27358	18303	10998
二、主要农产品产量								
粮食	吨	3560	69297	103159	38580	99089	115700	85146
棉花	吨	1141	644	1850	393	400	164	158
油料	吨	1978	8606	9048	5420	6380	5440	5165
蔬菜	吨	14730	26500	25920	11893	13400	16500	22800
生猪出栏	头	16252	48211	105621	32102	48128	44561	42586
年末能繁母猪存栏	头	250	3112	3382	1650	3054	2635	2259
家禽出笼	万只	101.42	82.81	86.28	75.74	97.52	68.22	81.25
肉产量	吨	2633	5194	9495	3544	5185	4436	4447
水产品产量	吨	650	8923	7500	6100	6000	9351	10586
三、现代农业发展情况								
农民合作社个数	个	2	3	36		9	45	3
农民合作社成员数	人	15	20	5275		165	367	26
耕地流转面积	公顷	103	1899	2133	2932			540
四、综合								
农林牧渔业总产值	万元	16673	62743	91765	41094	63198	67898	62613
农林牧渔业增加值	万元	9074	34966	50455	22469	35523	38424	34953
规模以上工业总产值	万元	66822	92148	1028647	18815	8300	14600	28781
农民人均纯收入	元	9197	10200	11551	8568	9100	9095	10258
地方公共财政收入	万元	2811	3456	3384	1533	2161	2501	2186
居民储蓄存款余额	万元	183405	141000	218300	46196	34500	31946	18783
五、社会发展								
新型农村社会养老保险参保人数	人	19225	28779	40698	12950	17669	19030	23294
新型农村合作医疗参保人数	人	32438	53200	66318	50581	54852	56263	58254
城镇建成区面积	公顷	4300	502	550	203	156	105	120

16-1 续表11

指标	单位	监利县						
		程集镇	分盐镇	毛市镇	福田寺镇	上车湾镇	汴河镇	尺八镇
一、基本情况								
居民委员会	个	1	1	3	3	1	2	3
村民委员会	个	37	33	35	26	27	35	52
常住人口	人	33329	40273	40686	30192	26407	42114	50240
户籍人口	人	63571	61983	66136	45795	47673	69444	87277
行政区划面积	公顷	11566	14593	13592	9862	7737	18707	15729
常用耕地面积	公顷	7704	7388	5638	3345	3388	7273	6964
淡水养殖面积	公顷	1984	1200	1733	1273	955	3394	1363
农村用电量	万千瓦.时	1394	812	1197	668	727	1336	1682
农用化肥施用量（实物量）	吨	18864	11399	13557	11996	16338	19360	8682
二、主要农产品产量								
粮食	吨	66992	69891	65861	57666	35903	50589	74563
棉花	吨	1182	81	116	75	461	136	380
油料	吨	9136	2642	3813	3204	3972	4626	8250
蔬菜	吨	13360	12503	16089	15000	16000	20007	24200
生猪出栏	头	48564	42485	39568	33746	35261	33251	43256
年末能繁母猪存栏	头	1800	1750	1558	1500	2780	1478	3508
家禽出笼	万只	47.22	212.18	125.69	125.10	79.11	72.02	59.20
肉产量	吨	4552	6592	4816	4349	4352	3788	4099
水产品产量	吨	10000	7800	12196	12212	5900	40110	6496
三、现代农业发展情况								
农民合作社个数	个	10	4	13	2	1	7	20
农民合作社成员数	人	218	85	245	98	60	322	170
耕地流转面积	公顷			659	1403	120		533
四、综合								
农林牧渔业总产值	万元	57237	55000	60174	55843	39840	111695	57384
农林牧渔业增加值	万元	31787	30016	32866	30401	21622	59560	32102
规模以上工业总产值	万元	4000	1150		19254	39000	5044	2546
农民人均纯收入	元	9657	8569	10665	9952	8395	9698	9140
地方公共财政收入	万元	1925	1808	2127	1637	1489	1843	2231
居民储蓄存款余额	万元	16200	4560	12556	15000	4100	44000	52000
五、社会发展								
新型农村社会养老保险参保人数	人	18569	16680	21456	15880	8200	20340	13120
新型农村合作医疗参保人数	人	47000	42810	61243	36500	38525	49360	55468
城镇建成区面积	公顷	150	200	156	105	106	100	120

16-1 续表12

指 标	单 位	监利县						
		白螺镇	网市镇	三洲镇	桥市镇	红城乡	棋盘乡	柘木乡
一、基本情况								
居民委员会	个	1	3	1	3	5		4
村民委员会	个	28	28	31	33	72	25	46
常住人口	人	37720	34210	21801	42377	74172	27383	57728
户籍人口	人	53121	59032	39816	62410	124891	46557	72697
行政区划面积	公顷	17328	9520	17666	14418	21440	14402	16361
常用耕地面积	公顷	5675	3844	5234	5419	9202	4354	9118
淡水养殖面积	公顷	2045	933	1501	1823	1157	4333	2377
农村用电量	万千瓦.时	821	638	516	1385	671	2444	563
农用化肥施用量（实物量）	吨	9283	11662	11440	10362	19452	4128	15737
二、主要农产品产量								
粮食	吨	48035	40371	64801	41790	105398	34559	72195
棉花	吨	303	249	1264	207	259	124	2049
油料	吨	7675	6269	6514	5997	8466	3047	5879
蔬菜	吨	27475	15600	19007	12864	37420	9316	19112
生猪出栏	头	32125	32658	31911	28673	64290	15263	42125
年末能繁母猪存栏	头	1750	2128	3765	1984	3576	1200	6650
家禽出笼	万只	45.71	35.86	46.25	44.20	381.70	30.57	38.59
肉产量	吨	3251	3229	3351	3606	10396	1598	3779
水产品产量	吨	15350	5964	8201	25678	8495	39650	13456
三、现代农业发展情况								
农民合作社个数	个	11	1	9	1	10	8	12
农民合作社成员数	人	514	8	750	40	4738	480	50
耕地流转面积	公顷		1729	1077	1020	1035	963	
四、综合								
农林牧渔业总产值	万元	60487	36885	56894	93437	85813	98265	72830
农林牧渔业增加值	万元	33295	20450	31888	49822	47090	52136	40419
规模以上工业总产值	万元	5571	43259	8450	4126	33288	10000	
农民人均纯收入	元	9540	9362	9000	9954	10893	8483	9213
地方公共财政收入	万元	1572	1546	1590	1791	3191	1565	1975
居民储蓄存款余额	万元	16000	9590	16890	9800	29800	4650	25660
五、社会发展								
新型农村社会养老保险参保人数	人	15350	17720	12860	17912	44500	13910	27688
新型农村合作医疗参保人数	人	35241	45500	36745	49500	75216	42000	49962
城镇建成区面积	公顷	363	100	120	150	550	123	150

16-1　续表13

指　标	单　位	洪湖市					
		新堤办	滨湖办	螺山镇	乌林镇	龙口镇	燕窝镇
一、基本情况							
居民委员会	个	12	1	2	2	1	1
村民委员会	个	7	23	16	29	33	32
常住人口	人	130914	27483	31072	53753	41425	34285
户籍人口	人	124887	32205	38817	52343	48299	41109
行政区划面积	公顷	5146	31353	14083	12184	12386	15389
常用耕地面积	公顷	367	491	2503	3889	4622	4707
淡水养殖面积	公顷	1007	8873	3300	3962	3364	1464
农村用电量	万千瓦.时	4530	629	1552	541	976	525
农用化肥施用量（实物量）	吨	1110	2208	9771	14423	17919	10975
二、主要农产品产量							
粮食	吨	3430	2103	20450	39106	38666	50423
棉花	吨				151	2050	850
油料	吨	819	3601	3333	5878	10950	797
蔬菜	吨	34225	4821	18790	10082	12159	46742
生猪出栏	头	35000	11069	8540	19138	18800	27353
年末能繁母猪存栏	头	1630	689	1688	1879	2427	5399
家禽出笼	万只	41.00	9.30	15.00	32.10	45.00	28.11
肉产量	吨	3310	991	915	2002	2223	2579
水产品产量	吨	11313	25198	22074	52073	27555	16895
三、现代农业发展情况							
农民合作社个数	个	23	2	11	7	19	7
农民合作社成员数	人	1012	220	580	35	680	652
耕地流转面积	公顷		80	207	557		
四、综合							
农林牧渔业总产值	万元	35877	57648	44550	82879	60275	47842
农林牧渔业增加值	万元	18192	34323	27111	40862	31168	24958
规模以上工业总产值	万元	300032	12646		2504	15761	8516
农民人均纯收入	元	13764	10171	8212	9740	8300	9916
地方公共财政收入	万元	20192	126	387	795	520	271
居民储蓄存款余额	万元	18523	15320	12800	7568	13126	9428
五、社会发展							
新型农村社会养老保险参保人数	人	4397	13500	1876	18702	16660	13681
新型农村合作医疗参保人数	人	21918	20284	31882	45693	45360	32970
城镇建成区面积	公顷	2133	30	158	31	92	105

16-1 续表14

指 标	单 位	洪湖市					
		新滩镇	峰口镇	曹市镇	府场镇	戴家场镇	瞿家湾镇
一、基本情况							
居民委员会	个	2	5	1	2	2	1
村民委员会	个	34	46	34	9	21	8
常住人口	人	35496	79787	42147	19655	47005	17643
户籍人口	人	38973	89924	59766	19858	58423	16432
行政区划面积	公顷	16341	13601	10225	2751	10196	3863
常用耕地面积	公顷	3970	6209	3890	957	4609	1212
淡水养殖面积	公顷	2513	1200	820	126	1833	1900
农村用电量	万千瓦.时	1165	749	1034	407	1107	314
农用化肥施用量（实物量）	吨	10397	18995	18435	2964	8642	2645
二、主要农产品产量							
粮食	吨	54400	73769	38359	11764	50820	13955
棉花	吨	826	69	700	710	160	
油料	吨	5631	7326	2265	1657	6363	1759
蔬菜	吨	8924	18879	5089	1768	14141	12877
生猪出栏	头	21506	32050	27067	5950	43993	39165
年末能繁母猪存栏	头	1661	2180	928	375	3086	2537
家禽出笼	万只	81.00	22.30	20.00	15.35	20.70	17.20
肉产量	吨	2966	2960	2429	685	3701	3266
水产品产量	吨	25019	16994	11469	3071	21838	14500
三、现代农业发展情况							
农民合作社个数	个	9	36	5	12	5	11
农民合作社成员数	人	145	188	173	256	115	512
耕地流转面积	公顷		395	69	658		
四、综合							
农林牧渔业总产值	万元	61518	54670	32052	11969	58538	40172
农林牧渔业增加值	万元	32042	28482	16637	5726	30119	20373
规模以上工业总产值	万元	51507	25868	243949	260785	28891	7021
农民人均纯收入	元	9796	9098	10560	12180	9645	9640
地方公共财政收入	万元	516	960	568	12547	1363	260
居民储蓄存款余额	万元	16088	15850	14316	37644	28378	30200
五、社会发展							
新型农村社会养老保险参保人数	人	1682	26185	46132	7576	22219	8786
新型农村合作医疗参保人数	人	30113	62544	47157	16582	44752	15125
城镇建成区面积	公顷	80	1320	200	786	474	320

16-1　续表15

指　标	单　位	洪湖市				
		沙口镇	万全镇	汊河镇	老湾乡	黄家口镇
一、基本情况						
居民委员会	个	1	4	1	1	2
村民委员会	个	29	50	38	11	29
常住人口	人	43155	54156	54470	12874	33620
户籍人口	人	49309	72151	54481	15245	37280
行政区划面积	公顷	12324	16353	14576	6131	13648
常用耕地面积	公顷	3377	6110	4813	1263	3295
淡水养殖面积	公顷	3000	2893	1973	443	3659
农村用电量	万千瓦.时	548	1572	384	268	579
农用化肥施用量（实物量）	吨	19038	15121	9672	7275	3434
二、主要农产品产量						
粮食	吨	44998	83304	54326	9606	35514
棉花	吨		149	17	492	458
油料	吨	3284	11695	6037	1380	5328
蔬菜	吨	10051	32500	14245	5025	15856
生猪出栏	头	14881	24860	14860	3562	16600
年末能繁母猪存栏	头	878	1750	295	298	1745
家禽出笼	万只	16.60	29.71	33.00	8.40	33.30
肉产量	吨	1447	2408	1666	457	1917
水产品产量	吨	28743	22917	18185	7207	26861
三、现代农业发展情况						
农民合作社个数	个	6	46	4	3	20
农民合作社成员数	人	265	5600	174	90	958
耕地流转面积	公顷	189	240		433	613
四、综合						
农林牧渔业总产值	万元	70910	72074	63832	14732	73260
农林牧渔业增加值	万元	34471	37642	27941	7616	37722
规模以上工业总产值	万元		28094	5191		
农民人均纯收入	元	8459	9319	7653	6287	8851
地方公共财政收入	万元	403	710	488	197	386
居民储蓄存款余额	万元	16596	2184	9200	11200	12045
五、社会发展						
新型农村社会养老保险参保人数	人	21494	24592	22772	4700	20114
新型农村合作医疗参保人数	人	35843	52488	43340	14552	21158
城镇建成区面积	公顷	340	195	300	1	391